Lothar Käser

Licht in der Südsee

Wilhelm Friedrich & Elisabeth Kärcher

Leben und Werk eines Liebenzeller Missionarsehepaares

vlm
Verlag der Liebenzeller Mission

Bibliografische Information der Deutschen Bibliothek
Die Deutsche Bibliothek verzeichnet diese Publikation in der Deutschen Nationalbibliografie; detaillierte bibliografische Daten sind im Internet über http://dnb.ddb.de abrufbar

Bestell-Nr. 549 188
ISBN 3-921113-88-1

Internet: www.vlm-liebenzell.de
E-Mail: vlm@liebenzell.org
Umschlaggestaltung: Design-Studio Henri Oetjen, Lemgo
Fotos: Familien Kärcher und Wagner, Beate und Oliver Engelen, Klaus W. Müller, Lothar Käser und Archiv der Liebenzeller Mission
Herstellung: Finidr, Cesky Tesin/EU

Inhalt

Vorwort

Wilhelm Friedrich Kärcher hat verfügt, dass eine Biografie über ihn, wenn überhaupt, dann erst nach seinem Tod veröffentlicht werden solle.

Zu seinem Leben und Werk gibt es eine ganze Reihe sehr unterschiedlicher Quellen. Die wichtigsten sind seine Briefe aus der Zeit nach dem Ende des zweiten Weltkriegs. Es handelt sich um persönliche, aber auch um Rundbriefe an einen erweiterten Leserkreis, in denen er über den Fortgang seiner Arbeit auf Chuuk und den Inseln in seiner Umgebung berichtet. Aus diesen zitiere ich häufig wörtlich, musste aber Grammatik, Wortstellung und Zeichensetzung gelegentlich geringfügig ändern. Wilhelm F. Kärcher schrieb viele seiner Briefe unterwegs von Hand oder auf einer kleinen Reiseschreibmaschine, manchmal sogar auf Seereisen, wobei er oft weder Zeit noch Muße hatte, seine Texte vorzuformulieren und gründlich zu korrigieren.

Des weiteren existieren eine Anzahl von Kassettenaufnahmen mit Erlebnisberichten aus seinem Leben, die er teils für Medien wie den Evangeliumsrundfunk Wetzlar, teils für Verwandte und Bekannte besprochen hat.

Autobiografische Züge tragen auch einige kleinere Veröffentlichungen aus seiner Feder, deren Titel in einer gesonderten Bibliografie am Ende des Bandes zusammengestellt sind.

Vieles, was seine Arbeit als Missionar betraf, hat er mündlich und oft spontan an seinen Neffen Klaus W. Müller weitergegeben. Dieser hat das Wichtigste und Eindrucksvollste notiert. Von ihm stammt auch der Entwurf zum Kapitel 1 über Wilhelm F. Kärchers Heimatort Mühlhausen/Enz, und zur Geschichte seiner Familie.

Von Wilhelm F. Kärchers Ehefrau Elisabeth existiert, neben einer kleinen Zahl von Briefen, ein ausführliches Tagebuch, das die Ereignisse der dreißiger bis fünfziger Jahre des vergangenen Jahrhunderts umfasst und eine wichtige Quelle für die Zeit des zweiten Weltkriegs darstellt, in der die Familie auf Chuuk in japanischer Internierung und im amerikanischen Bombenhagel überlebte. Es ist bis auf wenige Seiten am Schluss in Sütterlinschrift abgefasst. Daneben schrieb sie für jede ihrer drei Töchter ein Tagebuch, in dem sie die Ereignisse ihrer ersten Lebensjahre festhielt.

Von ihrem Ehemann dagegen gibt es aus der Zeit der Internierung und davor nur sehr wenige persönliche Zeugnisse. Seine Tagebuchaufzeichnungen und Briefe, die ihn aus Deutschland noch erreichten, hatte er aus Sicherheitsgründen verbrannt, damit sie nicht in die Hände des japanischen militärischen Sicherheitsdienstes fallen und als Beweise für Spionagetätigkeit gegen ihn verwendet werden konnten.

Unklar ist, wie Elisabeth Kärcher es schaffte, ihre Tagebuchaufzeichnungen und Briefe bei Hausdurchsuchungen durch japanische Geheimdienstoffiziere verborgen zu halten. Es gab einen Zwischenfall, bei dem sie vor allem die Briefe ihrer Mutter fast verloren hätte, wäre sie nicht beherzt dagegen vorgegangen. Die Episode wird im Kapitel 9 ausführlich geschildert.

Sehr ergiebige Quellen sind Wilhelm F. Kärchers Berichte in den Mitteilungsblättern der Liebenzeller Mission. Sie zeichnen sich dadurch aus, dass sie, ausgehend von einem speziellen Erlebnis, lebensvoll und unkompliziert dem europäisch-westlichen Leser die Denkformen und Wertvorstellungen der Insulaner vor Augen führen.

Ein Problem stellen die Bilddokumente dar. Fotografien aus der ersten Hälfte des vorigen Jahrhunderts sind mit sehr einfachen technischen Mitteln entstanden. Sie ließen sich auch mit Computerhilfe nur wenig verbessern.

Seit einigen Jahren gibt es eine Schwierigkeit im Zusammenhang mit den Namen der Inseln, auf denen Wilhelm F. Kärcher und seine Frau ihr Arbeitsleben verbracht haben. Es war bis etwa 1990 üblich, von „Truk", „dem Truk-Atoll", oder den „Inseln um Truk" zu sprechen (und zu schreiben!). Diese Formulierungen finden sich so auch in allen ethnologischen, missiologischen, geografischen und historischen Veröffentlichungen, die bis zu diesem Zeitpunkt erschienen sind. Mit der Gründung der „Federated States of Micronesia"– der „Bundesrepublik Mikronesien" – im Jahr 1979 ersetzten die beteiligten Staaten viele Bezeichnungen, Ortsnamen und ihre Schreibungen aus der Kolonialzeit durch die ursprünglichen und eigentlichen. Das ist bei der computergestützten Suche nach weiterführender Literatur in Bibliotheken und im Internet zu berücksichtigen. „Truk" wurde dabei durch „Chuuk" abgelöst. Deutsche Leser sprechen das Wort ungefähr „richtig" aus – also in der Art der Insulaner – wenn sie „Tschuuk" sagen, mit einem langen U.

Die Entstehung dieser Biografie wäre ohne die engagierte Beteiligung einer ganzen Reihe von Personen nicht möglich gewesen. Schriftliche Zeugnisse und Bildmaterial haben vor allem die Töchter und Söhne von Wilhelm und Elisabeth Kärcher zur Verfügung gestellt. Wichtige genealogische Daten und Fotos aus der Familiengeschichte Elisabeths habe ich von ihren Neffen Werner Wagner in Puchheim und Karl-Heinz Wagner in Waltenhofen bekommen. Auch hat mir das Archiv der Liebenzeller Mission bereitwillig und schnell Bildmaterial geliefert und Akteneinsicht gewährt.

Besondere Sorgfalt erforderte die Durchsicht des Manuskripts. Ich danke Waltraud Rist (geborene Kärcher) für ihre Bereitwilligkeit zur Mitarbeit und für zügige Korrektur des Manuskriptentwurfs. Mein Dank gilt auch Esther Hahn, Elfriede Klenk, in erster Linie aber meiner Frau Gisela, die in mehrfacher Weise zum Gelingen des Unternehmens beitrug. Sie war die Erste, die meinen Entwurf begutachten musste, hatte also alle jene Probleme zu lösen, die ein Rohmanuskript mit seine Lücken, Brüchen, falscher Wortwahl, überzogenen Formulierungen und unübersichtlichen Satzstrukturen aufweist. Darüber hinaus hat sie mir den zeitlichen Freiraum geschaffen, der nötig war, um das Manuskript kontinuierlich und zügig abzuschließen. Selbst Geschirrspülen und Abtrocknen wurden mir in dieser Zeit großzügig und aus freien Stücken erlassen.

Nicht vergessen seien auch Waltraud Hoppenworth und Arthur Klenk vom Verlag der Liebenzeller Mission. Sie haben mich jederzeit kompetent beraten und die Herausgabe des Bandes sorgfältig vorbereitet.

Schallstadt, im Herbst 2005 — Lothar Käser

1

Heimat, Kindheit und Jugendzeit (1907-1930)

Wilhelm Friedrich Kärcher, der seinen Namen, wie in den U.S.A. üblich, gewöhnlich mit Wilhelm F. Kärcher abkürzte und der in der Folge der Einfachheit halber Wilhelm genannt werden soll, wurde am 27. Januar 1907 in Mühlhausen an der Enz geboren, einem Ort im heutigen Baden-Württemberg, der mit seiner Geschichte und seinen Menschen einen nicht unerheblichen Einfluss auf den Lebensweg des späteren Missionars ausgeübt hat.

Mühlhausen an der Enz, seine Geschichte und Gegenwart

Die Bewohner Mühlhausens nennen sich selbst „Mühlhäuser". Das ist in ihrer Muttersprache, dem Schwäbischen, nicht nur korrekt, sondern gehört sich auch so. Wenn sie im Folgenden als „Mühlhausener" bezeichnet werden, bedeutet das nichts weiter, als dass eine Regel des Schriftdeutschen eingehalten wird.

Mühlhausen gilt als eines der schönsten Dörfer in Württemberg. Die Enz, ein Nebenfluss des Neckars, die wenige Kilometer flussaufwärts bei Pforzheim den Nordschwarzwald verlassen hat, fließt von da an durch ein Tal mit steilen Hängen aus hellem Muschelkalk und bildet bei Mühlhausen eine enge Schlinge von großer landschaftlicher Schönheit.

Die Felshänge, die flussabwärts des Dorfs liegen, und das ausgeglichene Klima, das dort herrscht, schaffen gute Bedingungen für den Weinbau, der vermutlich durch Mönche schon vor sehr langer Zeit in der Gegend eingeführt worden ist. Die Erzeugnisse der Mühlhausener Winzer hatten sich früh einen Namen gemacht.

Mühlhausen, das wohl nach den zahlreichen Mühlen so genannt wurde, die der Fluss jahrhundertelang antrieb, ist ein sehr alter Ort. Im Jahr 892, also schon vor weit über 1000 Jahren, wird er in einer Urkunde als „Mulnhusa" erwähnt. Ungefähr um diese Zeit muss es gewesen sein, dass Mönche der damals noch heidnischen Bevölkerung des Enztals das Christentum brachten und die ersten Kirchen bauten.

Während des gesamten Mittelalters lebte die Bevölkerung unter wechselnden Herrschaften, litt unter den instabilen politischen Verhältnissen und wurde vor allem im Dreißigjährigen Krieg schwer heimgesucht. Bis weit in die frühe Neuzeit hinein waren die Bauern von Mühlhausen Leibeigene.

Auch unter der Herrschaft Napoleons wurden der Bevölkerung erhebliche Opfer abverlangt. Keiner der jungen Männer aus dem Dorf, die ab 1812 zur Teilnahme an seinem Feldzug gegen Russland gezwungen worden waren, kehrte in seine Heimat zurück.

Im Zusammenleben der Menschen galten in jenen Zeiten strenge Regelungen im Dorf. Vergnügungen wie Tanzen waren verboten, Würfel- und Kartenspiel, der Umgang mit schwarzer und weißer Magie unter Strafe gestellt. Fluchen („Missbrauch des Namens Gottes") wurde als eine der Hauptursachen für göttliche Heimsuchungen („Hunger, Teuerung, Pest, Krieg, Misswuchs und andere Plagen") angesehen. Auf vorsätzlicher Gotteslästerung stand gar die Todesstrafe.

Die politischen und wirtschaftlichen Verhältnisse nach dem ersten Weltkrieg verursachten große Veränderungen in Mühlhausen. Die Mühle verlor ihre Bedeutung, nachdem 1920 das Gefälle der sieben Kilometer langen Enzschleife durch den Bau eines Stollens für ein Elektrizitätswerk nutzbar gemacht wurde und die allgemeine wirtschaftliche Entwicklung voranschritt.

Dieser Stollen bekam auch noch eine andere Funktion. Für die jungen Männer des Orts galt er als Mutprobe. Wer den engen, einhundertfünfunddreißig Meter langen Stollen bis zum Elektrizitätswerk durchschwommen hatte, galt von da an als gestandener Kerl.

Noch bis weit ins 20. Jahrhundert hinein betrieben die Bauern im Dorf ihre Landwirtschaft in traditioneller Weise, das heißt in Handarbeit, mit Pferden und Rindern als Zugtieren. Nachbarschaftshilfe war eine Selbstverständlichkeit. Schon früher in der Geschichte des Dorfes hatte sich der Umstand fühlbar gemacht, dass die landwirtschaftlichen Flächen, die an die jüngere Generation vererbt wurden, nicht beliebig oft geteilt werden konnten. Die Höfe wurden immer kleiner, die Bauern immer ärmer. Weil man in der Regel zahlreiche Kinder hatte, konnte schließlich nur eines den Hof übernehmen. Die übrigen mussten ihren Lebensunterhalt anderwärts verdienen, die Söhne als Handwerker, Kaufleute oder als Knechte, die Töchter als Haushaltshilfen in städtischen Familien oder als Mägde auf anderen Bauernhöfen. Viele wanderten nach Amerika aus. Mit dem Beginn der Industrialisierung suchten die

Männer Arbeit in den umliegenden Städten Vaihingen, Dürrmenz und Mühlacker.

Wichtige Autoritätspersonen im Dorf waren in diesen Zeiten der Bürgermeister, der Pfarrer und der Lehrer. Während der „Schultes“ bis weit ins 20. Jahrhundert ein ortsansässiger Bauer sein konnte, brachten Pfarrer und Lehrer eine akademische Ausbildung mit, kamen von auswärts, sprachen kein Mühlhausener Schwäbisch und blieben deshalb eher Außenseiter, wenn auch hoch geachtet und respektiert.

Das kirchliche und geistliche Leben in Mühlhausen

Wie oben schon kurz erwähnt wurde, hatten Mönche vor etwa 1.000 Jahren damit begonnen, das Christentum in Süddeutschland zu verbreiten. Im Jahr 794 trat ein Mönch namens Alban in Erscheinung, später St. Alban genannt. Es könnte sein, dass er als Patron der ersten bekannten Kirche in Mühlhausen zu gelten hat, denn sie wurde „dem Albanus“ geweiht.

Die Mühlhausener hatten diese Kirche möglicherweise schon vor der ersten Jahrtausendwende zu bauen begonnen. Ursprünglich war sie eine Wehrkirche, mit einer starken Mauer umgeben, hinter der die Einwohner in unruhigen Zeiten Schutz suchten.

Conrad Thumb von Neuburg, ein württembergischer Adliger, war ein Anhänger der Reformation und führte sie in Mühlhausen ein.

Im Lauf der Zeit wurden die Sitten strenger, der Religionsunterricht und der Gottesdienstbesuch an Sonn- und Feiertagen zur Pflicht erhoben. Wer dieser nicht nachkam, wurde dafür zur Rechenschaft gezogen. Die Kirchenstühle waren Privatbesitz. Sie mussten käuflich erworben werden. Das betraf vornehmlich die Frauen, die sich auf diese Weise einen ständigen Sitzplatz in der Kirche zulegten.

Etwa zeitgleich mit der Reformation wurde die Volksschule eingerichtet. Der Lehrer versah neben seiner Unterrichtstätigkeit das Amt des Mesners, und das bis ins Jahr 1899, wobei das Kirchenamt zunächst sein Hauptamt bildete. Zu seinen Pflichten gehörte es auch, die „Schulerbuben“ beim Gottesdienst „in Zucht und Ordnung zu halten“. In der Winterzeit waren Mitte des 18. Jahrhunderts bis zu einhundertzwanzig Kinder täglich sechs, im Sommer vier Stunden lang zu unterrichten. Fähige Kinder lernten über den vorgeschriebenen Lernstoff hinaus „noch 100 Gesänge und 30 bis 40 Psalmen“ auswendig.

Mühlhausen hatte im Lauf der Zeit einige prominente Pfarrer. Unter ihnen ist der Liederdichter Philipp Friedrich Hiller der bekannteste. Er wurde am 9. Januar 1699 hier geboren und war von 1736 bis 1748 Pfarrer in seinem Geburtsort, wo schon sein Vater dieses Amt versehen hatte. Viele seiner Lieder fanden Eingang in Generationen von Gesangbüchern. Sein „Liederkästlein" erlebte bis in die Gegenwart hinein immer wieder Neuauflagen.

In der Person Philipp Friedrich Hillers war Mühlhausen im Besonderen vom württembergischen Pietismus geprägt worden. Im Rahmen dieser geistlichen Bewegung nun sollte für die Familie Kärcher und für den Lebensweg von Wilhelm ein Ereignis bedeutsam werden, das kurz vor der Wende zum 20. Jahrhundert in Norddeutschland seinen Anfang genommen hatte und dann in Süddeutschland seine Fortsetzung fand.

Die Liebenzeller Mission

Im Jahr 1899 nahm, nach einem Vorspiel in Kiel, der damals so genannte deutsche Zweig der China-Inland-Mission seine Arbeit auf. Gegründet hatte dieses Missionswerk der englische Missionar James Hudson Taylor (1832-1905). Sein erster Leiter wurde Heinrich Coerper (1863-1936), ein Theologe, der zuvor verschiedene Pfarrstellen innegehabt hatte, unter anderem in Heidelberg, Essen und Straßburg. Schon bald nach seinem Beginn in Hamburg fand das Werk 1903 in Bad Liebenzell eine neue Heimat und nannte sich von 1906 an Liebenzeller Mission.

Ins Zentrum seiner Theologie stellte Pfarrer Heinrich Coerper das Kreuz und die Auferstehung Jesu Christi. Seine vom Pietismus geprägte Verkündigung legte eine starke Betonung auf persönliche Bekehrung und Heiligung. Diese bestimmten die intensive und ausgedehnte Evangelisations- und Missionstätigkeit in der näheren und ferneren Umgebung von Bad Liebenzell, die vor allem vom neu gegründeten Seminar, seinen Lehrern und Studierenden ausging. Die Veranstaltungen in den Dörfern und Städten Süddeutschlands fanden statt, wo immer das eben möglich war, auch in Privathäusern, oft sogar in Gastwirtschaften.

An zahlreichen Orten löste das eine Bewegung aus, die zur Sammlung von Menschen in so genannten „Gemeinschaften" führte, die „mit Ernst Christen sein" wollten, wie sie es verstanden. Man traf sich für den Zeitraum einer Stunde am Sonntag, nachmittags oder abends, und bald bezeichnete alle Welt diese Art der

Versammlung als „Stunde“, schwäbisch verkürzt als „Schdond“, und die Menschen, die regelmäßig zu diesen Versammlungen gingen, als „Stundenleute“. Im Laufe der Jahrzehnte entstanden in Süddeutschland großflächig verbreitet Gemeinschaften, die in Bezirken organisiert waren und von Predigern betreut wurden, die ihre Ausbildung am Seminar der Liebenzeller Mission absolviert hatten.

Noch vor dem Ende des ersten Weltkriegs, das heißt um 1917, kamen die „Liebenzeller“, wie man sie nannte, auch nach Mühlhausen. Eingeladen hatte sie ein Mann namens Gommel, von Beruf Zimmermann. Dieser stammte aus Möttlingen, einem Dorf in unmittelbarer Nähe von Bad Liebenzell. Dort war er „zum Glauben gekommen“, was in pietistischer Diktion bedeutet, dass er sich bewusst für ein Leben als Christ entschieden hatte.

Es war vor allem ein bestimmter Seminarlehrer, der häufiger nach Mühlhausen kam und gerade in der Anfangszeit der örtlichen Liebenzeller Gemeinschaft eine nachhaltige Wirkung ausübte: Wilhelm Heinsen (1879-1959). Er unterrichtete ab 1912 am Seminar der Liebenzeller Mission und wurde 1933 auch der erste Inspektor des Liebenzeller Gemeinschaftsverbandes.

Die Gemeinschaftsleute trafen sich im Wohnzimmer der Familie Gommel im „Gässle“. Weil immer mehr Menschen an den Zusammenkünften teilnahmen, musste der Raum mehrfach hintereinander vergrößert werden, indem immer wieder eine weitere Wand herausgeschlagen und versetzt wieder aufgebaut wurde. Schließlich war ein Saal mit tragenden Pfosten entstanden, in dem ein Kohleofen etwas dünne Wärme spendete und mit seinen langen, undichten Rauchrohren gelegentlich zu Hustenanfällen Anlass gab.

Christ wurde man, indem man sich bekehrte. „Dem Heiland das Herz schenken“, oder „ein reines Herz bekommen“, das hieß sich seiner Schuld vor Gott und Menschen bewusst zu werden, Vergebung zu erlangen und die Führung des eigenen Lebens an Jesus Christus zu übergeben. Daraus sollte sich mit Gottes Hilfe eine Veränderung der Gesinnung und des Lebenswandels nach den Weisungen der Bibel entwickeln. Das sahen die Menschen als wichtigstes Ereignis in ihrer persönlichen Biografie an. Die Folge war, dass die „Stundenleute“ in ihrem Leben aufräumten und ihre Beziehungen zu den Mitmenschen in Ordnung brachten.

Dieses gesellschaftliche Umfeld sollte von größter Bedeutung für die Kindheit, Jugend und den späteren Lebensweg des Missionars Wilhelm Friedrich Kärcher werden.

Die Familie Kärcher

Seine Mutter, Karolina Kärcher, von allen nur Lina genannt, war eine von denen, die ihr Leben vor Gott und Menschen in Ordnung gebracht hatten und sich regelmäßig zu den Versammlungen im Gässle einfanden. Nicht nur darin war sie ihrer Familie ein Vorbild. Ihr Mann Franz Kärcher, der Vater von Wilhelm, ging zwar mit zu den Versammlungen, übte in seinem Christsein nach außen hin aber eine gewisse diplomatisch zu verstehende Zurückhaltung. Er fühlte sich dem Leben und Wohlergehen des ganzen Dorfs gegenüber verpflichtet, bekleidete verschiedene öffentliche Ämter und wollte sich keine Feinde machen.

Der schon erwähnte Lehrer am Seminar der Liebenzeller Mission, Wilhelm Heinsen, kam regelmäßig auch ins Haus der Familie Kärcher. Seine Persönlichkeit, sein geradliniger Charakter, sein Allgemeinwissen und seine Verkündigung müssen auf den heranwachsenden Wilhelm einen erheblichen Einfluss gehabt haben, aber nicht nur auf ihn. In Mühlhausen war man erstaunt darüber, dass es Wilhelm Heinsen bei jedem Besuch offenbar mühelos gelang, fast alle Gemeinschaftsleute mit ihrem Namen zu begrüßen. Auf die Frage, wie er es denn schaffe, sich die vielen Namen zu merken, mit denen er Bekanntschaft gemacht habe, gab er eine verblüffend einfache Antwort: man brauche nur für die Menschen zu beten.

Von besonderer Eindringlichkeit waren Wilhelm Heinsens Auslegungen alttestamentlicher Texte. Wenn er über die Stiftshütte sprach, konnte man stundenlang zuhören, ohne das Interesse zu verlieren.

Auch der damalige Ortspfarrer August Reichardt (1853-1936) übte während seiner Amtszeit in Mühlhausen (1889-1924) einen nachhaltigen Einfluss auf Wilhelm aus. Als Beispiel dafür nannte er selbst in seinem späteren Leben einen Satz, den er im Konfirmandenunterricht gelernt hatte. Der lautete: „Der Glaube ist die zitternde Hand des Sünders, die sich in die ausgestreckte Hand des Heilands legt." Wilhelm hatte als Konfirmand lange darüber nachgedacht, was diese Aussage bedeuten könnte, sie aber nicht verstanden. Jahre später erst führte ihm ein Ereignis vor Augen, was damit gemeint war. Auf einem Schiff erlebte er bei einem Sturm mit, wie der schwere Seegang ein kleines Beiboot an der Bordwand emporhob und wieder fallen ließ. Die Menschen im Boot hatten Mühe, ihr Gleichgewicht zu halten, und sie streckten verzweifelt die Arme in die Höhe, um von oben erfasst werden zu können. Der Schiffsbesatzung gelang es schließlich, sie an Deck zu schaffen. Die Seeleute lehnten sich weit über die Reling, warteten, bis das kleine Boot wieder einmal oben ankam, und griffen dann fest zu. Das Boot stürzte unter ihnen zurück in die Tiefe. Die Menschen aber befanden sich in Sicherheit. Wilhelm meinte dazu, man könne und müsse Arme und Hände im Glauben, auch im unsicheren, ausstrecken, müsse ergriffen sein wollen, dann greife auch der Heiland, der Retter, kräftig und verlässlich zu.

Die Familie Kärcher war im Dorf wohlbekannt und geachtet. Sie galt als alteingesessen und damit als durch die Jahrhunderte mit der traditionellen Dorfgemeinschaft verbunden. Ihre Vorfahren lassen sich geschichtlich zunächst in Ludwigsburg nachweisen. Dort lebte in der ersten Hälfte des 18. Jahrhunderts ein gewisser Johann Andreas Karcher, – noch nicht Kärcher geschrieben –, dessen Vorfahren aber schon länger in Ludwigsburg ansässig gewesen sein müssen, denn es finden sich Spuren von ihnen über mehrere Generationen hinweg in einschlägigen ortsgeschichtlichen Dokumenten. Dieser Johann Andreas Karcher wird als „Obermeister" bezeichnet, was heute nicht mehr genau erklärt werden kann. Er starb in Markgröningen, einer Kleinstadt ganz in der Nähe von Ludwigsburg gelegen.

Sein Sohn Alexander Karcher, geboren 1748, heiratete 1769 die Ursula Catharina Kientsch, deren Vater Weingärtner in Nussdorf war. Alexander versah das Amt eines Gerichtsverwalters, und das ist möglicherweise der Grund dafür, dass er nach Mühlhausen kam. Es geschah in jenem Zeitraum, als Mühlhausen unter württembergische Herrschaft geriet. In seiner neuen Heimat war Alexander Karcher auch als „Lammwirt" und „Beck" (Bäcker) bekannt. Er starb im Jahr 1816. Mit ihm also beginnt die Geschichte der Familie Kärcher in Mühlhausen.

Alexander und seine Frau Ursula hatten zwölf Kinder, deren jüngstes, Johann Jacob, 1794 geboren ist. Die geschichtlichen Quellen nennen ihn „Bürger und Bäcker". Sein Sohn Christoph Friderich, 1819 geboren, nannte sich nicht mehr Karcher, sondern Kärcher, war „Gemeindepfleger" und verheiratet mit Friederike, geborene Bürkle. Ihr zweites Kind Jakob Friedrich, geboren 1847, heiratete Rosina Scheuhing, deren Familie schon lange in Mühlhausen ansässig war. Diesen beiden wurde am 19. Mai 1878 ein Sohn geboren, der den Namen Franz Georg erhielt. Mit ihm beginnt die Biografie von Wilhelm und seiner Familie, denn dieser Franz Georg Kärcher wurde sein Vater.

Franz Georg Kärcher (1878-1944) war Landwirt und als solcher ein angesehener Bürger Mühlhausens, saß im Gemeinderat und im Vorstand örtlicher Interessengemeinschaften wie dem „Versicherungs-“ und dem „Tabakverein“. Er galt als pflichtbewusst und geradlinig. In jungen Jahren arbeitete er während der Winterzeit mit anderen Bauern zusammen im Wald, um Bäume für das Sägewerk zu fällen und Brennholz zu beschaffen.

Der Weg zu ihrer Arbeitsstelle und zurück führte die Waldarbeiter gelegentlich am Bahnwärterhäuschen vorbei, das etwa drei Kilometer vom Ort im Mühlhausener Gemeindewald in unmittelbarer Nähe der „See-Eiche“ stand. Dort wohnte eine von den im Dorf zahlreichen Familien mit dem Namen Müller, die man zur leichteren Unterscheidung „Eisenbahn-Müller“ nannte, ein einfaches Verfahren, das früher in vielen schwäbischen Ortschaften verbreitet war und gelegentlich heute noch angewandt wird.

In dieser Familie arbeitete als Haushaltshilfe eine intelligente junge Frau, die als Schönheit galt und von der man sagte, sie könne reden „wie ein Buch“, deren bisherige Lebensgeschichte für Mühlhausen aber auch ungewöhnliche, vielleicht sogar gewöhnungsbedürftige Züge aufwies.

Karolina Katherina Dieffenbach, so hieß die junge Frau, stammte nicht aus Mühlhausen, sondern aus Nordenstadt bei Mainz, wo sie am 06. November 1879 geboren war und ihre Kindheit und Jugendzeit verbracht hatte. Sie sprach daher kein einwandfreies Schwäbisch, ein Makel, den alteingesessene Schwaben dem zugezogenen Fremden gelegentlich auch heute noch nur widerwillig zu verzeihen bereit sind.

Als Lina, wie sie von ihrer Familie und ihren Bekannten genannt wurde, sechs Jahre alt war, starb ihr Vater. Das Ereignis sollte sich einschneidend nicht nur auf das Leben des Kindes, sondern auch auf ihr Schicksal als junge Frau auswirken. Familien ohne Mann als „Haushaltsvorstand“, wie das früher hieß, der die Familie in rechtlicher Hinsicht und in der Öffentlichkeit repräsentierte, hatten keinen leichten Stand. Frauen ohne Vater oder Ehemann besaßen nur geringen Status in der Gesellschaft und sahen sich ihren Vorgesetzten viel stärker ausgeliefert, als man sich das heute vorstellen kann.

Nach Abschluss ihrer Schulausbildung trat Lina eine Stelle als Schreibkraft auf dem Rathaus eines Nachbardorfs von Nordenstadt an. Eines Tages, sie war gerade zwanzig Jahre alt, wurde offenbar, dass sie, nicht ordentlich verheiratet, schwanger geworden war.

Der Vater ihres Kindes war kein geringerer als der Bürgermeister, auf dessen Amt sie arbeitete. Die Schande, die eine außereheliche Schwangerschaft in jenen Zeiten für eine Frau bedeutete, und die Lasten, die in den meisten Fällen von ihr allein getragen werden mussten, hatten dramatische Folgen. Lina sah sich gezwungen, ihre Heimat zu verlassen. Ihr kleiner Sohn, der den Namen Heinrich erhielt, verblieb in der Obhut ihrer Schwester. Vom Vater des Kindes war fortan nichts mehr zu hören und auch nicht mehr die Rede.

Lina verschlug es also ins schwäbische Bahnwärterhäuschen, in eine fremde Umgebung, in der es zunächst sehr einsam für die vom Schicksal derart gebeutelte junge Frau gewesen sein muss. Es sollte drei Jahre dauern, bis ihr Leben wieder eine Richtung nahm, wie sie sich das eigentlich gewünscht hatte.

Dem Waldarbeiter Franz Georg Kärcher, der dem „Eisenbahn-Müller" verwandtschaftlich verbunden war, blieb Karolina Dieffenbach nicht lange unbekannt, denn er begegnete ihr von Zeit zu Zeit auf seinem Weg zur Arbeit. Was Wunder also, wenn er sich für sie zu interessieren begann!

Der weitere Verlauf dieser sympathischen Liebesgeschichte lässt erkennen, dass Franz Georg Kärcher sehr überlegt zu Werke ging. Er wollte sich seiner Sache sicher sein. Zunächst versuchte er in Erfahrung zu bringen, aus welchem Haus die junge Frau kam. Mit seinem Freund zusammen fuhr er nach Nordenstadt. Was die beiden dort über die Familie Dieffenbach in Erfahrung brachten, hinterließ einen tiefen Eindruck bei ihnen: eine große Landwirtschaft, und sogar mit zwei Pferden! Die gab es in Mühlhausen vermutlich nur in der Mühle und bei der Herrschaft im Schloss. Gewöhnliche Bauern spannten Kühe vor den Wagen. Franz Georg war überzeugt, dass es sich bei dieser Familie um „rechte Leute" handeln müsse. Er beschloss, mit der Lina „Ernst zu machen".

Die beiden heirateten (mutmaßlich) im Jahr 1902 und wohnten danach in einer Doppelhaushälfte, die Franz Georg Kärcher zuvor schon in der „Alten Steige" gekauft hatte, eines von jenen Gebäuden, die im 17. Jahrhundert von der Schlossherrschaft errichtet worden waren.

Kurz nach der Hochzeit geschah etwas, was in Mühlhausen damals für den Status eines Mitbürgers und damit auch für das Ansehen von Karolina Kärcher von größerer Bedeutung war. Am Bahnhof Illingen kam ein Eisenbahnwagen mit einer vollständigen Wohnungseinrichtung an: Wohnzimmer, Schlafzimmer und Küche. Die Mühlhausener waren beeindruckt. Die Lina hatte „Sach" in die Ehe mitgebracht. Jetzt war sie endgültig akzeptiert, aber nicht nur das. Man begegnete ihr fortan mit Respekt.

Franz Georg Kärcher und seine Frau hatten fünf gemeinsame Kinder, vier Söhne und eine Tochter. Mit Heinrich, dessentwegen seine Mutter ihre Heimat hatte verlassen müssen, wuchsen sechs Kinder in der Familie auf.

Dieser Heinrich, der 1899 in Mainz „Danebengeborene", kam von Nordenstadt nach Mühlhausen, wurde von Franz Georg Kärcher adoptiert und verdiente während seines Arbeitslebens vor allem in Ziegeleien seinen Lebensunterhalt.

Franz, geboren 1904, sollte später einmal die elterliche Landwirtschaft übernehmen, machte eine entsprechende Ausbildung auf der damals so genannten „Winterschule" in Vaihingen/Enz und arbeitete deswegen zeitweise auch auf anderen Bauernhöfen. Körperlich war er ein ganz anderer Typ als sein kräftig gebauter Bruder Heinrich. Als die beiden sich eines Tages miteinander um Arbeit bewarben, wurde Franz mit der Bemerkung abgelehnt, er solle nach Hause gehen und noch mehr Spätzle essen. Spätzle, eine Mehlspeise, gelten unter Schwaben als eine Art Nationalgericht und, weit wichtiger, als Kraftspender, wenn sie in größeren Mengen aufgenommen werden.

Das Geburtshaus Wilhelm Friedrich Kärchers in Mühlhausen/Enz

Wilhelm Friedrich Kärcher, Wilhelm also, kam am 27. Januar 1907 in Mühlhausen zur Welt. Seinen Namen erhielt er, weil er am gleichen Tag wie der damalige Kaiser Wilhelm II. geboren wurde.

Im Jahr 1909 kam Karl als vierter Sohn hinzu. Er wurde später Schuhmacher.

Zwei Jahre danach, im Jahr 1911, gesellte sich zu den vier Brüdern eine Schwester mit Namen Frieda. So viele ältere Brüder lassen eigentlich vermuten, dass sie als Mädchen mit einer eindrucksvollen Riege von Beschützern rechnen konnte. Das galt für sie aber offenbar nur eingeschränkt. Die männliche Überzahl in der Familie war für Frieda manchmal auch eine Zumutung. Sie beschwerte sich später darüber, dass sie immer wieder „hinter ihren Brüdern her putzen" musste, wie sie es nannte. Franz soll das mit dem Satz kommentiert haben, dafür hätten sie ihre Schwester doch eigentlich „gefasst".

Als Kinder mussten die Brüder abwechselnd auf ihre kleine Schwester aufpassen. Das taten sie nicht besonders gern. Gelegentlich kamen sie dabei auf die ausgefallensten Ideen. Eines Tages setzten sie die kleine Frieda in einen Leiterwagen und spannten eine Ziege davor. Das verängstigte Tier, das nicht gewöhnt war, einen Wagen zu ziehen, geriet in Panik, schoss mit dem ungewohnten Gefährt davon und landete mitsamt dem kleinen Mädchen auf einem Misthaufen.

Solche Inszenierungen veranlassten die Mutter bisweilen dazu, ihre Söhne dorthin zu wünschen, „wo der Pfeffer wächst."

Später ging Frieda, wie das bei jungen Frauen damals die Regel war, „in Stellung". Sie arbeitete zunächst bei der Herrschaft im Schloss, danach bei einer Familie in Stuttgart, wo sie Hauswirtschaft lernte. Einer ihrer größten Wünsche, Klavier spielen zu lernen, ging nicht in Erfüllung. Es hätte die finanziellen Möglichkeiten der Familie überstiegen.

Im Jahr 1920, also ganze neun Jahre nach Frieda, kam Ernst als eine Art Nachzügler dazu. Er blieb im Elternhaus, bis er im zweiten Weltkrieg Soldat werden musste.

In der Familie Kärcher ging es lebhaft zu. Die tägliche Arbeit war nicht selten hart. Trotzdem wurde viel musiziert und vor allem gesungen, meist zur Begleitung von Mundharmonika und Gitarre. Die Kinder galten unter den Nachbarn als aufgeschlossen, fröhlich, humorvoll, kurz als angenehme Menschen, mit denen gut auszukommen war, und auf die man sich verlassen konnte. Die schwierige Vergangenheit ihrer Mutter spielte keine Rolle mehr.

Die Familie Kärcher (von links): Karl, Wilhelm, Lina, Heinrich (nachträglich eingefügt), Frieda, Franz Georg, Franz. Im Bild fehlt Ernst.

Lina Kärcher hielt die Verbindung zu ihrer Familie in Nordenstadt weiter aufrecht. Bei ihren Besuchen wurde sie immer von einem ihrer Kinder begleitet. Auch ihre Nichten und Neffen kamen gern nach Mühlhausen, in den schwierigen Jahren nach dem zweiten Weltkrieg gelegentlich sogar für längere Zeit, denn den Nordenstädtern ging es damals nicht so gut wie den Mühlhausenern. Es herrschte ein gutes Verhältnis zwischen den Vettern und Basen.

Den ersten Weltkrieg hatten Franz Georg Kärcher, der Vater, und gegen Ende auch der kaum zwanzigjährige Heinrich als Soldaten erlebt. Beide kamen wohlbehalten wieder nach Mühlhausen zurück.

Wilhelm Friedrich Kärcher und sein Werdegang im Umfeld seines Heimatorts

Er besuchte zunächst die Volksschule in Mühlhausen, und gegen Ende seiner Schulzeit den Konfirmandenunterricht. Als Konfirmationsspruch erhielt er das Wort aus Psalm 34,9: „Schmecket und sehet, wie freundlich der Herr ist. Wohl dem, der auf ihn traut!" Dazu gehörten zwei Zeilen aus dem Choral von Georg Neumark:

„Wer Gott, dem Allerhöchsten traut, der hat auf keinen Sand gebaut.“

Der Tag seiner Konfirmation, so wird er einige Jahre später in Bad Liebenzell bei seiner Abordnung als Missionar berichten, habe keinen besonderen Eindruck auf ihn gemacht. Erst später sei ihm bewusst geworden, dass die Aufforderung Jesu, ihm nachzufolgen, ihm, Wilhelm Friedrich Kärcher, persönlich gegolten habe.

Wilhelm selbst erzählte in seinen späteren Jahren, dass ihn andererseits die Frage, was das Ziel und die Bestimmung seines Lebens sein solle, schon früh umgetrieben habe. Es war die erste Frage aus dem Buch, aus dem er Wissen für seine Konfirmation zu lernen hatte. „Was soll eines Menschen vornehmste Sorge sein in seinem Leben? Dass er haben möge eine gewisse Hoffnung des ewigen Lebens. Wie Christus (Matthäus 6,33) sagt: ‚Trachtet am ersten nach dem Reich Gottes und nach seiner Gerechtigkeit, so wird euch das Übrige alles zufallen'.“

Diese Frage beschäftigte ihn zeitweise besonders intensiv, so zum Beispiel, als einer seiner Schulkameraden, der auch mit ihm den Konfirmandenunterricht besuchte, an einer Lungenentzündung erkrankte und starb. Zeitlebens blieb ihm unvergessen, wie er den toten Oskar im Sarg liegen sah und die Frage in sein Bewusstsein drang: „Was soll eines Menschen vornehmste Sorge sein?“

Wie sehr er sich darum mühte, nicht nur für sein eigenes Leben eine Antwort darauf zu bekommen, sondern entsprechende Konsequenzen daraus zu ziehen, zeigen seine Empfindungen auf einem Volksfest im Nachbardorf Roßwag. Nach der Christenlehre, die Neukonfirmierte noch einige Zeit nach der Konfirmation an den Sonntagnachmittagen zu besuchen hatten, verlangte es die erlebnishungrigen Jugendlichen nach „action“, wie man das heute nennen würde.

Eines Tages gab es diese in Roßwag: Schiffschaukel, Musik, Leute, Hallo und Krach, wie Wilhelm sich selbst erinnerte. Er sagte seiner Mutter, er wolle dort hingehen. Die war gerade dabei, sich für die „Stunde“ in der Liebenzeller Gemeinschaft anzuziehen. Sie äußerte sich nicht. Ihr Sohn aber hatte das bestimmte Gefühl, sie habe in diesem Augenblick für ihn gebetet.

Ihm selbst war bewusst, dass die Menschen, die dort zusammenkamen, jene „gewisse Hoffnung des ewigen Lebens“ besaßen, von denen im Konfirmandenunterricht so oft die Rede gewesen war. Und als er sich auf dem Volksfest wiederfand, wurde er die Frage nicht mehr los, was geschehen würde, wenn Jesus in diesem

Augenblick wiederkäme, wie er das aus dem Glaubensbekenntnis kannte. Der Gedanke, dass weder seine Freunde noch er selbst mit ihm gehen dürften, bedrückte ihn schwer.

Gewiss hat Wilhelm in seinen späteren Jahren nicht die Meinung vertreten, Christen hätten keinen Anspruch auf Vergnügungen und Lebensfreude, wären gar auf solchen Festen grundsätzlich fehl am Platz. Er hat sich in seinem Leben nie dem verzerrten Ideal des gramgebeugten Gottsuchers auch nur im Entferntesten verpflichtet gefühlt. Damals in Roßwag aber war ihm klar, dass er jetzt eigentlich mit seiner Mutter zusammen in der Gemeinschaftsstunde in Mühlhausen sitzen sollte. Er wusste, dass sie es eigentlich so wollte. Eine Stunde später war er, zur Überraschung seiner Mutter, wieder zu Hause.

Aus der Zeit, in der er die Christenlehre besuchte, erinnerte er sich an eine Geschichte, die der Pfarrer von einem Bäcker-meister erzählte. Der war schwer krank geworden und lag im Sterben. Im Delirium, in das er von Zeit zu Zeit verfiel, sprach er immer wieder von „Ziegelmehl“, was seine Frau nicht verstehen konnte. Eines Tages, als ihr Mann bei Bewusstsein war, sprach sie ihn daraufhin an. Er berichtete ihr, dass es eine Zeit in seinem Leben gegeben habe, während der er in seinem Bäckerladen auch Safran verkaufte. Um diesen zu strecken, zermahlte er alte Ziegel zu feinem rotem Mehl und mischte es unter den Safran, mit dem er handelte. Angesichts des Todes machte ihm dieser Kundenbetrug ungeheure Not.

Eines Tages – es war etwa ein Jahr nach Wilhelms Konfirmation – fand im Schulhaus eine Evangelisation statt. Der Redner war der schon erwähnte Liebenzeller Seminarlehrer Wilhelm Heinsen. Als der seine Zuhörer dazu aufrief, ihr Leben in Ordnung zu bringen, ging der vierzehnjährige Wilhelm zu ihm, um mit ihm über sein Lebensproblem zu sprechen. Er selbst hat dies folgendermaßen geschildert:

„Herr Heinsen hielt nach dem ersten Weltkrieg hin und her viele gesegnete Evangelisationen. Er legte Wert auf eine seelsorgerliche Aussprache. Auch ich wurde als Junge durch seine Verkündigung angesprochen und war bei ihm auf seinem Zimmer. Nach dem Bekenntnis meiner Sünden nahm er seine zerlesene Bibel zur Hand und schlug verschiedenen Stellen im Alten und Neuen Testament auf, zum Beispiel 1. Johannes 1,9: ‚So wir aber unsere Sünden bekennen, so ist er treu und gerecht, dass er uns die Sünden vergibt und reinigt uns von aller Untugend.‘ Oder Micha 7,19: ‚Er wird ... alle unsere Sünden in die Tiefen des Meeres werfen.‘

Herr Heinsen fragte mich dann, ob ich von der Schule her noch wisse, wie tief das Meer an seinen tiefsten Stellen sei. ‚Neuntausend Meter oder noch mehr', gab ich zur Antwort. Darauf Heinsen: ‚Gut! Jetzt frage ich dich: Wer holt von dort unten deine Sünden wieder herauf, wenn Gott sie in eine solche Tiefe geworfen hat?' Ich überlegte etwas und sagte: ‚Ich denke, niemand.' – ‚Kannst du das jetzt glauben?' Ich hatte nicht den Mut, ja zu sagen. Er wiederholte die Frage. Schließlich, als ich die offene Bibel in seiner Hand sah, gab ich zur Antwort: ‚Ich glaube es, weil es so in der Bibel steht.' Er sagte dann sehr eindringlich, auf die Bibel hinweisend, wie ein Schulmeister, der seinem Schüler etwas beibringen will: ‚Glaube immer dem, was in der Bibel, im Worte Gottes steht!' Wir knieten dann nieder und beteten. Als wir aufstanden, war ich meines Heils gewiss" (Pagel 1989:127).

Die Tatsache, dass die Gemeinschaftsleute sich außer zum sonntäglichen Gottesdienst in der Kirche auch darüber hinaus noch zusammenfanden, brachte ihnen keineswegs nur Sympathien ein, sondern machte sie in gewisser Weise auch verdächtig: „Die wollen etwas Besseres sein."

Es gab verschiedene Wege zum Versammlungsort im Gässle, aber auch Stellen, an denen immer alle vorbeikommen mussten. Dort stand man auf dem Weg zur „Stunde" unter besonderer Beobachtung. Die Neugier verbarg sich hinter Fenstervorhängen, und im Dorf wussten alle, wer – schwäbisch ausgedrückt – „en d' Schdond goht", und wie regelmäßig der Betreffende das tat. Unter Umständen gab es offene Feindschaft von Seiten derer, die den Stundenleuten aus anderen Gründen nicht wohl gesonnen waren. Sie wurden ausgegrenzt, und vor allem die Dorfjugend tat sich damals nicht selten in unrühmlicher Weise hervor. Manchem Alterskameraden wurde regelrecht aufgelauert und übel mitgespielt. Mobbing würde man heute sagen. Insgeheim aber empfanden viele Dorfbewohner Respekt vor den „Frommen". Ihre Redlichkeit war bekannt und wurde geschätzt, auch wenn man sie immer wieder hart auf die Probe stellte.

Seine Freude über „das neue Leben", das für Wilhelm jetzt begonnen hatte, blieb nicht ungetrübt. Da waren seine Freunde Karl, Paul, Gustav und Gottlob. Mit denen hatte er sich schon immer sonntags getroffen und das getan, was man im Schwäbischen leicht beschönigend „etwas anstellen" nennt.

Es waren zunächst einfach Jungenstreiche, die dem Bedürfnis nach neuer Erfahrung entstammten. Viel war für Kinder nicht los im Mühlhausen der damaligen Zeit. Nach der Konfirmation wurde das etwas anders. Die jungen Kerle fühlten sich erwachsener. Äußeres Zeichen dafür waren die langen Hosen, die sie bei der Konfirmation zum ersten Mal anziehen durften.

Jetzt kam es vor, dass die fünf Freunde in fremden Gärten völlig unberechtigterweise Erdbeeren pflückten. Sie fingen das Rauchen an. Einer unter ihnen klaute seinem Vater dafür auch noch die Zigarren. Wilhelm war sehr klar, dass er bei solchen Aktionen auf keinen Fall mehr mitmachen konnte, nicht nur deswegen, weil es ihm und seinen Freunden von den Zigarren so schlecht wurde, dass sich alle erbrechen mussten, sondern weil er die Gewissheit, die er gewonnen hatte, auf keinen Fall gefährden oder verlieren wollte. Seine Entscheidung, sich gegen seine Freunde zu stellen, war schwer, und sie fielen prompt über ihn her. Der Pfiff, mit dem sie sich sonntags zu gemeinsamen Unternehmungen bei ihm gemeldet hatten, blieb von da an schlagartig aus. Er hatte sie als Freunde verloren.

Gewonnen aber hatte er die anderen, zu denen seine Mutter und sein älterer Bruder schon gehörten. Nicht ganz einfach war für ihn die Tatsache, dass es in jenen Tagen noch keine ausgeprägte christliche Jugendarbeit gab, in der man sich altersgemäß betätigen konnte. Die Gemeinschaftsstunden wurden meist von Menschen in vorgerücktem Alter gehalten, und die Ansprachen drehten sich um Themen, die Kinder und Jugendliche in ihrer entwicklungsspezifischen Lebensproblematik nicht oder noch nicht betrafen. Trotzdem fanden sich auch hier ein paar junge Leute mit den gleichen Interessen wie Wilhelm. Sie trafen sich gar fünfmal während der Woche zu unterschiedlichen Gelegenheiten, darunter zu Proben in zwei Chorvereinigungen, einem gemischten und einem Männerchor.

Nach Abschluss seiner siebenjährigen Volksschulausbildung ging Wilhelm ein Jahr lang auf eine damals so genannte „Fortbildungsschule", und er begann 1921 eine Lehre als Zimmermann bei der Firma Dieterich in Mühlacker. Gleichzeitig besuchte er die Gewerbeschule.

Er selbst empfand seine Berufsausbildung als etwas Besonderes. Andere mussten gleich nach der Schule einfach als ungelernte Arbeiter in der Ziegelhütte in Mühlacker Geld verdienen. Doch damit begann auch eine persönlich schwierige Periode seines Lebens.

Sein Lehrmeister war ein „ungläubiger" Mann, wie er es nannte, also keineswegs ein Christ, wie Wilhelm ihn verstehen wollte.

In ähnlicher Weise verhielt es sich mit seinen Arbeitskollegen und ihrer Art, über Glaubensdinge und Christsein zu sprechen.

Schwierig waren auch die äußeren Umstände seiner neuen Berufstätigkeit. Morgens musste er eine Stunde lang zu Fuß zur Arbeitsstelle gehen. Dann wurde acht, manchmal zehn Stunden lang gearbeitet. Es gab noch keine Baukräne. Die Zimmerleute mussten die Balken auf ihren Schultern in die Höhe wuchten. Und wenn Feierabend war, lag vor dem todmüden Lehrling immer noch der einstündige Fußweg nach Hause. Trotzdem versäumte er nur selten eine Veranstaltung der Gemeinschaft.

Dass der Lehrling etwas anders sein und leben wollte als seine Kollegen, fiel diesen nicht nur schnell auf, sondern forderte diese dazu heraus, es ihm einzutränken. Das Mobbing ließ nicht lange auf sich warten.

In späteren Jahren sagte Wilhelm darüber, es gehöre zur Nachfolge, dass man Hohn und Spott dieser Art aushalten müsse. Solches Verhalten sei aber typisch deutsch, denn weder auf den Inseln der Südsee, noch in Amerika sei es üblich, dass Christen, die es ernstlich sein wollen, von solchen herabgewürdigt werden, die sich auch als Christen bezeichnen, ihr Christsein aber darauf beschränken, Kirchensteuern zu zahlen.

Die Lösung des Problems für sich selbst sah er darin, nicht als Drückeberger zu gelten, weder beim Aushalten der Beleidigungen, noch in seiner Leistungsbereitschaft bei der Arbeit. Er war fleißig, stand nach der Mittagspause ganz selbstverständlich als Erster wieder an seinem Arbeitsplatz und verließ ihn meist als Letzter. In seinem ersten Zeugnis der Gewerbeschule stand als Bemerkung, er erhalte eine Anerkennung, im zweiten ein Lob, und das dritte Schuljahr brachte ihm einen Preis, ein Buch im Wert von zwanzig Reichsmark, für einen Lehrling in der damaligen Zeit eine unerhörte Belohnung. Sein Meister konnte nicht umhin, diese Leistungen anzuerkennen. Mit jedem Lehrjahr wurde er ernster genommen, und die Beleidigungen, Benachteiligungen und Sticheleien nahmen entsprechend ab.

Die selbstverständliche Leistungsbereitschaft, die er sich in den ersten Jahren seines Berufslebens erwarb, hat sich sein ganzes späteres Leben hindurch erhalten und seine Arbeit als Missionar wesentlich mitbestimmt.

Wilhelm Friedrich Kärcher als Zimmermannsgeselle

Nach seiner Lehre als Zimmermann nahm Wilhelm eine neue Arbeitsstelle in Bietigheim an. Dorthin gelangte er täglich mit dem Zug von Illingen aus. Das bedeutete morgens einen Fußmarsch von vier Kilometern bis zum Bahnhof, und abends wieder zurück. Das klingt außergewöhnlich. Verglichen mit anderen aber war er damit sogar gut daran. Viele Mühlhausener, die in Pforzheim arbeiteten, legten morgens regelmäßig die etwa fünfzehn Kilometer zu ihrer Arbeitsstelle ganz zu Fuß zurück, um nach einem Zehnstundentag diesen Weg nochmals zu gehen, und nicht selten darüber hinaus abends noch in der Landwirtschaft mitzuhelfen. So auch Wilhelm. Er fütterte das Vieh, mistete den Stall aus, und das ganz selbstverständlich.

Eines Tages war er in Bietigheim damit beschäftigt, einen Dachstuhl zu errichten. Dabei fiel ihm ein Mann in dunkler Kleidung und mit einer Aktentasche unter dem Arm auf, der täglich an der Baustelle vorbeikam. Wilhelm erkundigte sich nach ihm und erfuhr, dass dies der Prediger der örtlichen Gemeinschaft war. Auf den jungen Zimmermann machte er damit keinen besonders attraktiven Eindruck, und schon gar nicht dessen Tätigkeit als Prediger. Wilhelm mochte darin keine „rechte“ Arbeit erkennen.

Sein Leben als junger Erwachsener wurde bestimmt und überschattet durch die wirtschaftlich und politisch schwierige Zeit der Rezession während der Weimarer Republik. Aber er verstand sich ganz als Mühlhausener. Das heißt, er fühlte sich eingebunden in die dörflichen Sozialstrukturen, aus denen man nur ausbrechen konnte, wenn man das Dorf für immer verließ. Junge Leute, die den Ausbruch wagten, ohne wegzuziehen, gerieten unweigerlich in den Verdacht, etwas Besseres als die anderen sein zu wollen.

Die Dorfgemeinschaft war fest gefügt, eine Lebens- und Leidensgemeinschaft. Das hatte Vorteile. Niemand, der unverschuldet in Not geriet, musste allein damit fertig werden. Andererseits sah sich das Individuum in seiner Freiheit unter Umständen erheblich eingeschränkt. Anders zu sein oder sein zu wollen hatte Folgen. Was den Vorstellungen der Dorfgemeinschaft nicht entsprach, wurde nicht toleriert. Jeder kannte jeden, und jede Besonderheit löste im Ort zumindest Diskussionen aus. Das wurde gefürchtet. Thema des Dorfgesprächs zu werden war ein unerträglicher Gedanke. Die wichtigste Überlegung im Bezug auf das eigene Verhalten in der Öffentlichkeit galt der Frage, was „die Leute“ dazu sagen würden. Diese Art sozialer Kontrolle bestimmte das Leben des Einzelnen in erheblichem Maß.

Im Rückblick hat man aber auch den Eindruck, das Leben in Mühlhausen in der ersten Hälfte des 20. Jahrhunderts sei von Beschaulichkeit bestimmt gewesen. Moderne Kommunikationsmöglichkeiten gab es noch nicht. Was auf dem Rathaus geschah und angeordnet wurde, bekamen die Bürger nicht in schriftlicher Form über eine Gemeindezeitung mitgeteilt, sondern mündlich. Es wurde „ausgeschellt“. Das tat der so genannte „Schütz“, ein Mann, der einmal wöchentlich mit Dienstmütze und einer gestielten Glocke, der „Schelle“, durch die Straßen ging, an Kreuzungen stehen blieb und das Wissenswerte laut schreiend an die Bevölkerung ausrichtete. Wenn seine Glocke ertönte, öffneten sich die Fenster der Häuser in Hörweite. Wer die Nachricht nicht deutlich hatte hören können, fragte bei den Nachbarn nach.

Wurde jemand krank, wusste das ganze Dorf darüber Bescheid und erkundigte sich teilnahmsvoll nach dem Ergehen des Patienten. Todesfälle wurden von der gesamten Dorfgemeinschaft betrauert, und an Beerdigungen nahm teil, wer konnte, und das waren immer viele.

Das galt selbstverständlich auch für Hochzeiten. Bahnte sich ein Verlöbnis an, wurden alle verwandtschaftlichen Beziehungen der beiden so weit wie möglich in die Vergangenheit zurück verfolgt, um festzustellen, ob die beiden auch wirklich zusammenpassten. Am Hochzeitstag stellten sich das Brautpaar, die Verwandten und alle Hochzeitsgäste zu einer Art Prozession auf und zogen vom Haus der Braut zur Kirche. Die Mühlhausener standen an der Straße Spalier. Die Schulkameraden und Freunde des Hochzeitspaars riefen den beiden fröhliche Aussprüche zu. Das weiße Hochzeitskleid und der weiße Schleier standen für „Reinheit“ der jungen Frau. Damit hielt man es streng. Es soll vorgekommen sein, dass aufgebrachte Mühlhausenerinnen einer Braut, deren Lebenswandel nicht diesem Ideal entsprochen hatte, noch am Eingang zur Kirche den Schleier vom Kopf rissen.

Überhaupt waren Ethik und Moralvorstellungen stark von der Kirche geprägt. Daher gehörte es auch ganz selbstverständlich zum guten Ton, dass man sonntags am Gottesdienst teilnahm.

Die Mentalität der Bürger von Mühlhausen wurde, nicht anders als in allen Gemeinden mit dörflichem Charakter in jenen Zeiten, von einem „Wir-Gefühl“ bestimmt. Man grenzte sich entschieden gegen „die“ aus den Nachbardörfern wie Roßwag oder Lomersheim ab. Sie galten als anders, dachten anders und redeten anders. Sie waren Fremde oder zumindest „Nicht-Mühlhäuser“, denen Gutes weniger zugetraut wurde als den eigenen Leuten.

Genau diese Mentalität nun kennzeichnet auch die Gesellschaften auf den Inseln der Südsee. Was also hätte den späteren Missionar Wilhelm Friedrich Kärcher, dessen Charakter und Persönlichkeit sich im Denkrahmen dieses gesellschaftlichen Umfelds ausformten, wohl besser auf seine überaus erfolgreiche Tätigkeit unter den Insulanern von Chuuk vorbereiten können, als in einem Dorf wie Mühlhausen aufzuwachsen? Er bekannte sich sein Leben lang immer in großer Bescheidenheit dazu, aus den einfachen Verhältnissen eines Bauerndorfs zu stammen. Er selbst hat seine Kindheit und Jugend in Mühlhausen für seine spätere Tätigkeit als besonders wichtig erachtet: es war eine gute Vorschule für die Südsee.

2

Vom Handwerker zum Missionar (1930-1936)

Schwierige Entscheidung

Erinnern wir uns. Wilhelm Kärcher hatte als Zimmermannsgeselle auf einer Baustelle in Bietigheim jenen schwarz gekleideten Prediger, den er gelegentlich vom Dachstuhl aus beobachten konnte, nicht so recht leiden mögen, und er hatte ihn daher auch nicht als besonderes Vorbild für seine eigene Zukunft sehen können. Diese Einstellung muss sich irgendwann bei ihm geändert haben.

Als Zimmermann hatte er nicht nur gearbeitet, weil er damit Geld verdienen konnte: „Ich war so gerne auf meinem Beruf, so gerne!" Sechs Jahre lang blieb er als Geselle in seiner Firma tätig. Während der ersten vier Jahre muss er sich sicher gewesen sein, dass der Beruf des Zimmermanns seine Bestimmung sei. Danach aber trat eine Veränderung in seinem Denken ein.

Begonnen hatte diese Entwicklung bei einer Veranstaltung auf dem Missionsberg in Bad Liebenzell, an der er teilnahm. Einer der Redner war im Lauf seiner Ausführungen auf den Missionsbefehl Jesu in Matthäus 28,18-20 zu sprechen gekommen und hatte diejenigen unter den Zuhörern, die sich davon betroffen fühlten, aufgefordert, die Hand zu erheben. Der junge Zimmermannsgeselle fand sich dazu nicht bereit. Offensichtlich aber begann er zu jenem Zeitpunkt damit, sich zu überlegen, ob Gott nicht doch etwas anderes mit ihm vorhatte als ein Leben im Beruf des Zimmermanns. Die Frage, ob er nicht Missionar werden sollte, scheint ihn von da an geradezu umgetrieben zu haben, und es fiel ihm schwer, eine Entscheidung zu treffen.

Er kämpfte mit sich, versuchte das Problem zu lösen, indem er sich einredete, es genüge, wenn er seinen Zehnten regelmäßig für die Arbeit der Liebenzeller Mission gebe. Damit aber kam er nicht mit sich ins Reine.

Der Kampf dauerte zwei Jahre. Um endlich zur Ruhe zu kommen, beschloss er, einen ersten Schritt zu tun. Er meldete sich schriftlich bei der Liebenzeller Mission.

Der Antwortbrief, den er daraufhin von der Missionsleitung bekam, bestärkte ihn in der Annahme, er habe jetzt getan, was er tun konnte und dürfe die Sache als abgetan betrachten. Man teilte ihm nämlich mit, dass er zum gegenwärtigen Zeitpunkt nicht aufgenommen werden könne. Er solle sich aber im kommenden Jahr noch einmal bewerben.

Daraus, dass die Dinge in dieser Weise gelaufen waren, schloss er, dass er sich jetzt nicht mehr selbst zu bemühen brauche, die Frage seiner künftigen Berufung zum Missionar zu klären. Er wollte Gottes Willen darin sehen, wenn er in seiner Lage nicht noch einmal selbst die Initiative ergreifen würde, sondern andere. Das erwies sich in seinem Fall als richtig. In späteren Jahren vertrat er daher nachdrücklich die Ansicht, bei einer solchen Entscheidung könne einem niemand einfach sagen, was man tun solle, sondern Gott müsse es in einem Menschen wirken und seine Lebenssituation entsprechend einrichten.

Tatsächlich erreichte ihn ohne sein Zutun bald darauf ein Brief mit der Aufforderung, er solle sich zum 1. Mai 1930 bei der Deutschen Zeltmission melden, die zu diesem Zeitpunkt eine Evangelisation in Bietigheim durchführte. Im Herbst könne er dann ins Seminar der Liebenzeller Mission eintreten.

Jetzt war er sich seiner Sache absolut sicher.

Das Gespräch mit dem Chef

Damit stand er nun aber auch vor der Situation, dass er A gesagt hatte und nun B sagen musste. Er tat es, indem er seine Stelle kündigte. Als er seinem Meister eröffnete, dass er „in die Mission gehen werde", brach dieser in höhnisches Gelächter aus:

„Das gibt's doch nicht!"

Nachdem Wilhelm seinem Chef aber deutlich zu verstehen gegeben hatte, dass sein Entschluss zur Kündigung endgültig sei, begann dieser in ihn zu dringen:

„Kärcher, ich habe mehr Erfahrung als du. Ich weiß, dass du von den Frommen bald die Nase voll haben wirst!"

Er bot ihm für diesen Fall sogar die Möglichkeit einer Rückkehr an seinen Arbeitsplatz an:

„Wenn dir's zu dumm wird, dann komm wieder zu mir!"

Wilhelm aber hielt unbeirrt an seinem Entschluss fest, ließ sich seinen Lohn auszahlen und ging. Am 21. Oktober 1930 trat er ins Seminar der Liebenzeller Mission ein, um eine vier Jahre dauernde Ausbildung zum Prediger und Missionar zu beginnen. Er war damals dreiundzwanzig Jahre alt.

„Der König hat uns gerufen“

Später in seinem Leben erinnerte er sich im Zusammenhang mit seiner Entscheidung an ein Ereignis, das er als Kind zu Beginn des ersten Weltkriegs miterlebt hatte.

Eines Tages befand er sich um Mitternacht am Bahnhof in Mühlacker und sah, wie die Rekruten den Zug bestiegen, um „ins Feld“ zu fahren. Einigen unter ihnen musste wohl der interessierte siebenjährige Wilhelm aufgefallen sein, denn plötzlich wurde er hochgehoben und durch ein Fenster in den Waggon gereicht. Die jungen Soldaten zeigten ihm ihre funkelnagelneue Ausrüstung. Draußen auf dem Bahnsteig standen Kinder und Mütter in großer Besorgnis, die sich unter Tränen von den an die Front fahrenden Soldaten verabschiedeten, indem sie ihnen letzte Ratschläge und mahnende Worte mitgaben.

„Dann ein Rufen und Pfeifen. Ich wurde schnell durchs Fenster hinausgeschoben, und schon setzte sich der Zug unter lautem, freudigem Singen von Vaterlandsliedern in Bewegung und fuhr hinaus in die kalte, finstere Nacht. So zogen sie aus in dem festen Bewusstsein: Der König hat uns gerufen.“

Mit diesen Worten beschrieb Wilhelm Kärcher viele Jahre später seine Erinnerungen in einem Interview mit dem Evangeliumsrundfunk in Wetzlar, und er fuhr fort:

„Nach schwerem Kampf und langen Monaten kam dann der eine oder andere Soldat auf Urlaub, und manche unter ihnen kamen nie mehr. Wie groß war da die Freude im Dorf, so einen Krieger zu begrüßen, und wie haben wir Buben an diesen Soldaten hinaufgeschaut! Sehr schnell waren die wenigen Tage Urlaub vorbei, und dann geschah etwas, was mir merkwürdig vorkam. Als sie zum zweiten Mal ins Feld zogen, waren sie still und haben nicht mehr so mit Begeisterung gesungen. Ich hatte sogar den Eindruck, dass es ihnen geradezu schwer fiel, wieder ins Feld hinaus zu ziehen. Und doch sind sie wieder gegangen, wohl wissend, was alles auf sie wartete. Warum blieben sie nicht einfach zu Hause? Warum gingen sie wieder die Steige [in Mühlhausen] hinauf und sahen wehmütig auf das Dorf zurück? Weil der König sie gerufen hatte!“

Genau so, wie es den Soldaten ergangen war, fühlte sich auch Wilhelm Kärcher, nachdem er seine Entscheidung getroffen hatte, ins Liebenzeller Missionshaus einzutreten. Es gab da aber auch einen Unterschied. Der König, dessen Ruf „ins Feld“ er von jetzt an folgen wollte, hatte nicht nur gesagt: „Mir ist gegeben alle Gewalt im Himmel und auf Erden“ (Matthäus 28,18), sondern, so die Aussage des angehenden Missionars, der König gehe auch selber mit.

Und das sollte in Wilhelm Kärchers Leben oft geschehen.

Der Missionar als Handwerker

Mit seiner Bewerbung hatte es keine Schwierigkeiten gegeben. Ein wichtiger Grund dafür, warum er angenommen wurde, lag in seinem Beruf. Die Liebenzeller Mission war gerade dabei, ein Gästehaus zu bauen, die so genannte „Pilgerruhe“. Dafür brauchte man Bauhandwerker. Die zügige Fertigstellung des neuen Gebäudes machte es erforderlich, den Unterricht während der Bautätigkeit zeitlich zu beschränken. Seminaristen mit bestimmten beruflichen Qualifikationen waren bisweilen sogar gezwungen, Unterrichtsstunden zu versäumen, weil auf ihre Fachkenntnisse und Mitarbeit an bestimmten Tagen nicht verzichtet werden konnte.

In jenen Zeiten gehörte es überhaupt fast selbstverständlich zum Bild des Missionars, dass er ein Handwerk beherrschte. Seine spätere Tätigkeit machte es meist unabdingbar, dass er auf seinem künftigen Arbeitsfeld zunächst ein Haus bauen konnte. Werkzeugmaschinen, wie wir sie heute kennen, gab es noch nicht. An Generatoren zur Stromerzeugung unter Missionsfeldbedingungen war überhaupt nicht zu denken. Das meiste musste in Handarbeit geschehen.

Dass Missionare Handwerker waren, bewirkte im Übrigen auch einen interessanten Auslesevorgang. Sie kamen aus einer bestimmten Schicht der Gesellschaft. In den Elternhäusern, in denen sie aufgewachsen waren, hatten sie als Kinder und Jugendliche besondere Erfahrungen mit Wertvorstellungen gemacht, die in dieser bürgerlichen „Mittelschicht“ für wichtig erachtet wurden und auch heute noch werden: Genügsamkeit, Sparsamkeit, Fleiß, Pünktlichkeit, Selbstbeherrschung, Zielstrebigkeit, Zeitorientierung, und einiges andere. Da Missionare oft aus christlichen Elternhäusern stammten, gehörten Demut, Selbstverleugnung und Lustverzicht ganz selbstverständlich dazu, wenn man mit Ernst Christ sein wollte. Als Handwerker hatten sie zudem die hierarchischen Strukturen verinnerlicht, die in den Handwerksbetrieben üblich waren, in denen sie ihre Lehre gemacht und erste Berufsjahre verbracht hatten, und von denen sie wussten, dass Arbeit damit effektiv gestaltet werden konnte. Der Meister war der Chef, danach kamen die Gesellen, und schließlich die „Lehrbuben“, wie die Auszubildenden oder Azubis damals hießen.

Wertvorstellungen sind von ihrer Natur her tief im Unbewussten der Menschen verankert und bestimmen ihr Verhalten gegenüber ihren Mitmenschen ganz wesentlich. Sie bestimmen daher auch das Verhalten von Missionaren und Missionarinnen den Menschen fremder Gesellschaften gegenüber, deren Wertvorstellungen oft ganz anders gelagert sind oder in ganz anderer Form gelten.

Mit seiner Herkunft aus dem Handwerkermilieu also war der Missionar aus der ersten Hälfte des 20. Jahrhunderts ein Repräsentant seiner eigenen sozialen Schicht in Deutschland. Diese Haltung hatte ihre Berechtigung, konnte aber auf dem Missionsfeld auch zu Spannungen führen, weil sich der Betreffende dessen nicht bewusst war, und weil er seine eigene Wertewelt selbstverständlich als die für alle Menschen bessere und erstrebenswerte ansah. Wenn die anderen, neuen Wertvorstellungen, die er in eine fremde Gesellschaft einbrachte, dort nur zögerlich Anerkennung fanden, neigte er dazu, dies als ungewöhnlich wahrzunehmen, oder er verunglimpfte diese Ablehnung, wie das oft geschah, als Verstockung von Seiten der „Eingeborenen“, die wider bessere Einsicht nicht bereit waren, die Werte des Missionars zu übernehmen und sich nach ihnen zu orientieren. Manches, was Wilhelm Kärcher zu Beginn seiner Tätigkeit in der Südsee dachte, tat und schrieb, war durch eine solche Einsstellung bedingt, wie wir sehen werden.

Andererseits war auf den Arbeitsfeldern der Missionen der Missionar als Handwerker grundsätzlich derjenige mit der besten Ausbildung. Was Wunder also, wenn er sich in der Rolle des „Chefs“ wieder fand, der den „Eingeborenen“ sagte, was zu tun sei. Das war damals durchaus auch sehr sinnvolles Verhalten, denn ohne dieses hätte es in den Gesellschaften, in denen Missionare tätig wurden, vielfach keine Entwicklung gegeben, weder im wirtschaftlichen, noch im religiösen Bereich, und auch nicht auf den Inseln der Südsee.

Ausbildung am Seminar der Liebenzeller Mission

Als er in Bad Liebenzell seine Habseligkeiten untergebracht und sich eingerichtet hatte, empfand er eine tiefe Befriedigung. Er war sich völlig sicher, das Richtige getan zu haben. Zwei Jahre der Unschlüssigkeit, der Auseinandersetzung mit sich selber und mit der Frage nach seiner Bestimmung waren zu Ende. Es fiel ihm jetzt leicht, in seinem neuen Lebensplan den Willen Gottes zu erkennen.

Gleichzeitig aber empfand er dieses Datum auch als besonders einschneidend. Das Anstaltsleben war so ganz anders als die Freiheit und Ungebundenheit, über die er zuvor verfügen konnte. Er nannte die Jahre bis 1934 deshalb im Rückblick gelegentlich „eine Art Sturm- und Drangperiode".

Defizite

Das Ausbildungsprogramm, das künftige Missionare in der damaligen Zeit zu absolvieren hatten, beschränkte sich im Wesentlichen auf gründliche Kenntnis der Bibel und die Fähigkeit, Predigten zu entwerfen und zu halten. Kenntnisse in Ethnologie, Kulturanthropologie und allgemeiner Sprachwissenschaft wurden für die Arbeit auf dem Missionsfeld nicht als notwendig erachtet.

Als viel wichtiger galten „totale Hingabe an den Herrn, Demut und Gehorsam." Darüber hinaus war man bei der Liebenzeller Mission – wie bei anderen Missionen auch – der Überzeugung, Südseemissionare bräuchten vornehmlich praktische Fähigkeiten beim Bau von Häusern, Kirchen, und im Umgang mit Booten.

Aus diesem Grund blieben den künftigen Südseemissionaren wichtige Grundkenntnisse unbekannt, die ihnen ihre Arbeit bedeutend erleichtert hätten, und die in den wissenschaftlichen Publikationen jener Zeit auch zugänglich waren. So kannte zum Beispiel niemand die Standardwerke, die Friedrich Rudolf Lehmann über „Mana" und „Tabu" veröffentlicht hatte (1922, 1930). Diese beiden Begriffe bestimmten – und bestimmen noch heute – die Religionen Ozeaniens in einer Weise, dass ein Missionar mit seinem europäisch-westlichen Denkrahmen ohne ihre Kenntnis weder in der Lage ist, Südseeinsulaner und ihren animistisch orientierten Denkrahmen zu verstehen, noch seine Botschaft so ausrichten kann, dass er verstanden wird.

Auch Wilhelm Kärcher sollte mit diesen und vielen anderen vollständig verschieden gelagerten Vorstellungen der Menschen seines künftigen Arbeitsfeldes erst an Ort und Stelle bekannt werden, und das eher zufällig als systematisch. Andere Defizite, mit denen er zurechtkommen musste, werden später noch zur Sprache kommen.

Praktikum in Südbaden

Nach Abschluss seiner Ausbildung am Seminar kam er für zwei Jahre nach Emmendingen, einer kleinen Stadt in der Nähe von Freiburg im Breisgau, um dort seinen „Probedienst" abzuleisten. So nannte man damals die praktische Ausbildung der Absolventen in einem Gemeinschaftsbezirk.

Wenn er sich später in seinem Leben an seine damalige wirtschaftliche Lage erinnerte und Vergleiche anstellte, sprach er davon, dass die Menschen in jener Zeit arm waren, auch die Missionen. Niemand besaß ein Auto. Nach seiner vierjährigen Ausbildung bekam er im Monat gerade 25 Reichsmark Gehalt, also 85 Pfennige pro Tag.

Das bedeutete damals eine gewisse Versuchung für ihn, wie er einräumte. Wenn er in seinem Beruf gearbeitet hätte, wäre er im Vergleich dazu geradezu fürstlich entlohnt worden. Bereut hat er trotzdem nichts. Er empfand, dass Gott sein Leben reich gemacht habe, und er sei froh dabei gewesen. Einen materiellen Beweis dafür lieferte er viel später einem Interviewpartner gegenüber einmal, in dem er sagte: „Es steht ein Audi draußen, und der gehört mir!"

Die Südsee wird sein künftiges Arbeitsfeld

Am 6. September 1936 wurde Wilhelm Kärcher auf dem Herbstmissionsfest in Bad Liebenzell ordiniert und als Missionar für Chuuk, eine Inselgruppe in den mikronesischen Karolinen, abgeordnet.

Als Grundlage für seine Ansprache hatte er Psalm 34,9 gewählt: „Schmecket und sehet, wie freundlich der Herr ist. Wohl dem, der auf ihn traut!" Das war sein Konfirmationsspruch gewesen. Diesem fügte er den dazu passenden Satz des Dichters Georg Neumark aus dem Choral „Wer nur den lieben Gott lässt walten" hinzu: „Wer Gott, dem Allerhöchsten, traut, der hat auf keinen Sand gebaut."

Der Tag seiner Konfirmation, so sagte er in seiner Ansprache, habe keinen besonderen Eindruck auf ihn gemacht. Erst später sei ihm bewusst geworden, dass die Aufforderung Jesu „Komm und folge mir nach" ihm eigentlich schon damals gegolten habe. Und wörtlich: „Auf Grund des Wortes Gottes bin ich meines Heils gewiss geworden bis auf den heutigen Tag, und im Felsen Jesus

Christus durfte ich in meiner Jugend mein Leben verankern.“ Er hat diesen Satz offenbar mit großem Nachdruck ausgesprochen. In der Zusammenfassung seiner Ansprache, die in „Chinas Millionen“ – dem damaligen Informationsblatt der Liebenzeller Mission – zu finden ist, steht er in Fettdruck hervorgehoben.

Was Sand und das Bauen darauf bedeutet, das war ihm als Zimmermann gewiss klar. Auf den Sandinseln Mikronesiens, seinem künftigen Arbeitsfeld, sollte ihm das wenig später so richtig augenfällig werden,.

Was es aber bedeutet, zu schmecken und zu sehen, wie freundlich der Herr ist, und es auch als Wohl zu verstehen, ihm zu trauen, das sollte für Wilhelm Kärcher und seine Familie wenige Jahre später zu einer schweren Prüfung werden, zu einem Alptraum, der kaum zu ertragen war und Unvorstellbares von ihnen verlangte.

Seltsames Zusammentreffen

Auf der Veranstaltung, in deren Verlauf der junge Missionar eingesegnet wurde, geschah etwas Merkwürdiges, und es sollte nach seiner Ankunft auf Chuuk einige Monate später sogar noch eine Art Fortsetzung finden.

Mit ihm zusammen auf dem Podium befand sich Schwester Elise Zuber (1876-1945), die schon eine Reihe von Jahren als Missionarin auf Chuuk gearbeitet hatte und für eine weitere Dienstperiode nach dort verabschiedet wurde.

Elise Zuber war offenbar der festen Überzeugung, ein weiterer Missionar auf Chuuk sei völlig überflüssig, und diese Ansicht hatte sie auch dem damaligen Missionsleiter Pfarrer Ernst Buddeberg ausdrücklich zu verstehen gegeben. Mit Wilhelm Kärcher hatte sie daher entschieden gar nichts am Hut. Jedenfalls sprach sie nicht ein einziges Wort mit ihm. War sie sich sicher, dass er doch nicht nach Chuuk kommen würde? Es sollte, wie so oft, ganz anders kommen. Nur kurze Zeit später begegneten sich die beiden wieder, unter vollkommen veränderten Bedingungen!

Eine Existenzfrage

Eines der großen Probleme des künftigen Missionars war die Frage nach der richtigen Ehefrau. Für den Seminaristen Wilhelm Kärcher hatte die strenge Regel gegolten, vor Abschluss seiner Ausbildung keinerlei Beziehung zu einer Frau zu beginnen. Jetzt aber musste das ziemlich unvermittelt geschehen, denn die Zeit drängte. Im kommenden Januar sollte er ausreisen. Für die Suche verblieben knapp vier Monate.

In jener Zeit war man noch der Ansicht, dass diese Angelegenheit einem jungen Mann unmöglich allein zur Entscheidung überlassen bleiben konnte. Die richtige zu finden, dazu bedurfte er des Rates von Männern mit einschlägiger Erfahrung und Durchblick. Ihnen wurde in einer so wichtigen Angelegenheit nicht nur ein Mitspracherecht zuerkannt, sondern auch eine Mitsprachepflicht. Solche Männer gab es vor allem in der Missionsleitung. Diese hatten sich in der Tat schon umgetan und eine junge Frau in den Blick genommen, die ihnen als künftige Frau Kärcher geeignet erschien.

Es ist wenig verwunderlich, wenn zu diesem Zeitpunkt offensichtlich wurde, dass auch Wilhelm sich schon umgetan und dabei eine junge Frau kennen gelernt hatte, die er sich als seine Ehefrau vorstellen konnte. Was er noch nicht wusste, war die Tatsache, dass es genau diese junge Frau gewesen war, auf die auch die Missionsleitung zu seinen Gunsten ein Auge geworfen hatte.

3

Elisabeth Wagner

Heimat, Kindheit und Jugendzeit

Sie wurde am 22. November 1912 in Immenstadt/Allgäu als erstes Kind des Bäckermeisters Michael Wagner (1879-1960) und seiner Frau Marie (1883-1969) geboren. Ihr Elternhaus stand in Waltenhofen, einem Dorf südwestlich von Kempten am Westabhang des Illertals gelegen. Ihre Eltern besaßen einen Gasthof mit Bäckerei. Elisabeth, die musikalisch und musikinteressiert war, unterhielt die Gäste in ihrer Freizeit gelegentlich mit Klavierspielen.

Über ihre Kindheit und Jugend in ihren geliebten Allgäuer Bergen schrieb sie gelegentlich, es sei eine glückliche gewesen, umsorgt von liebevollen Eltern, die ihr Bestes suchten, in der Gesellschaft von ihren drei Brüdern Fritz, geboren am 23. November 1910, Ernst, geboren am 2. Mai 1914, und Karl, geboren am 28. Dezember 1916.

Karl, Ernst, Elisabeth und Fritz Wagner

Ihre Schulzeit schloss sie am 29. März 1928 mit der Mittleren Reife an der Mädchenmittelschule St. Maria Stern in Immenstadt ab. Ihr Abgangszeugnis – ausgestellt auf den Namen Elise Wagner

– weist sie als gute Schülerin aus („bei hervorragendem Fleiße und hervorragendem Betragen, Religionslehre und Turnen hervorragend, Singen lobenswert, usw.“).

In der Fremde

Unmittelbar danach ging die Sechzehnjährige nach Berlin, wo sie zunächst bei Ihrer Tante Elise Grentz („Tante Lies“) wohnte, deren Ehemann Ernst in der Wrangelstraße 84 eine Spedition betrieb. Elisabeth arbeitete im Büro.

Im April 1931 finden wir sie „in Stellung“, wie das damals hieß, und zwar in einer wohlsituierten Familie aus der damaligen Oberschicht („Reichsbankdirektor E. Bulling, Am Hirschsprung 12“) in Berlin-Dahlem, wo sie bis 1936 den Haushalt besorgte.

In Berlin hatte Elisabeth schon bald nach ihrer Ankunft Anschluss an einen christlichen Mädchenkreis bekommen. Ihre Tante war zwar etwas verwundert darüber, dass ihre Nichte ihre bisherigen Interessen innerhalb so kurzer Zeit aufgab und sich an ihren neuen Freundinnen orientierte. Aber sie legte ihr nichts in den Weg.

Im Tagebuch, das Elisabeth am 30. August 1936 in Waltenhofen zu schreiben begann, nannte sie diesen Kreis ihren „Klub“. Das ist ein Akronym. Das Wort kommt zustande, wenn man die Anfangsbuchstaben des Satzes „Komm lass uns beten“ der Reihe nach zusammensetzt. In diesem „Klub“ hat sie sich in der ersten Hälfte der dreißiger Jahre offenbar bewusst für ein Leben als Christin entschieden, und seine Mitglieder sollten sie in ihrem weiteren Leben begleiten, wenn auch eher im Hintergrund.

In diesem Tagebuch ist auch zu erkennen, dass sie schon 1929 angefangen hatte, sich mit dem Gedanken zu befassen, ganz in den Dienst des Reiches Gottes zu treten, denn sie hatte ein Interesse für die äußere Mission zu entwickeln begonnen. Mehrere Jahre lang konnte sie den entscheidenden Schritt dazu aber nicht mit voller Überzeugung tun.

Ein wichtiger Entschluss

Zu Anfang der dreißiger Jahre hatte Elisabeth Wagner an einer Veranstaltung teilgenommen, auf der Hedwig von Redern (1866-1935), die Mitbegründerin des Deutschen Frauenmissionsgebetsbundes (DFMGB), eine Ansprache hielt. Während dieses „Missionssonntags“, wie sie ihn in ihrem Tagebuch nannte, wurde ihr zur Gewissheit, dass sie Missionarin werden sollte.

Die Zustimmung ihrer Eltern bekam sie zunächst nicht. Zwar konnte sie deren ablehnende Haltung verstehen, weil sie ihre einzige Tochter war. Sie wollte daher geduldig sein. Das bedeutete fünf Jahre des Wartens. Während dieser Zeit klangen aber immer wieder die Worte aus Jesaja 66,19 an ihr inneres Ohr und durch ihre Gedanken: „Und ich will [...] einige von ihnen, die errettet sind, zu den Völkern senden, [...] und zu den fernen Inseln, wo man nichts von mir gehört hat, und die meine Herrlichkeit nicht gesehen haben; und sie sollen meine Herrlichkeit unter den Völkern verkündigen.“

Eindrucksvoll und zugleich merkwürdig daran ist: Sie war sich sicher, dass ihr Weg sie in die Südsee führen würde. Mag sein, dass sie in Berlin häufiger und bewusster mit der Tatsache konfrontiert worden war, dass Deutschland früher Kolonien in Ozeanien besaß, oder dass sie als Süddeutsche die Liebenzeller Mission als Südseemission kannte. Jedenfalls sollte es später tatsächlich die Südsee sein, wo sie ihre Bestimmung fand, aber in ganz anderer Weise, als sie es sich gedacht hatte, nicht als unverheiratete Missionarin, sondern als Ehefrau eines Missionars.

Ihr Wille, sich für den Missionsdienst vorzubereiten, nahm offenbar Ende 1933 konkrete Formen an. In diesem Zeitraum begann sie ernstlich zu planen, Krankenpflege zu lernen. Das bedeutete damals faktisch, dass sie Diakonisse wurde. Der Entschluss dazu scheint in ihrem „Klub“ gereift zu sein. Ihre Mutter erfüllte er mit der Besorgnis. Sie fürchtete, dass es sich dabei um einen voreiligen Entschluss ihrer Tochter handeln könnte, um eine Art Strohfeuer. In einem Brief aus Berlin-Dahlem vom 10. Januar 1934 versuchte Frau Bulling die Bedenken Marie Wagners zu zerstreuen: Der „Klub“ sei wohl die Quelle der Beeinflussung, seine Leiterin („Fräulein Meister“) aber untadelig und eine „von tiefer Religion durchdrungene Frau“, die niemand zu etwas drängen würde, „wenn sie nicht die ehrliche Überzeugung hätte, dass eine wirkliche Berufung da ist. Wenn es aber doch einmal so weit kommen sollte, liebe Frau Wagner, dann müssen Sie sich eben vor dem Herrn beugen. Ist es nicht viel schöner, ein Kind in so einem Beruf zu wissen, als wenn sie leichtsinnig würde und Ihnen Schande und Unehre antun würde?“

Klare und eindringliche Worte.

Der Brief endete mit dem Hinweis auf den Eindruck, den Elisabeth Wagner bislang bei ihrer Herrschaft hinterlassen hatte: „Wenn uns Lisel einmal verlässt, verlieren wir in ihr keine Hausangestellte, sondern ein liebes Familienmitglied."

Mitte 1936 waren Elisabeths Pläne ausgereift. Ein weiterer Brief von Frau Bulling, diesmal an die Leitung der Liebenzeller Mission, beweist es. Und weil er zeigt, welche Wertschätzung Elisabeth im Hause Bulling entgegengebracht wurde, sei er hier im Wortlaut aufgeführt:

Dahlem, 13. Mai 1936

Sehr geehrter Herr Pastor!

Ihr geehrtes Schreiben hat bei uns grosse Freude ausgelöst, weil Lisel nun am Ziel ihrer Wünsche ist und wir es ihr von Herzen gönnen. Andererseits hat die rasche Berufung aber auch Bestürzung hervorgerufen, weil dadurch unser ganzer Sommerplan umgestürzt würde. Wir verreisen Mitte Juni, die Quartiere sind schon bestellt. Wenn ich bis dort vielleicht auch eine andere Hilfskraft finden könnte, was heute ja sehr schwer ist, so kenne ich sie doch nicht genügend, um ihr das ganze Haus auf Wochen zur alleinigen Betreuung anzuvertrauen. Dann habe ich, in der Annahme, dass Lisel mich mit ihrer ruhigen, zielbewussten Arbeit unterstützen wird, zur Olympiade das ganze Haus voller Gäste geladen und kann diese Einladungen nicht mehr rückgängig machen. Ich käme, wenn Liesel [!] *mich im Stich lassen würde, in die allergrößte Verlegenheit. Wir haben nun 5 Jahre zusammen gearbeitet in einem absolut ungetrübten Verhältnis. Lisel ist wirklich ein Menschenkind, an dem man, besonders heute in dieser verdorbenen Welt, seine Freude haben kann. Es fällt mir sehr schwer, sie zu verlieren, denn sie ist so absolut zuverlässig, arbeitsam und treu bis ins Allerkleinste, dabei von einem frischen, wohltuend heiteren Wesen. Sie werden in ihr später sicher eine schätzenswerte Mitarbeiterin bekommen.*

Ich hoffe, sehr geehrter Herr Pastor, ich mache keine Fehlbitte, wenn ich Sie darum ersuche, mir Lisel noch die paar Wochen zu lassen.

Mit herzlichem Dank und den besten Wünschen für Ihre Missionsarbeit grüßt

Frau R. Bulling

Elisabeths Arbeitgeberin schlug der „Zentrale der Hausfrauenvereine Groß-Berlin" sogar vor, ihr für ihre Leistungen einen Preis zu verleihen, und sie stellte ihr ein Anerkennungsschreiben aus, das sich sehen lassen konnte. Darin hob Frau Bulling besonders hervor, welch segensreichen Einfluss sie auf die Tochter des Hauses ausgeübt hatte:

Berlin, den 27. März 1936

An die Zentrale der Hausfrauenvereine Groß-Berlin e. V.
Berlin W 35
Am Karlsbad 12-13

Anerkennungsschreiben

Fräulein Lisel Wagner geb. am 22. Nov. 1912 in Immenstadt im Allgäu hat sich in den 5 Dienstjahren unsere ungeteilte Anerkennung und Hochachtung durch ihre absolute Ehrlichkeit, Gewissenhaftigkeit und Treue, durch ihre unermüdliche und unverdrossene Arbeitskraft, durch ihre große Tüchtigkeit in allen häuslichen Dingen und nicht zuletzt durch ihr immer gleichbleibend freundliches und heiteres Wesen errungen.

Ihren segensreichen Einfluss auf unsere nun 10 jährige Tochter möchte ich noch ganz besonders hervorheben und gleichzeitig auf die sittlich und religiös hochstehende Lebensauffassung von Fräulein Lisel Wagner hinweisen.

Frau R. Bulling

Am 3. September 1936 trat Elisabeth Wagner in die Liebenzeller Mission ein.

Auf dem Missionsberg in Bad Liebenzell

Die ersten Tage als „Schwester“ Elisabeth in Bad Liebenzell müssen ihr schwer gefallen sein. Sie fühlte sich unglücklich und konnte sich an die neue Situation nicht so recht gewöhnen. Trotzdem hatte sie ihren Humor nicht verloren. Mit einer gewissen Selbstironie schrieb sie in ihr Tagebuch, Tag und Nacht seien ihre Tränen den Missionsberg hinuntergeflossen, und sie habe sich nach den „Fleischtöpfen Ägyptens“ zurückgesehnt. Damit meinte sie vermutlich ihr abwechslungsreiches Leben in Berlin, das ihr im Nachhinein verklärt erschien, zumal sie sich zunächst in der Küche des Missionshauses betätigen musste.

Schon nach kurzer Zeit aber hatte sie eine völlig andere Haltung zu ihrer neuen Lebenssituation gewonnen. Der Unterricht bei Pfarrer Heinrich Hertel (1892-1966) gefiel ihr ausnehmend gut, und ihre Stimmung wurde dadurch gehoben, dass sie erlebte, wie Menschen sich um ihr Ergehen kümmerten: Eines Tages wurde sie ins Büro der Missionsleitung gerufen, um 10 Reichsmark in Empfang zu nehmen, den ihr „Klub" in Berlin für sie gesammelt hatte.

Eine Unterredung mit dramatischen Folgen

Zwischen Mitte Dezember 1936 und Anfang Januar 1937 lässt ihr Tagebuch erkennen, dass ein Ereignis eingetreten war, das Elisabeth Wagner sehr aufgewühlt haben muss. Drei Wochen lang sah sie sich danach nicht mehr im Stande, weitere Eintragungen vorzunehmen. Was war geschehen?

Unter dem Datum vom 6. Januar 1937 findet sich folgende Darstellung der Ereignisse:

„Leider kann ich erst jetzt wieder weiter schreiben. Ja, inzwischen bin ich nun Braut geworden. Manchmal ist es mir wie ein Traum, aber der Ring am Finger bestätigt mir die Wirklichkeit. Wie ging das alles bloß so schnell?

Am Mittwoch, den 16. Dezember, wurde ich um fünf zu Herrn Pfarrer [Buddeberg] gerufen. Er war sehr freundlich und erkundigte sich über meine Familienverhältnisse. Auf einmal wurde er sehr ernst und sagte: ‚Liebe Schwester, ich habe einen besonderen Auftrag übernommen. Ein junger Bruder, der vor der Ausreise steht, sucht eine Lebensgefährtin, und er bat mich, Sie zu fragen, ob Sie bereit wären, mit ihm zu gehen.' Da saß ich nun und hatte ordentlich mit den Tränen zu kämpfen."

Was sie noch nicht wusste, war Folgendes: Wilhelm Kärcher hatte das Problem, kurz vor der Ausreise zu stehen, aber noch keine Lebenspartnerin gefunden zu haben, zu lösen versucht, indem er den Missionsdirektor um entsprechende Vermittlung bat. Unklar ist, ob er ihm gegenüber dabei den Namen Elisabeth Wagner genannt hatte. Der Missionsdirektor jedenfalls hatte sich dazu bereit erklärt, als Vermittler zu fungieren, weil er wusste, dass Elisabeth in die Mission eingetreten war, um als Missionarin in die Südsee zu gehen.

Elisabeth selbst war in diesen Tagen vom klassischen Schicksal einer künftigen Missionarsfrau ereilt worden, wie es bis in die erste Hälfte des 20. Jahrhunderts nicht selten war.

Wie wird man die Frau eines Missionars?

Die jungen Frauen, die in jener Zeit Missionare heirateten, gingen diese Ehen unter sehr speziellen Bedingungen ein. Es war üblich, dass die Missionsleitungen die Suche nach ihnen damit begannen, dass die Leiter von Gemeinden und Gemeinschaften im Hinterland der betreffenden Missionsgesellschaft einen Brief erhielten, in dem die Bitte geäußert wurde, geeignet erscheinende junge Frauen zu benennen, die auf Grund ihrer Herkunft, Persönlichkeit, und Ausbildung zur Ehefrau eines Missionars taugten. Nachdem ausführliche Erkundungen abgeschlossen und in einer Sammlung von schriftlichen Berichten zusammengetragen waren, bat man die betreffenden jungen Frauen vor ein Gremium der Mission, um ihnen mitzuteilen, genauer, sie damit zu konfrontieren, dass sie dazu ausersehen seien, einen bestimmten Missionar zu heiraten. Die Frauen waren fast immer völlig ahnungslos. Sie stellten erst in diesem Augenblick fest, dass monatelang über sie geschrieben und eine ausführliche Personalakte angelegt worden war. Nur selten hatten sie den für sie bestimmten Mann jemals vorher zu Gesicht bekommen.

Man kann sich vorstellen, in welche Entscheidungs- und Gewissensnot die jungen Frauen dadurch geraten mussten. Einerseits fanden sie es bedrückend, einem Mann die Ehe zu versprechen, den sie nicht kannten, und andererseits setzten sie sich dem Vorwurf aus, dem Willen Gottes nicht folgen zu wollen, der sie mit dem Ansinnen der Missionsleitungen doch so offensichtlich in seinen Dienst berief.[1]

Elisabeth Wagner war ebenfalls völlig ahnungslos, andererseits aber auch nicht ganz unvorbereitet. Ihr Tagebuch deutet an, dass ihr zukünftiger Ehemann bei gelegentlichen Begegnungen nicht nur einen sympathischen Eindruck auf sie gemacht hatte, sondern dass sie sogar eine gewisse Zuneigung zu ihm empfand.

Wilhelm Kärcher seinerseits schilderte diese gelegentlichen Begegnungen konkreter. Auch ihm war die junge Frau aufgefallen, und er fand sie sympathisch. Einmal hatte er in ihrer unmittelbaren Nähe eine Arbeit zu erledigen. Sie selbst war mit einem Aufzug beschäftigt und kam mit dem Seil nicht zurecht. Die Frau des Mis-

[1] Eindrucksvoll beschrieben findet sich das Dilemma in: Konrad, Dagmar: Missionsbräute. Pietistinnen des 19. Jahrhunderts in der Basler Mission. Münster, München, Berlin 2001.

sionsdirektors, Luise Buddeberg, die dazukam, wies ihn an, Elisabeth zu helfen. Damals sprachen die beiden zum ersten Mal persönlich miteinander.

Elisabeth Wagner (Mitte vorn) als Jungschwester

Die Unterredung mit Ernst Buddeberg – er war es, der damals das Werk der Liebenzeller Mission leitete – muss sie in ein Wechselbad der Gefühle gestürzt haben, trotz ihrer Sympathie für Wilhelm Kärcher. Was er ihr eröffnet hatte, war unerwartet über sie hereingebrochen. Sie war völlig fertig. Ihre neue Lebenslage wollte sie fast erdrücken. Ihr Tagebuch berichtet, an jenem Abend sei ihr „mehr zum Sterben als zum Leben" zumute und „alles genommen" gewesen. Die ganze folgende Nacht fühlte sie sich hin und hergerissen. Jetzt musste sie erst einmal damit zurecht und darüber zur Ruhe kommen. Das dauerte.

Gleichwohl raffte sie sich unmittelbar danach dazu auf, einen Eilbrief an ihre Eltern aufzusetzen, die sie, wie sie in ihrem Tagebuch erwähnt, um Erlaubnis bitten musste. Dieser Brief sei hier im Wortlaut wiedergegeben:

Liebenzell, den 16. Dezember 1936

Meine lieben Eltern!

Diesmal komme ich mit einer Bitte zu Euch, die Euch vielleicht im Augenblick etwas bestürzt. Heute wurde ich zu Herrn Pfarrer gerufen und er sagte zu mir, dass ein Bruder ihn gebeten hätte, mich zu fragen, ob ich bereit sei, mit ihm aufs Missionsfeld zu ziehen. Er geht jetzt im Frühjahr schon hinaus auf die Südsee. Ich sollte dann in ungefähr 2 Jahren nachkommen. Diesen Bruder kenne ich schon etwas, da ich ihm täglich begegnet bin und er machte einen sehr guten Eindruck. Auch Herr Pfarrer lobte ihn sehr. Morgen sollte ich nun nach Tübingen und mich untersuchen lassen, ob ich tropenfähig bin. Nun möchte ich Euch gern fragen, ob Ihr die Einwilligung dazu gebt. Ich spürte es ja schon lange und ahnte schon so etwas. Bitte gebt mir doch umgehend Bescheid, da die Sache jetzt etwas eilt. Sagt aber bitte noch niemand etwas. In viel Liebe grüßt Euch Eure

Lisl.

Schon am Tag darauf, also am 17. Dezember, fuhr sie frühmorgens nach Tübingen, um sich im Paul-Lechler-Krankenhaus auf Tropentauglichkeit untersuchen zu lassen. Der Bescheid fiel positiv aus.

Sehr ungewöhnlich war, dass Elisabeth erst am darauffolgenden Dienstag, also fast eine Woche nach ihrem Gespräch mit der Missionsleitung, die entscheidende Begegnung mit Wilhelm Kärcher hatte, um die Lage zu besprechen. Die Unterredung war arrangiert und daher zunächst eher peinlich. Vom heutigen Standpunkt aus gesehen trug die Szene groteske Züge. Er selbst schilderte die Situation, wenn er später darüber sprach, als äußerst heikel, und zwar für beide Partner.

Der Raum, wiederum das Direktionsbüro, war durch zwei Türen zugänglich. Während Wilhelm durch die eine hereinkam, trat Elisabeth in Begleitung von Frau Buddeberg durch die andere auf. Diese verließ den Ort des Geschehens daraufhin diskret, und „Fräulein Wagner“, wie Wilhelm sie damals noch zu nennen hatte, setzte sich auf das Sofa.

Er nahm ihr gegenüber auf einem Stuhl Platz. Zwischen beiden befand sich ein Tisch. Nach einer kurzen, beklemmenden Stille ergriff Wilhelm das Wort: „Wären Sie bereit, mit mir als meine Frau in die Südsee zu gehen?“ Sie antwortete sehr direkt: „Ja, aber

Gottes Sache soll dabei Vorrang haben." Gemeint war, dass Wilhelm, ihrem zukünftigen Ehemann, der zweite Rang nach der gemeinsam geplanten Unternehmung als Missionare zukommen sollte.

Das war ein Satz, der sich in mehrfacher Hinsicht als bemerkenswert erweisen sollte. Er umriss nicht nur ihre eigene Einstellung klar und deutlich, sondern stimmte auch mit Wilhelms eigenen Vorstellungen überein, wie sich später zeigen sollte.

Andererseits spürte sie bei diesem Gespräch auch „völligen Gleichklang, und das machte mich getrost". Die innere Unruhe, mit der sie nun schon fast eine Woche lang gelebt hatte, verlor sich zusehends. Von jetzt an konnte sie dem Lebensweg zustimmen, der sich für sie abzeichnete. Die folgenden Wochen sollten trotzdem äußerst turbulent für sie werden.

Elisabeth und Wilhelm lernen ihre künftigen Schwiegereltern und ihre Familien kennen

Die schriftliche Zustimmung der Eltern Elisabeths zu der Heirat scheint schnell gekommen zu sein, denn kaum eine Woche nach dem ersten ausführlichen Gespräch der beiden schrieb Wilhelm unter dem Datum des 22. Dezember 1936 einen Brief – erkennbar in seiner schönsten „Sonntagshandschrift" – an seine künftigen Schwiegereltern, in dem er sich bei ihnen für ihr Vertrauen bedankte, das sie ihm offenbar entgegenbrachten, und er lud sie nach Mühlhausen ein, wo am Heiligen Abend die Verlobung gefeiert werden sollte. Ihre Teilnahme sei umso wichtiger und erwünschter, als sie ja nicht bei der Hochzeit anwesend sein würden, „die ja dann voraussichtlich in weiter Ferne ist".

Am folgenden Morgen reisten Wilhelm und Elisabeth miteinander von Bad Liebenzell nach Mühlhausen. Unterwegs kauften sie in Pforzheim ihre Ringe und besorgten die Verlobungskarten.

Bei Wilhelms Eltern in Mühlhausen wurde Elisabeth herzlich aufgenommen. Das sollte wenige Tage später in Waltenhofen bei ihren eigenen Eltern ganz anders sein.

In Tagebüchern und Briefen nicht deutlich erkennbar, aber doch offensichtlich ist, dass Michael und Marie Wagner bei der Verlobung in Mühlhausen nicht anwesend waren, denn am Tag nach Weihnachten machten sich Elisabeth und Wilhelm auf die Reise von Mühlhausen nach Waltenhofen.

Elisabeth Wagner und Wilhelm F. Kärcher als Verlobte

Dieser erste Besuch bei ihren Eltern mit Wilhelm zusammen begann in gespannter Atmosphäre. Unter Elisabeths drei Brüdern hatte Ernst ein besonders gutes Verhältnis zu ihr. Er war es, der die beiden vom Bahnhof abholte.

Er scheint in Uniform gekommen zu sein, denn in einem Brief, den Wilhelm zwei Jahre später, am 26. Dezember 1938, von Lúkúnooch in Mikronesien aus schrieb, erinnerte er sich mit folgenden Worten an die Szene: „Damals hat uns der Ernst abgeholt mit dem Säbel, damit der Bräutigam auch Respekt bekommt." Das klingt humorvoll. An jenem Tag jedoch empfand Wilhelm die Situation als bedrückend. Er hatte das Gefühl, sein künftiger Schwager wolle ihm signalisieren, dass er ihn als dahergelaufenen Kerl betrachte, der gekommen sei, um ihm seine Schwester auszuspannen. Ernst nahm Elisabeth jedenfalls am Bahnhof sofort in Beschlag. Wilhelm dagegen beachtete er kaum. Die beiden gingen weit voraus, und Wilhelm trug ihnen im Abstand von dreißig Metern den Koffer hinterher. Ernst schaute sich nicht ein einziges Mal nach ihm um. Unterwegs bat Elisabeth ihren Bruder, bei ihren Eltern ein gutes Wort für Wilhelm und sie einzulegen. Er tat es nicht. Es war zu schwer für ihn.

Womit weder Wilhelm noch Elisabeth gerechnet hatten: Im Hause Wagner erwartete sie eine geradezu feindselige Stimmung. Elisabeths Mutter galt als energische Frau. Sie war – für die damalige Zeit außergewöhnlich – mehrere Jahre in Paris in Stellung gewesen und sprach fließend Französisch. Marie Wagner musterte den Verlobten ihrer Tochter zunächst einmal von oben bis unten. Der hatte zwar den Eindruck, dass seine künftige Schwiegermutter wohl nicht lange brauchen würde, um ihn zu akzeptieren. Dieser Eindruck aber täuschte, jedenfalls ein paar Tage lang.

Familie Wagner (von links): Marie, Karl, Fritz, Elisabeth, Ernst, Michael

Elisabeth traf es noch härter. Sie wurde mit dem Vorwurf konfrontiert, sie habe „das alles" schon längst gewusst, die Heiratspläne der beiden seien nichts anderes als ein abgekartetes Spiel, bei dem die Eltern außen vor gehalten werden sollten, usw. Ihre Eltern waren geradezu empört, wie Elisabeths Tagebuch vermeldet.

Die unerwartet schwierige Situation scheint auch in Mühlhausen gewisse Auswirkungen gehabt zu haben, den Wilhelms Mutter Lina schrieb am 6. Januar 1937 einen Brief nach Waltenhofen, in dem sie versuchte, die Gemüter zu beruhigen. Sie wies darauf hin, dass es ihr selbst und ihrem Mann ähnlich ergangen sei, zwar nicht ganz so dramatisch, weil sie von Wilhelm schon längere Zeit wussten, dass er sich noch vor der Ausreise verloben sollte. Auch erinnerte sie daran, dass Elisabeth sich doch offenbar sehr schnell und leichten Herzens zu diesem Schritt entschließen konnte, und dass es „eine herrliche Sache" sei, „dem Herrn dienen zu dürfen." Es wäre daher doch das Beste, wenn sich beide Familien „hinter diese Sache stellen" würden.

Die Empörung auf Seiten der Familie Wagner verflüchtigte sich dann auch tatsächlich nach kurzer Zeit. Elisabeths Eltern zeigten sich schließlich sogar erleichtert bei dem Gedanken, dass ihre Tochter nicht allein in die Südsee ausreisen musste.

Zu dem Zeitpunkt aber, als Lina Kärcher ihren Brief schrieb, in dem sie zur Versöhnung aufrief, hatten die beiden Verlobten schon für längere Zeit voneinander Abschied nehmen müssen.

Waltenhofen im Allgäu, Heimatort von Elisabeth Kärcher

4

Wilhelm Kärchers Weg in die Südsee

Abschied von Europa

Der Besuch der beiden Verlobten in Waltenhofen dauerte nur wenige Tage. Den Jahreswechsel erlebten Wilhelm und Elisabeth in Mühlhausen. Die Zeit war ausgefüllt mit Kofferpacken und Abschiednehmen von den Angehörigen.

Am Morgen des 2. Januar 1937 legte ihm seine Mutter den Psalm 121, ein Wallfahrtslied, als Reisebegleitung nahe: „Ich hebe meine Augen auf zu den Bergen, von denen mir Hilfe kommt. Meine Hilfe kommt von dem Herrn, der Himmel und Erde gemacht hat. Er wird deinen Fuß nicht gleiten lassen, und der dich behütet, schläft nicht. Siehe, der Hüter Israels schläft und schlummert nicht. Der Herr behüte dich; der Herr ist dein Schatten über deiner rechten Hand, dass dich des Tages die Sonne nicht steche, noch der Mond des Nachts. Der Herr behüte dich vor allem Übel, er behüte deine Seele. Der Herr behüte deinen Ausgang und Eingang von nun an bis in Ewigkeit."

Ein Auto brachte ihn zum Bahnhof in Mühlacker. Elisabeth und einige seiner Verwandten begleiteten ihn.

Neben vielen anderen Formalitäten, die er vor seiner Abreise zu erledigen hatte, war auch bei der Wehrmachtsbehörde ein Antrag auf Ausreise zu stellen gewesen.

Während sie langsam die Steige hinauffuhren, über die man vom Enztal auf die Straße nach Mühlacker gelangt, fiel ihm Matthäus 10,37 ein. Dort sagt Jesus: „Wer Vater oder Mutter mehr liebt denn mich, der ist mein nicht wert." Genau das war es, was er jetzt befolgte. Es kam ihn hart an. Was er nicht ahnen konnte: Es war ein Abschied für immer, denn beiden Eltern sollte er hier im irdischen Leben nicht wieder begegnen.

Sein Weg führte ihn zunächst nach Bad Liebenzell. Dort fand am Tag darauf die Abschiedsversammlung für den jungen Missionar statt. Wilhelm Heinsen, einer seiner Lehrer am Seminar, hielt seine Ansprache über Römer 8,31: „Ist Gott für uns, wer mag wider uns sein?"

Am Morgen intonierte der Posaunenchor das Missionslied: „Zieht fröhlich hinaus zum heiligen Krieg." Das klingt für uns

Heutige martialisch. Damals aber hatte ein solcher Satz nichts Aggressives an sich und bedeutete keinesfalls, dass der Missionar in einen wie auch immer gearteten christlichen Dschihad auszog, um in der Ferne vermutete Feinde des Glaubens zu bekämpfen. Ein Leben als Missionar war gewiss nicht das eines Kriegers, aber eine Art Kampf war es allemal. Den sollte auch Wilhelm Kärcher durchkämpfen müssen.

Der Posaunenchor geleitete ihn den Missionsberg hinunter zum Bahnhof Bad Liebenzell. Von dort wollte er am selben Tag über Pforzheim, Karlsruhe und Basel bis Bern in der Schweiz reisen. Bekannte aus den oberbadischen Gemeinschaftsbezirken Emmendingen und Freiburg, wo er sein Praktikum abgeleistet hatte, waren an den Freiburger Hauptbahnhof gekommen, um sich während der wenigen Minuten, in denen der Zug Aufenthalt hatte, von ihm zu verabschieden.

In Bern übernachtete er bei Rudolph Mäder und seiner Frau. Die beiden hatten von 1907 an mit einer längeren Unterbrechung bis 1934 als Missionare auf Chuuk gearbeitet.

Von Bern ging es mit dem Zug weiter durch den Simplontunnel nach Mailand und Genua, wo er bis zur Abfahrt seines Schiffs in einem so genannten Seemannsheim wohnte. Dort machte er Bekanntschaft mit vier Schwestern der Rheinischen Mission, die nach Indonesien unterwegs waren. Vermutlich am 5. Januar bezog er eine Kabine auf dem Dampfer „Stuttgart“, der ihn über Singapore und Manila nach Schanghai bringen sollte.

Von Genua nach Schanghai

Gebucht hatte er ursprünglich eine Kabine, die mittschiffs lag. Die erwies sich als sehr eng, zumal er dort schon zwei Herren vorfand, zwei Dicke, wie er sarkastisch bemerkte. Wilhelm sah ein, dass seine Anwesenheit den knappen Wohnraum noch beengter gemacht hätte. Also bezog er eine Kabine, die man ihm im hinteren Teil des Schiffes anbot. Das hatte zudem den Vorteil, dass er während der ganzen Reise allein blieb und in Ruhe gelassen wurde.

Für die vor ihm liegenden beiden Reisemonate hatte er gerade 70 Reichsmark in der Tasche. Die Hälfte davon verschenkte er später unterwegs an Missionare, die auf der Heimreise von China und in Geldnot waren.

Die große Seereise begann um sechs Uhr abends. Sie ging hinaus in eine dunkle, kalte Winternacht. Der Wind heulte um das

Schiff. „Jetzt war ich zum ersten Mal auf dem Meer, aber es war nicht viel davon zu sehen. [...] Als ich mich in meine Kabine zurückzog, kam es mir erst richtig zum Bewusstsein, dass jetzt ein ganz neuer Abschnitt in meinem Leben begann, so etwa wie bei Abraham, als er auf Gottes Befehl hin gehorsam die Heimat verließ, um in ein unbekanntes, fernes Land mit fremden, anders gearteten Menschen zu ziehen. Dass Gott ihn diesen Weg führte, war ihm wohl immer ein starker Trost, an den er sich halten konnte. Dieses Wissen muss jeder Missionar im Herzen haben, wenn er es wagen will, weit draußen im Völkermeer, oft auf einsamem, verlassenem Posten für seinen Herrn und Meister zu arbeiten. Ist er sich dessen nicht gewiss, so wird er von der Wucht der Lebenswellen wahrscheinlich erschlagen und eines Tages als Wrack irgendwo an Land gespült, so wie es Lot mit seiner Familie ging“ (1950:6).

Die Schiffsreise, die vier Wochen dauern sollte, war für ihn eine unvergesslich schöne Zeit. Einen Tag nach dem Auslaufen war der Ätna auf Sizilien zu sehen, und die „Stuttgart“ fuhr an der Vulkaninsel Stromboli vorbei ins Mittelmeer hinaus.

Schon am 8. Januar befand sich das Schiff vor der Nordküste der Insel Kreta, wo der Apostel Paulus während seiner Reise nach Rom auf wundersame Weise ein Schiffsunglück überlebte (Apostelgeschichte 27).

In Port Said, am Eingang zum Suezkanal begrüßten ihn die arabischen Händler zünftig mit „Heil Hitler.“ Während der Fahrt durch das Rote Meer und am Sinai entlang las er den Bericht von der Wüstenwanderung des Volkes Israel mit großem Interesse und lernte ihn ganz neu verstehen.

In diese Zeit fiel eine Begegnung, die er als sehr befriedigend erlebte: „Als ich mich am 12. Januar kurz vor zehn Uhr abends von einem norwegischen Missionar und meinem Tischnachbarn, einem Schotten, verabschieden wollte, um ins Bett zu gehen, fing Letzterer ein Gespräch mit mir an. Er wusste, dass ich nach der Südsee gehe, und was dort meine Aufgabe sein würde. Da bat er mich, ich solle ihm doch meine Adresse geben. Er wolle mir dann von Singapore ab und zu schreiben, und ich solle ihm auch aus unserer Arbeit auf den Inseln berichten. Er erzählte weiter, dass er äußerlich alles habe, eine nette Familie und ein gut gehendes Geschäft, aber er sei ein unglücklicher Mensch, denn er habe keinen Frieden mit Gott. „I have no peace with God.” Wir sprachen dann noch lange, so gut ich es eben in Englisch konnte, über das eine, was Not ist, und er war sehr aufrichtig.“

In dieser Episode wird eine Merkwürdigkeit in der Biografie Wilhelm Friedrich Kärchers erkennbar, für die sich eine Erklärung nirgends finden lässt: Er hielt sich offenbar nie zum Sprachstudium in England auf.

Für uns Heutige wäre es völlig undenkbar, einen Südseemissionar ausreisen zu lassen, ohne ihm die Möglichkeit gegeben zu haben, ausreichende Sprechfähigkeit im Englischen zu erwerben. Auch schon damals bedeuteten mangelnde Sprachkenntnisse eine erhebliche Beeinträchtigung der Fähigkeit zur Kommunikation. Jemand, der nicht oder nicht gut Englisch konnte, war nicht effektiv und musste sich mühselig durchschlagen. Das empfand auch Wilhelm Kärcher, und nicht nur im Zusammenhang mit dem Englischen, wie wir noch sehen werden. Auch in seinem späteren Leben empfand er immer noch, er predige stümperhaft, wenn er es in Englisch tun musste. Umso eindrücklicher ist sein Bemühen, mit den wenigen Kenntnissen, die er sich im Sprachunterricht bei seiner Seminarlehrerin Susie F. Thompson (1874-1958) erworben hatte, ein seelsorgerliches Gespräch zu führen, wie er es auf seiner Reise nach Ostasien tat. („Miss Thompson", wie sie von allen genannt wurde, erteilte von 1926 bis 1939 den Englischunterricht am Seminar der Liebenzeller Mission.)

Am 14. Januar wurde es für Wilhelm zum ersten Mal spannend. Die „Stuttgart" begegnete einem holländischen Frachtdampfer, der über Funk zu verstehen gab, dass ein Arzt gebraucht würde. Ein Passagier müsse sofort am Blinddarm operiert werden. Die „Stuttgart" konnte tatsächlich helfen. Der Arzt wurde in einem Rettungsboot übergesetzt, und nach vier Stunden Fahrtunterbrechung war der Patient erfolgreich operiert. Die Reise konnte fortgesetzt werden.

Am 20. Januar schrieb er eine Postkarte an seine künftigen Schwiegereltern in Waltenhofen, die zeigt, in welch eigenartiger, geradezu distanzierter Situation er sich ihnen gegenüber immer noch befand. Er sprach sie mit „Sie" an, endete aber mit „Euer Wilhelm".

In Singapore, von wo er die Postkarte abgeschickt haben muss, sah er zum ersten Mal konkret, wie sich Menschen einer fremden Religion verhalten, wenn sie beten. Er sprach von den Götzenfratzen des Buddha, vor dem vor allem Frauen knien.

Bei der Stadtbesichtigung verrechnete er sich offenbar mit dem Rückweg. Er hatte sich sehr viel weiter vom Hafen entfernt als er dachte. Um rechtzeitig auf dem Schiff zurück zu sein, rannte er, was das Zeug hielt. Dadurch erregte er die Aufmerksamkeit einer ganzen Reihe von Rikschafahrern, die sofort die Verfolgung aufnahmen und hinter ihm herjagten, weil sie ein Geschäft witterten und einen zahlungskräftigen Fahrgast in ihm sahen. Das Geld, von dem er schon fast nichts mehr hatte, wollte er aber unbedingt sparen. Kurz bevor die Schiffssirene zu heulen begann, schaffte er es, an Bord zurück zu kommen.

Seinen künftigen Schwager Karl scheint er besonders geschätzt zu haben. Eine Postkarte vom 3. Februar, geschrieben im ostchinesischen Meer und zur Post gegeben in Schanghai, war ausdrücklich an ihn gerichtet und mit allerlei Frotzeleien angereichert: Es sei sehr heiß und das Klima für das Skilaufen absolut nicht günstig.

In Ostasien

Inzwischen war es Februar geworden. Die „Stuttgart" hatte das Delta des Jangtsekiang und den Hafen von Schanghai erreicht. Das war das Ende ihrer Reise. Dort musste der junge Missionar auf den japanischen Dampfer „Chichibu Maru" umsteigen. Der konnte wegen dichten Nebels erst mit mehreren Stunden Verspätung ablegen, und kurz darauf lief das Schiff auch noch auf eine Sandbank, auf der es drei Stunden lang festsaß, bis die steigende Flut es wieder freigab und das offene Meer erreichen ließ.

Die „Chichibu Maru" sollte über Kobe nach Yokohama fahren. Viele der Passagiere wollten von dort über Honolulu nach San Francisco weiterreisen. Wilhelms Mitbewohner in der Kabine war ein Russe. Nicht nur daran wurde ihm bewusst, dass er sich von jetzt an „im Ausland" befand. Das Schiff war ein Teil Japans. Auf der „Stuttgart" hatte er sich noch auf deutschem Hoheitsgebiet befunden.

Auf der „Chichibu Maru" machte er auch Bekanntschaft mit einem Schwaben, der schon zwölf Jahre in Kobe wohnte und hoch erfreut darüber war, dass er sich wieder einmal mit jemand in seiner Muttersprache unterhalten konnte

Bei der Einfahrt in den Hafen von Yokohama am 10. Februar wurde er von den Liebenzeller Missionaren Ernst Lang (1897-1989), Bernhard Buss (1902-1992) und Otto Mosimann (1903-1997) erwartet.

In Japan war er seinem künftigen Arbeitsgebiet schon ziemlich nahe gekommen, nicht nur geografisch. Das Land verwaltete seit dem Ende des ersten Weltkriegs die mikronesischen Marianen-,

Karolinen- und Marshallinseln als Mandatsgebiet des Völkerbundes. Folglich gab es für ihn als einen Nichtjapaner, der dort einreisen und arbeiten wollte, eine ganze Reihe von Formalitäten zu erledigen.

Zunächst musste er auf seine Ausrüstung warten, die in mehreren Kisten auf einem anderen Schiff, der „Gneisenau", unterwegs waren und bald nach seiner Ankunft auch eintrafen.

Dann ging er daran, sich einen Platz auf dem Schiff zu besorgen, das ihn nach Chuuk bringen sollte.

Behördenwillkür, ein Problem und seine einfache Lösung

Der japanische Beamte, mit dem er es wegen der Schiffspassage von Yokohama nach Chuuk zu tun bekam, behauptete, es gebe keinen Platz auf der „Yamashiro Maru" für ihn. Ganze neun Tage lang versuchte Wilhelm hartnäckig, dem störrischen Kerl eine Kabine abzuringen. Vergebens! Dann gab ihm sein Betreuer, Ernst Lang, der schon häufiger solche Erfahrungen mit japanischen Beamten gemacht hatte, den Rat, es doch einmal mit einem „Geschenk" an den Verweigerer zu versuchen. Wenn man in Japan etwas erreichen wolle, gehe es auf diese Weise am elegantesten, so zu sagen „wie geschmiert".

Jetzt war guter Rat teuer. Woher ein Geschenk nehmen und nicht stehlen?

In dieser Situation erinnerte sich Wilhelm Kärcher daran, dass sich in Deutschland jemand von ihm verabschiedet und ihm dabei ein kleines Behältnis von der Größe einer Streichholzschachtel zugesteckt hatte. Dieses Abschiedsgeschenk war eher unbeachtet geblieben. Er hatte es auch nicht ausgepackt, sondern einfach zwischen seine anderen Habseligkeiten in den Koffer gestopft. Was aber entdeckte er, als er das Päckchen geöffnet und den Deckel abgenommen hatte? Zu seiner größten Überraschung lagen vor ihm auf Samt gebettet zwei wunderschöne goldene Manschettenknöpfe.

Im gleichen Augenblick kam ihm eine pfiffige Idee. Was sollte er auf Chuuk mit goldenen Manschettenknöpfen anfangen? Dort würde er meist Hemden mit kurzen Ärmeln tragen, zu denen man keine Manschettenknöpfe braucht. Eigentlich war es vollkommen sinnlos, einem künftigen Missionar so etwas mitzugeben! Wirklich? Keineswegs! Wilhelm wurde schlagartig bewusst, welche segensreichen Wirkungen diese Manschettenknöpfe als „Geschenk" an einen unwilligen Beamten entfalten würden. Also ließ er das Pretiosenschächtelchen von Frau Lang ansprechend verpacken, mit einem schönen Bändchen versehen und dem Beamten durch Herrn Lang in vollendeter Höflichkeit unter mehrfachen Verbeugungen auf zwei Händen präsentieren und mit weiteren Demutsgebärden überreichen: Dies sei ein Geschenk, das der Passagier Kärcher aus Deutschland für ihn mitgebracht habe.

Der Beamte packte aus, machte große Augen und meinte, er wolle sehen, was da zu machen sei. Als der Passagier Kärcher nach einigen Stunden wieder bei ihm vorsprach, wurde er mit den Worten empfangen: „Wir haben eine Kabine frei. Sie können mitfahren."

Nun könnte man der Ansicht sein, eine solche Handlungsweise erfülle den Tatbestand eines minder schweren Falles von Beamtenbestechung. Die Sache war unbestreitbar so etwas Ähnliches. Wilhelm selbst aber verstand den Vorgang ganz anders. Ihm fiel ein, dass es dazu im Alten Testament einen Präzedenzfall gibt. In 1. Mose 32 findet sich ein Bericht über das, was Jakob tat, als er nach langer Zeit der Trennung seinem Bruder Esau wieder unter die Augen treten musste, nachdem er ihn Jahre zuvor mit einem Trick um den Segen der Erstgeburt gebracht hatte. Jakob schickte jemand mit einem Geschenk voraus, das seinen Bruder versöhnlich stimmen sollte. Esau ging darauf ein, und alle waren zufrieden.

Reise in die Karolineninseln

Zehn Tage nach seiner Ankunft stach der Dampfer „Yamashiro Maru" von Yokohama aus in See und nahm Kurs auf Palau. Es herrschte stürmische See, und die Fahrt dauerte vom 20. bis 26. Februar. An Bord befanden sich eine ganze Reihe ziemlich exotischer Gestalten: Perlentaucher, die in der Südsee ihr Glück machen wollten.

Die Palauinseln mit ihrer tropischen Vegeation erinnerten Wilhelm an Blumensträuße. In Koror begrüßten ihn die Mitarbeiter der Liebenzeller Mission. Er wohnte bei Wilhelm Siemer (1904-1991) und seiner Frau Martha (1909-1961), und hier erlebte er zum ersten Mal, wie einfach Missionare damals noch wohnen und leben mussten. Zwar schien er sich nie Illusionen gemacht zu haben darüber, was ihn selbst erwarten würde. Er schrieb jedenfalls über seine Eindrücke von Palau: „Jemand in Deutschland hat einmal gesagt, die Missionare wohnen in schönen, großen Blockhäusern. Ich habe es aber etwas anders angetroffen. Es sind wohl nette Bretterhäuser, und von außen lassen sie sich auch gut fotografieren, aber inwendig muss man sich vorsichtig bewegen, sonst fallen die Bilder von den Wänden."

Dieser leicht sarkastische Kommentar findet sich in einem längeren Bericht, der das Datum des 3. April 1937 trägt, und den er auf der letzten Etappe seiner Reise in die Südsee geschrieben haben muss, auf den letzten 1.800 Kilometern zwischen Palau und Chuuk. Er beginnt mit Matthäus 28,18: „Mir ist gegeben alle Gewalt im Himmel und auf Erden." Dieses Wort Jesu bildete den Lehrtext in den Losungen am 1. Januar, dem Tag, an dem er von seiner Verlobten und seiner Verwandtschaft ein Vierteljahr zuvor in Mühlhausen Abschied genommen hatte.

Am Vorabend der Ankunft auf Chuuk gab es auf der „Yamashiro Maru" ein japanisches Festessen, ein „Sukiyaki Dinner", und am Morgen des 4. März hörte Wilhelm Kärcher, noch im Schlaf, die Ankerketten rasseln. Nach einer Schiffsreise von etwas mehr als zwei Monaten war er wohlbehalten im Hafen der Insel Tonowas angekommen.

Was vor ihm lag, wusste er nicht. Er war sich aber sicher, dass sein Gott es war, der ihn an diesen Ort gebracht hatte, in eine Welt und unter Menschen, deren Denken, Fühlen und Wollen völlig anders ausgerichtet waren als das jener europäisch-westlichen Gesellschaft, aus der er selbst stammte, und die er für lange Zeit verlassen hatte.

Er freute sich unbändig darauf, das Leben der Menschen auf den Inseln Ozeaniens kennen zu lernen und ihnen das zu bringen, was ihn selbst erfüllte, das Evangelium von Jesus Christus, wie es im Alten und Neuen Testament überliefert ist.

5

Die Inseln der Südsee als Lebensraum

Der Pazifische Ozean

Wenn sich ein Raumschiff unserem Planeten aus den Tiefen des Weltalls nähern würde, dann wäre der Pazifische Ozean wahrscheinlich das erste, was dessen Besatzung an seiner Oberfläche auffiele. Die Ausdehnung dieses größten Meeres der Erde von Westen nach Osten umfasst mehr als ein Drittel des Erdumfangs. Sein Ausmaß, fünfzehn Mal größer als Europa, bedeckt mehr als ein Drittel der Erdoberfläche. Der Pazifische Ozean ist der tiefste aller Ozeane. Seine größte Tiefe übertrifft die Höhe der Himalayagipfel um ein Beträchtliches. Würde man alles Land, das sich auf der gesamten Erde über dem Meeresspiegel befindet, an die Stelle des Pazifischen Ozeans versetzen, wäre immer noch Platz für mehr übrig. Land gibt es hier fast überhaupt nicht. Sieht man von Neuguinea ab, dann beträgt der Anteil, den die Inseln Ozeaniens an der unvorstellbar großen Wasserfläche einnehmen, weniger als ein Tausendstel. Der Pazifische Ozean ist eine Inselwelt.

Mikronesien

Die Ozeanistik, das ist die Wissenschaft, die sich mit den Kulturen und Sprachen der Menschen befasst, die auf den Inseln der Südsee leben, teilt Ozeanien in drei Großräume ein. Es sind die Kulturareale Polynesien, Melanesien und Mikronesien. Polynesien bedeckt den Ostteil des Pazifischen Ozeans und bildet mit Hawaii, Neuseeland und der Osterinsel die Eckpunkte des so genannten polynesischen Dreiecks, Melanesien gruppiert sich im Südwesten Ozeaniens um die Insel Neuguinea herum, und Mikronesien liegt im Nordwesten des Pazifischen Ozeans.

Mikronesien ist fast acht Millionen Quadratkilometer groß. Den größten Teil der Fläche bedeckt auch hier der Ozean. Die „kleinen Inseln“, das bedeutet der Name Mikronesien, ergeben zusammengenommen kaum 2.000 Quadratkilometer. Sie wären bequem auf dem Gebiet des Saarlandes unterzubringen. In Wirklichkeit liegen sie über eine Wasserfläche verstreut, die größer ist als die USA und nur wenig kleiner als das europäische Festland. Unter ihnen sind kaum hundert wirklich bewohnt. Ihre Bevölkerungszahl beträgt gegenwärtig (je nach Statistik unterschiedlich) zwischen und 250.000. und 300.000.

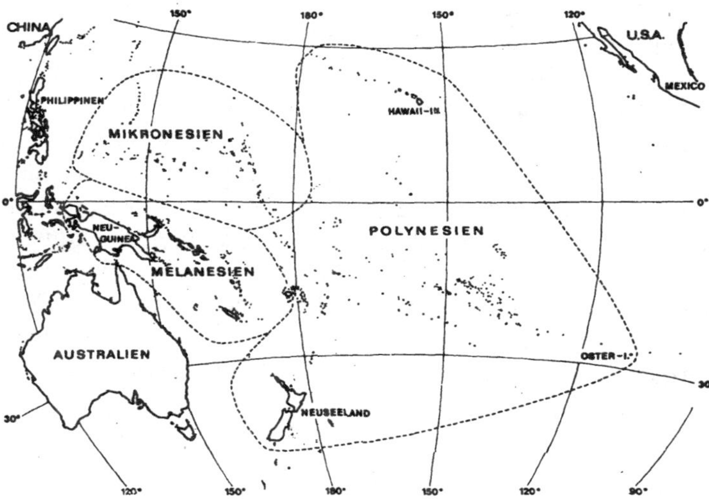

Ozeanien und seine drei Kulturareale

Die Lage Mikronesiens im Pazifischen Ozean ist auch heute noch auffallend wenigen Europäern bekannt. Dabei hat das Gebiet einige bedeutende geographische und geophysikalische Besonderheiten aufzuweisen. Südwestlich der Marianen, etwa halbwegs zwischen Guam und Yap, liegt die größte bekannte Meerestiefe: das erst 1960 entdeckte Challenger-Tief, das fast zwölf Kilometer erreicht. Neben Chuuk gehören noch einige andere Atolle Mikronesiens zu den größten der Erde. Kwajalein in den Marshallinseln zum Beispiel besitzt das längste Ringriff, und Nómwun Wiité eine der größten Lagunenflächen.

Aber nicht nur das. In Mikronesien wurde Weltgeschichte gemacht. In den frühen Morgenstunden des 6. August 1945 erschien über der südjapanischen Stadt Hiroshima ein hochfliegendes, einzelnes Flugzeug. Minuten später flammte ein greller Blitz über der Stadt auf, dessen Ursache in diesem Augenblick niemand zu erklären vermochte. Aus dem Blitz entwickelte sich in Sekundenschnelle ein glühender Feuerball, aus dem ein Rauchpilz in den Himmel stieg. Die Wucht der atomaren Explosion tötete in wenigen Minuten 70.000 Menschen und verletzte fast ebenso viele schwer. Das

Flugzeug, ein amerikanischer Bomber vom Typ B-29, war von der kleinen mikronesischen Insel Tinian in den Marianen gestartet.

Im Nordwesten der Marshallinseln, gar nicht sehr weit von Chuuk und Pohnpei entfernt, liegen zwei einsame Atolle, deren Namen in den frühen fünfziger Jahren des vergangenen Jahrhunderts um die Welt gingen: Bikini und Eniwetok.

Strahlendes Sonnenlicht lag am 1. November 1952 über dem Inselchen Elangelap im Norden des Eniwetok-Atolls. Die Luft war kaum bewegt, und weiße Bänke von Kumuluswolken wanderten langsam nach Westen. Das Atoll war menschenleer. Draußen auf dem Meer lagen einige amerikanische Kriegsschiffe, meilenweit vom Land entfernt. Plötzlich quoll aus der beinahe kreisrunden Lagune ein riesiger, weißer Feuerball und erreichte binnen Sekunden einen Durchmesser von fast fünf Kilometern. Hunderte von Kilometern weit war der Himmel über dem Ozean hell erleuchtet. Amerikanische Wissenschaftler hatten die erste Wasserstoffbombe der Geschichte gezündet.

Die Karolinen

So heißen die knapp fünfhundert Inseln, die am Südrand Mikronesiens liegen und dort einen flachen, leicht nach Norden gewölbten Bogen bilden. Sie verteilen sich von Westen nach Osten über einen Streifen von mehr als dreitausend Kilometern Breite. Ziemlich genau in ihrer Mitte, und damit in der Mitte der inselübersäten Westhälfte des Pazifischen Ozeans liegt Chuuk, und hier sollte Wilhelm Kärcher den ereignisreichsten und dramatischsten Teil seines Lebens als Missionar unter Südseeinsulanern verbringen.

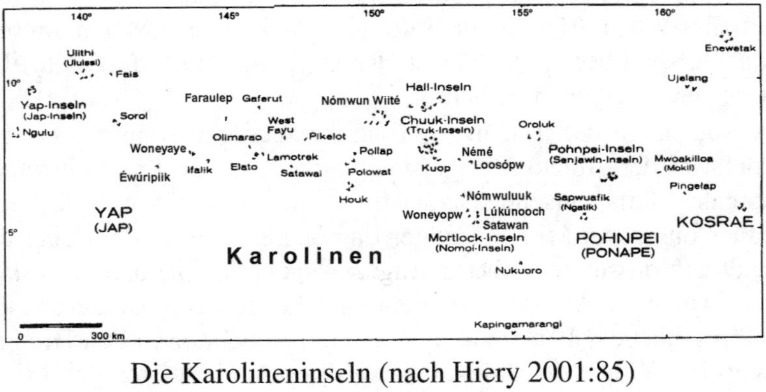

Die Karolineninseln (nach Hiery 2001:85)

Die Südsee und ihre Geschichte

Zwanzigtausend Kilometer liegen zwischen Mühlhausen und Chuuk, wenn man die Westroute nimmt. Welche Risiken und Plagen musste ein Entdeckungsreisender wie Kolumbus doch noch auf sich nehmen, als er den Weg nach Indien in westlicher Richtung suchte, den wir heute in wenigen Tagen hinter uns bringen können! Von den Inseln der Südsee hatte er damals noch keine Ahnung. Er nahm an, zwischen Europa und Asien liege westwärts nur ein einziges Meer, der Atlantik. Als man aber erkannte, dass Kolumbus in Wirklichkeit nicht Indien erreicht, sondern einen ganz neuen Kontinent entdeckt hatte, musste die Suche nach dem Seeweg zu den begehrten Reichtümern Asiens in Westrichtung von neuem aufgenommen werden.

Ungefähr zwanzig Jahre nach der Entdeckung Amerikas stand der Portugiese Vasco Nunez de Balboa, ein Eroberer und Goldsucher in Diensten der spanischen Krone, mit seinen Soldaten auf einer Anhöhe der Landenge von Panama und schaute nach Süden. Das Meer, das dort vor ihm lag, machte einen gewaltigen Eindruck auf ihn. Noch nie hatte es ein Europäer von der Neuen Welt aus zu Gesicht bekommen. Balboa sollte von diesem Tag an als Entdecker des Pazifischen Ozeans gelten. Und weil sein Blick nach Süden gegangen war, als er dieses Meer zum ersten Mal sah, hatte er ihm den Namen „Südsee“ gegeben.

Sieben Jahre später stand Ferdinand Magellan, Portugiese wie Balboa und ebenfalls in Diensten des Königs von Spanien, am Bug seines Segelschiffs „Trinidad“ und schaute mit gespannter Erwartung nach Nordwesten. Vor mehr als einem Jahr war er mit fünf Schiffen von Spanien aus aufgebrochen, um die Molukkeninseln auf dem Westweg zu erreichen, die er nicht weit jenseits der Neuen Welt vermutete. Schon während der Reise an der Ostküste Südamerikas entlang nach Süden hatte es kaum zu überwindende Schwierigkeiten gegeben. Nach Magellans Vorstellungen hätten er und seine Mannschaft den Weg in die Südsee, die Balboa von Panama aus gesehen hatte, eigentlich schon lange finden müssen. Zwischen der Südspitze Südamerikas und Feuerland hatten sie mehr als einen Monat lang Tag und Nacht in Wind und Wetter gekämpft. Zeitweise lagen zehn Meter Unterschied zwischen Ebbe und Flut, und mehr als einmal drohten tückische Gezeitenströme sie zu verschlingen oder in Engpässen auf Grund zu setzen. Unvorstellbare Stürme hatten getobt. An jenem 13. November 1520 aber war die See ruhig. Magellan war sich sicher, dass er die Durchfahrt zum unbekannten Meer gefunden hatte. Die Schrecken der Meerenge, die heute seinen Namen trägt, lagen hinter ihm. Daher nannte er das friedliche, sonnige, anscheinend sturmlose Meer vor ihm „El Mar Pacifico“, den Stillen Ozean.

Magellan ahnte nicht, in was für eine riesige Leere er gestoßen war. Achtundneunzig Tage lang segelten er und seine Besatzung nach Nordwesten. Der Skorbut begann zu wüten, und die Lebensmittel wurden knapp. Mit den Ratten an Bord, mit weichgekochtem Leder und Sägemehl konnten sie sich am Leben erhalten. Endlich trafen sie wieder auf bewohntes Land. Nach fast vier Monaten Fahrt ließ Magellan in einer Bucht der Insel Guam Anker werfen. Er hatte die Marianen gefunden, eine Inselgruppe Mikronesiens.

Am 17. Januar 1565 befand sich die spanische Galleone „San Lucas“ etwa 7° nördlich und 152° östlich im Pazifik auf westlichem Kurs. Die See war unruhig, denn der Nordostpassat hatte vor einigen Tagen mit voller Stärke zu wehen begonnen. Das Segelschiff lag schwer vor dem Wind.

Alonso de Arellano, der Kommandant der „San Lucas“, stand mit dem Zirkel in der Hand vor dem großen Tisch in seiner Kajüte, auf dem eine Karte des Pazifischen Ozeans lag. Zwei Tage zuvor hatte er ein Atoll auf dieser Karte eingetragen, das seinem Schiff in der Nacht beinahe zum Verhängnis geworden wäre. Er wunderte sich an diesem Morgen wieder einmal darüber, dass er und seine Mannschaft überhaupt so weit gekommen waren. Zwar wusste er ziemlich sicher, dass ihre Position 7° nördlich des Äquators stimmte. Aber wie weit westlich von ihrem Ausgangspunkt sie sich inzwischen befanden, das konnte er nur vermuten. Wenn er eine genau gehende Uhr gehabt hätte, wäre es einfach gewesen, die augenblickliche Position des Schiffs zu bestimmen. Die Sanduhren an Bord jedoch erlaubten nur ganz grobe Näherungswerte. Und mit der Geschwindigkeit seines Schiffs war es noch schlimmer bestellt. Die konnte er, Faust mal Auge, nur nach der Zeit schätzen, die verstrich, bis der am Bug entstehende Gischt an der Schiffswand entlang nach hinten getrieben war. Es mussten schon mehrere Zufälle zusammenspielen, wenn man den Ort fand, wo man tatsächlich hin wollte, und der Kommandant der „San Lucas“ hatte sich auch nach vielen Jahren auf See nicht so recht daran gewöhnen können, solchen Zufällen ausgeliefert zu sein.

Während Alonso de Arellano damit beschäftigt war, die Entfernung festzustellen, die sie seit der Entdeckung jenes einsamen Atolls inzwischen zurückgelegt haben mochten, entstand Unruhe auf dem oberen Deck. Er horchte. Durch das Rauschen des Nordoststurms und das Ächzen der Takelage drangen Rufe in seine Kajüte. Er meinte Worte wie „Philippinen“ und „Mindanao“ zu hören. „Unmöglich“, dachte er und ließ den Zirkel auf die Karte fallen.

Alonso de Arellano stieg an Deck, eilte nach vorn und trat neben seinen Ersten Offizier, der ihn offensichtlich erwartet hatte. Ohne sich umzusehen wies dieser mit ausgestrecktem Arm nach Südwesten. Dort lagen, im bläulichen Dunst gerade sichtbar, mehrere bergige Inseln. Wenige Stunden später erreichten sie das Außenriff eines riesigen Atolls. Die „San Lucas“ hatte Chuuk entdeckt.

Viel wissen wir nicht über die Geschichte der mikronesischen Inseln. Aus der Zeit vor dem 16. Jahrhundert gibt es keine Nachrichten darüber, und vor dem 19. Jahrhundert sind sie dürftig. Spanien hatte die Inseln entdeckt, aber jahrhundertelang nur mäßiges Interesse an ihnen gezeigt. Das änderte sich plötzlich zu Beginn der zweiten Hälfte des 19. Jahrhunderts. Der Wert eines besetzten Landes scheint immer dann unverhofft zu steigen, wenn sich ein zweiter dafür zu interessieren beginnt. Dieser zweite war Deutschland.

Im Jahr 1885 gab es Streit um die Karolinen. Am 26. August erschien das deutsche Kanonenboot „Iltis" vor der Insel Yap, und am 13. Oktober das Kanonenboot „Albatros" vor Pohnpei. Das brachte die Spanier in Harnisch. Papst Leo XIII. sollte den Streit schlichten. Er tat es salomonisch. Spanien bekam das Recht der Verwaltung auf den Karolinen zugesprochen, Deutschland durfte Handelsrechte ausüben.

Für Chuuk bedeutete die Zeit unter spanischer Verwaltung praktisch gar nichts. Man hat fast den Eindruck, als sei es von Madrid übersehen worden. Nicht einmal ein Regierungsbeamter war ständig anwesend. Die Spanier blieben auch nicht lange die Herren der Karolinen. Im Jahr 1898 brach der spanisch-amerikanische Krieg aus und brachte sie in Schwierigkeiten. Auf den Inseln unter spanischer Herrschaft blieb dieser Krieg unbekannt. Das einzige Ereignis, das man als Kriegshandlung bezeichnen konnte, fand auf Guam statt.

Eines Tages erschien der amerikanische Kreuzer „Charleston" in Guams Hafen Apra Harbor und beschoss die spanischen Befestigungen. Der spanische Gouverneur, der den Geschützdonner für eine Begrüßung hielt, schien die Angelegenheit eher optimistisch einzuschätzen und beeilte sich, den Amerikanern sein Bedauern darüber auszudrücken, dass er den Salut nicht erwidern könne: leider sei das Pulver ausgegangen. Dass zwischen den Vereinigten Staaten und Spanien Krieg herrschte, das war noch nicht bis zu ihm durchgedrungen. Nachdem der Kapitän der „Charleston" die tatsächliche Lage der Dinge erklärt hatte, blieb dem spanischen Gouverneur nichts anderes übrig, als Guam kampflos den Amerikanern zu überlassen. Seit jener Zeit ist es bis heute eines ihrer Übersee-Territorien, mit einer kurzen Unterbrechung während des zweiten Weltkriegs.

Nach Kriegsende war Spanien in Geldnot, weil es Kriegsschulden bezahlen musste. Kolonien konnte man damals noch auf recht einfache Weise zu Geld machen. Einspruch von Seiten der Einheimischen war nicht zu erwarten. Beachtet hätte man ihn vermutlich sowieso nicht. Also wechselten die Karolinen und die nördlichen Marianen den Besitzer. Deutschland bezahlte am 30. September 1899 in Madrid fünfundzwanzig Millionen Peseten dafür. Das sind heute ungefähr sechs Millionen Euro.

Fünfzehn Jahre sollte die deutsche Herrschaft ungestört dauern. Während dieser Zeit entwickelte sich die Wirtschaft auf Chuuk in größerem Ausmaß. Die Deutschen waren am Handel mit „Kolonialwaren“ interessiert, an Kopra, getrockneten Kokosnusskernen. Systematisch wurden die Einheimischen angeleitet, Kokosplantagen anzulegen und zu unterhalten. Ein bedeutendes Hindernis dabei war die Tatsache, dass zwischen einzelnen Dörfern und Inseln zeitweilig oder dauernd kriegerische Auseinandersetzungen herrschten. Dem wurde auf recht einfache und drastische Weise abgeholfen.

Im Jahr 1904 besuchte das deutsche Kriegsschiff „Kondor“ die Chuuklagune und ließ Gewehre und Munition einsammeln, zwar gegen Bezahlung, aber wer sich widersetzte, wurde kurzerhand deportiert. Die Bewohner von Chuuk widersetzten sich nicht und waren von da an tatsächlich mehr mit Kopramachen beschäftigt als mit Streitereien.

Unter deutscher Verwaltung geschah sicher mehr für die wirtschaftliche Entwicklung der mikronesischen Inseln als während der dreihundert Jahre spanischer Anwesenheit und Herrschaft. Dennoch war die Zeit zu kurz für eine nachhaltige Beeinflussung. Insbesondere blieben auch die Deutschen für Chuuk von geringerer Bedeutung als beispielsweise für Pohnpei. Mit einer Ausnahme: Im Jahr 1906 kamen die ersten deutschen Missionare, Rudolph Mäder und Ernst Dönges von der Liebenzeller Mission, nach Chuuk. Der Grund dafür war folgender:

Die amerikanischen Missionare, die seit den achtziger Jahren des 19. Jahrhunderts auf Chuuk und seinem Inselkranz gearbeitet hatten, waren nach der Übernahme der Kolonialverwaltung Mikronesiens durch das Deutsche Reich der Meinung, es sei an der Zeit, ihre Arbeit einer deutschen Mission anzuvertrauen, denn sie sahen sich außerstande, die Forderung zu erfüllen, in ihren Schulen Deutsch zu unterrichten. Es war ihnen bekannt, dass in den U.S.A. eine christliche Organisation entstanden war, die sich „Christian Endeavour“ nannte und als Logo die Buchstaben EC führte. Dieser Zusammenschluss engagierter Christen hatte einen Ableger in Deutschland, der sich „Jugendbund für entschiedenes Christentum“ nannte und heute noch als Jugendverband „Entschieden für Christus“ existiert. Die amerikanische Mission wandte sich daher mit ihrem Anliegen an Dr. Wesley Clark, den Gründer des EC in Amerika. Dieser wiederum nahm Kontakt mit Pfarrer Friedrich Blecher auf, dem damaligen Vorsitzenden des „Deutschen Verbandes der Jugendbünde für EC“. Zwar war dieser dezidiert missionsorientiert, unterhielt aber weder eine eigene missiologische Ausbildungsstätte, noch verfügte er über eine Organisation zur Aussendung und Versorgung von Missionaren in Übersee.

Friedrich Blecher, der wollte, dass die Missionsarbeit professionell geschehen sollte, gab seinerseits das Anliegen an den Leiter der Liebenzeller Mission, Pfarrer Heinrich Coerper, weiter, der die Aufgabe sofort übernahm, obwohl sein Werk erst wenige Jahre alt war. Hinzu kam das Interesse der Reichsregierung, alle Inseln ihres Einflussbereichs mit deutschen Missionaren zu besetzen.

Nachdem nun die Karolineninseln mit Ausnahme von Kosrae zum Arbeitsgebiet der Liebenzeller Mission geworden waren, reisten die ersten Missionare im Jahr 1906 nach Chuuk und Pohnpei aus.

Schon längere Zeit vor Ausbruch des ersten Weltkriegs hatte ein weiteres Land begonnen, ein Auge auf die mikronesischen Inseln zu werfen, die besonders gut in seine wirtschaftlichen und bevölkerungspolitischen Pläne passten: Japan. Darin blieb es nicht allein. Australien zeigte sich gleichermaßen interessiert. Man lag gemeinsam auf der Lauer.

Im August 1914 erklärte Japan auf Seiten der Alliierten Deutschland den Krieg. Es war fest entschlossen, die mikronesischen Inseln in seine Hand zu bekommen. Die Sache wurde richtiggehend abgekartet. Als England von Australien aus im September 1914 die deutsche Kolonie Neuguinea besetzte, griffen auch die Japaner zu. Dabei kamen sie den Australiern nur um wenige Tage zuvor. Sie besetzten die Inseln von Osten her, beginnend bei den Marshallinseln. Dreißig Jahre später sollten sie von den Amerikanern in der gleichen Richtung von den Inseln wieder vertrieben werden. Deutschland selber konnte damals nichts tun, um sein Einflussgebiet im Pazifischen Ozean gegen eine derartige Übermacht zu verteidigen.

Im Jahr 1918 geschah dann etwas Eigenartiges. Ein kleines, japanisches Truppenkontingent landete in Südfrankreich, um die Alliierten zu unterstützen, obwohl diese die Verstärkung überhaupt nicht mehr brauchten. Der Krieg war schon beendet. Für diese und andere Gesten sollte Japan belohnt werden. Auf der Versailler Friedenskonferenz äußerten England, Frankreich und Russland in geheimen Erklärungen, sie würden Japan freie Hand lassen, wenn es die ehemals deutschen Inseln nördlich des Äquators zum japanischen Staatsgebiet erklärte. Weil Japan aber Mitglied des Völkerbunds war, konnte durchgesetzt werden, dass ihm dieses Gebiet nicht zur Annexion überlassen, sondern als so genanntes Mandat zugestanden wurde. Seine Rechte blieben also beschränkt und durch Pflichten in gewisser Weise ergänzt. Dies bedeutete insbesondere, dass Japan sein Mandatsgebiet unter keinen Umständen zu militärischen Zwecken ausbauen und befestigen durfte. Das Ziel, das der Völkerbund bei der Vergabe von Mandaten verfolgte, war einzig und allein die künftige Selbständigkeit der Mandatsgebiete.

Japan hielt sich jahrelang in etwa an die vertraglich festgelegten Verpflichtungen, die es übernommen hatte. Selbst nachdem es 1935 aus dem Völkerbund ausgetreten war, erstattete es noch vier Jahre lang korrekten Bericht über das, was auf den mikronesischen Inseln vor sich ging. Dann aber versiegten die Nachrichten aus diesem Gebiet. Waren die Inseln schon früher kaum ins Bewusstsein der Weltöffentlichkeit gedrungen, so verschwanden sie von jetzt an völlig daraus. Japan hatte allen Grund, das Gebiet hermetisch abzuriegeln. Was es verbergen musste, war in der Tat ungeheuerlich. Die Inseln Mikronesiens hatten sich in waffenstarrende Festungen verwandelt. Auf Chuuk lag zeitweilig fast die gesamte japanische Kriegsflotte vor Anker, und die Zahl der Japaner, die in diesem Teil der Südsee lebten, übertraf die Zahl der eigentlichen Insulaner beträchtlich.

In der Zeit bis zum Jahr 1926 wurden die Liebenzeller Missionare von den Japanern teils ausgewiesen, teils geduldet. Danach trat eine gewisse Ruhe und Kontinuität in der Arbeit ein. Und genau in dieser Situation fand sich im Jahr 1937 der damals dreißig Jahre alte Wilhelm Friedrich Kärcher auf Chuuk wieder.

6

Der Anfang auf Chuuk

Nach Toon

Da war er nun angekommen, Friedrich Wilhelm Kärcher, Missionar und Zimmermann. Am Ende des Laufstegs wartete Johannes Rattel (1901-1981), der damalige Feldleiter, um ihn nach der etwa dreißig Kilometer entfernten, im westlichen Teil der Lagune liegenden Insel Toon zu begleiten, wo sich damals die Hauptstation der Liebenzeller Mission befand.

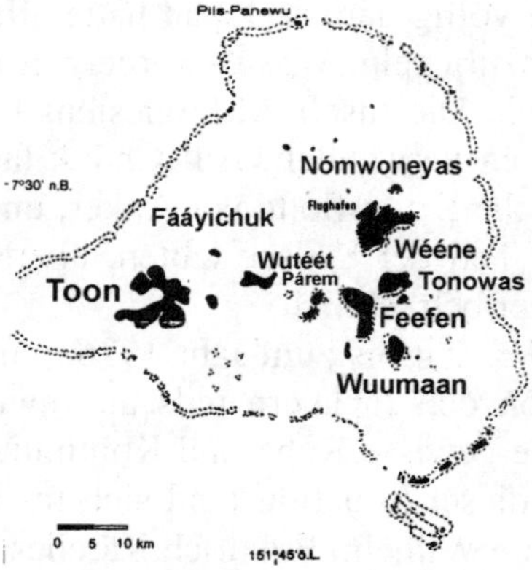

Das erste, was Johannes Rattel tat, nachdem die beiden sich begrüßt hatten, war, dass er Wilhelm einschärfte, bei der Überfahrt nach Toon und überhaupt immer, wenn japanische Ohren es hören könnten, keinerlei Fragen über die Inseln zu stellen, oder auch nur mit der Hand auf irgendetwas hinzuweisen. Die Japaner seien misstrauisch bis zur Feindseligkeit. Überall witterten sie Spionage. Besonders bei Ausländern schöpften sie sofort Verdacht, weil sie nicht verstehen könnten, was gesprochen werde.

Also wechselten die beiden auf dem gesamten Weg nach Toon kein einziges Wort, so lange sie sich auf dem Schiff befanden.

Zwischen den Inseln Tonowas und Toon liegt Wútéét, wo die Liebenzeller Mission damals eine Mädchenschule unterhielt, die von Elise Zuber geleitet wurde. Dort gingen die beiden kurz an Land. Von den Schülerinnen wurden sie mit dem Choral „Nun danket alle Gott" begrüßt, mehrstimmig und auf Deutsch gesungen.

Der Zimmermann bekommt Arbeit

Während der ersten drei Monate wohnte Wilhelm bei Johannes Rattel und seiner Familie im Dorf Fóósón auf Toon. Die Missionsstation hieß damals Pataaniyen (Bethanien). Seine wichtigste Aufgabe in dieser Zeit bestand darin, die Sprache der Insulaner zu lernen. Aber auch handwerkliche Arbeiten gab es zu erledigen. In den Dörfern auf Toon mussten Kirchen repariert, zu Ende gebaut oder ganz neu geplant und errichtet werden.

Pataaniyen auf Toon, links Johannes Rattel, rechts Wilhelm F. Kärcher

In diesen ersten Wochen fand auch jene Szene ihre Fortsetzung, die sich beim Herbstmissionsfest 1936 in Bad Liebenzell zwischen Wilhelm Kärcher und Elise Zuber abgespielt hatte. Erinnern wir uns kurz: Die Missionarin in Heimataufenthalt hatte sich zwar mit ihm zusammen auf dem Podium befunden, aber kein einziges Wort mit ihm gesprochen, weil sie der Überzeugung war, ein weiterer Missionar auf Chuuk sei völlig überflüssig. Auf Wilhelms Mitarbeit könne daher problemlos verzichtet werden. Inzwischen hatte sich eine ganz andere Situation ergeben, die sich für ihn als äußerst vorteilhaft erweisen sollte.

Die Mädchenschule auf Wutéét lag auf einem Hügel. In dem zweistöckigen Gebäude, wo der Unterricht stattfand, wohnten die Mädchen auch, denn viele von ihnen kamen von anderen Inseln und konnten nicht jeden Abend zu ihren Familien nach Hause zurückkehren. Ein Taifun, der kurz vor der Ankunft des neuen Missionars über die Inseln hinweggefegt war, hatte das Schulgebäude „schräg hingestellt", wie er selbst das nannte. Baufällig war es dadurch zwar nicht geworden, in diesem Zustand belassen konnte man es aber auch nicht. Die Insulaner hatten schon versucht, die Sache wieder ins Lot zu bringen, waren aber damit nicht weit gekommen.

Elise Zuber wusste wohl, welchen Beruf Wilhelm erlernt hatte. Sie zögerte aber, ihn zu bitten, die nötigen Reparaturen in Angriff zu nehmen. Das war nicht verwunderlich, erinnerte sie sich doch an das, was sie ein paar Monate zuvor noch eher abfällig über ihn geäußert hatte. Es dauerte also einige Zeit, bis sie sich dazu durchrang und die Feldleitung fragte, wie es denn wäre, wenn der junge Missionar nach Wutéét käme und zeigte, was in ihm steckt ...?

Der gelernte Zimmermann ließ sich nicht lange bitten, suchte sich ein paar kräftige Helfer, und das Problem war bald erledigt. Elise Zuber war hoch zufrieden. Sie kochte ihm zum Dank nicht nur einen großen Topf Spätzle! „Von diesem Augenblick war ich ihr Mann. Jetzt war alles von früher vergessen.“ Als er ihr auch noch die Bitte erfüllte, eine störende Säule im Klassenraum durch eine geschickte Änderung der Tragekonstruktion so zu verändern, dass die Stütze entfernt werden konnte, hatte er endgültig bei Elise Zuber einen Stein im Brett.

Erste Eindrücke vom Leben der Insulaner

Bis in den Juni hinein war er mit dem Bau von Kirchen beschäftigt. Mit den Insulanern verständigte er sich durch Zeichensprache. An ihre Art zu arbeiten musste er sich allerdings sehr gewöhnen: „Manche unter ihnen sind gar nicht so ungeschickt. Nur geht alles hübsch langsam vonstatten, und es ist gar nicht so einfach, sie aus ihrem Südseetrab herauszubringen. Von dieser Gemütlichkeit könnten sie selbst uns Schwaben noch etwas hergeben. Singen dagegen, das ist ein Fach, das ihnen leichter fällt als arbeiten.“

Auch das Essen empfand er bisweilen als gewöhnungsbedürftig. Am Tag vor der Einweihung der neuen Kirche in einem der Dörfer gab es saftigen Hundebraten.

Überhaupt das Essen! Dazu muss man wissen, dass Essen auf den Inseln einen etwas anderen Stellenwert hat als für den Fremden. Für die Insulaner ist ein gemeinsames Mahl in viel stärkerem Maß eine soziales Ereignis als für uns. Wertschätzung eines Gastes wird dadurch ausgedrückt, dass man ihm große Mengen vorsetzt, meist so große, dass er sie auf einmal gar nicht essen kann. Das, was übrig bleibt, darf er nach Hause mitnehmen. Dort freuen sich noch andere darauf.

Der Gottesdienst in der festlich geschmückten und überfüllten Kirche am folgenden Tag dauerte fast drei Stunden. In der Grußrede, die der japanische Beamte dabei hielt, tat er etwas, was Wilhelm merkwürdig fand. Er betonte in seinen Ausführungen das gute Verhältnis zwischen Deutschland und Japan. Solche Worte passten nicht so recht ins Bild des Misstrauens und der Angst vor Spionage durch Ausländer, vor dem ihn der Feldleiter schon unmittelbar nach seiner Ankunft gewarnt hatte.

Der Schwung und des Engagement, mit dem Wilhelm Kärcher seine Arbeit tat, waren enorm. Das erkennt man, wenn man bedenkt, dass er die Kirche in Chuukiyénú, einem Dorf auf Toon, schon nach vier Tagen fertiggestellt hatte. Auch wenn der Bau mit seinen sechs auf neun Metern Grundfläche verhältnismäßig klein und einfach ausfiel, bedeutete das bei den tropischen Klimaverhältnissen eine erhebliche körperliche Leistung.

Die Außeninseln

Um Chuuk herum, die Lagune, die das eigentliche Zentrum des Gebiets bildet, liegt ein Kranz von Inseln, die einen ganz anderen Charakter aufweisen. Chuuk bedeutet in der Sprache der Insulaner „Berge“. Es sind Erhebungen vulkanischen Ursprungs mit fruchtbaren Böden. Es gibt hier Missernten und Hungersnöte eher selten, und vor den Überschwemmungen durch Taifune oder Tsunamis – Riesenwellen, ausgelöst durch Seebeben – können die Insulaner in höhergelegene Gebiet flüchten. Nicht so auf den Inseln, die sich in einiger Entfernung von Chuuk befinden, also auf den Mortlock-, Hall- und den Westerninseln um Pwolowót. Die Insulaner nennen sie Fánáápi, was „Sandinseln“ bedeutet. Diese erheben sich höchstens bis zu drei Meter über den Meeresspiegel. Ihre Bewohner sind folglich sehr viel stärker bedroht, wenn ihre Inseln vom Meer überflutet und ihre Pflanzungen mit Salzwasser überschwemmt werden. Die Böden bleiben dann für etwa sieben Jahre lang unfruchtbar. Auch lebten sie zu der Zeit, als Wilhelm Kärcher nach Chuuk kam, in kärglichsten Verhältnissen und in größter Abgeschiedenheit.

Im Südosten von Chuuk liegen die Mortlockinseln. Ihren Namen haben sie von jenem Kapitän, der diese Inseln entdeckt hatte. Auf Chuuk heißen sie heute Mwóchunók oder Mwochunong bzw. Mwochulok. Vor der Kolonialzeit nannten die Insulaner sie Fánáápi Éér, was „südliche Sandinseln“ bedeutet.

Auf diesen, so hatte es die Missionsleitung vorgesehen, sollte Wilhelm Kärcher stationiert werden und seine ersten Erfahrungen als Missionar sammeln.

Ziemlich am Südende der Mortlockgruppe liegt eine Lagune, auf deren ringförmigem Korallenriff sich zwei bewohnte, flache Inseln befinden: Lúkúnooch und Woneyopw.

Auf Lúkúnooch hatten der Liebenzeller Missionar Otto Joswig (1897-1967) und seine Frau Gretel (1896-1957) im Jahr 1927 jene Arbeit wieder aufgenommen, die von Karl Hauser im Jahr 1912, also kurz vor Ausbruch des ersten Weltkriegs, begonnen worden war. Hauser übrigens hatte sein Missionsfeld und schließlich auch die Liebenzeller Mission unter nie ganz eindeutig geklärten Umständen 1916 verlassen, wohl auch wegen der politischen Wirren im Gefolge des ersten Weltkriegs.

Nachdem Otto und Gretel Joswig 1937 nach Deutschland zurückgekehrt waren und nach ihrem Heimataufenthalt nicht wieder ausreisen konnten, sollte ihre Arbeit auf Lúkúnooch von Wilhelm Kärcher weitergeführt werden.

Die Menschen, die dort lebten, waren damals – wie auch heute noch – Fremden gegenüber überaus freundlich gesinnt, wenn diese sich entsprechend verhielten. Unter den japanischen Beamten, die dort tätig waren, galten die Inseln allerdings nicht als bevorzugtes Arbeitsgebiet. Wer nach Mortlock versetzt wurde, hatte sich meist etwas zu Schulden kommen lassen, hatte „Dreck am Stecken", wie die Schwaben sagen würden. Als Wilhelm Kärcher nach drei Monaten Aufenthalt auf Chuuk seine Habseligkeiten packte, um sich auf die Reise nach Lúkúnooch zu begeben, gab es Geraune unter den Insulanern: „Aha! Er hat also schon etwas getan, was er hätte nicht tun dürfen! Dafür muss er nun nach Mortlock!"

Er fühlte sich dadurch aber nicht besonders beunruhigt. Wenn ein Mensch einen anderen beobachtet und sein Handeln verstehen will, unterstellt er ihm ganz selbstverständlich immer dasjenige Motiv, das er selbst dafür nennen würde. Die Insulaner, die Europäer beobachten, tun das auch. Viel schwieriger war für Wilhelm die Bootsreise, die vor ihm lag.

Nach Lúkúnooch

Mit dem nötigsten Gepäck ging er an Bord der „May Maru". Das war ein Motorsegler, achtzehn Meter lang und sechs Meter breit. Der Maschinenraum bildete gleichzeitig auch die Passagierkabine.

Hier wohnte er nicht allein. Da war der Maschinist, schwarz und ölig wie sein Motor, den er unterwegs ständig reparieren musste, weil das altersschwache und schlecht gewartete Ding immer wieder stehen blieb. Mit ihm zusammen reisten eine japanische Familie und eine Reihe von Insulanern. Auch der Kapitän und sein Bruder kampierten im gleichen Raum, in dem zu allem Übel auch noch Handgepäck, Kisten und Säcke mit Reis verstaut waren. Hier konnte man nichts Ordentliches zu essen kochen, höchstens einen Kaffee, in einer Blechbüchse. Wenn Wilhelm lernen musste, dass die Südsee nicht gerade das reine Schlaraffenland war, dann auf dieser Reise.

Nachdem er auf allen Vieren in diese Maschinenraumpassagierkabine hineingekrochen war, fand er die Umgebung nicht besonders anziehend. Wie sollte er zwei Tage und Nächte hier in der stickigen Luft aushalten, die vom Gestank des Dieselöls und der Auspuffgase geschwängert war? Er beschloss, sich einen Platz an Deck zu suchen.

Dort war es nicht viel besser. In dem dicht gedrängten Menschenknäuel fand er nur mit Mühe eine Stelle, wo er sich hinsetzen konnte. Selbst der Steuermann hatte nur Platz zum Stehen. Das Boot, das stark beladen bis überladen war, schaukelte mit geblähten Segeln in der Dünung des offenen Ozeans unablässig auf und ab. Während es in die Wellentäler hineinschoss und sich dann wie ein Betrunkener wieder aufrichtete, um über den Kamm der nächsten Welle hinwegzukommen, musste sich Wilhelm ständig festhalten, um nicht über Bord zu gehen, weil das Boot keine Reling besaß. Er wurde schwer seekrank und war schließlich so elend und hilflos, dass er sich vorstellte, so müsse man sich in der Hölle fühlen. In seiner Verzweiflung kroch er in die Kabine zurück, weil er dort wenigstens liegen konnte. Die überhitzte und schwüle Luft nahm er dafür in Kauf.

Nach einer Zeit, die ihm wie eine Ewigkeit erschien, kam er auf Lúkúnooch an. Dort wurde er von einem schwäbischen Landsmann empfangen. Die beiden kannten sich gut, waren sie doch im gleichen Jahr ins Seminar der Liebenzeller Mission eingetreten und hatten dort vier gemeinsame Jahre verbracht.

Richard Neumaier

Er war war am 30. Mai 1907 in Oberkirneck, einem kleinen Ort bei Lorch, geboren. Nach seiner Schulausbildung hatte er 1921 in

Stuttgart eine Bäcker- und Konditor begonnen und diese Tätigkeit als Geselle bis zu seinem Eintritt in die Liebenzeller Mission am 1. Mai 1930 weitergeführt.

Sein Praktikum hatte er in den Jahren 1934-1935 in Ulm absolviert, in der Gemeinschaft der „Süddeutschen Vereinigung". Warum er eineinhalb Jahre früher als Wilhelm Kärcher nach Chuuk ausgereist war, ist nicht mehr genau festzustellen.

In einer autobiografischen Notiz (1989:102-112) schreibt er, schon als Kind sei er auf der Suche nach einem gnädigen Gott gewesen, und als Heranwachsender habe er sich zum CVJM (damals: Christlicher Verein junger Männer) und zur christlichen Pfadfinderschaft gehalten. Im Jahr 1924 hatte er im Monbachtal zum ersten Mal Kontakt mit der Liebenzeller Mission.

Richard Neumaier war eine eindrucksvolle Persönlichkeit. Er hatte eine ausgeprägte Begabung für sprachliche Erscheinungen jeglicher Art und war entsprechend hoch motiviert. Das erklärt die Leistungen, die er zwischen 1935 und 1947 – so lange dauerte seine Tätigkeit auf Chuuk – auf dem Gebiet der Chuuk-sprache erbrachte. Auch in den Jahren danach beschäftigte er sich intensiv, in vielseitiger Hinsicht und schier unermüdlich mit der Sprache der Insulaner.

Was er an Forschungsergebnissen und literarischen Zeugnissen hinterließ, ist um so erstaunlicher, als er keinerlei Ausbildung in allgemeiner Sprachwissenschaft erfahren hatte. Er war ein Musterbeispiel für einen Autodidakten. Keiner seiner Vorgänger kannte die Chuuksprache so genau wie er. Wilhelm Kärcher fiel übrigens sehr schnell auf, wie gut Richard Neumaier auch das Japanische beherrschte.

Dass er in sprachwissenschaftlicher Hinsicht ein Laie war, hatte aber auch Nachteile. Es machte ihn angreifbar. Die Kritik an seiner Arbeit, die er sich einhandelte, weil er keine entsprechende Ausbildung vorweisen konnte, kam von Seiten professioneller amerikanischer Sprachwissenschaftler und Ethnologen. Sie kam aber insbesondere aber auch von Missionaren, die nach dem Ende des zweiten Weltkriegs in Mikronesien ihren deutschen Kollegen gegenüber als Vorgesetzte auftraten, weil die U.S.A. inzwischen die Verwaltung der Inseln übernommen hatten. Ihre Vorhaltungen und Vorwürfe trafen ihn mit voller Wucht.

Die deutschen Liebenzeller Missionare galten damals ganz allgemein als Vertreter eines besiegten Landes. Mit dieser Lage sollte sich später auch Wilhelm Kärcher auseinandersetzen müssen. Für Richard Neumaier jedenfalls begann mit seinen Sprachforschungen und Übersetzungsarbeiten ein Kampf, den er aus der Position des Unterlegenen heraus führen musste, der mehrere Jahre dauerte, der ihm enorme Demut und Geduld abforderte und ihn zeitweise fast verzweifeln ließ.

Die einschlägigen Ereignisse und Vorgänge waren eng mit Wilhelm Kärcher und seinem Lebenswerk verknüpft. Er hatte diesen Kampf immer wieder mitzukämpfen. Wir werden dem Geschehen daher in den folgenden Kapiteln wiederbegegnen. Es soll an dieser Stelle genügen, kurz zusammenzufassen, was Richard Neumaier für die heutige „Evangelical Church of Chuuk", ihre Theologie und ihre Gemeinden auf sprachlichem und literarischem Gebiet geleistet hat.

Aus Richard Neumaiers Feder stammt die erste gut verständliche und brauchbare Übersetzung des Neuen Testaments in die Chuuksprache.

Eine gedruckte Übersetzung dieses Teils der Bibel existierte schon seit 1879. Der amerikanische Missionar Robert Logan (1843-1887) hatte ihn auf der Insel Woneyopw übertragen und diese Arbeit 1873 zu Ende gebracht. Logans Leistung war unter den gegebenen Umständen respektabel. Seine Sprachkenntnisse scheinen aber doch eher bescheiden gewesen zu sein. Der Text muss damals selbst für die Menschen von Woneyopw nur schwer zu verstehen gewesen sein. Er hatte darüber hinaus den Nachteil, dass er in der Sprachform der Mortlockinseln abgefasst und daher für die Bewohner der übrigen Inseln nur mit Mühe zu verstehen war.

Für diese, insbesondere auch für Chuuk selbst, wo die Übersetzung Logans fast siebzig Jahre lang ebenfalls gelesen wurde, bedeutete dies dreierlei. Erstens wurden und werden dort abweichende Dialekte der Chuuksprache gesprochen, was für Menschen, die keine Erfahrung im Lesen hatten, schwierig war. Zweitens – und das wog schwerer – fanden sich in Logans Fassung Wortformen, die wohl auf Woneyopw keine störenden Nebenbedeutungen hatten, anderswo aber unter Umständen vulgär klangen und daher tabu waren. Und drittens hatte sich Chuuk selbst auf Grund seiner geografischen Lage in der ersten Hälfte des 20. Jahrhunderts eine zentrale Stellung erworben. Von hier aus wurde das Gebiet regiert, und dadurch war eine Entwicklung innerhalb der Chuuksprache in Gang gekommen, die sie immer mehr in den Status einer Standardsprache erheben sollte, etwa wie bei uns das Hochdeutsche.

Darüber hinaus war die theologische Arbeit mit dem einzig zur Verfügung stehen Bibeltext enorm schwierig. Jahre später charakterisierte Richard Neumaier das Problem in einem Brief an Heinrich Hertel vom 23. Juni 1953 in drastischen Worten: „Mit dem Mortlocktestament arbeiten heißt mit dem Beil Gras mähen."

Unter diesen Bedingungen erschien es sinnvoll und wichtig, dass Texte, die von allen Insulanern im Chuukgebiet gelesen werden sollten, in einer Form abzufassen, die in dieser Vielfalt einen Kompromiss erzielte. Richard Neumaier machte sich an die Arbeit, diesen Kompromiss in einer kompletten Neuübersetzung des Neuen Testaments zu verwirklichen.

Weil es auf Chuuk weder eine Sprachschule für angehende Missionare noch ein brauchbares Lehrbuch mit Grundwortschatz und Aussprachehilfen gab, ging er auch daran, die wenige Jahre vor seiner Ankunft auf Chuuk erschienene Grammatik eines deutschen Kapuzinermissionars (Bollig 1927) auszubauen und mit Übungen zu versehen, nach denen die Sprache der Insulaner systematisch erlernbar werden sollte. Daraus entstand im Lauf der Jahre ein Lehrbuch mit 99 Lektionen. Es wurde zwar nie gedruckt. Das Manuskript in Maschinenschrift aber wurde in den sechziger Jahren von Waltraud Rist, der zweitältesten Tochter von Wilhelm und Elisabeth Kärcher, auf Wachsmatrizen übertragen und vervielfältigt.

Von einem gegenwärtigen Standpunkt aus gesehen war an diesem Lehrwerk problematisch, dass es die Chuuksprache in den Kategorien der lateinischen Grammatik darstellte. Es wäre aber unfair, Richard Neumaier dies vorzuhalten. Er wollte eine Sprachlehre schreiben, die praxisorientiertes Sprachelernen ermöglichen sollte. Das ist ihm, dem sprachwissenschaftlichen Laien, in der Tat gelungen. Eine ganze Reihe von Mitarbeitern der Liebenzeller Mission, mich, den Autor, eingeschlossen, die wir in der zweiten Hälfte des 20. Jahrhunderts auf Chuuk tätig waren, benützten dieses Lehrwerk, um unsere Sprachkenntnisse zu erwerben.

Richard Neumaier und Wilhelm Kärcher sahen darüber hinaus auch sehr schnell die Notwendigkeit, Lesematerialien für die Insulaner bereitzustellen. Glauben hat sehr viel mit Lernen zu tun, und Lernen geschieht ganz wesentlich durch Lesen. Die beiden Missionare führten ständig Gespräche und Diskussionen über dieses Thema, in denen sie ihre Ideen zu klären versuchten und Überlegungen anstellten, wie man sie in die Tat umsetzen könnte.

Daraus entstand der erste Katechismus in der Sprache der Insulaner, das heißt ein Lehrbuch des christlichen Glaubens in der Form von 280 Fragen und Antworten. Sein Titel: „Weg zum Leben“ (*Anen manaw*). Zeitgleich arbeitete Richard Neumaier an einer Sammlung von 111 biblischen Geschichten aus dem Alten Testament, die in den fünfziger Jahren in erster Auflage erschien. Ihr Titel: *Wuruwo mii pin.*

Richard Neumaier war aber nicht nur ein sprachbegabter Mensch mit entsprechendem Interessenhorizont. Er hatte auch eine dichterische Ader und war ausgesprochen musikalisch. Es gibt eine ganze Reihe von Liedern, die er selbst verfasst und sich mit ihnen in Stunden der Einsamkeit Freude und Mut ins Herz gesungen hat, wie er später einmal schrieb. Begleitet hat er sie, wenn er sich monatelang allein in der Abgeschiedenheit der Außeninseln befand, „auf einem Harmonium in einer schlichten, autodidaktisch erworbenen Satztechnik“, wie sein Sohn, der Kirchenmusiker Wilfried Neumaier, schreibt, der einige der besten Lieder seines Vaters „mit einer neuen, stilistisch passenden Klavierbegleitung“ herausgegeben hat (1988).

Für die Insulanergemeinden bedeutete das einen weiteren Gewinn. Das Liederbuch Kkéénún namanam (Lieder des Glaubens), das in allen Gottesdiensten und Zusammenkünften der Insulaner heute noch benützt wird, enthält mehr als hundert Texte, die er entweder selber geschrieben oder übersetzt hat.

Richard Neumaier, der Erfolge und Niederlagen mit Wilhelm Kärcher teilte, vor allem aber auch die Jahre des Schreckens in der Internierung während des zweiten Weltkriegs, verließ Chuuk im Jahr 1947 für immer, verbrachte einige Jahre (1948-1952) im volksmissionarischen Dienst der Landeskirche und gründete danach den Evangelischen Diakonissenring. In dieser Zeit beschäftigte ihn neben seiner hauptamtlichen Tätigkeit vor allem die Fertigstellung und Drucklegung seiner Neuübersetzung des Neuen Testaments in die Chuuksprache. Von den Ereignissen, die damit in

Zusammenhang stehen, wird in den folgenden Kapiteln noch ausführlicher die Rede sein müssen.

Wie lernt man am besten die Sprache der Insulaner?

Da waren also die beiden „Klassenbrüder“ Wilhelm und Richard wieder vereint auf Lúkúnooch, unter freundlichen Menschen, aber weit entfernt von jeglicher Zivilisation.

Die beiden verband vieles. Nicht nur waren beide noch Junggesellen. Sie ergänzten sich in fast idealer Weise. Etwas vereinfacht gesagt war Richard der Theoretiker, der sich mit Sprache und Denken der Insulaner auseinandersetzte. Wilhelm dagegen war der Praktiker, der theoretische Konzepte zielstrebig in die Tat umzusetzen wusste. Die beiden unterschieden sich auch darin, dass Richard die Zukunft der Insulaner als Christen eher pessimistisch, Wilhelm dagegen eher optimistisch sah.

Der Tatendrang, der die beiden beseelte, war gelegentlich mit Problemen belastet. Ihre Einstellung der fremden Gesellschaft und Kultur gegenüber zeigt, dass sie noch sehr ethnozentristisch dachten. Das heißt, dass sie das Verhalten der Insulaner wesentlich von ihrem eigenen europäischen Standpunkt aus betrachteten und beurteilten. Das führte zu manchen Unbarmherzigkeiten im täglichen Umgang der beiden jungen Missionare mit den Insulanern, die sich aber im Lauf der Zeit und mit zunehmender Erfahrung abmilderten.

Richard half Wilhelm zunächst einmal, die Sprache der Insulaner zu lernen. Das fiel ihm nicht leicht, zumal ihm die schwere körperliche Arbeit nicht viel Zeit zum Studieren ließ. Schon Mitte August aber begann er damit, kurze Andachten zu halten. Das war bei seinen geringen Sprachkenntnissen gewiss schwierig, aber wichtig, denn nur wer bereit ist, sich so schnell wie möglich Sprechfähigkeit zu erwerben, kann damit rechnen, die Menschen seines Arbeitsgebiets für sich zu gewinnen und ihre Denkwelt zu begreifen. Dabei muss man den Mut haben, besonders am Anfang des Sprachelernens, einfach „drauf los zu holzen“, das heißt Fehler zu machen. Die Insulaner sind voller Nachsicht und honorieren solchen Mut. Wilhelm besaß ihn. Gelegentliche Lachsalven seiner Zuhörer, die zu Beginn seines Sprachstudiums losbrachen, wenn er Wörter zu besonders komischen Bedeutungen zusammensetzte, nahm er in Kauf und ließ sich dadurch nicht beirren.

Natürlich blieb dem Anfänger auch ein gewisser Stress nicht erspart. An einem Sonntag passierte es ihm, dass er zum Gottesdienst nur sein Exemplar des Neuen Testaments mit in die Kirche nahm. Die Ansprache aber, die er schriftlich vorbereitet hatte, ließ er aus Versehen zu Hause auf seinem Schreibtisch liegen. Er entdeckte sein Missgeschick erst, als das Eingangslied zu Ende gesungen war und er seine Ansprache beginnen wollte. Was tut man in dieser Not? Kurz entschlossen ließ er die Gemeinde „zur Feier des Tages" eine weiteres Lied mit besonders vielen Strophen singen. Während die Gemeinde damit beschäftigt war, konnte er das Vergessene holen.

Lernen durch Lehren: Schulunterricht

Was er in dieser frühen Phase seines eigenen Sprachelernens besonders gern tat, war Schulunterricht zu halten. Missionare fanden sich zu allen Zeiten in einer Situation wieder, in der sie Lehrer sein mussten. Damals gehörten zum Schulprogramm auf den Inseln von Chuuk zunächst die einfachsten Kulturtechniken wie Lesen, Schreiben und Rechnen. In vielen Dörfern, besonders in denen auf den Außeninseln, gab es keine Schulen, in denen Kinder so etwas lernen konnten.

Wer die Bibel lesen will oder soll, muss systematisch lesen lernen. Die Wirkungen, die das Lesen der Bibel auf den Inseln erzielte, waren die gleichen, die Luthers Bibelübersetzung auf die Entwicklungen unserer eigenen deutschen Gesellschaft hatte. Wissen und Bildung blieb nicht mehr ein Vorrecht der Oberschicht. Auch die große Masse der Bevölkerung bekam die Möglichkeit, sich lesend selbst weiterzubilden.

Auf lange Sicht gesehen hat der von Missionaren erteilte Unterricht und die Bibeltexte, die sie schufen, den Menschen auf den Inseln der Südsee, aber auch sonst in aller Welt, den Zugang zum Wissensvorsprung Europas und Amerikas ermöglicht, unter anderem auch auf so wichtigen Gebieten wie der Medizin. Der Unterricht in den Missionsschulen hat den Austausch von Ideen ermöglicht und in den betreffenden Gesellschaften Wirkungen gehabt, die bei uns von der Aufklärung ausgingen. Wenn man bedenkt, unter welch schwierigen Verhältnissen Schulunterricht erteilt werden musste, so erkennt man schnell, welche großen Leistungen von den Missionen auch für die säkularen Bereiche der Gesellschaften erbracht wurden, in denen sie tätig waren.

Was das bedeutet, lässt sich an Folgendem ersehen. Noch in den siebziger Jahren des 20. Jahrhunderts, also dreißig Jahre nach Beginn von Wilhelm Kärchers Tätigkeit auf den Inseln um Chuuk, sollte es keinen einzigen Abgeordneten im „Congress of Micronesia“ geben, dem Parlament der Insulaner, der seine Befähigung zum politischen Amt woanders als auf einer Missionsschule erworben hatte.

So positiv dies alles klingt, es gibt dazu auch eine andere Seite der Medaille.

Wissen gilt in Gesellschaften, wie sie damals auf den Inseln der Südsee noch existierten, als Zeichen der Reife, die in der Regel nur ältere Menschen besitzen. Mit dem Schulunterricht für die jüngere Generation wird dieses Prinzip in kürzester Zeit hinfällig. Autoritätsstrukturen, die den Menschen ihre Rollen und Rollenerwartungen zuweisen, brechen dann weg und bringen Spannungen in die Gesellschaft. Die Geschlechter- und Generationenkonflikte, die daraus entstehen, verändern Familienstrukturen. Frauen und Mädchen bekommen die Möglichkeit, sich zu emanzipieren und damit auch Zugang zu akademischer Bildung. Die Männer aber sind empört.

Schulunterricht führt immer wieder auch dazu, dass Individuen sich nicht mehr richtig einschätzen können. Es gibt Beispiele von Menschen, die sich nach dem Besuch einer Missionsschule weigerten, dem Häuptling traditionelle Dienste zu leisten, mit der Begründung, sie könnten jetzt lesen und schreiben (Eggert 1970).

Zu den Wirkungen fortgeschrittener Bildung, die von den Missionen eher nicht erwünscht waren und daher beklagt wurden, gehörte damals auch noch die Tatsache, dass die unter vielen Mühsalen ausgebildeten Schüler ihre Schreibkünste dazu benützten, den Mitschülern des anderen Geschlechts Liebesbriefe zu schreiben. Schwerer allerdings wiegt die Tatsache, dass Missionsschulen oft lange Zeit auf die Früchte ihrer Bemühungen warten mussten oder gar darum gebracht wurden. Ihre meist gut ausgebildeten Absolventen wanderten (und wandern auch heute noch) leicht ab in säkulare Institutionen wie Post, Regierungsstellen und Industrie, wo ihnen weit besser dotierte Posten angeboten werden können als in ihrer eigenen Kirchenorganisation.

Solche Nachteile dürfen Missionaren gewiss nicht als Vorwand dafür dienen, dass sie keinen Schulunterricht erteilen. Wilhelm Kärcher war das schon von Anfang an klar.

Er hielt jeden Tag zwei Stunden Schule. Das Schulhaus auf Lúkúnooch war ein Bretterhäuschen. Aus alten Kirchenbänken hatten er und Richard Neumaier Tische und Sitzgelegenheiten für die Schüler geschreinert. Damit war ihre Schule im Vergleich zu denen, die von der japanischen Mandatsverwaltung unterhalten wurden, geradezu luxuriös ausgestattet. In den meisten Schulen saßen die Schulkinder im Schneidersitz auf dem Boden und kritzelten auf ihre Schiefertafeln, die, wenn es hoch kam, aus einem Holzrahmen und einem Scherben aus Schiefer bestanden. Nicht so auf Lúkúnooch. Trotzdem herrschten einfachste Verhältnisse. Wenn die Jungen zur Schule kamen, waren sie meistens nur mit einem Hemd bekleidet, oder mit etwas, was einmal ein Hemd gewesen war. Einige unter ihnen erregten das Interesse ihres Lehrers, weil sie besonders aufmerksam zuhörten und sorgfältig arbeiteten. Sie gaben ihm das Gefühl, dass man mit Schulunterricht in dieser Situation viel bewirken konnte, um die Zukunft der Menschen ganz allgemein, besonders aber die Gemeindearbeit und das Wachstum der Gemeinden zu fördern.

Eine außergewöhnliche Maurerkelle

Während dieser Zeit führte er mit Richard Neumaier zusammen auch den Bau der Kirche zu Ende, den Otto Joswig begonnen hatte. Auch dabei ergänzten sich die beiden auf interessante Weise. Richard, der Bäcker, verstand etwas vom Kochen, was Wilhelm sehr zu schätzen wusste. Dieser wiederum war Bauhandwerker. Also ging Richard, der davon keine Ahnung hatte, bei ihm in die Lehre, wie er selber sagte.

Bei der Kirche handelte es sich um einen massiven Zementbau, der nicht nur als Kirchenraum, sondern auch als Zufluchtsort zum Schutz vor Taifunen geplant war. Die Wände mussten verputzt werden.

Verputzen war eigentlich keine Zimmermannsarbeit. Aber auf den Inseln darf sich niemand als Spezialisten für bestimmte Arbeiten betrachten. Irgendwie muss man dort alles können. Manchmal sind Aufgaben zu erledigen, von denen man keinerlei Ahnung hat, ohne deren phantasievolle Erledigung es aber oft einfach nicht geht. Man macht die Sache eben. Ein Missionar als Zimmermann musste also auch verputzen können! Dass es nicht ganz so professionell geschah, spielte für die Insulaner nur eine geringe Rolle. Trotzdem achtete Wilhelm streng darauf, dass alle Arbeit beim

Bauen sauber und exakt erledigt wurde, senkrecht und waagrecht. Schnur und Wasserwaage mussten respektiert werden. Das fiel den Insulanern auf. Was fertig war, machte entsprechend einen tadellosen Eindruck, vor allem die gemauerten Wände. Der *samwoon*, also der Häuptling, der ihm gelegentlich zuschaute, schrieb das der Kelle zu, die Wilhelm benützte.

Das war ein Werkzeug aus Deutschland, ein Wunderding, mit *manaman* geladen. Darunter verstanden die Insulaner eine Art Zauberkraft. Die war in dieser Zeit besonders gefragt, denn ein für die Insel bedeutendes Ereignis stand bevor. Der japanische Gouverneur von Chuuk hatte seinen Besuch angekündigt.

Dazu musste, so die Vorgabe der Polizei, nicht nur die Kirche hergerichtet werden, sondern auch das Haus, in dem man sich versammelte, um politische Entscheidungen zu treffen, also das „Rathaus" der Insel, in dem der *samwoon* Bürgermeisterfunktionen ausübte. Was Wunder, wenn dieser darum bat, die wundertätige Kelle dafür benützen zu dürfen. Die Bitte wurde ihm erfüllt. Das Ergebnis fiel dennoch wieder alles Erwarten eher bescheiden aus.

Nachdem die Kirche auf Lúkúnooch ihre endgültige Form erhalten hatte, beschlossen die beiden jungen Missionare, eine Idee zu verwirklichen, die sie immer wieder gemeinsam diskutiert und durchgedacht hatten.

Neue Ideen

Im Norden von Chuuk liegen die so genannten Hallinseln. Die Insulaner nennen die Gruppe Pááfeng. Dort und auch auf den so genannten Westerninseln mit Pwolowót, Sowuk und Pwúlúsuk hatte bis in die späten dreißiger Jahre noch nie ein europäisch-westlicher Missionar ständig gelebt und gearbeitet. Die Insulaner hatten schon 1899 die Bitte um einen Missionar an eine Delegation deutscher Kolonialbeamter gerichtet, die den Hallinseln einen Inspektionsbesuch abstatteten, nachdem Chuuk unter die Hoheit des Deutschen Reiches gekommen war (Müller 1979:21).

Richard Neumaier hatte das Inselgebiet vor kurzem mit Johannes Rattel, dem damaligen Feldleiter, bereist und kennengelernt. Den beiden jungen Missionaren erschien es an der Zeit, endlich auch dort eine Arbeit zu beginnen. Sie sahen darin ihre Aufgabe. Dazu aber brauchten sie zunächst einmal Geld.

Wie schwierig es gewesen sein muss, ein solches Unternehmen zu finanzieren, erkennt man am besten, indem man sich klar macht, dass die Liebenzeller Mission ihren Mitarbeitern auf den Missionsfeldern damals nur Mittel für ihren Lebensunterhalt zur Verfügung stellen konnte, dazu pro Monat 5 Reichsmark für den Unterhalt der jeweiligen Station. Weder konnten sie davon Kirchen bauen, noch längere Seereisen bezahlen. Wenn die beiden jungen Missionare Baumaterial kaufen wollten, konnten sie es nur mit Beträgen tun, die ihnen Missionsfreunde aus Deutschland und der Schweiz zur Verfügung stellten. Das war offenbar geschehen, und die beiden hatten zusammengelegt. Das Unternehmen konnte beginnen.

Am Abend, an dem sie sich entschlossen, ihren Plan zu verwirklichen, stießen sie gemeinsam auf eine Aussage des Apostels Paulus in seinem Brief an die Kolosser (4,2-3): „Seid beharrlich im Gebet und wacht in ihm mit Danksagung! Betet zugleich auch für uns, dass Gott uns eine Tür für das Wort auftue und wir das Geheimnis Christi sagen können [...].“ Das war es, was sie wollten.

An einem Sonntag, es war der 12. September 1937, machten sich die beiden zunächst auf den Weg nach Chuuk. Die Überfahrt begann unter bedenklichen Begleitumständen. Der Kapitän des Boots war so betrunken, dass er sich kaum auf den Beinen halten konnte und an Bord getragen werden musste. Keine beruhigende Aussicht, wenn man bedenkt, welche Verantwortung ein Kapitän hatte angesichts der zahlreichen Riffe, Klippen und Untiefen, die in mikronesischen Gewässern überall lauern. Eigentlich brauchte es höchste Konzentration, so ein Boot durch all diese Hindernisse hindurch zu steuern. Den beiden Missionaren war ziemlich mulmig zu Mute, nachdem sie an Bord gegangen waren.

Die Kabine, in der sie hausen mussten, war zwar zweieinhalb auf zweieinhalb Meter groß, aber nur etwas mehr als einen Meter hoch. Darin mussten sie außer sich selber auch noch ihre Koffer und allerhand japanischen Hausrat unterbringen. Zum Schlafen hatten sie gerade so viel Platz, dass ihre Oberkörper in der Kabine lagen, die Beine aber draußen auf Deck in die Lücken zwischen die dort gelagerten Ölfässer hineinragten. Während sie so dalagen, wurden ihre Füße ständig von den Wellen bespült. Dass der Platz auf dem Boot in Wirklichkeit äußerst knapp war, wurde einem Insulaner in der zweiten Nacht gar zum Verhängnis. Er schlief im Sitzen, und zwar so nah am Bootsrand, dass er im Schlaf ins Meer kippte. Glücklicherweise wurde der Mann über Bord sofort bemerkt und nach einer Weile des Suchens auch wieder herausgefischt. Einmal kam das Boot fast zum Kentern, weil es für eine

Fahrt über offenes Meer zu schmal gebaut war und zu viel Schlagseite bekam.

Nachdem die beiden trotz dieser bedenklichen Ereignisse sicher in der Chuuklagune angekommen waren, kauften sie Baumaterialien. Die sollten ursprünglich 1.000 Yen kosten. Weil sie aber bar bezahlten, gewährte man ihnen einen Rabatt von 100 Yen. Zudem machte die Handelsgesellschaft ihnen das Angebot, das Material kostenlos zu verladen und auf die Hallinseln zu transportieren, weil das Schiff dort Kopra – getrocknete Kokosnusskerne – abholen sollte.

Zwei Heißsporne

Die beiden ahnten nicht, dass sie mit ihrem Vorhaben in ihrem jugendlichen Überschwang einen schweren Fehler begangen hatten. Das Unternehmen war von ihnen im Alleingang geplant und begonnen worden. Solche Alleingänge bieten zwar die Möglichkeit, neue Ideen, die man für gut hält, mit Schwung in die Tat umzusetzen. Leider kommt man dabei leicht anderen ins Gehege, und die reagieren dann mit Empörung, vor allem dann, wenn sie übergeordnete Verantwortung tragen. So auch in diesem Fall. Richard und Wilhelm hatten weder ihren Feldleiter, noch die anderen Missionare darüber informiert, geschweige denn um ihre Meinung oder ihren Rat gefragt. Schlimmer noch: Sie hatten durch den Kauf von Baumaterialien vollendete Tatsachen geschaffen. Diese jungen Kerle!

Weil ihnen inzwischen dämmerte, dass sie in einen größeren Fettnapf getreten waren, fuhren sie nicht einfach nach Norden los, sondern kehrten noch einmal auf Wutéét an, um sich bei ihrem Vorgesetzten und den älteren Mitarbeitern abzumelden.

Dort kam es zu einer Auseinandersetzung mit schwerwiegenden Vorwürfen: Dienstweg! Missionsleitung! Das alles muss offiziell beschlossen werden! Amtsanmaßung! Wie kann man bloß?

Die Diskussion wogte hin und her. Die beiden gaben zu, dass man ältere Mitarbeiter nicht in dieser Form einfach übergehen darf. Aber sie führten auch ins Feld, Ernst Buddeberg, also der Missionsleiter höchstpersönlich, habe ihnen vor ihrer Ausreise gesagt, sie sollten sich um die noch unerreichten Inseln kümmern.

Das Argument, mit dem sie sich gegen den Vorwurf der Eigenmächtigkeit wehrten, hatte aber in gewisser Weise auch seine Berechtigung. Der Instanzenweg war ihnen einfach zu zeitaufwendig, und wo viele mitreden, wird die Initiative junger Leute leicht zerredet und ihrem Elan der Schwung genommen. Wilhelm Busch, der Autor von „Max und Moritz", hat diesen Effekt einmal sarkastisch und gleichzeitig genial formuliert: „Der schönste Schwung verliert sich bald, wenn er auf einen andern knallt." So ähnlich hatten sich auch die beiden jungen Missionare die Sache gedacht. Wäre der Plan der Missionsleitung vorgelegt worden, hätten sie noch lange auf die Genehmigung warten müssen, ihn zu realisieren.

Ein Brief nach Deutschland brauchte damals zwei Monate. Bis die Sitzung des zuständigen Gremiums stattfinden konnte, hätte es einen weiteren Monat gebraucht. Sollte eine Entscheidung dann doch nicht getroffen werden, musste damit gerechnet werden, dass diese auf die nächste Sitzung verschoben würde. Und bis der Brief mit der Zustimmung ankommen würde, verginge wieder ein halbes Jahr. Darüber hinaus mussten die beiden damit rechnen, dass dieser Brief ihnen mitteilen würde, ihr Plan sei abgelehnt worden. Besser also keine schlafenden Hunde wecken, etwa nach dem Motto: „Was die Feld- und Missions-leitung nicht weiß, macht sie nicht heiß."

Die Feldleitung ihrerseits fürchtete selbstverständlich, dass mit dem eigenmächtigen Handeln von Richard und Wilhelm ein Präzedenzfall geschaffen würde, der anderen jüngeren Mitarbeitern in Zukunft einen Vorwand dafür liefern könnte, genau so vorzugehen.

Die beiden gaben aber nicht klein bei. Sie setzten sich durch. Einen Missionsinspektor, der sie zur Rede hätte stellen können, brauchten sie nicht zu fürchten, denn es wäre zu viel Aufwand gewesen, wenn er deswegen angereist wäre. Und: „Wir fühlten uns als freie Missionare, wie freie Architekten. Wer lange fragt, bekommt viele Antworten." Auch hatten die beiden den Eindruck, auf Chuuk selber seien genügend Missionare vorhanden, und es müsse endlich etwas Neues angefangen werden.

Nach Nómwiin

Zwar blieben unter den übrigen Missionaren erhebliche Bedenken gegen die Pläne der beiden jüngeren bestehen, aber man ließ sie schließlich gewähren. Sie machten sich auf den Weg.

Nachdem Baumaterial und Reisegepäck auf dem Boot verstaut und sie selbst an Bord gegangen waren, mussten sie entdecken, dass auch der Kapitän dieses Schiffes, mit dem sie sicher die etwa sechzig Kilometer entfernt liegenden Hallinseln erreichen wollten, sturzbetrunken an Deck erschien.

Die Nachtfahrt nach Nómwiin bei ruhiger See unter sternklarem Himmel genossen sie trotzdem ausgiebig. Auf der Inseln Fanaanú mussten sie erleben, wie Insulaner damals noch reagierten, wenn sie Fremden begegneten. Die Frauen flohen alle in panischem Schrecken vor ihnen in den Busch.

Auf Nómwiin drängte der Kapitän zur Eile. Er verlangte, dass so schnell wie möglich ausgeladen würde. Das hatte seinen Grund.

Südseeinseln sind in der Regel von einem Saumriff aus Korallen umgeben. Boote können daher entweder nur bei Flut oder über bestimmte Fahrrinnen ans Ufer gelangen. Das wiederum ist nur bei guter Sicht im Licht des Tages möglich.

Das Schiff lag in einiger Entfernung vom Ufer im flachen Wasser. Der Kapitän wollte unbedingt vor Einbruch der Dunkelheit wieder das offene Meer erreichen. Daher die Eile. Zwar gab er den beiden Missionaren ausreichend Zeit, Zementsäcke und die Blechtafeln auf einem Boot an Land zu schaffen. Alle anderen Materialien aber, die nicht untergehen konnten, die Bretter, Kanthölzer und metallenen Fässer, mussten von Bord geworfen und schwimmend weitertransportiert werden. Für die Jugendlichen auf Nómwiin bedeutete das ein Fest. Mit großem Hallo stürzten sich die nackten Burschen ins Wasser, griffen sich die herumschwimmenden Dinge und brachten sie an Land.

Bei den Insulanern erregten die beiden Deutschen mit ihrem Auftreten höchstes Interesse und Aufsehen. Ständig wurden sie von den Insulanern umlagert und bestaunt: „*Ree wóón*! Ausländer! Deutsche!“ Was für eine Sensation und Abwechslung im ereignisarmen Inselalltag! An den kommenden Tagen folgte ihnen auf Schritt und Tritt ein Trupp Kinder. Auch die Erwachsenen, die gerade keiner Arbeit nachgingen, beobachteten, was sie taten.

Noch nach Wochen konnte es Wilhelm passieren, dass eine Frau seine Strümpfe befühlen und wissen wollte, wie weit sie unter die Hosenbeine hinaufreichten.

Die erste Nacht auf Nómwiin muss ein besonderes Erlebnis gewesen sein. Die beiden richteten sich provisorisch im so genannten *wuut* ein, einem größeren Haus, in dem sich die Insulaner versammeln, wenn sie Dinge zu besprechen haben, die alle Inselbewohner angehen, wo die großen Auslegerkanus aufbewahrt werden, und wo auch die Männer damals noch übernachteten, bevor sie sich auf eine größere Seereise oder auf einen Fischzug auf hoher See begaben. In jenen Zeiten waren diese *wuut* auch der Ort, wo Ahnengeister verehrt, beopfert und über Medien um ihren Rat befragt wurden.

Eine Möglichkeit zu duschen oder sich auch nur zu waschen gab es nicht. Nach einem anstrengenden Tropentag ist man immer völlig verschwitzt und sehnt sich geradezu nach einem Bad. Das war hier ein unerreichbarer Luxus. Verdreckt, wie sie waren, schlugen sie ihre Feldbetten auf. Ins Private zurückziehen konnten sie sich auch nicht. Die gesamte Männergesellschaft hatte beschlossen, mit ihnen zusammen zu übernachten. Die beiden waren in der Tat die ersten Ausländer, die jemals auf Nómwiin übernachteten. Dieses Spektakel wollten sich die etwa dreißig Insulanermänner nicht entgehen lassen. Für Richard und Wilhelm bedeutete das Stress. Weil sie aber todmüde waren, schliefen sie schließlich ein.

Für die Insulaner ist es auch heute noch normal, keine Privatsphäre zu haben. Fast alles geschieht in ständiger Anwesenheit anderer. Europäer halten das nur kurze Zeit aus, ohne unwirsch oder mürrisch zu werden. Auch den beiden Missionaren wurde es manchmal doch zu viel, wohl auch deswegen, weil von Wohnkomfort in der Hütte keine Rede sein konnte. Kakerlaken und Ratten huschten hin und her, und das Dach war undicht.

Also baten sie am anderen Tag darum, in einem anderen Haus schlafen zu dürfen. Sie wollten wenigstens während der Nacht allein sein. Es fand sich tatsächlich auch ein Häuschen für sie. Es war aber eher eine Hütte und so klein, dass die beiden kaum hineinpassten, und es besaß an den Giebelseiten keine Wände. Man konnte sie also auch hier jederzeit beobachten. Wenn es regnete, hätten sie eigentlich eher unter statt in den Betten schlafen müssen, um nicht nass zu werden, so undicht war das Dach des Häuschens. Hier wohnten und kochten sie, immer in Sichtweite der Insulaner. Und frühmorgens, ehe diese erwachten, wuschen sie sich im Meer, um wenigstens dabei nicht ständig beäugt zu werden. Erträglich war dieses Leben nur, weil sie sich darauf freuen konnten, bald ihr selbstgebautes Haus zu beziehen, an dem sie fleißig bauten, und dem sie den Namen „Elim“ geben wollten.

Auf Nómwiin gab es damals schon ein Stück Land, das der Mission gehörte. Jahrzehnte zuvor war der amerikanische Missionar Alfred Snelling (1855-1905) auf der Insel gewesen und hatte ein Stück Land gekauft. Sein Besuch endete leider tragisch. Mit seinen Begleitern geriet er auf einer Seereise in einen Taifun. Das

Boot, ein Auslegerkanu, wurde mehrere hundert Kilometer weit nach Éwúripiik in den Westen der Zentralkarolinen abgetrieben. Vier Männer der Bootsbesatzung waren unterwegs verdurstet oder an Entkräftung gestorben. Snelling selbst konnte die Insel noch erreichen, starb aber kurze Zeit später an Erschöpfung auf der Insel Weneya. Klaus W. Müller hat sich die Geschichte dieser Tragödie von einem alten Mann auf Éwúripiik selbst erzählen lassen und in einem Buch über seine Erlebnisse (1975) spannend erzählt.

Für Wilhelm Kärcher und Richard Neumaier indessen sollte das Land, das Alfred Snelling gekauft hatte, der Anfang einer Erfolgsgeschichte werden.

Nómwiin hört das Evangelium

Das Grundstück musste zunächst gerodet werden. Dann schafften die Insulaner Sand und Kies herbei. Als Gegenleistung für ihre Mitarbeit, während der die Männer weder in ihren Tarogärten arbeiten noch zum Fischen fahren konnten, mussten die Missionare dafür sorgen, dass sie und ihre Familien etwas zu essen bekamen. Also gaben sie ihnen Reis aus ihren Vorräten. Das Haus „Elim" nahm Gestalt an.

Die Insulaner stellten nach einiger Zeit offenbar mit Interesse fest, dass Wilhelm viel mehr körperlich arbeitete als Richard, der offen zugab: „Sie reden nur von dir."

Er sagte das sicherlich neidlos. Es hat aber den Anschein, als habe er, Richard Neumaier, daraufhin seine ursprünglichen Pläne geändert, denn er teilte dem überraschten Wilhelm mit, er wolle auf die Mortlockinseln zurückkehren, um nach den Gemeinden zu sehen, und nach Ablauf eines Jahres wiederkommen, wenn das Haus fertig sei. Gesagt getan.

Im Zuge all dieser Arbeiten vervollkommnete Wilhelm, inzwischen allein, seine Sprachkenntnisse, indem er nicht nur den Umgang mit den Insulanern suchte, sondern auch hier zu predigen und zu unterrichten begann. Dazu benutzte er eine Blechtafel, auf die er mit Kreide aufzeichnete, worüber er gerade sprach. Auf diese Weise versuchte er Anschaulichkeit zu erzielen. Das war schon immer ein wichtiges Prinzip in der Arbeit von Missionaren. Auf Menschen, die nichts lesen und aufschreiben können, kann man nicht nur einreden, sondern sie müssen die Dinge, die sie lernen und sich merken sollen, anschaulich vor Augen geführt bekommen.

Wilhelms Talent, Dinge einfach, aber spannend zu erklären und mit Geschichten lebendig zu machen, half ihm über seine immer noch lückenhaften Sprachkenntnisse hinweg. Seine Zuhörer ließen sich in der Tat von ihm fesseln.

Wie aufmerksam die Insulaner ihm zuhörten, erlebte er einige Wochen später, als er über die Ereignisse um die Eroberung der Stadt Jericho sprach (Josua 6). Wilhelm Kärcher konnte so etwas in glühenden Farben und mit Körpereinsatz beschreiben. Seine Arme und Hände zeichneten dabei Dinge und Ereignisse in die Luft, so dass seine Zuhörer sich einfach sichtbar vorstellen mussten, was sie eigentlich nur hörten. Während er so die Israeliten mit ihren Posaunen um Jericho herum marschieren und die Mauern donnernd einstürzen ließ, näherte sich ein Boot der Insel. Normalerweise stürmen die Insulaner auf den Außeninseln alle an den Strand, wenn sie das Tuckern eines Motors hören. Diesmal aber blieben sie mucksmäuschenstill sitzen, um das Ende der spannenden Geschichte zu hören.

Auf dem Boot befand sich – völlig überraschend – Richard Neumaier. Es ist heute nicht mehr zu erklären, warum er nach so kurzer Zeit die Mortlockinseln wieder verließ und auf die Hallinseln zurückkehrte. Jedenfalls war er höchst verwundert, dass niemand an den Strand kam, und er fürchtete, den Bewohnern sei während eines Taifuns etwas zugestoßen, von dem er wusste, dass er vor einiger Zeit die Hallinseln verwüstet hatte. Was war geschehen?

Tagelang hatte ein schwerer Sturm über den Hallinseln getobt. Blitze zuckten aus den tiefhängenden Wolken, und schwere Donnerschläge erschreckten Menschen und Tiere. Als der Sturm schließlich zum Taifun wurde, peitschten Orkanböen in die Palmenreihen an der Längsseite der Insel, wo die neuerrichtete Missionsstation stand. Wilhelm verriegelte Fenster und Türen. Die Männer von Nómwiin liefen laut rufend mit ihren Buschmessern durch den strömenden Regen und versuchten, ihre Häuser mit Hilfe von Seilen aus Kokosfasern an den Bäumen zu vertäuen, dass der Wind sie nicht davonreißen konnte.

Das Wellblechdach des Missionarshauses brummte unter der Gewalt der heranströmenden Luftmassen. Regen, Meerwasser, Laub, Sand und Korallenschotter prasselten gegen die Hauswände. Unter der Gewalt des Taifuns begannen die Stämme der Kokospalmen, die sich sonst grazil im Wind wiegten, zu brechen, zu splittern und umzustürzen. Das war schlimm für die Insulaner, denn die Kokospalme ist eine der Grundlagen für ihre Existenzsicherung.

Plötzlich änderte sich die Windrichtung. Der Sturm kam jetzt von Osten, fuhr mit voller Wucht in die Brotfruchtbäume mit ihren großen Blättern. Im Rauschen, das sich erhob, konnte man sein eigenes Wort nicht mehr verstehen. Äste wurden abgerissen und vom Wind davongetragen. Mächtige Bäume riss der Orkan mit den Wurzeln heraus und ließ sie krachend zu Boden stürzen. Auch das war schlimm für die Insulaner. Brotfrucht ist eine stärkehaltige Nahrung, die sie ganz besonders schätzen, und Brotfruchtbaumholz liefert ihnen wichtiges Baumaterial, auch für ihre Auslegeboote.

In unmittelbarer Nähe der Missionsstation stand ein Haus, das von einem alten, kranken Mann mit seiner Familie bewohnt wurde. Als einer der schweren Äste eines Brotfruchtbaums im Sturm abbrach, durchschlug er das Dach aus Blättern. Das geschah vor den Augen des Missionars. Er lief hinüber, um nachzusehen, ob jemand verletzt war, und fand die Hausbewohner verschreckt, aber heil in einer Ecke kauern. Weil das Haus einzustürzen drohte, mussten sie es verlassen.

Schäumend ergoss sich das Meer über die Insel und riss alles mit sich, was nicht niet- und nagelfest war. Das Toben des Wassers und des Sturms mischte sich mit dem Splittern und Krachen der stürzenden Baumstämme und den Schreien der hin und her laufenden Insulaner zu einem schaurigen Lärm. Sie suchten geschütztere, höher gelegene Teile der Insel zu erreichen und kamen dabei am Haus des Missionars vorbei. Einige suchten Zuflucht unter dem Vordach und baten Wilhelm, er sollte beten, dass der Sturm aufhöre. Sie wunderten sich darüber, dass er selbst so ruhig blieb.

Zwei Stunden wütete der Taifun. Dann war die größte Gefahr vorüber. Und nachdem das Unwetter sich gelegt hatte, zeigte es sich, dass die Missionsstation keinen Schaden genommen hatte.

Eine Lampe gegen die Geister

Wilhelm besaß eine Gaslampe, die mit Luftdruck betrieben wurde. Ihre Leuchtkraft übertraf die Ölfunzeln, die man auf Nómwiin schon kannte, bei weitem. Jedes Mal, wenn er sie auf volle Brennkraft stellte, löste er damit Begeisterung aus. Die Insulaner waren der Überzeugung, diese Art Lampe vertreibe bösartige Geister besonders gut.

Nach ihren Vorstellungen, die teilweise auch heute noch vorhanden sind, leben in der Umgebung der Menschen neben gutartigen Geistwesen eine ganze Menge bösartiger, die es nur darauf abgesehen haben, die Menschen anzufallen, sie zu beißen, krank zu machen oder zu fressen, um sie auf diese Weise zu töten. Solche bösartigen Geistwesen haben in ihrem Denken eine Reihe von Charaktereigenschaften. Unter anderem fürchten sie Licht. Sie sind eine Art lichtscheues Gesindel. Aus dieser Vorstellung heraus entstand die Überzeugung, dass man bösartige Geister dadurch fernhalten oder vertreiben kann, indem man ein Licht oder wenigstens Feuer anzündet. Viele Insulaner schlafen auch heute noch nur dann ruhig, wenn eine Lampe im Raum brennt.

Was die Insulaner auf Nómwiin aber überhaupt nicht verstehen konnten, war ihre Beobachtung, dass Wilhelm die Lampe nachts nie brennen hatte, wenn er schlief. Wie konnte er bloß ein so fantastisches Mittel zur Abwehr bösartiger Geister ungenutzt lassen? Sie fragten ihn immer wieder, ob er denn gar keine Angst habe. Seine Antwort war immer die gleiche: „Ich habe keine Angst, denn mein Gott beschützt mich."

Einem der Pastoren gegenüber versuchte er sich eines Tages mit einer rationalen Erklärung: „Mit den Geistern verhält es sich wie mit einem Hund, der Junge hat. Wenn man ihn fürchtet, sich ungeschickt benimmt und sogar mit einem Stock in seine Nähe kommt, wird er böse, greift an und beißt. Wenn man sich aber ganz normal verhält, ohne Abwehrgedanken und ohne Angst, bleibt der Hund ruhig."

Fischschwärme!

In diesen Wochen trat ein Ereignis ein, dessen Wirkungen seine Stellung als Missionar außerordentlich festigte, was zur Folge hatte, dass er seine Arbeit immer effektiver tun konnte.

Eines Tages entstand unruhige Geschäftigkeit unter den Insulanern. Die erklärten ihm, sie müssten unbedingt aufs Meer hinaus. Die Fischschwärme, die sich zu bestimmten Jahreszeiten regelmäßig in der Nähe der Hallinseln versammelten, seien einige Jahre völlig ausgeblieben, jetzt aber wiedergekommen.

Für einen europäisch-westlich orientierten Naturwissenschaftler wäre es vermutlich ein Leichtes gewesen, zu erklären, warum die Fische ausgerechnet jetzt erneut aufgetaucht waren. Er hätte mit Sicherheit eine natürliche Ursache und eine entsprechende Wirkung nennen können. Die Insulaner erklärten sich das Ereignis vollkommen anders. Selbstverständlich kannten auch sie das Prinzip von Ursache und Wirkung. In ihrem Verständnis aber war die Ursache für das Ereignis keine natürliche, sondern eine übernatürliche. Sie schrieben das ungewöhnliche Wiedererscheinen der Fischschwärme der – ebenfalls ungewöhnlichen – Anwesenheit des Missionars zu. Von ihm schien eine geheimnisvolle, unerklärliche, außergewöhnliche Wirkung auszugehen, die das Naturereignis bewirkt hatte. Jetzt hatten sie einen ersten sehr deutlichen Beweis dafür, dass er *iman* war, dass er über *manaman* verfügte, jene übernatürliche Fähigkeit, die der Häuptling von Lúkúnooch vor ein paar Monaten schon Wilhelms Maurerkelle zugeschrieben hatte: „Dein Gott hat uns die Fische geschickt." Daraus konnten die Bewohner von Nómwiin nur den Schluss ziehen, dass sie, wenn sie weiter an solchen Segnungen teilhaben wollten, unbedingt Christen werden müssten. Die Schäden durch den Taifun rechneten sie dem Missionar auffälligerweise nicht an. Noch nicht.

Der biblische Gott geht manchmal seltsame Wege, um Menschen einen Zugang zu sich zu verschaffen. Das zeigt sich in zahllosen Beispielen im Alten und Neuen Testament. Die Insulaner von Nómwiin fanden diesen Zugang über einen logisch vollkommen falschen Schluss, indem sie zwei Ereignisse ursächlich miteinander verknüpften, die das eigentlich gar nicht hergaben.

Für die Insulaner war klar, dass der Gott, von dem er sprach, ihn im Taifun bewahrt und ihnen selbst die Fischschwärme geschickt hatte.

Solche einfachen Zusammenhänge, die eigentlich keine echten sind, können den Missionar auch in eine schwierige Situation und in Erklärungsnot bringen. Insulaner sehen Krankheit nicht nur einfach als Böswilligkeit von Seiten der Geister an, sondern auch als Strafe für Fehlverhalten und Sünde. Ihre Ahnengeister schicken ihnen dann eine Krankheit oder lassen anderes Unheil über sie und ihre Familien hereinbrechen, wenn sie sich falsch verhalten. Wird der Missionar krank, dann fragen sie schnell: „Was ist das für ein Gott, von dem er sagt, er sei allmächtig? Er kann doch eigentlich seinen Diener nicht mit Krankheit schlagen! Hat er eine Sünde begangen? Ist er tatsächlich *iiman*, oder besitzen unsere Geister mehr davon, so dass sie ihn ihrerseits krank machen konnten?“

Insgesamt gesehen ist es damals gelungen, die Bewohner der Hallinseln innerhalb kurzer Zeit für das Christentum zu gewinnen. Dreißig Jahre später schon gab es dort mehrere lebendige Christengemeinden. Die Anerkennung dieses Erfolgs ließ dann auch nicht lange auf sich warten. Sowohl die Missionarsgemeinschaft auf Chuuk, als auch die Missionsleitung erkannten, dass die Initiative der beiden jungen Missionare in die richtige Richtung gegangen war.

Die Wege trennen sich

Richard Neumaier und Wilhelm Kärcher hatten ihre Anwesenheit selbstverständlich nicht auf Nómwiin beschränkt, sondern auch die nicht weit entfernt liegenden Inseln Ruwó, Fanaanú und Mwirilé besucht. Auf einer solchen „Missionsreise“ scheint zwischen den beiden eine Diskussion in Gang gekommen zu sein darüber, wie sich ihre Arbeit in der näheren Zukunft zu gestalten hätte, und auf welche Ziele sie sich ausrichten sollten. Das Ergebnis ihrer Überlegungen war eine Lösung, die vorsah, dass Richard die Arbeit auf den Hallinseln allein weiterführen und Wilhelm wieder auf die Mortlockinseln zurückkehren sollte. Gründe für diese Entscheidung sind weder in Briefen noch anderen Quellen zu finden. War Richard wie der Apostel Paulus darauf bedacht, in einer „Pioniersituation“ zu arbeiten, also da, wo noch kein anderer vor ihm tätig geworden war? Wir wissen es nicht. Die Missionsleitung jedenfalls scheint diesem Plan ebenfalls zugestimmt zu haben.

An dieser Stelle wird erkennbar, dass die beiden trotz vieler Gemeinsamkeiten sehr unterschiedlich strukturierte Persönlichkeiten waren, die sich nicht einfach mit den Stichworten „Theoretiker“ für Richard Neumaier und „Praktiker“ für Wilhelm Kärcher umreißen lassen. Die beiden unterschieden sich vor allem auch in der Art, wie sie die Insulaner sahen und sich ihnen zuwandten. Richard Neumaier ging direkt auf die Menschen zu, war überzeugt davon, dass er wusste, was für sie nötig und richtig war. Seine Neigung zu pessimistischen Einschätzungen ihrer Zukunft als

Christen mag der Grund dafür gewesen sein, dass er ihnen weniger kompromissbereit, weniger nachsichtig und mit einer deutlich stärker fordernden Haltung begegnete, ohne dabei unbarmherzig sein zu wollen.

Wilhelm Kärchers Naturell war anders gelagert. Er war gewiss nicht besonders optimistisch in seiner Einschätzung der Menschen, mit denen er es auf den Inseln zu tun hatte, aber optimistischer als sein Mitarbeiter war er allemal. Seine besondere Stärke lag in der menschlichen Wärme, die unausgesprochen von ihm ausging. Er verbreitete eine Atmosphäre des Mitfühlens, eine Eigenschaft, die ihn nicht zögern ließ, wenn es darum ging, mit zu leiden. Die Folge war, dass er gelegentlich Klage darüber führte, Richard Neumaier werfe ihm vor, er sei zu weich, dränge in gar dazu, mit größerer Härte zu reagieren, um sein Ziel zu erreichen.

Auch darin zeigt sich ein wichtiger Unterschied zwischen den beiden Missionarspersönlichkeiten. Richard Neumaier scheute Konfliktsituation weniger als der eher harmonieorientierte Wilhelm Kärcher, und dieser litt darunter. Richard Neumaier übrigens war sich dessen bewusst, zumindest von der Zeit an, nachdem er Chuuk verlassen hatte. In einem Brief räumte er ein, dass er „heutzutage barmherziger geworden“ sei.

Zurück auf Lúkúnooch

Weihnachten 1937 hatte Wilhelm offenbar noch auf Nómwiin erlebt. Im Januar 1938 bestieg er wieder ein Boot, das ihn auf die Mortlockinseln zurückbrachte. Richard Neumaier scheint das durchgesetzt zu haben, denn Wilhelm wäre gerne auf den Hallinseln geblieben.

Zurück auf Lúkúnooch fiel sein Blick zufällig als erstes auf einen Pfefferstrauch. Beim Betrachten der roten Schoten fühlte er sich an die Seufzer seiner Mutter erinnert, die sie vernehmen ließ, wenn er und seine Geschwister ihr auf die Nerven gingen: „Wenn ihr doch bloß wärt wo der Pfeffer wächst!“ Er hatte in diesem Augenblick das Gefühl, ihr Wunsch sei, auf ihn bezogen, in Erfüllung gegangen.

Auf den insgesamt acht Inseln des Mortlockgebiets lebten damals etwa 1.500 evangelische Christen. Sie bildeten sozusagen seinen Kirchenbezirk, sein Bistum. Jetzt war er auch zum ersten Mal völlig auf sich allein gestellt, und Einsamkeit sollte die kommende Zeit seines Lebens bestimmen.

Sein Tagesablauf begann mit der so genannten *felikis*, der Morgenandacht, die jeden Tag bei Sonnenaufgang in der Kirche stattfand. Dann hielt er ein paar Stunden Schule, und nachmittags übte er mit ihnen das Gitarrespielen. Einige der jungen Frauen waren auf Wutéét zur Schule gegangen und hatten dort eine Reihe von Liedern gelernt. Jetzt kamen neue hinzu, und damit man einen Grund hatte, diese gründlich zu lernen, wurden sie so bald wie möglich in der Kirche auch vorgetragen.

Alle diese Aktivitäten, auch die Schule, fanden im Kirchenraum statt, dem größten überdachten Raum auf der Insel. An manchen Tagen waren also fortwährend Menschen in der Kirche, von Sonnenaufgang bis Sonnenuntergang. Bei Einbruch der Dunkelheit kehrten alle in ihre Hütten zurück. Elektrisches Licht gab es nicht.

Seine Sprachkenntnisse hatten sich in den vergangenen Wochen und unter der Anleitung von Richard Neumaier deutlich verbessert. Das war die unabdingbare Voraussetzung dafür, dass Wilhelm begann, die Vorstellungen und Denkformen kennen zu lernen, mit deren Hilfe die Insulaner ihr Leben gestalteten und meisterten.

Dabei fiel ihm immer mehr auf, wie wenig er über diese charakteristischen Denkformen wusste, und wie wenig sich die Mitarbeiter der Missionen bislang darum gekümmert hatten, Sprache und Weltbild der Insulaner kennen zu lernen. War das der Grund für die Tatsache, dass ihr Leben als Christen immer noch so merkwürdig viele okkulte Elemente aufwies, von denen sie sich eigentlich, so seine Erwartung, nach so langer Zeit schon freigemacht haben müssten? Ursprüngliche religiöse Elemente, die sich mit christlichen nicht vereinbaren ließen, existierten wie selbstverständlich nebeneinander her. Warum interessierte sich niemand dafür? Müsste man sich und die Insulaner nicht viel mehr danach fragen, warum das so war?

Ältere Missionare hatten dafür in der Tat keine Notwendigkeit gesehen. Rudolph Mäder (1880-1940) vertrat offen die Meinung, es sei besser, wenn man nicht so viel frage. Man nahm an, durch Nachfragen werde den Insulanern der Eindruck vermittelt, es sei doch nicht so abwegig, wenn sie zur Abwehr von Taifunen ihren verstorbenen Häuptlingen ein Speiseopfer darbrachten, oder Krankheiten mit magischen Mitteln zu heilen versuchten.

Keine Fragen zu stellen war, vom heutigen Standpunkt aus gesehen, ein Irrtum mit schwerwiegenden Folgen. Was man ändern will, muss man genau kennen.

Merkwürdig fand Wilhelm auch, dass jemand vom Abendmahl ausgeschlossen wurde, weil er sein Ehe- und Sexualleben nicht in Ordnung gehalten hatte, oder weil er rauchte, nicht aber, wenn er okkulte Rituale praktizierte oder Verstorbene befragte und ihnen Blumenopfer brachte, sogar in der Kirche. Wilhelm wollte diese Prioritäten umkehren, weil er der Überzeugung war, dass sie andersherum lagen, aber leicht zu vermitteln war das den Insulanern nicht.

Der Grund dafür, dass die Insulanerchristen weiterhin Ahnenverehrung praktizierten, war darin zu suchen, dass es in der Gesellschaftsordnung, die sich auf den Inseln entwickelt hatte, ein Amt gab, in dem sich politische und religiöse Funktionen in einer Person vereinten, im so genannten *itang*. Er war eine Art religiöser Häuptling, ein politischer Priester. So etwas hatte es früher auch in Europa gegeben, in der Form der Fürstbischöfe und Fürstäbte, Geistliche in hohen Positionen der katholischen Kirche, die Sitz und Stimme in den Reichstagen hatten. Das Amt des *itang* war selbstverständlich nur ungefähr mit dem Amt des Fürstbischofs vergleichbar.

Seine Bedeutung und Wirksamkeit beruhte auf der Tatsache, dass ihm und seinem Wort *manaman* zugeschrieben wurde, Energien, Charisma und Autorität, die Außergewöhnliches bewirken konnten. Das verlieh ihm, so die Erwartung der Insulaner, nicht nur politische Macht, sondern auch magische Fähigkeiten. Wer seine Gunst hatte, der hatte es gut, denn er war versorgt. Wem er sie entzog, der hatte nichts zu lachen. Weil man den *itang* fürchtete, war es ihm oft ein Leichtes, seine Macht auch zu missbrauchen.

Wenn solche ein *itang* Christ wurde, bedeutete das nicht, dass er damit sein Amt verlor oder auch nur aufgab. Häuptlinge waren als Ordnungsfaktor unentbehrlich. Die öffentliche Ordnung machte ihre Tätigkeit weiterhin erforderlich. Weil sie aber auch über magische Fähigkeiten verfügten, waren sie in einer dem Christentum zugewandten oder sich in diese Richtung entwickelnden Gesellschaft auch Problemfiguren, denn die Basis ihrer Macht war ihre vermeintliche Verbindung mit den verstorbenen *itang*. Von ihnen erwartete man Heil und Wohl im täglichen Leben, und vermitteln konnte es nur der vorhandene *itang*, wie die Insulaner glaubten.

Übrigens weisen die Gemeindestrukturen auf *Chuuk* selbst heute noch deutliche Spuren auf, die an das Amt des *itang* erinnern. Der *wuwáánpóron*, ein Pastor in gehobener Stellung, bekleidet oft gleichzeitig ein politisches Amt, oder er wird von seiner Familiengruppe gar dazu gedrängt, ein solches anzustreben. Es bedeutet nämlich Macht und geldwerten Vorteil für die Betreffenden.

Ein Thronsessel und seine Machtfülle

Ein solcher *itang* war Pili. Englisch hätte er vermutlich Billy geheißen. Er galt überall auf den Mortlockinseln als bedeutender *sowuroong*, als mächtiger Zauberer. Gleichzeitig aber war er auch Kirchenältester und besaß offenbar große Machtfülle und Ansehen. Sie beruhten auf der Tatsache, dass er einem mächtigen und angesehenen Klan als Oberhaupt vorstand. Im Gottesdienst erkannte man seine hervorgehobene Stellung daran, dass er auf einer Art Thronsessel saß, der extra für ihn zusammengezimmert worden war.

Die offensichtliche Sonderstellung Pilis störte Wilhelm erheblich. Sie kam einem Christen nicht zu, wie er meinte. Pilis Machtgehabe war ihm schließlich geradezu ein Dorn im Auge. Deshalb ließ er eines Tages Pilis Sitzgelegenheit einfach aus der Kirche entfernen. Damit hatte er einen schweren Fehler begangen.

Falsch war die Aktion nicht deswegen, weil sie ungerechtfertigt oder nicht begründbar gewesen wäre, sondern weil Wilhelm in seiner Unerfahrenheit zu forsch und unbedacht vorgegangen war. Er wusste einfach noch nicht, dass ein jüngerer Mann einem alten, angesehenen unmöglich so brutal das Gesicht nehmen und ihn damit beschämen darf, ohne sich dabei selbst total zu blamieren. Auch war ihm nicht klar, dass seine riskante Aktion Pilis gesamten Klan beleidigte. Damit löste er prompt Empörung aus. Die Leute von Lúkúnooch steigerten sich in einen Aufruhr hinein. Plötzlich hatte Wilhelm alle gegen sich.

Mangelnde Kenntnis gesellschaftlicher Zusammenhänge und die unheilvollen Wirkungen, die sich daraus ergaben, weil die Mitarbeiter der Mission sie bisher nicht beachtet hatten, veranlassten insbesondere Richard Neumaier, den Dingen auf den Grund zu gehen, die Insulaner danach zu befragen und Berichte über seine Befragungen anzulegen.

Der Missionar als *itang*

In dieser Zeit geschah es, dass ein schwerer Taifun über die Mortlockinseln hinwegzog. Wilhelm fand das Naturereignis zunächst einmal einfach interessant: das Toben des Orkans, der Wellengang auf der Lagune und der sintflutartige Regen, der aus den tief hängenden Wolken herunterprasselte. Die Insulaner dagegen hatten Angst. Sie baten ihn inständig zu beten: „*Kepwe iyóótek*!" Ihm erschien die Situation so bedrohlich nicht, denn er wusste noch nicht, dass während eines Taifuns die Wellen so hoch werden konnten, dass sie die flachen Inseln vollständig überfluteten. Bei derartigem „Land unter" drang das Salzwasser dann in die Tarogärten und machte den Boden für die nächsten sieben Jahre unbrauchbar.

Ein solches Ereignis hatte 1907 zu einer schweren Hungersnot geführt. Ohne Vorwarnung war ein Taifun über die Inseln hereingebrochen, hatte alles überflutet und viele Menschen ins Meer gerissen. Die deutsche Kolonialregierung sah sich daraufhin gezwungen, viele Mortlockinsulaner nach Sokehs auf Pohnpei zu evakuieren. Dort hatten sich die Mitarbeiter der katholischen Mission der Menschen angenommen, und viele waren katholisch geworden. Als sie nach Jahren wieder auf die Mortlockinseln zurückgebracht wurden, kamen sie in Begleitung eines Priesters. Von jetzt an gab es sowohl evangelische, als auch katholische Christen auf den Mortlockinseln, und das sollte in der Folge eine konfliktreiche Beziehung werden. Für Wilhelm Kärcher ging es in diesem Taifun aber um etwas ganz anderes.

Er erfüllte die Bitte, die man an ihn gerichtet hatte, und betete um Bewahrung im Sturm. Als sich bald darauf ergab, dass der Taifun, anders als 1907, keine verheerenden Folgen haben würde, waren die Insulaner felsenfest davon überzeugt, dass das Gebet des Missionars dies bewirkt hatte. Damit war bewiesen, dass er über enormes *manaman* verfügte, wie es gewöhnlich nur dem *itang* eigen war.

Nicht bewusst war ihm, dass er durch den Taifun auch in eine schwierige Lage hätte geraten können. Nach der Logik der Insulaner sind zwei ungewöhnliche Ereignisse, die auf einander folgen, ursächlich miteinander verbunden. Das hatte Wilhelm schon auf Nómwiin erfahren, als seine Anwesenheit das Wiederauftauchen der Fischschwärme erklärbar machte. Die Tatsache, dass der Taifun nach der Ankunft des weißen Missionars eintraf, konnte für die Insulaner aber auch bedeuten, dass er deswegen losbrach. Sie benützten das Wort *seringngaw* dafür, was etwa „ungutes Zusammentreffen" bedeutet.

Nun aber sahen sie in der Harmlosigkeit des Taifuns ein gutes Omen. Wilhelm selbst nahm es als Zeichen dafür, dass Gott ihm den Weg ebnen wollte, um ihm schneller einen Zugang zu den Insulanern zu verschaffen. Dieser Eindruck verstärkte sich in spektakulärer Weise, als kurze Zeit danach auch hier die großen Schwärme von Fischen wieder auftauchten, die jahrelang ausgeblieben waren und von den Insulanern sehnlichst erwartet wurden. Es waren jene Schollen, die in den Karolinen periodisch in großer Zahl auftreten und als Speisefische geschätzt werden. Nun fingen sie diese wieder in großen Mengen, waren überglücklich darüber und schrieben dies der Wirkung ihres Missionars zu: „Sein Gott hat uns die Fische wieder geschickt!"

Ohne Ehefrau ist alles nichts

Schwierig für ihn war auch noch ein anderer Sachverhalt, den er noch nicht bewusst erfasst hatte. Wäre er ihm bekannt gewesen, dann hätte er sich Pili gegenüber mit Sicherheit nicht so deftig verhalten, wie er es getan hatte.

In der Gesellschaft der Insulaner besitzen jüngere Männer nur sehr geringen Status, das heißt, sie gelten noch nicht viel. Wenig Ansehen wird ihnen insbesondere dann entgegengebracht, wenn sie noch unverheiratet sind und keine Kinder haben. Die Insulaner sind der Meinung, so einer kenne das Leben nicht und könne daher auch nicht mitreden.

Wilhelm erfüllte die Bedingungen dafür, in der Gesellschaft der Insulaner keine Autorität zu besitzen, in nahezu idealer Weise. Er hatte weder Frau noch Kinder, und das über ganze zwei Jahre hinweg, die er allein auf den Mortlockinseln verbrachte. Abgemildert wurde diese hinderliche Situation wohl etwas dadurch, dass er ein *ree wóón* war, ein Ausländer, dass er lesen und schreiben konnte, dass er viel mehr wusste als die Insulaner und Bücher besaß, ganz zu schweigen von der Fähigkeit, mit seinem Gebet den Taifun zu beeinflussen, wie sich erwiesen hatte.

Die Einsamkeit des Europäers unter den so anders gearteten Insulanern setzte ihm zeitweise schwer zu. Zwei Jahre sollten es schließlich werden, zwei lange Jahre, in denen er seine Verlobte Elisabeth Wagner weder sprechen noch sehen konnte. Sie fehlte ihm ihn jeder Beziehung.

Er „wohnte" eigentlich gar nicht, sondern er „hauste". Er wusch seine Kleidung und kochte sein Essen selber. Das war aber offenbar gar nicht so einfach: „Heute habe ich in meinem Garten festgestellt, dass ich einige schöne grüne Bohnen habe, die ich vor einem

Monat gesteckt hatte. Da könnte man also Bohnensalat machen, wenn ich nur wüsste wie? Ich muss vielleicht einfach einmal in meinem Kochbuch nachschlagen, vielleicht ist da eine Abhandlung über Bohnensalat drin. Auch Münchener Bierrettiche habe ich. Sie sind allerdings noch klein."

Takuwo, ein jüngerer Mann, der ihm gelegentlich zur Hand ging, äußerte sich ihm gegenüber gelegentlich darüber, was er von Wilhelms kulinarischen Fähigkeiten hielt: „Das ist eine besondere Art Essen, das du kochst." Wilhelm gab ihm recht und meinte, manchmal falle ihm das Essen schwerer als das Kochen. „Ich habe mich trotzdem tapfer durchgebissen."

Was er sehr vermisste, war Brot. Eines Tages fand er in seiner Küche einen Rest Mehl in einer Dose, den seine Vorgänger, das Ehepaar Joswig, zurückgelassen hatten, und das brachte ihn auf die Idee, es mit dem Brotbacken zu versuchen. Sein Problem: er hatte keine Hefe. Aber er dachte, in der tropischen Wärme einer Südseeinsel komme ein ordentlich angerührter Teig möglicherweise auch ohne Hefe zum Gehen.

Was er dann anrührte, geriet ihm etwas zu dünnflüssig und glich eher einer Mehlsuppe als einem Brotteig. Das Blech, auf dem er ihn backen wollte, war stark verrostet und löcherig. Er musste also aufpassen, dass ihm der Teig dort nicht hinauslief. Einem Teig, das wusste er von seiner Mutter, musste man vor dem Backen ausreichend Zeit zum „Gehen" lassen. Also ließ er ihn gehen in der Hoffnung, dass er sich dabei eindicken würde. Nach zwei Stunden zeigte der Teig aber immer noch keine Anzeichen dafür, dass er gehen wollte. Auch am Nachmittag blieb er unbeweglich. Wilhelm versuchte geduldig, ihn zum Gehen zu bringen, indem er an verschiedenen Stellen mit den Fingern zugriff, um ihn hochzuheben. Vergeblich! Schließlich verließ ihn die Geduld. Wenn er länger warten wollte, so nahm er an, würde der Teig gären und Blasen werfen. Vielleicht ergäbe das eine Art Sauerteigbrot? Er hatte wenig Hoffnung. Dann nahm er einen Spaten, grub draußen hinter dem Haus ein Loch in den Boden und ließ den Teig mitsamt dem Blech darin verschwinden. Von da an versuchte er sich nie mehr im Brotbacken.

Kein Geld!

Nachdem die Nationalsozialisten in Deutschland die Macht übernommen hatten, begann sich eine Entwicklung anzubahnen, die einige Jahre später in die Katastrophe des zweiten Weltkriegs führen und die Missionare der Liebenzeller Mission auf Chuuk in schwere Bedrängnis bringen sollte. Wilhelm Kärcher bekam erste Anzeichen davon zu spüren.

Eines seiner drückendsten Probleme war, dass die nationalsozialistischen Behörden den Deutschen inzwischen nicht mehr erlaubten, Devisen ins Ausland zu transferieren. Das Geld für den Unterhalt der Missionsstation blieb plötzlich aus, und nach kurzer Zeit auch die Unterhaltszahlungen, die Wilhelm dringend für sich selber brauchte, zumal er noch gewisse Schulden abzahlen musste, die er in Japan gemacht hatte, um Teile seiner Ausrüstung für das Leben auf den Inseln kaufen zu können. Dort hatte man ihm sogar nahe gelegt, sich ordentlich auszustatten, und er war dem Rat gefolgt in der Annahme, die Ausgaben würden von der Mission übernommen. Ein Irrtum!

In den zwanziger Jahren schon hatte die japanische Mission, die nach dem ersten Weltkrieg für die Arbeit auf Chuuk verantwortlich geworden war, eine Art Gehalt von 10 Yen pro Monat für die Pastoren in der Absicht eingeführt, die einheimische Kirche zu fördern und zu stabilisieren. Die Häuptlinge dagegen bekamen von der Regierung nur 5 Yen pro Monat. Und weil die Pastoren Missionsland zu ihrer Verfügung hatten, auf dem sie nicht nur wohnen, sondern auch Gartenbau treiben konnten, gehörten sie zu den bestversorgten Mitgliedern der damaligen Gesellschaft auf Chuuk im Allgemeinen und auf Mortlock im Besonderen.

Weil Wilhelm kein Geld mehr bekam, war es ihm nicht mehr möglich, den Pastoren die 10 Yen auszubezahlen, die ihnen monatlich für ihre Arbeit zustand, und die sie selbstverständlich erwarteten. Sein Vorgänger Otto Joswig, der 10 Jahre lang ununterbrochen auf Lúkúnooch tätig gewesen war, hatte dieser Verpflichtung noch regelmäßig nachkommen können, und auch Richard Neumaier, der Anfang 1937 für kurze Zeit hier stationiert gewesen war, hatte damit keine Probleme gehabt. Die beiden sind übrigens wegen dieser Zahlungen fünfzig Jahre lang eine Legende geblieben. Man vergaß ihnen das nicht. Auch die Insulaner sprechen gerne über die vermeintlich „gute alte Zeit", wie man daran sieht. Und nun kam er, Wilhelm Kärcher, ein junger Mann ohne Erfahrung und ohne Status, und etwas vom ersten, was die Pastoren mit ihm erleben mussten, war das Ausbleiben von Bezahlung.

Wohl hätte er mit seinem Zehnten einen Pastor bezahlen können, aber eben nicht acht, und wenn er nur einem einzigen Geld gegeben hätte, wäre von den anderen der Vorwurf erhoben worden, dass sie nicht gleich behandelt würden. Eine vertrackte Situation. Den Insulanergemeinden zu vermitteln, dass sie ihre Pastoren von jetzt an selbst versorgen müssen, war fast nicht möglich.

Für seine Stationsausgaben und Bootsfahrten hatte er selbst bislang monatlich 5 Yen ausbezahlt bekommen. Darin enthalten war auch ein Betrag für Bedürftige, Waisen und Halbwaisen. Auch diesen musste er eröffnen, dass er kein Geld mehr für sie bekomme.

Er geriet in große Schwierigkeiten, weil er damit dem Bild, das die Insulaner von einem Missionar hatten, überhaupt nicht mehr entsprach. Es kamen sogar Zweifel auf darüber, ob er auch tatsächlich von der Liebenzeller Mission komme.

Eine weitere Schwierigkeit bestand darin, dass sein Vorgänger über ein stattliches Boot verfügt hatte, die „Immanuel", ein Segelboot. Auch der katholische Priester besaß eines. Er aber hatte nichts dergleichen. Auch das verringerte seinen Status in den Augen der Insulaner. Wer bei ihnen ein Boot sein Eigen nannte, besaß Status und Prestige, war etwa vergleichbar mit jemand, der damals in Deutschland ein Auto in der Garage stehen hatte. In den Augen der Insulaner war mit dem jungen Missionar offenbar eine ganz merkwürdige neue Zeit angebrochen.

Das sollte alles in den kommenden Jahren noch viel drastischere Formen annehmen. Im Haushalt von Otto und Gretel Joswig waren mehrere junge Insulaner und Insulanerinnen beschäftigt gewesen: ein Koch, eine Kinderfrau, eine, die sich um die Wäsche kümmerte, eine die sie bügelte, eine, die den Reis für die Bediensteten kochte und jemand, der für Brennholz sorgte. Das war nicht unbedingt ein Luxus, wenn man bedenkt, wie anstrengend das Leben und wie arbeitsaufwendig das Alltägliche in den Tropen für Europäer sein kann, weil fast alles ohne Maschinen und ohne Strom erledigt werden muss. Im übrigen bedeutete das für die Betreffenden eine Verdienstmöglichkeit.

Wilhelm Kärcher konnte sich Mitarbeiter praktisch nicht mehr leisten, und auch später gab es im Haushalt der Familie nur ein Mädchen, das Elisabeth Kärcher einen halben Tag lang zur Hand gehen konnte.

Dem junge Missionar blieb nichts anderes übrig als mit dem Auslegerkanu zu reisen. Das war unerhört in den Augen der Insulaner. Nur sie reisten so, niemals aber ein *ree wóón*. Ein Ausländer unterwegs auf einem Kanu, das wäre etwa so, wie wenn bei uns in

Deutschland jemand statt mit dem Auto mit dem Pferdefuhrwerk zum Supermarkt fahren würde.

Die Kirchenältesten ließen ihn aber nicht im Stich. Weil er kein Geld mehr hatte, fuhren sie ihn schließlich umsonst von Insel zu Insel, wenn er die dortigen Gemeinden besuchte.

Erfolgserlebnisse

Bei der Arbeit mit den Schülern während der Vormittage fiel ihm bald auf, wie gut die Mädchen und Jungen das, was sie lernten, im Gedächtnis behielten. Dafür gab es einen einfachen Grund. Die Insulanerkultur ist oral angelegt, nicht literal. Das heißt, man tauscht Informationen grundsätzlich mündlich aus und gibt auch das Wissen, das man zur Bewältigung des Daseins braucht, mündlich an die Jüngeren weiter, nicht auf schriftlichem Weg, etwa in Büchern.

Auf Lúkúnooch kamen die Christen damals jede Woche einmal zusammen, um miteinander zu beten. Eigentlich hatte Wilhelm erwartet, dass diese Veranstaltung nur für die Erwachsenen geeignet sei. Stattdessen erlebte er nun, dass auch die anwesenden Kinder sehr intensiv zu beten begannen. Von ihnen hatte er den Eindruck, sie glaubten wirklich, was sie gelernt hatten.

Ein anderes Erfolgserlebnis schilderte er selbst so: „Eine besondere Freude war es für mich, als am Schluss eines Sonntagvormittagsgottesdienstes durch Aufforderung des *chóón ánisi*, des „Helfers“ – so nannte man damals die einheimischen Katecheten – eine ganze Anzahl von Männern und Frauen aufstanden, um damit vor aller Öffentlichkeit zu bezeugen, dass sie nun mit dem Heidentum Bruch machen möchten, das sie bisher im Bann und in Todesfurcht hielt. Auch kamen sie nachher alle, um sich seelsorgerlich auszusprechen. Bewusst ist ihre Sündenerkenntnis noch nicht sehr tief, doch wollen wir weiter für sie hoffen und glauben, damit sie aus der Knechtschaft der Sünde in die Freiheit der Gotteskinder kommen.“

Eines Tages beeindruckte ihn ein alter Häuptling, der ihm nach einem schweren Taifun sagte, er habe während des Sturms inständig zum Gott der Christen gebetet, und von den vielen umstürzenden Bäumen sei kein einziger auf sein Haus gefallen.

Eines Abends saß er in der Dämmerung am Strand und genoss die Stimmung, die über der Landschaft lag. Plötzlich tauchte aus dem Gebüsch ein junger Mann auf, der sich neben ihn setzte und ihn um Verzeihung dafür bat, dass er bislang nicht Wort gehalten habe. Einige Tage zuvor hatte er Wilhelm versprochen, zum Gottesdienst zu kommen. Nun ergab sich für ihn die Gelegenheit, mit dem jungen Mann über sein Seelenheil zu sprechen. Von da ab kam der Betreffende zu fast jeder Versammlung, obwohl er einen verhältnismäßig weiten Weg zu gehen hatte.

Falsche Entscheidungen und ihre Folgen

Wilhelm fand es nicht schwer, die Insulaner für das Evangelium zu gewinnen. Er hatte den Eindruck, sie seien „des Heidentums müde" gewesen, wie er sagte. Aber: „Wir haben gepredigt, ohne die alte Kultur erforscht zu haben. Das war von vornherein schief."

Mit „wir" meinte er nicht nur sich, sondern alle Mitarbeiter und Mitarbeiterinnen der Missionen, die bislang auf Chuuk tätig gewesen waren. Schon in der verhältnismäßig kurzen Zeitspanne war ihm aufgegangen, dass Menschen mit dem Denkrahmen von Südseeinsulanern größte Schwierigkeiten haben mussten, wenn sie die Inhalte des Neuen Testaments zu verstehen versuchten, ohne das Alte Testament zu kennen. Aussagen von grundsätzlicher theologischer Bedeutung wie „Im Anfang war das Wort" (Johannes 1,1) oder „Und das Wort ward Fleisch" (Johannes 1,14) waren begrifflich so anders gelagert, dass sich im Denken der Insulaner praktisch keine Vorgaben fanden, mit denen sie diese neuen Inhalte verknüpfen und damit hätten begreifen können. Erschwert wurde dieser Prozess dadurch, dass den Mitarbeitern von Missionen damals noch nicht bewusst war, wie stark ihre Predigt durch ihre deutsche Muttersprache geformt und für die Insulaner damit so verformt erschien, dass sie sich überfordert fühlen mussten, wenn sie zu verstehen versuchten.

Im Vordergrund missionarischen Denkens stand auch nicht die Tatsache, dass man mit dem Evangelium etwas Neues in die betreffende Kultur brachte, für dessen Übernahme man Bedingungen schaffen musste.

Kulturen und ihre Denkformen wirken wie ein Raster, auf die Lehren der Bibel treffen und dadurch eine charakteristische Formung erfahren. Manches Wichtige wird dadurch bedeutungslos, zum Beispiel Jesus als das Lamm Gottes, ein Bild, das man nicht versteht, weil es auf den Inseln kein Tier gibt, das ähnliche Funktionen für die Insulaner hätte wie Schafe und Lämmer für die jüdische Gesellschaft zur Zeit Jesu. Anderes dagegen bekommt unangemessenes Gewicht, zum Beispiel Taufe und Abendmahl, die von den Insulanern als Rituale verstanden werden, die magische Kräfte zum Schutz gegen Unheil aktivieren.

Die älteren Missionare waren der Ansicht, man brauche eine „heidnische" Kultur nur mit dem Evangelium zu versehen, dann werde alles Heidnische im Lauf der Zeit daraus verschwinden, das andere aber bleiben. Dem ist nicht so, denn einerseits besteht keine Garantie dafür, dass Heidnisches tatsächlich verschwindet, wie die Erfahrung lehrt, und andererseits ist an einer heidnischen Kultur immer alles heidnisch, zumindest aber damit gekoppelt oder so eng damit verbunden, dass es nur schwer trennbar ist.

Die Beweise dafür lagen offen zu Tage. Das Christentum der Insulaner, das die jungen Missionare vorfanden, war eine Mischung aus Heidnischem und Christlichem.

Wilhelm Kärcher erfasste diesen Sachverhalt intuitiv schon früh, wenn auch nicht in seiner eigentlichen Tragweite, ganz zu schweigen von den Ausmaßen, wie sie der sprachwissenschaftlichen Forschung inzwischen bekannt sind. Er jedenfalls war schnell davon überzeugt, dass er bei einem „Naturvolk" – so charakterisierte er die Insulaner – nicht mit dem neuen Testament, sondern mit der Geschichte von der Schöpfung beginnen würde, um ihnen „so Schritt für Schritt den großen Gott, den sie alle ahnen, ganz nahe zu bringen."

Fehler im Bereich der Vermittlung von Wissen und Glaubensinhalten durch eurozentristische Einstellungen – so nennt man das Verhalten von Fremden, die davon überzeugt sind, dass ihre Sicht der Welt die wahre, einzige und selbstverständliche sei – waren das eine. Weit folgenreicher wirkten sich Fehlentscheidungen aus, die zwar von einem europäisch-westlichen Standpunkt aus ihre Berechtigung hatten, vom Standpunkt der Insulaner aus aber überhaupt keine.

Auf Lúkúnooch lebte schon vor der Ankunft Wilhelms ein Mann mit Namen Riing. Er war der Sohn des Häuptlings, hatte das Amt eines *itang* inne und stellte damit besonders im Blick auf die Zukunft der Gemeinde auf der Insel eine Schlüsselfigur dar. Er wollte heiraten. Die junge Frau, die er liebte, war eine seiner Kusinen. Das störte die beiden Missionare, die vor Wilhelm Kärcher auf der Insel stationiert waren, massiv.

Nun ist eine Kusine in der Tat eine verhältnismäßig nahe Verwandte, die zu heiraten in europäisch-westlichen Gesellschaften nicht so einfach ist, weil man befürchtet, dass sich bei den Kindern, die aus einer solchen Ehe hervorgehen, Degenerationserscheinungen und Behinderungen zeigen werden. Daher wird es in der Verwandtschaft eines solchen Paars im Vorfeld ihrer Heirat zumindest Stirnrunzeln, eher aber wohl auch Diskussionen darüber geben, ob eine solche Verbindung sein dürfe oder nicht. Juristisch gesehen steht einer solchen Heirat aber nichts entgegen.

Das so genannte Exogamiegebot – so nennt man die unausgesprochene Vorgabe, dass man einen Heiratspartner nicht innerhalb seiner engeren Verwandtschaft suchen darf, sondern „hinausheiraten" muss – existiert in allen menschlichen Gesellschaften, die wir kennen. Auch die Insulaner von Chuuk richten sich danach. Das Exogamiegebot allerdings ist weit davon entfernt, überall gleich zu sein. Was Verwandte sind, lässt sich biologisch nur unvollständig definieren. Verwandtschaft ist immer auch ein Begriff, den die jeweilige Kultur bestimmt, und fremde Gesellschaften definieren vieles anders als Europäer oder Amerikaner.

So kennen die Insulaner, ähnlich wie übrigens auch die Türken und andere Gruppen, die inzwischen bei uns leben, den Unterschied zwischen einer Parallelkusine und einer Kreuzkusine. Wenn ich diesen genau beschreiben und erklären wollte, müsste ich weit ausholen, zu weit für diese Biografie. Daher nur so viel.

Parallelkusinen fallen fast überall auf der Welt unter das Inzestverbot, was heißt, dass sie als zu nah verwandt gelten, um als Heiratspartner in Frage zu kommen. Für Kreuzkusinen dagegen gilt das Inzestverbot nicht. Im Gegenteil. Meist gelten sie sogar als bevorzugte Heiratspartner, wobei es auch hier zu weit führen würde, wollte ich es ausführlich darstellen.

Die junge Frau, die Riing im Auge hatte, und die auch selbst gewillt war, ihn zu heiraten, war seine Kreuzkusine.

Es ist nicht mehr ganz klar festzustellen, ob der Missionar, der die beiden trauen sollte, über die ganz andere Verwandtschaftsrechnung Bescheid wusste oder nicht. Eigentlich hätte es für ihn eine Selbstverständlichkeit sein müssen, sie zu kennen, denn ohne solche Kenntnisse ist es unmöglich, über Verwandtschaftsverhältnisse in der Bibel sinnvoll mit den Insulanern zu reden. Der Missionar jedenfalls wollte die Heirat nicht zulassen, weil sie ihm unter Anwendung seiner eigenen eurozentristischen Denkweise problematisch erschien. Zwar entschied er nicht selbst, sondern holte in dieser für ihn schwierigen Lage den Rat der Missionsleitung ein. Auch sie äußerte sich eurozentristisch und damit ablehnend: man könne keine Inzucht dulden.

Die ziemlich dramatische Folge war: Weil der Priester diese Bedenken nicht hatte, trat Riing zum katholischen Glauben über, und weil ein Insulaner solch einen Schritt nie allein tun kann, schon gar nicht ein hochrangiger, wurde Riings gesamter Klan ebenfalls katholisch. Damit war diese wichtige Familiengruppe für die evangelische Gemeinde verloren gegangen und in gewisser Weise auch zu Opponenten geworden. Die Folgen bekam Wilhelm Kärcher deutlich zu spüren, und auch heute noch sind sie nicht ganz überwunden. Die Fehlentscheidung kommentierte er selbst mit den Worten: „Wir wollten sie nach deutscher Sitte ummodeln. Wir hatten den ersten Mann der Mortlockinseln in unserer Gemeinde, haben ihn hinausgeekelt und meinten dabei noch Wunder was, wie wir es eben doch richtig machen."

Weihnachten, aber keine Post von nirgendwo her

Auf den Außeninseln war das Leben immer schwieriger als auf Chuuk selbst. Hier gab es damals alle vier Wochen ein Schiff mit Post und damit eine gewisse Verbindung zur Heimat und Verwandtschaft. Auf den Außeninseln war das viel seltener der Fall.

Fast ein Jahr hatte er nun schon allein auf den Mortlockinseln zugebracht und gearbeitet. Das Ende des Jahres 1937 näherte sich.

Am 24. Dezember weckte ihn frühmorgens das dumpfe Tuten des Muschelhorns, das über die Insel erschallte. Kurz darauf ertönte Geschrei. Der Grund: Ein paar Männer, die vor Wochen nach Chuuk gefahren waren, um ihre Kopra zu verkaufen, waren zurückgekommen und wurden in diesen Augenblicken mit Freudenrufen begrüßt. Sie hatte er gebeten, ihm die Post mitzubringen, die bei der Feldleitung vermutlich für ihn lagerte. Aber sie mussten ihn enttäuschen. Für ihn sei keine Post dagewesen.

Schon seit einem Vierteljahr hatte ihn kein Brief mehr erreicht. „Hier in der Einsamkeit, weit ab vom Getriebe der Welt, weiß man überhaupt nicht mehr, was in der zivilisierten Welt vor sich geht."

Weihnachten 1937 feierte er zunächst nicht allein. An die 40 Kinder tummelten sich den Tag über auf der Veranda seines Hauses. Er erzählte ihnen die Weihnachtsgeschichte, sang mit ihnen, und am Abend gab es sogar eine Bescherung. Die Jungen bekamen Angelhaken, die Mädchen Lendentücher. Der fehlende Weihnachtsbaum wurde durch eine brennende Sturmlaterne vertreten.

Wie er das alles ohne Geld bewerkstelligte, ist nicht überliefert. Wir wissen nur, dass er viele Geschenke selbst herstellte. Für die

Häuptlinge hatte er sogar Schemel geschreinert, damit sie in der Kirche bequemer sitzen konnten.

Spät am Abend feierte er allein. Er erzählte, dass er sich das Weihnachtsevangelium vorlas, deutsche Weihnachtslieder sang und Gott dafür dankte, dass er hier sein durfte, „um diesem fremden Volk die frohe, selige Weihnachtsbotschaft zu bringen."

In der Neujahrsnacht machten die Insulaner einen „Heidenlärm", zogen schreiend und grölend umher, trommelten auf alten Blechbüchsen herum, und dazwischen hinein hörte man das eintönige Muschelblasen. „Mir brachten sie ein Extra-Ständchen mit ihrer Neujahrshymne."

Erfahrungen in der Gemeindearbeit auf den Inseln

Die Weihnachtspost, auf die er so sehr gewartet hatte, bekam er schließlich im folgenden Juni. Weil er damals auf dem Sprung zu einer ersten größeren Rundreise auf den Mortlockinseln war, konnte er nicht auspacken. Also schaffte er Briefe und Päckchen auf das Auslegerkanu, das ihn zunächst nach Mwóóch bringen sollte.

Mwóóch gehört zu einer Lagune mit Satawan als Hauptinsel. Dort wurde Wilhelm als neuer Missionar, ähnlich wie auf den Hallinseln, regelrecht umlagert und bestaunt. Weil der *samwoollap*, der Oberhäuptling, für einige Wochen nach Chuuk gefahren war, ruhten Arbeiten, Fischzüge, Jagd auf Schildkröten und Tanzfeste, die er in dieser Zeit gewöhnlich anordnete. Besonders die Männer hatten daher viel Zeit, dem neuen Missionar zuzuhören. Während dieser Zeit kamen auch viele Kranke zu ihm, um Medikamente zu bekommen. Die Insulaner erwarteten ganz selbstverständlich, dass der Missionar sich auch auf den Umgang mit Medizin verstand. In ihren Augen gehörte die Verbindung von Religion und Medizin zusammen. Auch ihre eigenen „Medizinsachverständigen", die *sowuroong*, vereinigten beide Funktionen, die des Fachmannes für religiöse und medizinische Angelegenheiten, in ihrer Person. Diese Heiler gingen natürlich nicht wie der Missionar nach den Prinzipien europäisch-westlicher Medizin vor, sondern nach ihren eigenen animistischen.

Von Mwóóch reiste er nach Téé weiter. Dort war Luuwis Häuptling, einer der mächtigsten *sowuroong* auf den Mortlockinseln, der dazuhin auch noch als *itang* gefürchtet wurde. Weil er auf seiner Insel die Funktionen eines Mediums innehatte, durch das sich die Ahnengeister der Familien vernehmen ließen, beherrschte seine Macht das Leben der Menschen. Er befragte die Toten danach, warum jemand krank geworden war. Auf Téé wurden unter seiner Leitung zu jener Zeit noch in aller Öffentlichkeit den Geistern Opfer gebracht. Wilhelms knapper Kommentar: „Es sah noch finster aus." Denn: Luuwis war gleichzeitig so etwas wie der Pastor der Gemeinde von Téé. Man kann sich vorstellen, was das für den jungen Missionar bedeutete. Er hatte enorme Schwierigkeiten, wenn er den Menschen klarmachen wollte, dass es einen Kompromiss zwischen Ahnenverehrung und Christsein nicht geben konnte. Damit hatte er manches merkwürdige Erlebnis.

Eines Nachts wachte er auf. Es war um die Mitternacht. Draußen herrschte Lärm und Geschrei. Er schaute nach und entdeckte, dass in den Kochhütten auf der Insel fleißig gearbeitet wurde. Die Frauen hatten Tarorüben gekocht und waren damit beschäftigt, sie mit Hilfe von Stampfern aus Stein kraftvoll zu einer Art Kartoffelbrei zu verarbeiten. Das machte den Lärm. Auf seine Frage, warum sie zu dieser Nachtzeit denn Essen kochten, erhielt er nur eine ausweichende Antwort. Die Frauen schenkten ihm zu seiner Überraschung eine größere Menge Tarobrei, offenbar damit er nicht weiterfragte. Davor fürchteten sie sich nämlich, denn der wahre Grund für ihre mitternächtliche Kochtätigkeit konnten sie ihm nicht verraten, ohne sich vor ihm bloßzustellen. Das wäre einem Geständnis gleichgekommen. Sie waren dabei, einem ihrer hochgestellten *énú*, das heißt einem ihrer Ahnengeister, ein Speiseopfer zu bringen, um seinen vermeintlichen Zorn zu besänftigen. Sie fürchteten sich davor, dass er, der Missionar, dagegen Stellung beziehen würde. Dann müssten sie sich schämen, weil sie ihn als Höhergestellten ansahen, der sie kritisierte, und sie würden fürchten, dass seine Kritik einen Fluch bedeutete, der Unheil über sie bringen konnte. Also gaben sie ihm einen Teil des Essens, damit er sie nicht kritisieren konnte, denn für sie galt, dass ein Beschenkter nicht meckerte. Er würde dadurch selbst sein Gesicht verlieren.

Ein gravierendes Problem verursachte das Sexualverhalten der Insulaner. Zwar gab es gesellschaftliche Normen, die es regelten, recht strenge sogar. Diese galten aber nur vordergründig. Es herrschte eine Art Doppelmoral. Wer darauf achtete, sein Verhalten in der Öffentlichkeit als normenkonform erscheinen zu lassen, galt als rechtschaffen. Hinter dieser Fassade aber war vieles möglich. Außereheliche Kontakte gab es zuhauf.

Bedingt wurde diese Situation durch die Tatsache, dass Ehen nicht auf der Basis gegenseitiger Liebe geschlossen, sondern von den beteiligten Familiengruppen miteinander abgesprochen wurden. Ehepartner hatten vielfach weitere Sexualpartner.

Hinzu kam ein weiterer Faktor. Frauen konnten sich Männern kaum verweigern. Sie hatten schlicht Angst davor. Verweigerten sie sich dennoch, so mussten sie damit rechnen, dass der verschmähte Mann einen Schadenszauber machte, der Unheil über die Frauen, ihre Kinder und sogar die ganze Verwandtschaft bringen konnte. Der Druck auf die Frauen, so etwas nicht zu riskieren, war enorm. Fast immer gaben sie nach.

Die Folgen waren auf Téé schwerwiegend. Zwar gab es Aids noch nicht, andere Geschlechtskrankheiten aber sehr wohl. Wilhelm sprach von Verseuchung.

Téé und die Nachbarinsel Satawan liegen auf einem Korallenriff. Getrennt werden die beiden nur durch ein Stück flaches Riffmeer mit sehr geringer Wassertiefe. Man kann die zweihundert Meter von einer Insel zur anderen zu Fuß durchwaten. Auf diese Weise gelangte Wilhelm nach Satawan hinüber. Sein Gepäck ruderte ihm jemand auf einem Kanu hinterher.

Sein Tagespensum auf Satawan sah ähnlich aus wie immer: zwei Gottesdienste, Schulunterricht, an manchen Tagen eine extra Versammlung für Kirchenälteste, Krankenbesuche. Eines Tages erlebte er Folgendes:

Ein Mann bat ihn, ein krankes Kind aus seiner Verwandtschaft zu besuchen. In der Hütte, in der es lag, fiel ihm sofort ein Bündel mit magischer Medizin auf, das von einem Balken herab über der Schlafmatte des Kindes hing. In einer Ecke des Hauses kauerte eine Frau, ein weiblicher *sowuroong*. Sie hatte das Medizinbündel aufgehängt, um damit den Geist zu vertreiben, der die Ursache der Krankheit zu sein schien. Auf seine Frage, was das zu bedeuten habe, bekam Wilhelm die abwiegelnde Antwort, das sei völlig bedeutungslos. Daraufhin griff er wortlos „das Zeug", betete stattdessen mit dem Kind und erlebte, dass es nach ein paar Tagen wieder gesund war.

In dieser Situation ist noch sehr deutlich erkennbar, dass der junge, wenig erfahrene Missionar seine Haltung als Europäer ziemlich entschieden vertrat und durchsetzte, was die Vorstellungen der Insulaner von Krankheit, ihren Ursachen und möglichen Behandlungen betraf. Er unterstellte ihnen zu dieser Zeit noch, sie handelten in böswilliger Absicht, wenn sie Zaubermittel anwandten.

Das war in der Regel nicht der Fall. Aber dem jungen Missionar war einfach noch nicht klar, dass die Insulaner erstens keine anderen medizinischen Mittel kannten, und zweitens sich keine besorgen konnten. Auch war ihm nicht bewusst, dass im Lauf der Kindheit erworbenes Wissen im Denken eines Menschen so eindeutig selbstverständlich und plausibel wird, dass er als Erwachsener gar nicht mehr daran zweifeln kann, dass es falsch sein, oder dass es etwas Richtigeres geben könnte. Menschen handeln überall auf der Welt aufgrund von Wissen, ganz gleich, ob es sich dabei um gesichertes oder Pseudowissen handelt. Das gilt für Insulaner genauso wie für Europäer. Und wenn Menschen in existenzieller Not sind, dann tun sie immer mit der größten Selbstverständlichkeit das, was ihnen plausibel erscheinen muss. So auch die Frau, die an der Seite des kranken Kindes saß und die Zaubermedizin aufgehängt hatte.

Dass sie ihm auf seine Frage, was das zu bedeuten habe, erklärte, es sei nichts, war von einem gegenwärtigen Standpunkt aus nur allzu verständlich: magisch-medizinisches Wissen durfte nicht ohne weiteres an Fremde weitergegeben werden. Es bedeutete erstens Macht und Einfluss, zweitens wurde man dafür entlohnt, und drittens war dieses Wissen nicht individueller Besitz der betreffenden Frau, sondern ihrer gesamten Familiengruppe. Hätte sie ihm erklärt, warum sie das Medizinbündel aufgehängt hatte und wozu es diente, hätte sie sich einen möglichen Konkurrenten geschaffen. Wilhelm hätte das Verfahren dann auch zum Heilen benützen können, so ihre Erwartung. Das jedenfalls fürchtete sie. Darüber hinaus hatte sie panische Angst davor, dass er sie vor allen anderen beschämen würde, wenn er, der *ree wóón* öffentlich zu verstehen gäbe, dass ihre Arbeit nichts tauge.

Wilhelms Schilderung der Szene lässt in der Tat erkennen, dass ihm noch nicht klar war, welcher Denkrahmen das Tun dieser Frau bestimmte, und welche Emotionen sie in dieser Situation bewegten. Das sollte er in den kommenden Jahren anders sehen lernen. Im Augenblick war er noch dabei, seine Sicht der Dinge weitgehend absolut und einseitig zu verwirklichen. Auch seine Wortwahl hatte noch nicht den Charakter jener Barmherzigkeit, die ein Missionar auch denen gegenüber haben muss, die „Christentum" und „Heidentum" in ihrem Leben noch nicht sauber trennen, weil sie es aus zahlreichen Gründen noch nicht können. Das gilt insbesondere für die Menschen, die Christen in der ersten Generation sind.

Dass er diese Zusammenhänge selbst noch nicht verinnerlicht hatte und daher gelegentlich sogar harsch mit den Menschen umging, zeigte sich darin, dass er nicht von „Frauen“ sprach, über die sich Geschlechtskrankheiten verbreiteten, oder die Zaubermedizin praktizierten, sondern von „Weibern“.

Er beschloss, das Problem in einer Predigt aufzugreifen. Dazu wählte er Matthäus 14,44-46, das Gleichnis von der „köstlichen Perle“. Darin wies er eindringlich darauf hin, dass „alles drangegeben werden“ müsse, um diese zu erlangen, auch Zaubersteine und Zauberkräuter. Mit diesen Worten legte er das Medizinbündel, das er an sich genommen hatte, für alle sichtbar auf den Tisch, der vor ihm stand. Sofort entstand große Unruhe unter seinen Zuhörern. Sein *chóón ánisi*, der „Helfer“ bzw. Katechet, der ihm assistierte, packte schließlich „das Zeug“, warf es zum Fenster hinaus und schlug vor, dass in Zukunft niemand mehr etwas damit zu tun haben sollte, auch nicht in Krankheitstagen.

Für die Frau, die den Anlass für diese Predigt geliefert hatte, war das Ganze ein schwieriges Erlebnis. Der Missionar hatte sie *sááw* gemacht, vor allen blamiert, für einen Insulaner kaum erträglich. Darüber hinaus bekam sie von den anderen Frauen den Vorwurf zu hören, sie habe ihn fahrlässigerweise in diese Dinge eingeweiht: „Du bist sehr dumm gewesen, du hättest das alles verbergen sollen, ehe der Missionar in die Hütte kam.“ Sie verteidigte sich heftig, aber ohne Erfolg, indem sie darauf hinwies, dass sie nichts verraten habe. Der Missionar sei von selbst daraufgekommen.

Wilhelm Kärcher erkannte in diesem Erlebnis, dass er zwar nicht falsch, aber menschlich etwas zu hart vorgegangen war. Dass Krankheit für die Insulaner viel größere Ängste und Schrecken bedeutete als für einen Europäer wie ihn, der sich Medikamente besorgen und sich notfalls auf Chuuk im Krankenhaus behandeln lassen konnte, das wurde ihm einige Wochen später auf Nómwuluuk bewusst. Dort litten viele Insulaner unter „Schwindsucht“, das heißt, sie hatten Tuberkulose. Der Anblick der „kranken Menschen mit ihren müden Augen“ jammerte ihn furchtbar, und er begann zu verstehen, warum die Insulaner immer noch zu magischen und okkulten Mitteln griffen, wenn es ihnen schlecht ging.

Als er auf Lúkúnooch zurück war, rief man ihn zu Hilfe, weil zwei Frauen, die nicht gebären konnten, im Sterben lagen. Was sollte er tun? Er fühlte sich machtlos: „Als ich wieder zu Hause war und in die Nacht hinaus starrte, kam ich mir doch sehr arm vor. Da wird man an das Wort erinnert: ‚Herr, wärst du hier gewesen, mein Bruder wäre nicht gestorben' (Johannes 11,21)."

Es gab aber auch ganz andere, gute Erfahrungen. Eines Tages war er dabei, als die Mutter eines kranken Kindes die damals bei den Insulanern noch übliche Totenklage anstimmte, weil sie annahm, ihr Kind sei schon gestorben. Wilhelm aber, der erkannt hatte, dass es noch am Leben war, flößte ihm ein Medikament ein, betete mit ihm, und ein paar Tage später war das Kind wieder gesund. „Gott lässt einen auch immer wieder Freude erleben", so sein Kommentar.

Im Oktober ruderte er eines Tages mit einigen seiner Schüler hinüber nach Woneyopw, der Insel, die im Westen der Lagune Lúkúnooch gegenüber liegt, und wo damals die Liebenzeller Missionarin Anna Dederer stationiert war. Hier erlebte er, dass die Gottesdienste sehr gut besucht waren, und er lernte einen jungen Mann kennen, „der ganz bei der Sache ist und dem man anmerkt, dass es ihm ernst ist mit der Nachfolge Christi."

Insgesamt führten ihm die zahllosen Erlebnisse, die er in den beiden Jahren auf den Mortlockinseln hatte, plastisch vor Augen, mit welchem Synkretismus, einem religiösen Sammelsurium, die Insulaner ihr Leben zu meistern versuchten. Der Mischmasch aus christlichen, animistischen und okkulten Lehren löste höchste Besorgnis bei ihm aus und veranlasste ihn, Wege zu suchen, um den Menschen aus dieser Lage herauszuhelfen.

Die „Zierde des Hauses"

Inzwischen war er aber nicht mehr ausschließlich nur damit beschäftigt. Als es auf Weihnachten 1938 zuging, sollte für ihn die Zeit des Alleinseins zu Ende gehen. In wenigen Wochen wurde seine Verlobte Elisabeth Wagner auf Chuuk erwartet. Das Ereignis musste vorbereitet werden: „In letzter Zeit war ich mit noch einigen anderen auch sehr beschäftigt mit Reparieren und Streichen meines Wohnhauses. Es sieht jetzt alles wieder ganz ordentlich aus, nur die eigentliche Zierde des Hauses fehlt noch."

Die Briefe, die er in der Weihnachtszeit 1938 an seine Verwandtschaft schrieb, waren mit witzigen, gar ausgelassenen Bemerkungen gespickt und zeigten ihn voller Vorfreude und Optimismus im Blick auf die Zukunft.

Seinen künftigen Schwagern Fritz und Karl Wagner wünschte er „so eine stürmische Seefahrt auf einem kleinen Boot über das offene Meer, wie ich letzten Monat eine hatte." Die muss deftig gewesen sein, denn er kommentierte sein Erlebnis mit einer Zeile aus „Nis Randers", einem Gedicht von Otto Ernst: „Boot oben, Boot unten, ein Höllentanz."

Er schwelgte in der Erinnerung an die gerade erlebte Weihnachtsfeier in der Kirche auf Lúkúnooch und malte sich aus, wie es sein würde, „wenn uns erst die Elisabeth auf dem Harmonium begleitet, das sie von Japan mitbringt."

Seinen Brief vom 26. Dezember begann er mit den Worten: „Heute sind es zwei Jahre, dass ich zum ersten Mal in Waltenhofen war. In 35 Tagen werde ich die Elisabeth abholen dürfen, und auf diesen Tag freue ich mich mächtig."

Von ihr hatte er ein paar Tage zuvor, am 23. Dezember, ein Telegramm bekommen, das er als sein schönstes Weihnachtsgeschenk bezeichnete. Darin kündigte sie ihre bevorstehende Ankunft an und legte ihm nahe, ihre Hochzeit vorzubereiten, „die sofortige Hochzeit", wie es wörtlich in ihrem Telegramm hieß.

Diese Bemerkung hatte ihn ziemlich verwundert. Es war nämlich üblich, dass sich die künftige Frau eines Missionars eine Zeitlang bei einem schon erfahrenen Missionarsehepaar mit den Verhältnissen ihres neuen Arbeitsgebiets bekannt machte und einarbeitete. Er vermutete, die Missionsleitung habe ihre Pläne geändert, denn ihn hatte sie noch vor einiger Zeit wissen lassen, dass sie erst noch ein Vierteljahr mit der Hochzeit warten sollten.

Was er nicht wissen konnte: Elisabeth selbst hatte dafür gesorgt, dass diese Regelung für sie außer Kraft gesetzt wurde. Wie es dazu kam, werden wir aber erst im nächsten Kapitel erfahren. An dieser Stelle kehren wir zurück nach Europa und in die Zeit vor zwei Jahren, um zu verfolgen, was mit Elisabeth Wagner geschah, was sie erlebte und was es für sie bedeutete, sich auf ein Leben als Missionarsfrau vorzubereiten, während Wilhelm allein auf den Mortlockinseln arbeitete und auf sie wartete.

7

Elisabeth Wagners Weg in die Südsee

Neuorientierung

Nachdem Wilhelm am 2. Januar 1937 in Bad Liebenzell abgereist war, ging für Elisabeth die Zeit etwas zähflüssig dahin. Im Missionshaus empfand sie sich von jetzt an als eine Art Fremdkörper. Sie wusste, dass sie nicht „Schwester" werden würde, sondern Ehefrau eines Missionars. Weil sie es noch nicht war, sah sie sich ein bisschen zwischen allen Stühlen sitzend. Andererseits aber fühlte sie sich durch ihre neue Lebenssituation außergewöhnlich motiviert. Am Unterricht im Seminar beteiligte sie sich mit großem Interesse, besonders im Fach Englisch bei Susie F. Thompson. Trotz ihrer hohen Motivation gelang ihr im Englischunterricht aber manches nicht so, wie sie das gerne gehabt hätte.

Ihre Mutter schrieb ihr nun häufiger einen Brief und ließ erkennen, dass sie sich nicht nur mit dem Lebensplan abgefunden hatte, dem ihre Tochter folgen wollte und sollte, sondern dass sie glücklich darüber geworden war.

In diesen Wochen erlebte Elisabeth die unterschiedlichsten Stimmungslagen. Am 7. Februar bekam sie den ersten Brief von Wilhelm. Er hatte ihn in Port Said am Suezkanal zur Post gegeben. Eine Woche später folgte ein weiterer Brief, der einen Poststempel aus Colombo auf Sri Lanka (damals noch Ceylon) trug.

Für Elisabeth war – ganz anders als für ihren Verlobten – ein Sprachaufenthalt in England vorgesehen, der im Lauf des April beginnen sollte. Zu Anfang des Monats aber zog sie sich eine Grippe zu und wurde so ernstlich krank, dass ihre Reise nach England auf einen späteren Zeitpunkt verschoben werden musste.

Am 23. April – es ging ihr gesundheitlich wieder besser – fand sie in ihrer Post fünf Briefe von Wilhelm auf einmal. Davon hatte er zwei noch auf der Reise geschrieben, die übrigen drei schon auf Chuuk. Ihre Freude darüber verglich sie in ihrem Tagebuch mit dem, was in Psalm 119,162 zu lesen ist: „Ich freue mich über dein Wort wie einer, der eine große Beute kriegt."

Freuen konnte sie sich immer wieder auch über die Geldbeträge, die regelmäßig, aber unerwartet von ihrem „Klub" in Berlin bei ihr ankamen. Nicht nur Wilhelm auf Mortlock lebte damals mit der ständigen Bedrückung, mit sehr wenig Geld auskommen zu müssen, sondern auch seine Verlobte. Ihr Tagebuch spricht ständig von der Besorgnis um ihre Krankenkassenbeiträge, die sie eventuell nicht rechtzeitig würde bezahlen können. Regelmäßig aber finden sich darin auch Äußerungen, oft geradezu überschwänglich, wie dankbar sie Gott gegenüber war, dass er ihr oft im letzten Moment die nötigen Mittel verschaffte.

Nach England

Es hat den Anschein, als ob es Pläne gegeben habe, dass Elisabeth zunächst nach Hagen gehen sollte, um dort eine Ausbildung in der Krankenpflege zu beginnen. Daraus war offenbar nichts geworden, denn schon Ende August weist ihr Tagebuch einen ersten Eintrag auf, den sie in Hoglake gemacht hat, einem Ort in England.

Am 1. August 1937 war sie in aller Morgenfrühe von Bad Liebenzell nach Waltenhofen abgereist. Der Abschied vom Missionshaus fiel ihr schwer. Es kam ihr merkwürdig vor, dass sie nicht als Schwester verabschiedet wurde, sondern als Braut. In ihrem Heimatdorf fiel ihr auf, dass sie die Kinder nicht mehr so recht kannte, und dass sie auch zu den Erwachsenen keine rechte Beziehung mehr hatte.

Ihre Englandreise führte sie von Waltenhofen über Ostende in Belgien nach Dover. Auf der Fahrt über den Ärmelkanal wurde sie seekrank, was sie zu der Bemerkung veranlasste, das könne in der Südsee ja heiter werden. Sie sollte recht behalten

Die Einreiseformalitäten, die sie zu erledigen hatte, gestalteten sich überraschend einfach. Der englische Arzt, der sie untersuchen sollte, lag auf dem Sofa, als sie sein Büro betrat. Er war freundlich, aber kurz angebunden und fragte nur: „Sind sie gesund?“ Als sie bejahte, meinte er: „Dann können sie gehen.“

Auch am Zoll gab es keinerlei Probleme. Ihre Koffer brauchte sie erst gar nicht zu öffnen, und der Zollbeamte half ihr sogar beim Einsteigen in den abfahrbereiten Zug.

In London musste sie den Zug nach Liverpool suchen und stellte dabei fest, dass sie mit ihrem bisher gelernten Englisch eigentlich recht gut zu Rande kam. Dieser Eindruck blieb ihr aber nur kurzfristig erhalten. Im Haus der Familie Watts, in dem sie ihren Englandaufenthalt verbrachte, zeigte sich ihr sehr schnell, dass man in einer frühen Phase des Sprachelernens eine Menge Probleme haben kann.

Am Bahnhof in Liverpool wurde sie von Frau Watts abgeholt. In der Familie gab es nur Söhne, fünf an der Zahl, und die kleinen Jungen waren offenbar ein quirliger Haufen. Frau Watts scheint gelegentlich außer Haus gewesen zu sein, auch über Nacht. Elisabeth musste für die fünf dann das Frühstück richten, und zwar ein englisches „breakfast".

Blumen, oder eher Blumenkohl?

Bei ihrer Tätigkeit im Haushalt bat Elisabeth eines Tages um einen nassen Lappen. Was sie zu ihrer Verwunderung stattdessen von Frau Watts bekam, war Bohnerwachs. Anscheinend hatte sie nicht ganz das richtige Wort benützt.

Nach einer Veranstaltung in der Kirche bat Frau Watts sie eines Tages, nach Hause zu gehen und den „cauliflower" in Wasser einzulegen, damit er dann gekocht werden könne. Da Elisabeth aber nicht wusste, dass „cauliflower" keine Schnittblumenart, sondern Blumenkohl bedeutet, suchte sie in der ganzen Wohnung nach einem Blumenstrauß, um diesen in eine Vase zu stellen.

Bei einer anderen Gelegenheit wollte sie erzählen, dass sie sich am offenen Kamin gewärmt hatte, und löste Heiterkeit aus, als sie behauptete: „I was sitting on (anstatt at!) the fire." Daraufhin meinte ihre Gesprächspartnerin, dafür, dass sie auf dem Feuer gesessen habe, sehe sie aber eigentlich recht wenig verbrannt aus.

Geld!

Auch in England wurde sie von finanziellen Sorgen geplagt. Sie musste ungewöhnlich sparsam wirtschaften. Eines Tages wurde Elisabeth von einer Dame gefragt, ob sie ihr nicht Deutschunterricht geben könnte. Zwar glaubte sie sich zunächst damit überfordert, fand die Arbeit aber dann doch nicht zu schwierig. Sehr überrascht war sie von dem Angebot, dass ihr der Unterricht bezahlt werden sollte. Eigentlich hätte sie ihn aus Gefälligkeit geben wollen. Nun konnte sie sich damit ein Taschengeld verdienen.

Erfolgserlebnisse

Zum Sprechen bekam sie immer wieder Gelegenheit, weil es im Hause Watts regelmäßig zu so genannten „drawing-room meetings“ kam, Hauskreisversammlungen, wie man das übersetzen könnte.

Ende November – sie war nun seit einem knappen Vierteljahr in England – hatten ihre Sprachkenntnisse einen bemerkenswerten Stand erreicht. Sie schrieb längere englische Zitate aus den Büchern, die sie gerade las, in ihr Tagebuch. In ansonsten ausschließlich deutschen Sätzen gebrauchte sie jetzt gelegentlich auch englische Wörter: „Wir tranken tea zusammen“. Und ab und zu, wenn sie eine Wut auf England hatte, drückte sie diese mit den Worten aus: „I was cross with England“ (ich war sauer ...).

Ihre Art zu schreiben begann sich zu verändern. Angefangen hatte sie ihre deutschsprachigen Aufzeichnungen in strenger Sütterlinschrift. In England näherte sich diese etwas den lateinischen Buchstaben an, mit denen das Englische geschrieben wird. Ganz zu lateinischen Buchstaben ging sie erst später in ihrem Leben über. Ihre Sütterlinschrift behielt sie zumindest bis zum Ende ihrer Tagebuchaufzeichnungen 1951 bei.

Auch die Einstellung zu ihrem eigenen Denken hatte eine Erweiterung erfahren. Unter dem Eindruck der englischen Mentalität und der anderen Wertvorstellungen, die mit dieser Mentalität verbunden waren, erkannte sie ihre eigenen Beschränkungen, auch im Bezug auf die Art und Weise, wie sie ihr Leben als Christin verstand und gestaltete. Ein bemerkenswerter Satz aus ihren Tagebuchaufzeichnungen im November 1937 lautet: „Ich habe oft so falsche fromme Gedanken, anstatt ganz natürlich zu sein.“

Solche Selbsterkenntnis, oder zumindest die Fähigkeit dazu, ist eine der wichtigsten Charaktereigenschaften, die ein Mensch besitzen muss, wenn er in einer völlig anderen Gesellschaftsordnung leben und nicht scheitern will. Elisabeth Wagner besaß diese Fähigkeit ganz offensichtlich. Sie ließ es zu, dass die andere kulturelle Umgebung in England ihr sehr deutsch geprägtes Denken veränderte, und sie sperrte sich nicht dagegen, obwohl die Erfahrung der Relativierung, die ihre Persönlichkeit dadurch erlebte, auch sehr schmerzhaft sein konnte und eine Auseinandersetzung ihrer Individualität mit sich selber bedeutete. Das war eine wichtige Vorbereitung auf ihr künftiges Leben mit Südseeinsulanern.

Auch sonst schien sie jetzt recht gut in das englische Leben integriert gewesen zu sein. Sie hatte offenbar weniger Zeit für ihr Tagebuch als zu Beginn ihres Sprachaufenthalts.

Kranken- und Säuglingspflege

Kurz vor Weihnachten 1937 erfuhr sie, dass sie Ende Februar 1938 wieder nach Deutschland zurückkehren sollte, um einen Krankenpflegekurs in einer Frauenklinik in Detmold zu machen.

Der Abschied aus England fiel ihr nicht leicht, denn sie hatte Wurzeln geschlagen. Die Fahrt über den Ärmelkanal ging diesmal ohne Seekrankheit ab.

Detmold war gewöhnungsbedürftig für sie. Es gehörte sich für sie, wieder eine Schwesternhaube zu tragen, was sie als etwas merkwürdig empfand.

Vorbereitungen für die Ausreise

Nach einer Mandeloperation begann sie mit Abschiedsbesuchen bei Verwandten, Bekannten, in Gemeinden und Gemeinschaften. Sie reiste nach Berlin, Nürnberg, München und natürlich auch nach Waltenhofen. In dieser Zeit erfuhr sie, dass es wohl November werden würde, bis sie ausreisen konnte. Sie rechnete aber sicher damit, Weihnachten in der Südsee zu erleben.

Während der letzten Frühsommerwochen im Elternhaus machte sie mit einer Bekannten zusammen eine Tour aufs 2.224 m hohe Nebelhorn bei Oberstdorf.

Im Juli hielt sie sich wieder einmal in Tübingen auf, am „DIfäM", dem Deutschen Institut für ärztliche Mission, das heute auch „Paul-Lechler-Krankenhaus" heißt. Sie nahm an einem Kurs in Tropenmedizin teil. Dort kam sie offenbar auch in Kontakt mit Menschen aus anderen Missionswerken, die ihre Vorstellungen von einem christlichen Leben nicht teilten. Auch das muss sie stark beschäftigt haben, denn sie meinte dazu: „Leider sind es innerlich oft sehr verschiedene Missionsleute, und ich bin oft traurig darüber. Aber Gott kann sie dennoch zurechtbringen."

Danach verbrachte sie noch einmal einige Zeit im Missionshaus und auch in Mühlhausen. Es begann die lange Zeit des Wartens, weil der Zeitpunkt ihrer Ausreise immer noch ungeklärt war. Sie traf in dieser Zeit mit Missionar Otto Joswig zusammen, mit dem sie viele Fragen zu ihrem künftigen Arbeitsgebiet besprechen konnte, darunter besonders solche, die das Leben auf Lúkúnooch betrafen.

Und immer wieder geriet sie finanziell in eine schwierige Lage. Sie musste ihre Ausrüstung zusammenkaufen, hatte aber kein Geld.

Immer wieder aber kam das Geld zur rechten Zeit und in genau der nötigen Summe. So bekam sie einmal 10 Mark als „Anzahlung“ auf eine später noch zu erwartende Summe von 100 Mark, die ihr jemand versprochen hatte, und als sie eingekauft hatte, betrug die Rechnung genau 110 Mark, also nicht mehr und nicht weniger als die Summe, die sie brauchte, aber vor dem Einkauf noch nicht hatte. Und als sie sich eines Tages eine tropentaugliche Uhr zulegen wollte, erlebte sie, dass der Chef des Fachgeschäfts ablehnte, Geld zu nehmen, als sie bezahlen wollte.

Bei der Abordnungsfeier in Bad Liebenzell bekam sie das Wort aus Philipper 1,27: „Wandelt nur würdig des Evangeliums Christi, damit – ob ich komme und euch sehe oder abwesend von euch höre – ihr in einem Geist steht und einmütig mit uns kämpft für den Glauben des Evangeliums.“

Eines der Informationsblätter der Liebenzeller Mission, „Chinas Millionen“, enthält ihr Zeugnis (39. Jahrgang Nr. 10 Oktober 1938). Es lautet wie folgt:

„Lobe den Herrn, meine Seele, und was in mir ist, seinen heiligen Namen! Lobe den Herrn, meine Seele, und vergiss nicht, was Er dir Gutes getan hat! (Psalm 103,1.2)

Dies Wort klingt in meiner Seele im Rückblick auf all die wunderbaren Führungen in meinem Leben.

Eine sonnige Kindheit und Jugendzeit durfte ich in meinen geliebten Allgäuer Bergen verleben, umsorgt von treuen Eltern, die ihr Bestes taten. Als ich mit 16 Jahren nach Berlin kam, wusste ich noch nicht, dass es der Herr war. Später jedoch wurde mir das Wort groß aus Psalm 18,20: ‚Er führte mich aus ins Weite; Er riss mich heraus, denn Er hatte Lust zu mir.’ Wohl war ich kirchenfromm; aber eine Begegnung mit Jesus hatte ich noch nicht. In Berlin führte mich Gott in einen Kreis lieber, gläubiger junger Menschen, und da durfte ich Den finden, den meine Seele liebt, Jesus Christus! Bald danach weckte der Herr in mir die Liebe und das Interesse für die äußere Mission; aber dass ich selber einmal gehen sollte, daran dachte ich nicht. Nun war es während eines Missionsvortrags, wo ich ganz deutlich spürte, der Herr will auch dich haben für den Dienst draußen. Aber o weh, nun zeigte sich wieder mein trotziges Herz. Ich wollte nicht und sträubte mich ein halbes Jahr dagegen. Der Friede in meinem Herzen war dahin. Dann redete Gott noch einmal ganz stark an einem Missionssonntag zu mir, an dem damals noch Fräulein von Redern sprach. Ich fragte mich, wie es in einem kleinen Gedicht heißt:

Darf ich glücklich froh im Glauben
Leben hier als Christ,
Während drüben traurig finst'res
Heidentum noch ist?
Nein, ich muss mein Leben wagen,
Geh'n auf Dein Gebot
Und des Heilands Namen tragen
In die große Not.

Als ich dann um die Erlaubnis meiner Eltern bat, bekam ich ein Nein. Ich konnte es verstehen; denn ich bin die einzige Tochter unter drei Brüdern. So hieß es eben warten, bis Gott den Weg ebnete. Ich wartete fünf Jahre. Während dieser Wartezeit gab mir Gott das Wort Jesaja 66,19: ‚Siehe, Ich will ihrer etliche, die errettet sind, senden zu den Heiden und in die Ferne zu den Inseln.' Da wusste ich nun, mein Weg geht auf die Südsee. Ich wunderte mich selber, als ich mit solcher Bestimmtheit zu unserer Vereinsmutter sagte: ‚Ich melde mich nun in Liebenzell, und wenn ich aufgenommen werde, dann komme ich auch auf die Südsee.' Und es geschah also!

Im Herbst 1936 trat ich ins liebe Missionshaus ein. Nachdem die ersten Anfangsschwierigkeiten überwunden waren, durfte ich eine schöne, gesegnete Zeit dort erleben, wofür ich all denen, die dazu beigetragen haben, von Herzen dankbar bin.

Es sollte aber anders kommen, als ich es mir gedacht hatte. Der treue Herr lenkte mein Lebensschifflein in eine andere Bahn, so dass ich nun als Braut in die Südsee hinausziehen darf. ‚Ja, Gott, Dein Weg ist heilig' (Psalm 77,14).

Nach meiner Missionshauszeit kam ich ein halbes Jahr nach England und dann noch einige Zeit ins Detmolder Frauenheim. So der Herr Gnade gibt, darf ich nun im Spätherbst ausreisen."

„Amen, Herr, du wirst erfüllen,
Was dein treuer Mund verspricht;
Das erwart' ich nun im Stillen,
Bis es in der Tat geschicht,
Dass du in Erfüllung gebst.
Amen, ja, so wahr du lebst."

Danach hielt sie wieder Abschiedsversammlungen in verschiedenen Gemeinschaften und Gemeinden.

Eine Ausnahmegenehmigung

Die letzten Tage in Bad Liebenzell müssen sehr anstrengend für Elisabeth Wagner gewesen sein. Sie traf sich mit vielen Menschen, die alle noch einmal mit ihr sprechen wollten. Am meisten Kraft scheint sie ein Vorfall gekostet zu haben, den sie ihrem Tagebuch erst auf dem Schiff anvertraute.

Die Ordnung der China-Inland-Mission, deren deutscher Zweig die Liebenzeller Mission damals bildete, sah vor, dass die künftige Frau eines Missionars zwei Jahre auf ihrem künftigen Missionsfeld verbracht haben musste, vom Zeitpunkt ihrer Ankunft gerechnet, ehe geheiratet werden durfte. Diese Ordnung war zu jenem Zeitpunkt noch in Kraft, als Elisabeth und Wilhelm sich verlobten. Da Elisabeths Ausreise aber erst in zwei Jahren erfolgen würde, hätte das für die beiden bedeutet, erst nach Ablauf von vier Jahren heiraten zu können. Das wollte sie weder sich noch ihrem künftigen Mann antun.

Zwar hatte die Leitung der Liebenzeller Mission diese Bestimmung inzwischen dahingehend abgemildert, dass die künftige Missionarsfrau bis zu ihrer Hochzeit nur noch ein halbes Jahr am Ort ihrer Bestimmung verbringen sollte. Aber auch das wollte Elisabeth nicht hinnehmen. Solidarität fand sie, was Wunder, bei der Frau des Direktors. Frau Buddeberg verstand es, ihrem Mann auszureden, dass er einen Präzedenzfall schaffen würde und zu fürchten hätte, wenn er in diesem Fall eine Ausnahme machen würde.

Wie Elisabeth auf all das reagierte, und wie sie ihre Vorstellungen dann durchsetzte, beschrieb sie mit folgenden Worten: „Wenn ich mich auch hier jetzt gefügt hatte, so gut es ging, aber diesmal konnte ich es schon nicht aus logischen Gründen. Nach einem heißen Kampf musste man mir schließlich doch recht geben und ich bekam die schriftliche Erlaubnis nun mit." Diese Ausnahmegenehmigung brauchte sie tatsächlich in schriftlicher Form, denn die Feldleitung auf Chuuk hätte sich auf eine mündliche Formulierung wohl nicht eingelassen.

Elisabeth Wagners persönliche Initiative kam dennoch einer Revolte gegen die Missionsleitung gleich.

Abschied von Europa

Anfang November 1938 reiste sie über Mailand und San Remo nach Genua. Ihren Abschied in Bad Liebenzell bezeichnete sie als

„mit die entscheidungsvollste Stunde meines Lebens." Auf dem Schiff, dem Dampfer „Scharnhorst", war sie nicht allein oder ganz fremd. Sie traf eine Schwester von der Basler Mission, die mit ihr zusammen den Tropenkurs in Tübingen gemacht hatte, und in ihrer Kabine reisten zwei junge Engländerinnen mit, mit denen sie sich sehr gut verstand.

Die Reiseroute führte vorbei an der Vulkaninsel Stromboli, wo sie Zeuge wurde, wie sich ein Lavastrom den Berg hinabwälzte. Im Suezkanal beeindruckte sie die endlos erscheinende Wüste zu beiden Seiten, und als sich das Schiff im Roten Meer befand, wurde ihr bewusst, was die Israeliten auf dem Weg von Ägypten ins Gelobte Land erlebten, als Moses die Wasser teilte, um dem Volk einen Fluchtweg vor seinen Verfolgern zu öffnen.

Im Golf von Aden beschlich sie ein Gefühl der Beklemmung, als sie von Deck aus eine kleine Insel im Ozean vorbeiziehen sah. Der Gedanke daran, dass sie in Zukunft in einer solchen Umgebung leben würde, ließ sie zu sich selber sagen: „Wüsste ich nicht, dass es Gottes Wille ist, würde ich am liebsten umkehren."

Gegen Ende November lag die „Scharnhorst" im Hafen von Colombo auf Sri Lanka. Eine von Elisabeths Begleiterinnen ging hier von Bord. Mit den Verbleibenden zusammen beschloss sie, die Stadt zu besichtigen. Im Nu waren sie – wie Wilhelm zwei Jahre zuvor – von einer Horde Rikschafahrer umstellt, die alle darauf erpicht waren, etwas zu verdienen. In einem Schaufenster entdeckte sie einen Weihnachtsbaum, dessen Kerzen sich vor Hitze alle umgebogen hatten.

In Singapore verließen alle Mitreisenden, die sie bislang begleitet hatten, das Schiff, um von dort aus in ihre Arbeitsgebiete weiterzureisen. In der Stadt selbst begegnete ihr viel Elend, und sie verglich die Lebensumstände der Menschen mit denen in Deutschland: „Deutschland, Deutschland über alles!" So steht es in ihrem Tagebuch.

Am 28. November feierte sie ihren Geburtstag, seekrank, den ganzen Tag im Liegestuhl: „Noch nie war mir so geburtstagslos zumute. Keine Post, kein Geburtstagstisch." Als es ihr abends etwas besser ging und sie sich zum Abendessen an den Tisch setzte, fand sie ihren Platz zu ihrer großen Überraschung festlich gedeckt. Der Obersteward hatte ihn mit roten Nelken geschmückt.

Eine Verwechslung

Ein paar Tage später erlebte sie eine eher erheiternde Situation: „Am Sonntag kam der Obersteward in meine Kabine und sagte, es möchte mich ein Herr aus der 1. Klasse sprechen. Als ich ihm dann vorgestellt wurde, erzählte er mir, er hätte in Berlin erfahren, dass ich mit der „Scharnhorst" ausreise nach Yokohama, um mich dann in Tokio mit einem Freund von ihm zu verheiraten. Er war anscheinend vom deutschen Konsulat. Als ich ihm dann erklärte, dass wohl alles stimmte, nur das letzte nicht, kam er richtig in Verlegenheit. Das ist doch wirklich ulkig! Am Ende werde ich noch in Japan verkuppelt und bekomme gar nicht den rechten Mann."

In Ostasien

Hongkong war der nächste Hafen, den die „Scharnhorst" anlief. Wieder litt sie unter Seekrankheit, denn über dem Südchinesischen Meer tobte gerade der Ausläufer eines Taifuns: „Ich bin froh, dass keiner meiner Brüder bei der Marine ist. Die hätten da bestimmt nichts zu lachen."

In Schanghai erreichte sie die Nachricht, dass sie wohl noch etwa einen Monat lang in Japan bleiben müsste. Mit Weihnachten in der Südsee, worauf sie sich schon eingestellt und gefreut hatte, sollte es also nichts werden.

Am 13. Dezember 1938 lief die „Scharnhorst" in den Hafen von Yokohama ein. Zunächst mussten ihre achtzehn Koffer eine strenge Zoll- und sie selbst eine noch strengere Passkontrolle über sich ergehen lassen. Sie wurde aber auch von freundlichen Menschen erwartet, die sie kannte. Es waren Missionar Karl Nothelfer (1899-1983) und seine Frau Rosa (1903-1998).

Bei ihnen aber fühlte sie sich gut aufgehoben. Sie feierte mit ihnen zusammen Weihnachten, mit einem richtigen Weihnachtsbaum. In Tokyo gab es einen deutschen Metzger, und in seinem Restaurant stand Blut- und Leberwurst mit Sauerkraut auf der Speisekarte. „Herrlich!"

Schlimm für Elisabeth war, dass das Schiff nach Chuuk, das sie eigentlich erreichen wollte, am selben Tag in Yokohama ablegte, an dem sie dort ankam. Sie erfuhr, dass sie bis zum 15. Januar 1939 auf das nächste warten musste.

Die folgenden Wochen vergingen mit der Erledigung von Einreiseformalitäten für Mikronesien. Auf dem so genannten Nanyo-

Büro, der Behörde, die für das japanische Treuhandgebiet Mikronesien zuständig war, sah sie sich einem Passbeamten gegenüber, der offenbar mit seiner Aufgabe völlig überfordert war. Der fragte sie doch tatsächlich, wo den Chuuk liege, ob das etwa in Südafrika sei. Von anderen Beamten erlebte sie richtige Schikanen: „So etwas Unfreundliches wie diese Herren dort ist mir noch selten begegnet! Wo bleibt da die japanische Höflichkeit? Sie wollen uns eben draußen nicht haben, wir sind nur geduldete Leute." Das war eine Vorahnung darauf, was die Familie Kärcher und die anderen Liebenzeller Missionare auf Chuuk in den kommenden Kriegsjahren alles erleben sollten.

Am 5. Januar 1939 endlich hielt sie ihre Einreisepapiere in den Händen. Und jetzt wurde ihr sehr deutlich bewusst, dass sie für lange Zeit ein Leben in Europa aufgegeben hatte. Zwar freute sie sich auf das Wiedersehen mit ihrem Verlobten, aber sie dachte auch an Psalm 77,6: „Ich gedenke der alten Zeit, der vorigen Jahre."

Die letzte Etappe

Das japanische Schiff „Palao Maru", das sie am 15. Januar bestieg, hielt keinen Vergleich mit der „Scharnhorst" aus. Dafür reiste sie aber auch in einer Kabine der 1. Klasse, allein. Sie empfand ihre Lage als merkwürdig. Unter den wenigen Passagieren war sie die einzige Europäerin: „Beim Essen saß ich allein an einem Tisch. Ein junger japanischer Steward stand ständig hinter mir und wartete auf meine spärlichen Befehle. Schrecklich so was!"

Wenn sie das Schiff mit der „Scharnhorst" verglich, kam sie zu dem Schluss, dass dort das Essen in der zweiten Klasse deutlich besser schmeckte als auf der „Palao Maru" in der ersten. Aber ihren Humor hatte sie nicht verloren. Dass sie inzwischen mühelos mit Stäbchen essen konnte, fand sie selbst „knorke". Das hatte sie wohl in Berlin so gelernt. Aber sonst war ihr eher langweilig, weil nicht viel passierte.

Die Situation änderte sich leicht, aber auch nicht tiefgreifend, als in Kobe ein Amerikaner zustieg: „Wenigstens ein anderes Gesicht." Mit ihm unterhielt sie sich von da an häufiger. Von den vier katholischen Schwestern, die im Hafen der Marianen-insel Saipan zustiegen, konnte nur eine etwas Englisch. Aber die Gespräche mit ihr waren so anstrengend wie mit einem Japaner, der nur wenig

Deutsch konnte und sie in ein Gespräch zu verwickeln versuchte, wann immer er konnte.

Saipan ist eine der nördlichsten Inseln in den Marianen. Bei der Passkontrolle bekam sie einen weiteren Vorgeschmack auf das, was in den kommenden Jahren auf sie zukommen sollte. Der Beamte, der ihre Papiere kontrollierte, äußerte ihr gegenüber den völlig aus der Luft gegriffenen Verdacht, sie sei eine kommunistische Spionin.

Von Saipan waren es nur noch drei Tage bis zur Ankunft auf Chuuk. Der Gedanke beflügelte sie geradezu: „Nur noch drei Tage, dann darf ich dem Mann wiederbegegnen, der dann mein Lebensgefährte werden soll."

Zwischen Saipan und Chuuk scheint die See etwas unruhig gewesen zu sein. Sie wunderte sich, dass sie nicht seekrank wurde. Vorsichtshalber legte sie sich allerdings stundenlang in ihren Liegestuhl an Deck. Das milderte die Folgen der Schaukelei merklich.

Ein japanischer Chemiker, der sich längere Zeit nur in einigem Abstand zu ihr herumdrückte, schien sie ansprechen zu wollen, rückte aber nicht mit der Sprache heraus. Als er sich schließlich dazu überwand, zeigte sich, dass er überraschend gut Deutsch sprach, das er in Berlin und Dresden gelernt hatte. „Ihr könnt euch wohl denken, wie ich mich gefreut habe, endlich mal jemand zu finden, der Deutsch kann. Sonst geht nur alles immer in Englisch. Ich bin aber dankbar, dass mir das keine Schwierigkeiten mehr bereitet. Man kommt ohne Englisch einfach nicht durch."

Die Insel Tonowas

Am 28. Januar 1939, ziemlich genau um drei Uhr nachmittags, legte der Dampfer auf Tonowas an. Elisabeth wusste, dass Wilhelm sie hier schon seit fast zwei Wochen erwartete. Sie hatte ihm einige Wochen zuvor geschrieben, dass sie am 30. Januar auf Chuuk ankommen werde. Daraufhin hatte der, was Wunder, beschlossen, nach Chuuk zu fahren, „um die Briefschreiberin persönlich abzuholen“.

Das war gar nicht so einfach gewesen. Wilhelm hatte einige Insulaner gebeten, sein Gepäck auf das Boot zu schaffen, das ihn von Lúkúnooch nach Tonowas bringen sollte. Die brachten es aber wieder zurück: „Der Kapitän sagt, es ist kein Platz mehr für dich, du sollst einige Wochen später fahren.“ Wilhelm aber bestand hartnäckig darauf, dass er mitgenommen werden müsse, ließ sich auf keinen Fall mehr vom Boot vertreiben und verließ es erst wieder, als er nach zwei Tagen auf Chuuk angekommen war, am 16. Januar.

Dort fand er ein Telegramm von Elisabeth vor: „Komme am 28.“ Also zwei Tage früher als sie ursrpünglich geschrieben hatte. Na um so besser! Er schickte ihr seinerseits ein Telegramm, das sie am 20 Januar auf der „Palao Maru“ erreichte: „Heute Nacht auf Truk angekommen. Telegramm erhalten. Erwarte dich. Wilhelm.“

Auf dem Schiff durfte er dann „ein frisches deutsches Mädchen begrüßen, die ich zwei Jahre lang nicht mehr gesehen hatte. Doch gekannt habe ich sie noch.“

Immerhin!

8

Die gemeinsamen Jahre auf den Mortlockinseln (1939-1943)

Ein japanischer Amtsschimmel

Der Leser hat vielleicht bemerkt, dass der Gang der Ereignisse bislang in der Vergangenheit erzählt wurde. Weil Wilhelm und Elisabeth von jetzt an ihr Leben gemeinsam führen, geht ihre Geschichte auch sprachlich in der Gegenwart weiter, damit wir unmittelbar an ihrem Leben teilnehmen können.

Elisabeth empfindet trotz aller Freude über das Wiedersehen mit Wilhelm diese erste Begegnung als eher befremdlich. Auch die Wetterbedingungen sind wenig einladend, denn über Chuuk regnet es in Strömen. Weder sie noch ihr Gepäck können von Bord gehen. Also übernachtet sie in ihrer Kabine auf dem Schiff.

Ihr erster gemeinsamer Gang führt sie ins Büro der Einwohnermeldestelle. Dort erlebt sie eine groteske Szene mit der japanischen Bürokratie. Der Beamte will zunächst wissen, welche Körpergröße sie habe. Weil sie es nicht genau weiß, wird sie vermessen. Dann muss sie die Frage beantworten, wie viele Goldzähne sie besitze: „Bitte um genaue Angaben zu oben und unten!" Der Beamte will sogar wissen, wie die Leute in Deutschland heißen, „die Elisabeth lieben". Weil es im Japanischen üblich ist, den Familiennamen vor dem Vornamen zu nennen, kann er überhaupt nicht verstehen, warum Elisabeth Wagners Vater Michael nicht auch Elisabeth heißt.

Nachdem die Befragung, die alle Anzeichen eines Verhörs getragen hatte, zur Zufriedenheit der japanischen Kolonialverwaltung beendet ist, findet die standesamtliche Trauung der beiden statt. Sie wird nicht nur mit ihrer Unterschrift, sondern auch mit ihrem Fingerabdruck besiegelt. Dazu müssen die beiden ihre Daumen tief in rote Farbe tunken.

Wilhelm erzählte in späteren Jahren mit genüsslichem Vergnügen, was die Japaner mit der Aussprache ihrer beider Namen anzustellen pflegten. Nicht nur Chinesen, sondern auch Japaner haben bekanntermaßen ihre Probleme mit der Aussprache der Laute „r" und „l“, ein Problem, über das zahlreiche Witze kursieren. Die beiden Laute kommen in den Namen von Wilhelm Friedrich und Elisabeth Kärcher, geborene Wagner, mehrfach vor. Darüber hinaus gilt im Japanischen, wie übrigens auch in der Chuuksprache, ein Gesetz, das verlangt, dass auf einen Vokal unbedingt ein Konsonant folgen muss, und japanische Wörter enden sehr häufig mit einem Vokal. Diese Eigentümlichkeiten machen es den Sprechern des Japanischen schwer, die Namen der deutschen Missionare korrekt auszusprechen. Wilhelm klingt aus ihrem Mund etwa wie „Wiruherumu“, Elisabeth wie „Erisabeto“, und der Familienname Kärcher wie „Kärukäru“. Umwerfend komisch!

Weniger komisch wirkt ein Satz, den der junge Ehemann am Ende eines Briefs seiner Frau vom 1. Februar 1939 an ihre Eltern hinzufügt. Er spricht sie immer noch mit dem formellen „Sie“ an. So gehörte es sich anscheinend damals noch für einen nur standesamtlich registrierten Schwiegersohn, denn: „Erst übermorgen ist Hochzeit!“ Gemeint ist damit ihre kirchliche Trauung.

Hochzeit auf Toon

Am folgenden Tag fahren die beiden nach Wutéét. Schon an der Schiffsanlegestelle werden sie von den Schülerinnen mit einem auf Deutsch gesungenen Lied empfangen.

Wieder einen Tag später treffen sie auf Toon ein. Die Missionsstation Pataaniyen ist blitzsauber. Die Schüler, die hier unterrichtet werden, haben sie auf Hochglanz gebracht, um Wilhelm und Elisabeth gebührend zu begrüßen. Am 3. Februar 1939 werden die beiden kirchlich getraut.

Schon am Tag zuvor waren fast alle Bewohner der Mortlockinseln, die sich zu diesem Zeitpunkt in der Chuuklagune aufhielten, nach Toon gekommen. Um fünf Uhr morgens beginnt das große Singen, das die Insulaner immer veranstalten, wenn sie jemand ihre Zuneigung bekunden wollen. Die Trauung verzögert sich bis zwei Uhr nachmittags, weil auf Chuuk Ereignisse nicht dann stattfinden, wenn der dafür vorgesehene Zeitpunkt gekommen ist, sondern dann, wenn die Menschen vollzählig anwesend sind, die daran teilnehmen wollen, oder wenn es aufgehört hat zu regnen.

Bei der Trauung predigt zunächst ein japanischer Missionar, dann Johannes Rattel, der auch die Trauung vollzieht. Trautext ist Johannes 2,5: „Seine Mutter spricht zu den Dienern: Was er euch sagt, das tut.“ Danach wird gefeiert und bis in den späten Abend hinein gesungen. Elisabeth schreibt einige Tage später in ihr Tagebuch, es habe ein Trubel geherrscht wie bei der Hochzeit von Isaak und Rebekka in 1. Mose 24.

Die erste gemeinsame Dienstreise

Sie ist gleichzeitig die Hochzeitsreise der beiden und führt sie nach Lúkúnooch, wo Wilhelm seit zwei Jahren stationiert ist. Für die Fahrt dorthin kauft er seiner Frau – ausdrücklich als Hochzeitsgeschenk – eine japanische Schlafmatte. Er selbst will auf dem Bretterboden schlafen. Das Geschenk nimmt sie zwar an, meint aber, sie sei jetzt auch Missionarin. Wenn er auf dem Boden schlafe, wolle sie das auch.

Das „Dämpferle", wie sie das Boot nennt, ist eine Zumutung. Die so genannte hintere Kabine, die nur etwas mehr als einen Meter hoch ist und einen Grundriss von zwei auf drei Meter hat, gleicht eher einer Hundehütte. Hier wohnen und schlafen sie mit drei Japanern und einem Insulaner zusammen zwischen den dazugehörigen Koffern. Die Herren rauchen wie die Schlote, und die Luft ist zum Schneiden. Den Vorsatz, es mit dem Schlafen auf den Brettern ihrem Mann gleichzutun, gibt Elisabeth schon nach der ersten Nacht auf. Als sie auf Lúkúnooch ankommen, bedankt sie sich fast überschwänglich für die Schlafmatte. Obwohl sie die ganze zweite Nacht darauf geschlafen hatte, taten ihr alle Knochen weh. Wenn sie nur auf den Brettern gelegen hätte, wäre sie überall blau, wie sie meint.

Die ersten Bootsreisen in den Mortlockinseln

Am folgenden Sonntag stellt Wilhelm seine Frau der Gemeinde im Gottesdienst vor und übersetzt ihre erste Ansprache. Die kommenden Wochen sind ausgefüllt damit, das Missionarswohnhaus in ein gemütliches Heim zu verwandeln. Sie lernt die ersten sprachlichen Formeln, um einfache Gespräche mit den Einheimischen zu führen, und sie beginnt dabei die Menschen zu schätzen, deretwegen sie hierher gekommen ist.

Nicht ganz klar ist, was sie meint, wenn sie schreibt: „Es ist doch zu lustig. Mein Mann vergisst manchmal, dass er verheiratet ist!" Vermutlich mischt er sich gelegentlich in Haushaltsangelegenheiten ein, die er bisher selber erledigen musste, was er aber nicht mehr soll, weil seine Frau diese inzwischen selbstverständlich als ihren Zuständigkeitsbereich betrachtet.

Die Arbeit des Missionars im Bereich der Mortlockinseln macht Bootsreisen unumgänglich. Weil die Mission im Augenblickkein modernes Motorboot besitzt, müssen Wilhelm und seine Frau ihre

Fahrten über das Meer mit dem Auslegerkanu machen, wie es in Ozeanien üblich ist.

Diese Boote sind sehr schmal und besitzen eine interessante Segelausrüstung. Der so genannte Ausleger, ohne den das Boot nicht stabil wäre, ist mit dem Bootskörper durch eine Art Gerüst verbunden, dessen Oberfläche eine Plattform ergibt, auf der Gegenstände und Mitreisende Platz finden.

Auf solch einer Auslegerplattform sitzt Elisabeth eines Tages eingeklemmt zwischen Kisten. Die Fahrt geht nach Woneyopw am Westende der Lagune von Lúkúnooch, etwa zwölf Kilometer entfernt. Dort ist Schwester Anna Dederer stationiert. Die Fahrt dauert etwa zweieinhalb Stunden. Eli-sabeth wird unterwegs so seekrank wie nie zuvor. Es liegt ihr aber offenbar fern, sich deswe-gen zu bemitleiden. In ihrem Tagebuch kommentiert sie das ständige Erbrechenmüssen nicht nur damit, dass sie – wie in solchen Situationen üblich – die Fische gefüttert habe. Sie denkt dabei auch an die Haie: „Ohne Fütterung sämtlicher Raubtiere geht es diesmal nicht ab.“

Als gefährlich empfindet sie jene Momente, in denen das Segel von einem Ende des Boots an das andere umgetragen werden muss. Die Technik des Auslegerka-nus macht das nötig, weil es sich gegen den Wind nicht kreuzen lässt. Der Vorgang ist ein Balancierakt, bei dem so ein Boot im Nu ins Kentern geraten kann.

Sie erholt sich aber schnell und kann in der Kirche eine kleine Ansprache halten. Den Rückweg machen sie mit einem größeren Segelkanu. Sie fährt diesmal nicht auf der Auslegerplattform mit, sondern unter dem Dach der kleinen Kabine, die sich auf der windabgewandten Seite des Boots befindet. Dort wird sie nicht seekrank, weil sie liegen kann.

Verstehensprobleme

Elisabeth macht in diesen ersten Monaten auch Bekanntschaft mit der so völlig anderen Persönlichkeitsorientierung der Insulaner. Die zeigt sich besonders deutlich bei den Schülern.

Eines Tages kommt ein Junge zu ihr, um sich einen Griffel zu besorgen. Nachdem er diesen bekommen hat, geht er nicht etwa in die Schule zurück, was er müsste, sondern bleibt. Eine Zeitlang drückt er sich herum. Sie muss ihn schließlich mit deutlichen Worten in die Schule zurückschicken. Er gehorcht und verschwindet wie der Blitz. Von ihrem Mann erfährt sie dann, dass der Betreffende seine Hose zerrissen hatte und sich schämte, von hinten gesehen zu werden. Der Schlitz, der den Blick auf seinen nackten Allerwertesten freigab, war ihm verständlicherweise peinlich.

Einen anderen Schüler vermisst sie am Sonntag im Gottesdienst. Ihr Mann weiß, dass er nicht kommt, weil er gar keine Hose hat.

Elisabeth befindet sich in einer unangenehmen sprachlichen Situation. Ihre noch bescheidenen Sprachkenntnisse machen ihr die größten Schwierigkeiten, wenn Besuch kommt, der nur Japanisch spricht, etwa die Frau des Polizeibeamten oder die beiden japanischen Kaufleute, die das „Warenhaus" auf Lúkún-ooch bewirtschaften. Wenn sie sich mit ihnen unterhalten muss, spricht sie deutsch, wird von ihrem Mann in die Sprache der Mortlockinseln übersetzt, und ein Einheimischer überträgt das dann ins Japanische. Solche Unterhaltungen sind anstrengend und schwerfällig. Auch ist es immer ein Ereignis für sie, wenn sie einkaufen muss. Ohne Kenntnis der Chuuksprache ist sie auf ihren Mann angewiesen und findet, sie sei dadurch mehr oder weniger ans Haus gefesselt. Ihr Tagebuch klagt über die geringen Fortschritte, die sie trotz regelmäßiger abendlicher Anstrengungen macht, den Umgang mit der Sprache zu lernen. Ihr Mann müht sich redlich, ihr die Geheimnisse der Grammatik beizubringen, und sie selbst bestätigt auch, dass er damit seine liebe Not habe, besonders, wenn es so heiß ist wie in den vergangenen Wochen.

Mit dem Häuptling auf Kútú kann sie sich zu ihrer Verwunderung auf Deutsch unterhalten. Der hatte das noch während der deutschen Kolonialzeit gelernt.

Schulunterricht

Es ist eine alte Erfahrung, dass man selbst immer dann am meisten und am nachhaltigsten zu einem Thema lernt, wenn man es unterrichtet. Auch eine Sprache lernt man schneller, wenn man sie beim Unterrichten benützt. Man muss nur den Mut haben, drauflos zu holzen.

Elisabeth ist fest entschlossen, diese Möglichkeit für sich zu nutzen. Als ihr Mann eines Morgens nicht rechtzeitig mit dem Schulunterricht beginnen kann, weil er einen Behördengang machen muss, geht sie hinüber ins Schulhaus, nimmt allen Mut zusammen und hält Unterricht. Prompt hat sie ein Erfolgserlebnis: „Es ging besser als ich gedacht hatte!“ Das Gefühl der Sicherheit verstärkt sich am nächsten Tag, als sie sich wieder vor die Klasse stellt. Sie weiß jetzt, dass sie zum Mindesten einspringen kann.

Ereignisorientierung gegen Zeitorientierung

Mit dem Verhalten der Insulaner – sie sind ereignis- und nicht zeitorientiert wie Europäer – hat sie immer noch ihre Probleme. Es kann passieren, dass noch kurz vor Mitternacht jemand auftaucht, der ihr Fische bringen möchte. Dazu muss man wissen, dass die Insulaner bestimmte Fische bei Nacht leichter fangen können als bei Tag. Und weil es keine Kühlschränke gibt, würden diese verderben, wenn man sie nicht so bald wie möglich essen würde. „Also raus aus dem Bett, Fische ausgenommen und geschuppt!“

Alles ist immer halb kaputt

Ende Februar bringt ein Boot die Kisten mit Elisabeths Ausrüstung. Erste Überraschung beim Auspacken: Die Nähmaschine ist beschädigt, aus der Schachtel mit dem guten Geschirr fallen ihr die Scherben entgegen, und der schöne weiße Schirm der Stehlampe hat eine wüste Delle.

In den Kisten befindet sich auch ein Grammophon. Angetrieben wird es von einer Stahlfeder, damals letzter Schrei der Musiktechnologie. Auch das ist halb kaputt. Das Rohr des Schalltrichters ist total verbogen. Der eigentliche Schaden aber wird erst später entdeckt, bei einem Festessen, das die Insulaner veranstalten, um die Hochzeit der beiden nachzufeiern. Zu gegebener Zeit zieht Wilhelm das Wunderding mit einem Schlüssel auf und setzt die Stahlnadel auf die Schellackplatte. Alles ist höchst gespannt. Das Ding setzt sich in Bewegung, beginnt aber schon nach wenigen Umdrehungen zu krächzen und bleibt stehen. Zum Glück lässt sich der Schaden doch noch reparieren.

Das Schlimmste: Die Fleischdosen haben den Transport nicht unbeschadet überstanden. Sie sind fast alle total zerdrückt, die meisten geplatzt, und den Geruch, der ihnen entsteigt, kann man sich leicht vorstellen.

Kaum ist ausgepackt, geht der Herd in der Küche kaputt. Die Steine sind herausgefallen, zerbrochen. Wilhelm muss sich daranmachen, eine neue Feuerstelle zu mauern.

Trotzdem: Sie fühlt sich sehr wohl im Haus. Ihr Mann richtet immer alles genau so, wie sie es will: „Einen aufmerksameren Ehemann kann man doch bestimmt nicht haben."

Im Traum sieht sie sich manchmal nach Deutschland entführt, „und das ist dann immer so schön". Ihren Angehörigen versichert sie trotzdem nachdrücklich: „Ihr müsst aber nicht denken, dass ich deswegen Heimweh habe. Es geht uns sonst sehr gut."

Was Schwaben in der Südsee essen

Eines Tages macht Elisabeth eine der Dosen auf, die auf der Reise von Europa unbeschädigt geblieben waren. Sie vermutet Bohnen darin. Zu ihrem Erstaunen kommt Fleisch zum Vorschein. Das freut Wilhelm ungemein, und er wünscht sich auf der Stelle weitere „geschickte Fehler" dieser Art von seiner Frau. Als sie daraufhin auch noch Sauerkraut dazu macht, ist sein Glück vollkommen. Er fühlt sich *kinamwmwe*, wie die Insulaner sagen würden, preist und lobt seine neue deutsche Verwandtschaft aus Waltenhofen „in allen Tonarten", die solche unerwarteten und edlen Genüsse in die Kisten gepackt hatte, wie Elisabeth daraufhin in einem Brief schreibt.

Beim Spätzlemachen scheint sie ebenfalls sehr erfolgreich zu sein, nachdem er sechs Wochen darauf gewartet hat. Es gibt aber auch Misserfolge, mit denen er nicht so zufrieden ist: „Mein letztes Brot wurde nichts, da ich eine andere Hefe ausprobierte. Da meinte er, jetzt können wir bald eine Backsteinfabrikation aufmachen."

Hin und wieder bringen die Insulaner Brotfrucht. Diese kann man wie Kartoffeln kochen, braten, und frittieren. Es lässt sich sogar etwas daraus machen, was schwäbischem Kartoffelsalat nicht nur täuschend ähnlich schmeckt, sondern diesen qualitätsmäßig auch erheblich übertrifft.

Inzwischen haben die beiden einen Garten angelegt, in dem sie jeden Morgen ernten können. Es wachsen dort unter anderem Papayas und Zitronen. Nur das Gemüse will nicht so recht gedeihen.

Missionarserlebnisse

Im Juni 1939 sehen wir die beiden in vielseitiger Weise beschäftigt und erste gemeinsame Erfahrungen im Umgang mit den Insulanern sammelnd. Sie halten zwei bis drei Versammlungen am Tag, wenn sie eine der Inseln des Mortlockdistrikts besuchen, geben Schulunterricht und Singstunden, und sie leisten medizinische Hilfe. In den Siedlungen gibt es immer viele Kranke, besonders solche mit Hautausschlägen. Wilhelm betätigt sich vornehmlich auf dem Gebiet der Zahnheilkunde und kommentiert das mit den Worten: „Auch das Zähneziehen macht mir Freude, jedoch den Patienten nicht so sehr. Nachher sind sie mir allerdings dankbar."

Schwer gewöhnungsbedürftig sind Begräbnisse mit ihren Totenklagen. Das ist ein ritualisiertes Verhalten, das Europäer als sehr bedrückend empfinden, auch Elisabeth und Wilhelm, vor allem, wenn es die ganze Nacht hindurch andauert. Wer so eine Totenklage zum ersten Mal hört, findet sie schauerlich. Zum Ritual gehören darüber hinaus eine ganze Reihe von Regelungen, die für Christen eigentlich keine Gültigkeit haben können: den Toten werden Speisen und andere Opfergaben aufs Grab gelegt. Auch ein Licht muss dort brennen. Wilhelm und Elisabeth sind solche Verhaltensweisen ein Grund zur Besorgnis.

In einem Haus entdeckt er eines Tages Dinge, die von einem Hausbalken herabhängen. Sie entpuppen sich als sogenannter Leichtmachzauber. Die Insulaner glauben, dass mit dessen Hilfe ein Auslegerkanu besseren Auftrieb bekommt und nicht so schnell sinken kann.

Was soll der Missionar in einer solchen Situation tun? Hat er das Recht, in die Ausübung von religiösen Ritualen, die ihm fremd sind, einzugreifen? Darf er sich überhaupt in die Angelegenheiten fremder Gesellschaften einmischen? Es gibt sicher noch viele Insulaner, die keine Christen sind und ihre animistischen Denkformen beibehalten wollen. Was aber, wenn diejenigen, die sich zum christlichen Glauben bekennen, immer noch zu magischen Mitteln greifen, wenn sie etwas bewerkstelligen müssen. Soll der Missionar die Angelegenheit ignorieren, oder sie eher verurteilen?

Wilhelm bittet zunächst darum, dass diese Zaubergegenstände abgehängt werden. Niemand rührt sich. Aus Furcht vor Konsequenzen, vor Strafe durch die Geister, die dem Zauber Wirkung verleihen? Als nichts geschieht, greift er selbst nach den Dingen, hängt sie vom Balken ab und wirft sie ins Meer. Ein jüngerer Mann hilft ihm dabei.

Solches Verhalten ist zu jener Zeit riskant, denn es macht Menschen zornig. Missionare können auf diese Weise den Erfolg ihrer Arbeit gefährden oder gar verhindern. Wilhelm ist sich dessen bewusst. Immer wieder stellt er sich diese Fragen, spricht davon, dass die Insulaner noch nicht endgültig damit gebrochen haben. Und er müht sich darum, geduldig zu bleiben.

Schwierig wird es gelegentlich, wenn eine Besuchsreise mit einem Boot der japanischen Administration gemacht werden muss, dessen Besatzung sturzbetrunken unterwegs ist. Eines Tages kommt es beinahe zu einem schweren Unglück. Steuermann und Maschinist können gerade noch verhindern, dass ihr Boot mit voller Wucht in die Aufbauten der Anlegestelle kracht.

Auf Mwóóch, einer kleinen Insel in der benachbarten Lagune von Satawan, erleben die beiden zum ersten Mal eine einheimische Trauung mit. Am darauffolgenden Tag schon muss der junge Ehemann die Insel verlassen. Der Grund: Dienstverpflichtung nach Angaur, einer Insel im Palau-Distrikt, wo die japanische Verwaltung Mikronesiens Bodenschätze abbauen lässt. Dort wird er arbeiten müssen und wegen der Entfernung seine Frau für lange Zeit nicht sehen dürfen. Wilhelm und Elisabeth werden Zeugen eines schweren Abschieds.

Die Insulaner nehmen die Fremden und ihr Verhalten manchmal in bizarr verformter Weise wahr. Eines Tages will der Häuptling wissen, warum Wilhelm eigentlich eine so alte Frau geheiratet habe, wo er selbst doch noch so jung sei. Der Grund für die Verwunderung ist die Tatsache, dass Elisabeth eine Brille trägt, und die ist für den Häuptling ein Zeichen vorgerückten Alters.

Das Leben auf den Mortlockinseln kann sehr anstrengend sein. Auf einer Reise nach Ettaal, einem Atoll nordwestlich von Lúkúnooch, ist Elisabeth zwei Stunden lang schwer seekrank. Ihr Mann trägt sie das letzte Stück durchs Wasser an Land. Dort angekommen müssen die beiden ihre Unterkunft erst einmal einigermaßen wohnlich herrichten. Sie schlagen Nägel in die Wand, damit Kleidungsstücke und Gebrauchsgegenstände nicht einfach den Ratten leicht zugänglich herumliegen müssen, sondern aufgehängt werden können. Ihre körperliche Erschöpfung beschreibt Elisabeth mit den Worten: „Ich legte mich hin und schlief und döste und döste und schlief.“

Ihr Mann scheint eine robustere Natur zu besitzen. Er ist immer voller Tatendrang. Oft hält er den Leuten, die zur Begrüßung des Missionarsehepaars an den Strand gekommen sind, umgehend eine Andacht. Damit erspart er es ihnen, besonders auf den sehr langgezogenen Inseln wie Téé, den weiten Weg zu einem späteren Gottesdiensttermin noch einmal zu gehen.

Die Freundlichkeiten, die ihnen die Insulaner erweisen, haben ihren eigenen Stil. Nach einer Versammlung am Nachmittag kommt eine ältere Frau auf sie zu, zieht einen Fisch aus ihrem Rock und überreicht ihn als *niffang* (Geschenk), das Elisabeth zu der Bemerkung veranlasst: „Den Fisch hatte sie schon während der ganzen Versammlung dort gehabt, und er war dann dementsprechend auch schon vorgewärmt. Guten Appetit!“

Wer in jenen Zeiten bei den Insulanern zum Essen eingeladen wird, muss mit Überraschungen rechnen. Damals wissen sie noch nicht viel von der Wirksamkeit von Kolibakterien. Nachhaltige Darmerkrankungen und Parasitenbefall sind daher fast unabwendbar.

Einmal macht Elisabeth Fisch zum Mittagessen. Den Kopf wirft sie den Hühnern hinaus auf den Hof. Ein Hund, der das mitbekommt, greift sich den Fischkopf und läuft davon. Wenige Minuten später kommt ein Mann und bringt den Fischkopf auf einem Blatt zurück mit der Bemerkung, der Hund hätte ihr den wohl gestohlen.

Immer aber beschäftig sie ihr eigentliches Anliegen, „dass Gott selbst durch seinen Heiligen Geist wirkt, und dass er sein Wort nicht leer zurückkommen lässt. Man steht da so ohnmächtig und ist ganz von ihm abhängig.“

Alltag auf Lúkúnooch

Wer nahe am Äquator lebt und arbeitet, weiß, dass es in diesen Breiten nur etwa zwölf Stunden lang Tageslicht gibt. Das muss genützt werden. Bei Öllampenbeleuchtung am Abend lässt sich nur bedingt arbeiten.

Während Wilhelm Schule hält, kümmert Elisabeth sich um den Haushalt. In der Zeit der größten Mittagshitze machen alle, Insulaner wie Missionare, *aséésé*, will sagen Siesta. Am späteren Nachmittag, gegen fünf Uhr, ist noch einmal Andacht in der Kirche, bevor die Sonne um sechs Uhr untergeht.

Elisabeth ist inzwischen seit sechs Wochen auf Lúkúnooch. Die Zeit fliegt nur so dahin. Dass sie um fünf Uhr aufstehen muss, gefällt ihr nicht so sehr. Sonst aber findet sie das Leben schön. Kurz vor sechs Uhr geht es in die Kirche, wo Wilhelm die Andacht hält. Dann kommen die Leute zur Arzneiausgabe. Es gibt Augenkrankheiten bei den Erwachsenen und viele Kinder, deren Haut vom so genannten Ringwurm befallen ist. Dagegen hat sie damals kein anderes Mittel als Salvarsanspritzen.

Dabei hat sie ein Problem: „Wenn ich nur die Sprache könnte!" Immer noch muss sie ihren Mann zu Hilfe rufen, wenn sie die Leute nicht versteht. Die aber zeigen sich sehr geduldig. Sie findet es oft lustig, in welcher Weise ihre Patienten versuchen, ihr beim Radebrechen zu helfen und zu verstehen, was sie sagt, so falsch sie sich auch ausdrückt.

Wilhelm und Elisabeth erleben mit, welche schweren Schicksale Krankheiten, selbst einfach erscheinende, für die Insulaner bedeuten können. Wer in Deutschland beispielsweise eine Blinddarmentzündung bekommt, kann in der Regel schnell einen Arzt oder ein Krankenhaus erreichen. Auf einer Südseeinsel bedeutet diese Diagnose oft das Todesurteil für den Kranken. Das ist von besonderer Tragik für einen jungen Menschen wie Krimentine.

Sie ist fünfzehn Jahre alt und leidet an Tuberkulose. Wilhelm und Elisabeth mühen sich um sie, versuchen, die Krankheit mit den bescheidenen Mitteln und den Antibiotika zu behandeln, die ihnen zur Verfügung stehen. Eines Tages erscheint Leonora, Krimentines Mutter, und bittet sie, in ihre Hütte zu kommen. Dort liegt das Mädchen und weint.

„Warum weinst du?"

„Weil ich sterben muss!"

Wilhelm erinnert sie an den 23. Psalm, den Krimentine gut kennt. Sie beten ihn miteinander.

Danach wird das sterbende Mädchen ins *wuut* getragen, das Versammlungshaus des Klans. Dort sitzen alle ihre Verwandten um sie herum. Sie beginnen mit der Totenklage. Wilhelm setzt sich zu ihr, und plötzlich sagt Krimentine:

„*Éwusapw kkechiw*! Ihr solltet nicht weinen!"

Und nach einer Weile:

„*Raa etto! Wúwaa pwaapwa!* Sie kommen! Ich freue mich!"

In diesem Augenblick verstummt die Totenklage. Kein Mensch weint mehr, die ganze lange Nacht über nicht.

Sie setzen ein Kreuz aus Brotfruchtbaumholz auf das Grab. Darauf befindet sich ein Herz mit der Aufschrift: „Selig sind die Toten, die in dem Herren sterben." Auch bei der Beerdigung weint niemand.

Die beiden haben nie erfahren, was Krimentine wirklich gesehen hat und wer da gekommen ist. Wilhelm hat ihr in seiner Erzählung „Durch die Brandung" einen Abschnitt gewidmet (1965:33-35).

Alleinsein

Wilhelm Kärcher nimmt seine Verantwortung für die Gemeinden seines Arbeitsgebiets ernst und besucht sie regelmäßig und gewissenhaft. Nicht immer kann ihn seine Frau begleiten. Auch auf Lúkúnooch darf die Arbeit nicht liegen bleiben. Das führt dazu, dass sie oft allein ist.

Im Mai 1939 besucht Wilhelm eine Woche lang die Insel Nómwuluuk. Bei seiner Abreise fühlt sie sich nicht wohl. Sie fürchtet, eine Nierenentzündung zu bekommen. Trotzdem willigt sie ein, dass er sich auf den Weg macht.

Ihrem Tagebuch vertraut sie an, wie bedrückt sie ist: „Abends, wenn es auf dem Missionsland so still wird, dann steigt die Einsamkeit wie ein graues Gespenst hervor. Da sehnt man sich nach der Zweisamkeit. Ich flüchte mich dann immer ans Harmonium, und beim Spielen vergesse ich alles um mich her. Es ist ein Segen der Musik, dass sie einem über einsame Stunden hinweghilft. Dafür bin ich sehr dankbar. Da ich die Sprache noch nicht recht kann, habe ich halt gar nicht Gelegenheit, mich mal mit jemand zu unterhalten. Da werden einem vierzehn Tage zu einer Ewigkeit."

In solcher Gemütsverfassung wirken dann kleine Erlebnisse wie Balsam. Ein kleiner Junge kommt in Begleitung anderer und bringt ihr drei trinkfertige Kokosnüsse. Sie weiß nicht so recht, warum er ihr die schenken will. Der Junge macht keinerlei Anstalten, wieder nach Hause zu gehen, sondern bleibt beharrlich da. Schließlich rückt er mit der Sprache heraus: Ich habe Geburtstag. Da erwartet er, hartnäckig wie Kinder darin sein können, ein Geschenk. Zufrieden zieht er wieder ab, nachdem er ein Taschentuch bekommen hat.

Wer in der Mission tätig ist und in einem abgelegenen Gebiet leben muss, der weiß, dass alle ständig in der Erwartung leben, mit dem nächsten Boot einen Brief oder besser viele Briefe zu bekommen. Auf Chuuk ist man dabei immer auf jemand angewiesen, der dafür sorgt, dass die Briefe, die man schreibt, zum Postamt auf Wéééné gebracht und ankommende von dort abgeholt werden. Schwierig ist das besonders auf den Mortlockinseln, weil man die Post einem Insulaner oder der Besatzung eines Boots mitgeben muss, das nach Chuuk fährt, wobei man nie genau weiß, ob die Kuriere auch wirklich verlässlich sein werden. Mit ihrer Unzuverlässigkeit erlebt man manchmal unangenehme Überraschungen.

Eines Tages ist Johannes Rattel in der Chuuklagune unterwegs auf einem Boot, das auch die Mortlockinseln bedient. Als er zufällig einen Blick über die Schulter des Kapitäns wirft, der am Steuer steht, traut er seinen Augen nicht. Da liegen doch tatsächlich Briefe von Anna Dederer und den Kärchers, die schon längst unterwegs nach Deutschland sein könnten, aber seit Wochen zwischen den Inseln herumkutschiert werden, aus reiner Nachlässigkeit und Schlamperei. Elisabeth schreibt, nachdem sie davon erfahren hat, an ihre Verwandtschaft: „Ich werde unsere Brief von jetzt an immer nummerieren, damit ihr wisst, ob einer verlorengegangen ist."

Sie leidet unter der großen Hitze, die seit einigen Wochen herrscht, und sie erlebt mit, wie in einer Sturmnacht die Bootsanlegestelle weggerissen wird.

Um sich in ihrer Einsamkeit etwas Abwechslung zu verschaffen, rudert sie gelegentlich mit ein paar Jungen nach Woneyopw zu Anna Dederer.

In dieser Situation wird Iinas, ihre Haushaltshilfe, in einen Skandal verwickelt. Sie ist an einer sehr verworrenen Ehebruchsgeschichte beteiligt und muss ins Gefängnis. Das ist Elisabeth ungeheuer peinlich.

Gelegentlich muss sie sich feindselige Äußerungen anhören. Einer der Kirchenältesten sagt unverblümt im Gottesdienst, es sei nicht angebracht, Missionaren etwas zu geben. Die hätten doch offensichtlich alles in Hülle und Fülle. Wenn man bedenkt, wie wenig die Insulaner besitzen, so ist diese Behauptung nicht ganz von der Hand zu weisen. Elisabeth fühlt sich trotzdem verletzt.

Manchmal wird sie von katholischen Kindern gar als *pirositan mii ttipis* beschimpft, was etwa „Sündenprotestant" bedeutet.

Daran lässt sich erkennen, dass das Verhältnis zwischen der katholischen und evangelischen Bevölkerung etwas gespannt ist. Die

Wirkungen, die sich daraus ergeben, bekommt auch Elisabeth zu spüren. Selbstverständlich behandelt sie katholische Patienten, wenn sie bei ihr um Medikamente bitten, nicht anders als evangelische. Sie geht dabei aber ein Risiko ein.

Eines Tages kommt eine Frau mit ihrem kranken Kind auf die Missionsstation. Elisabeth sieht sofort, wie ernst es um den kleinen Patienten steht. Sie hat keine Hoffnung, dass das Kind wieder gesund wird. Wenn sie ihm in dieser Lage trotzdem Medizin verabreicht und es anschließend sterben sollte, wird man ihr möglicherweise unterstellen, sie hätte seinen Tod absichtlich herbeigeführt. Aber verweigern kann sie ihre Hilfe auch nicht. Was tut sie also? Sie betet inständig, gibt dem Kind ein Medikament und erlebt, dass es ihm bald danach besser geht.

Als sehr belastend empfindet sie Situationen, in denen es um Leben und Tod eines Menschen geht und sie allein entscheiden muss, welche medizinischen Maßnahmen getroffen werden sollen. In einem Brief vom 19. September 1939 an ihren „Klub" in Berlin schildert sie die schwierige Geburt der Tochter einer jungen Christin, zu der sie gerufen wird. Sie heißt Kilaata. Während ihrer Ausbildung in Deutschland hatte Elisabeth zweimal erleben müssen, wie eine Frau während der Geburt starb. Was würde geschehen, wenn diese Situation einträte, hier, wo es keinen Arzt und keine Möglichkeit zu einem operativen Eingriff gibt?

Die Arbeit, die sie vor allem morgens bewältigen muss, wenn großer Andrang bei der Medizinausgabe herrscht, hat auch ihr Gutes. Sie ist mit der Sprache auf sich selbst gestellt, muss sich häufiger sogar „ihrer Haut wehren, das drohende Chaos organisieren", und damit ist sie sehr gefordert. Der Lernerfolg, den sie dabei erlebt, ist enorm. Inzwischen kann sie frei sprechen.

Den Anforderungen, die eine Frauenstunde stellt, fühlt sie sich jetzt gewachsen. Eine ganze Reihe Mädchen kommen zum Nähen zu ihr. Sie arbeiten für eine Ausstellung von Handarbeiten, die von der japanischen Administration organisiert wird. Sogar einige Jungen gesellen sich dazu, die auch nähen und sticken lernen wollen. Denen gibt sie stattdessen etwas zum Zeichnen.

Vorahnungen

Im September 1939 beginnen die Briefe aus Deutschland, mehr und mehr besorgniserregende Nachrichten zu enthalten. Es ist

Krieg. Elisabeth erkundigt sich nach ihren Brüdern, die eingezogen worden sind, und sie bittet um Zeitungsberichte.

Auch auf den Inseln mehren sich die Zeichen dafür, dass es Krieg geben wird. Schon im Juli war das Gerücht aufgekommen, dass auf Satawan ein Leuchtturm gebaut werden solle. Ungewöhnlich ist auch, dass in der Abgeschiedenheit der Mortlockinseln eines Tages ein Flugzeug auftaucht.

In diesen Wochen wird Pfarrer Heinrich Hertel, der für die Südsee zuständige Missionsinspektor, auf Chuuk erwartet. Die Missionare vermuten ihn zwar schon auf Palau, aber in Wirklichkeit sitzt er in Japan fest. Die japanische Militärbehörde verweigert ihm die Einreise nach Mikronesien ohne Angabe von Gründen. Niemand weiß, wovor sie sich fürchtet. Es verheißt nichts Gutes.

Das Leben wird schwieriger

Im Oktober reisen Wilhelm und Elisabeth nach Chuuk. Sie haben eine Reihe von Besorgungen zu erledigen. Bei ihrer Abreise sind die Insulaner von Lúkúnooch sehr besorgt. Sie befürchten, dass ihre Missionare wegen der Kriegsereignisse in Europa nicht mehr zurückkommen werden.

Auf Tonowas wohnen sie bei ihren japanischen Missionarskollegen auf der früher deutschen Missionsstation. Dort sind immer noch zwei Zimmer für sie reserviert. In einem der Hotels, wo sie essen wollen, wird ihnen der Zutritt verweigert. Man sei überfüllt. Das liegt daran, dass vor wenigen Tagen ein großer japanischer Dampfer mit vielen Passagieren angekommen ist.

Elisabeth feiert ihren siebenundzwanzigsten Geburtstag auf Toon. Dazu lädt sie ein paar Insulaner ein. Es gibt Reis und Fisch aus der Dose, serviert auf Bananenblättern, sehr praktischem Essgeschirr, das anschließend weder gespült noch abgetrocknet zu werden braucht.

Die Rückreise nach Lúkúnooch ist voller Widrigkeiten. Kaum sind sie ein Stück weit draußen auf dem offenen Meer, müssen sie umkehren, weil die Maschinen nicht richtig funktionieren. Einen ganzen Sonntag vertrödeln sie damit. Bis Loosópw bleibt die See ziemlich ruhig. Dann aber gibt es Sturm. Fünf Tage werden sie für die Reise brauchen, die unter normalen Wetterbedingungen zwei Tage dauert. Das Boot kracht in allen Fugen. Obwohl sie die Fenster geschlossen halten, schlägt Wasser herein. Der Sturm hält an, so dass sie auf Lúkúnooch nicht anlegen können. Das Boot muss nach Woneyopw zurückkehren und dort das Ende des schlechten Wetters abwarten. Elisabeth meint dazu in einem Brief, ihrer Verwandtschaft würde so eine Fahrt gewiss nicht gefallen, wo doch schon die schwäbische Eisenbahn eine Zumutung sei. Trotzdem legt sie einige Aufnahmen von ihrem Wohnhaus bei mit dem Wunsch, die Verwandtschaft möge doch einmal zu Besuch kommen, wohl wissend, dass diese in der nächsten Zeit der Einladung nicht Folge leisten werden.

Anis

Anis – das entspricht dem deutschen Namen „Hans“ – ist *samwoollap* auf Woneyopw, das heißt oberster Häuptling. Er führt schon seit langem ein Leben als Christ und ist ein verlässliches Mitglied seiner Gemeinde. Mit seiner Gesundheit aber steht es nicht zum Besten.

Kurz nach ihrer Rückkehr von Chuuk nach Lúkúnooch erreicht sie die Nachricht, dass Anis alias Hans gestorben ist. Wilhelm hält die Beerdigung. Die Kirche auf Woneyopw ist überfüllt. Auch der japanische Distriktsbeamte ist anwesend und hält eine bemerkenswerte Gedenkrede. Wilhelm berichtet darüber in seinem Brief vom 25. November 1939 folgendermaßen:

„Ich freute mich über das Zeugnis, das ein gebildeter Japaner einem unserer Christen ausstellte. Er sagte unter anderem: ‚Euer Häuptling Anis war ein Christ, wie ihr alle wisst. Er war aber nicht ein Christ nur dem Namen nach, sondern wir haben das gemerkt in seinen Worten und vor allem bei seiner Arbeit. Auch hat er an das Wohl der ganzen Insel gedacht und hat allen geholfen. Besonders seht ihr das heute an all den neuen Kochhütten, die nach einem einzigen Typ sehr sauber gemacht wurden. Auch darin hat sich sein Christsein bewiesen, dass er nie Schnaps getrunken hat, wenn ihm angeboten wurde, und dass er auch nicht rauchte.“

Sayiriiniwus

Vor der Beerdigung von Anis beerdigt Wilhelm die Tochter des Kirchenältesten *Sayiriiniwus*. Dessen Lebenswandel lässt erkennen, dass sein Christsein zumindest gedanklich noch immer stark von animistischen Elementen bestimmt ist. Er errichtet auf dem Grab seiner Tochter eine Hütte, legt dann seine Matte hinein, um dort zu schlafen. Auch tagsüber will er den Platz für längere Zeit nicht verlassen. Er fürchtet, dass ein *énú*, ein übelwollendes Geistwesen, den Leichnam seiner Tochter stehlen und auffressen könnte.

Wilhelm wird ständig mit solchen Verhaltensweisen konfrontiert. Eines Tages predigt er über Gott den Schöpfer und seine Macht, die er auch über das Meer und den Wind hat. Das ist ein Thema, mit dem die Insulaner ständig beschäftigt sind. Auf die Frage, wer denn ihrer Meinung nach über das Meer und den Wind regiere, sagt ein Mann in einer der hinteren Reihe zu seinem Nachbarn: „*Énúún Mwárisi*." Das ist der Geist des Regenbogens, ein Seefahrergeist, der gefürchtet wird und besänftigt werden muss, wenn man sich auf dem Meer befindet.

Wilhelm macht die Erfahrung, dass man ihm immer zustimmt, wenn er im Einzelgespräch gegen solche Ansichten argumentiert, dass die Menschen aber immer wieder nach ihrem alten Verständnis handeln, wenn er abwesend ist. Das ist bitter für ihn.

Karel

Karel – das entspricht dem deutschen Namen „Karl" – ist *sowupeták* auf Woneyopw, das heißt er versieht das Amt des Inselpastors. Sein Haus befindet sich direkt neben der Missionsstation. Anna Dederer, die dort stationiert ist, findet seit längerer Zeit, dass Karel für seinen Dienst nicht ausreichend befähigt sei. Sie will, dass ein anderer Mann ihn ablöst, den sie für sehr viel kompetenter hält. Wilhelm lässt sich, wie er später erklärt, von dieser Meinung beeinflussen. Er setzt Karel ab. Das bedeutet ein hohes Risiko für die Gemeinde auf Woneyopw. Insulaner rächen sich zu jener Zeit nicht selten für eine solche Handlungsweise von Seiten der Mission, indem sie kurz entschlossen zum Katholizismus übertreten und die ganze Gemeinde mitnehmen. Das geschieht in diesem Fall nicht. Es kommt aber zu einer Art Aufstand gegen die Absetzung Karels.

Der Mann, den Anna Dederer favorisiert, übernimmt auch nicht, wie erwartet, Karels geistliches Amt, sondern nur das des Oberhäuptlings, das der verstorbene Anis bekleidet hatte. Wilhelm erkennt bald, dass er absolut verkehrt gehandelt hat. Er entschuldigt sich bei Karel und ist „heilfroh, dass er nicht eingeschnappt war und wiederkam." Danach beruhigen sich die beträchtlich aufgewühlten Gemüter auf Woneyopw, wenn auch langsam.

Etuwarit

Etuwarit – das entspricht dem deutschen Namen „Eduard“ – ist Kirchenältester auf der Insel Nómwuluuk. Er versieht auch den Predigtdienst, so gut er kann. Eines Tages kommt Wilhelm erst in der Dunkelheit auf die Insel und erfährt, dass eines von Etuwarits acht Kindern an Ruhr erkrankt ist und im Sterben liegt. Es stirbt noch in der Nacht. Der Vater beklagt bei der Beerdigung, dass es nun schon sein fünftes Kind sei, das er beerdigen muss. Was sagt man angesichts dieser Trauer, um eine Familie zu trösten?

Kiristiyaan

Kiristiyaan – das entspricht dem deutschen Namen „Christian“ – ist ein besonders eifriger Schüler und Kirchgänger. Er ist arm und hat nichts Rechtes anzuziehen. Er will aber unbedingt an den Veranstaltungen in der Kirche teilnehmen. Also lässt er sich etwas einfallen. Entweder kommt er mit Vaters alter Jacke, die ihm fast bis zu den Zehen hinunterreicht, oder mit der Hochzeitsweste seines großen Bruders. Ob sie passt oder nicht passt, das spielt keine Rolle. Er kommt auf jeden Fall „fein angezogen“ zur Kirche.

Unzufrieden mit den Verhältnissen

Eines Tages kommen zwei stämmige junge Männer der Gemeinde Lúkúnooch von Nómwuluuk zurück, wo sie ihren Altersgenossen die Kunst des Ringens beigebracht hatten, ein Sport, für den sich die jungen Insulaner sehr begeistern. Die beiden erzählen voller Freude von der überaus freundlichen Bewirtung, die ihnen zuteil geworden war. Sie bringen nicht nur jeder ein schlachtreifes Schwein mit, sondern berichten auch, dass während ihres zehntägigen Aufenthalts ihnen zu Ehren fünf Schweine geschlachtet worden seien. Wilhelm, der solch großzügiges Verhalten selten erlebt, äußert sich dazu eher enttäuscht: „Wenn der Missionar heutzutage ein Huhn will, muss er es meistens bezahlen oder ein Geschenk in etwa demselben Wert dafür geben.“

Weihnachten 1939 vergeht ohne Nachrichten aus der Heimat. Die letzte Post war Ende November angekommen. Seither war das Regierungsboot ausgeblieben. Das hat aber auch Vorteile. Es gibt um Weihnachten herum dann auch keine der gefürchteten Saufereien unter den Männern auf den Inseln, weil mit dem Ausbleiben des Regierungsboots auch kein Bier und kein Schnaps geliefert wird.

Festtage wie Weihnachten und das japanische Neujahr sind immer mit einer großen Versuchung für die Christen verbunden, und besonders für die jungen Männer unter ihnen. Der Reisschnaps spielt dabei eine große Rolle. Die japanischen Beamten fördern den Missbrauch von Alkohol sogar, indem sie die Insulaner offen zum Trinken animieren. Wer sich weigert, wird öffentlich als Schlappschwanz blamiert. Die Händler reden vor allem den Männern ein, Schnaps und Zigaretten enthielten Stoffe, die sie *péchékkún*, will sagen „stark" machten. Wilhelm und Elisabeth haben Mühe, den für Lúkúnooch zuständigen Regierungsvertreter davon abzubringen, die Christen zum Mitsaufen und Mitrauchen zu zwingen. Der geht überraschenderweise darauf ein und lässt sogar eine Ladung Schnaps nicht an Land bringen, die das Regierungsboot anliefern will, das Mitte Januar dann doch wieder eintrifft.

Nach wenigen Wochen kommt Anna Dederer von Chuuk zurück und berichtet von einem furchtbaren Ereignis. Sie selbst und Elise Zuber haben ein Bootsunglück überlebt, bei dem elf Erwachsene und fünf Mädchen ertranken, die auf Wutéét die Missionsschule besuchten. Das Boot war, wie so oft, überladen.

Licht

In dieser Zeit tritt auf Woneyopw ein Ereignis ein, das Wilhelm zu einem ausführlichen Bericht in „Chinas Millionen" (6.40:43-44) veranlasst. Der alte Oberhäuptling Esirom ist gestorben.

Esirom hatte sein Amt jahrzehntelang gewissenhaft versehen. Wilhelm schildert ihn als weitblickenden Insulaner, der jede sich bietende Gelegenheit dazu genutzt habe, unter den gegebenen Umständen nicht nur sein eigenes Wissen zu erweitern, sondern auch dafür zu sorgen, dass die Bevölkerung der Mortlockinseln dazu ebenfalls Gelegenheit bekam. Esirom war der einzige Titelträger gewesen, der die japanische Verwaltung darin unterstützte, dass auf seiner Insel eine Schule eingerichtet wurde. Er selbst konnte weder lesen noch schreiben. Er ließ sich aber jeden Sonntag von Selem, einem Katecheten, aus der Bibel vorlesen, um „mehr zu wissen", wie er selbst immer wieder betonte. Für Esirom hatte die Bibel die gleiche Bedeutung bekommen, wie für die breiten Bevölkerungsschichten Deutschlands die Übersetzung Martin Luthers in der frühen Neuzeit.

Wilhelm nimmt in seiner Beerdigungspredigt die Gelegenheit wahr, den Insulanern ins Gedächtnis zu rufen, was sie an Esirom gehabt haben. Er appellierte an die Zuhörer, das Vermächtnis ihres ehemaligen Häuptlings zu bewahren und sich dem Licht, das dadurch auf ihre Inseln gekommen ist, zu öffnen.

In diesem Satz steckt ein Vergleich, der in späteren Jahren von Wilhelm häufiger angeführt wurde, wenn er im Gespräch auf seine Arbeit als Missionar auf den Inseln um Chuuk zu sprechen kam: die Lichtmetaphorik. Immer wieder sagte er, es sei heller geworden dadurch, dass das Christentum die alte animistische Religion der Insulaner abgelöst habe.

Diese Aussage ist zutreffend. Schon allein wenn man die gespannten Beziehungen betrachtet, die am Beginn der deutschen Kolonialherrschaft über Mikronesien um die Wende vom 19. zum 20. Jahrhundert zwischen den einzelnen Inseln herrschten, muss auch ein Skeptiker der Arbeit der Missionen zugeben, dass es heller geworden ist. Damals herrschten ständig Konflikte zwischen einzelnen Häuptlingstümern, die sich in gewalttätigen Auseinandersetzungen entluden. Die Kämpfe waren so verheerend, dass sich die deutsche Kolonialregierung, wie schon in Kapitel 5 kurz erwähnt, genötigt sah, ein Kanonenboot nach Chuuk zu schicken, um auf allen Inseln die vorhandenen Feuerwaffen einzusammeln. Das hellte das Dunkel aber nur im politischen Bereich etwas auf.

Dunkelheit beherrschte die Menschen auch in ganz anderen Bereichen, denn ihre Aggressivität entlud sich nicht nur in Waffengewalt. Ein persönlicher Streit führte nicht selten dazu, dass jemand zum *sowuroong*, dem Zauberer ging, um von ihm eine magische „Medizin“ herstellen zu lassen, die den ungeliebten Mitmenschen krank machen und töten sollte. Dunkelheit legte sich auch über die Gemüter der Menschen, wenn sie mit ihrem Totenkult die Angst vor dämonischem Einfluss in ihrem Leben besiegen wollten und nicht konnten. Auch hier ist es in der Tat heller geworden.

Hannas Klage (1. Samuel 1,1-8)

In Elisabeths Tagebuch und in ihren Briefen werden Ende 1939 die Hinweise häufiger, dass sie zunehmend unter dem Alleinsein leidet, wenn ihr Mann abwesend sein muss, weil er die Gemeinden auf den Mortlockinseln besucht. Darunter finden sich gelegentlich auch Äußerungen, die zeigen, dass sie bedauert, noch kein Kind zu haben. So schreibt sie am 13. September 1939 an ihre Verwandten in Berlin: „Unser Stammhalter lässt noch auf sich warten." Gleichzeitig lässt sie aber auch erkennen, dass sie sich bevorzugt fühlt. In ihrem Tagebuch findet sich die Bemerkung: „In Deutschland müssen die Frauen ihre Männer für den Krieg hergeben, da muss ich diesmal sehr dankbar sein."

Am 3. Februar 1940 erlebt sie ihren ersten Hochzeitstag ohne Wilhelm auf Lúkúnooch. Die politische Lage verdüstert sich. Ein japanisches Kriegsschiff ist in die Lagune eingefahren. Das bringt Aufregung. Für die jungen Insulaner bedeutet das Ereignis Abwechslung in der Ereignisarmut ihres Lebens. Sie versammeln sich mit Fackeln am Strand und freuen sich, wenn die Japaner mit Lichtsignalen antworten und Signalraketen abfeuern.

Einen gewissen Trost findet Elisabeth in den Erlebnissen, die sie mit Kindern hat. Das ist Lutuwik, „Ludwig", ein kleiner Junge, den sie behandelt, weil er an Ringwurm leidet. Er schenkt ihr zum Dank ein Ferkelchen.

Einer der japanischen Beamten hat eine kleine Tochter. Weil er fürchtet, dass sie unter den Insulanerjungen und -mädchen „verwildert", bittet er sie, ihr Lesen und Schreiben beizubringen.

Als ihr Mann am 18. Februar immer noch nicht von seiner Reise zurück ist, wird ihr Tagebucheintrag zur Klage: „Immer noch bin ich allein. Es kommt kein Mann und es kommt kein Boot. Es geht fast über meine Kräfte, so dass ich fast immer mit den Tränen zu kämpfen habe. Tränen sind oft mein einziges Abendbrot, und der Schlaf ein süßes Mittel des Vergessens." Und dann folgt der bemerkenswerte Satz: „Wenn ich doch wenigstens ein Kind in dieser Einsamkeit hätte. Aber keinen Mann und kein Kind. Oh Herr, wie lange noch!!"

Sie setzt tatsächlich zwei Ausrufezeichen. Es muss ihr zumute sein wie Hanna, der zweiten Frau Elkanas aus Ramatjim-Zofim auf dem Gebirge Ephraim: „Herr Zebaoth, wirst du das Elend deiner Magd ansehen und an mich gedenken und deiner Magd nicht vergessen und wirst du deiner Magd einen Sohn geben ..!" (1. Samuel 1,11).

Ende Februar kommt ihr Mann endlich zurück. Er hatte wegen widriger Windverhältnisse nicht reisen können. Am 25. März 1940 schreibt er einen Brief an die Missionsleitung. Sein Inhalt erscheint in „Chinas Millionen" und wird für die kommenden sechs Jahre der letzte Bericht aus der Arbeit der Liebenzeller Mission auf Chuuk sein.

Ende Mai ist Elisabeth schon wieder allein. Mit ihrer Gesundheit steht es nicht zum Besten. Sie verliert an Körpergewicht, wiegt nur noch 95 Pfund. Sie beklagt die „toten“ Christen: „Es ist heißes Mittagsland, aber wo sind die Wasserquellen?“ Betroffen ist sie vor allem durch das Verhalten zweier junger Frauen, Ruut und Katuura, die auf Wutéét zur Schule gegangen sind, sich aber inzwischen verschiedentlich sexueller Verfehlungen schuldig gemacht haben. Auch Ankela macht ihr Sorgen. Sie sitzt im *kanapwus*, im Arrest.

Eines Tages Ende Juni hört sie kurz nach Mitternacht das Tuckern des Boots das von Chuuk kommt. Ihr Mann ist nicht unter den Passagieren. Kaum hat sie sich enttäuscht wieder schlafen gelegt, wird sie zu einer Geburt gerufen. Sie hat Angst davor, weil die junge Frau, der sie beistehen soll, sehr schwach ist. Das Kind, ein Mädchen, kommt gesund auf die Welt.

Sie ist unruhig. Ihr Mann, von dem sie weiß, dass er sich auf Nómwuluuk befindet, ist schon so lange unterwegs, dass sie vermuten muss, seine Vorräte seien aufgebraucht. Was tun? Kurzerhand beschließt sie, selbst nach Nómwuluuk zu fahren, weil sich eine Gelegenheit dazu bietet. Dort findet sie ihren Mann gesund und unversehrt vor. Der freut sich riesig über ihre unverhoffte Ankunft und erklärt ihr, warum er bisher nicht nach Lúkúnooch zurückkommen konnte, obwohl er eine Bootsbesatzung gefunden hatte, die bereit war, ihn nach Hause zu fahren. Er erzählt ihr Folgendes:

„Ich kochte meinen letzten Reis für die Leute. Am Anfang ging auch alles ganz flott, und der warme Reis brachte sie in gute Stimmung. Wir hatten eine Tagereise vor uns, aber sie versammelten sich halt immer wieder um das Essen und ließen es sich gut schmecken. Auf einmal drehte sich der Wind und der Kapitän erklärte mir, dass sie so nicht nach Lúkúnooch fahren könnten. Wir kehrten dann um, legten an einer Insel an, die Nómwuluuk vorgelagert ist, gingen an Land, und schon wieder schmausten sie. Sie wollten dann auf der Insel guten Wind abwarten, aber ich machte den Vorschlag, doch wieder ganz nach Nómwuluuk zurückzufahren. Gerade vor Einbruch der Dunkelheit bezog ich dann wieder mein Quartier, und die neunköpfige Schweinefamilie unter dem Fußboden des Hauses grunzte vergnügt, als der Ausländer wieder über ihnen einzog. Auf solchen Reisen lernt man die Fahrten des Apostels Paulus viel besser kennen.“

Das Haus, in dem sie wohnen, ist „eine verhältnismäßig anständige Bretterhütte“, obwohl es bei stürmischem Wetter auch hineinregnet. Ein Tisch und zwei Stühle sind das ganze Mobiliar. Geschlafen wird auf dem Boden, und eine kleine Petroleumlampe dient als Beleuchtung. Sich zu waschen ist nur schwer möglich. Es wimmelt von Schnaken und Fliegen.

Elisabeth besucht die Insel zum ersten Mal. Das macht sie für die Menschen interessant: „Man kann nirgends hingehen, ohne dass sie einem nachlaufen.“

Auf Nómwuluuk entdecken sie eines Tages einen sehr großen, alten Baum, der scheinbar vollständig nutzlos dasteht, und dessen Holz offensichtlich so morsch ist, dass es nur noch zum Feuern zu gebrauchen ist. Die kleinen Kokospalmen in seiner Umgebung können nicht recht gedeihen. Auf die Frage nach dem Zweck des Baums bekommen die beiden zunächst keine Antwort. Einige Schüler rücken schließlich mit einer Erklärung heraus. Der Baum sei *fel*, tabu, und er erfülle eine Schutzfunktion. Früher habe er dazu gedient, die Speere aufzubewahren, die man zum Kriegführen brauchte. Damals galt er sogar als Orakel. Wenn sich bei starkem Wind die Speere bewegten, war das ein Zeichen dafür, dass ein Krieg gegen die Bewohner anderer Inseln erfolgreich geführt werden konnte.

Wieder ein Beweis dafür, wie stark animistisches Denken das Leben der Insulanerchristen immer noch bestimmt. Wilhelm und Elisabeth werden dadurch an 2. Könige 14,3-4 erinnert, wo von Amazja, dem damaligen König von Juda, berichtet wird, dass er zwar tat, „was dem Herrn wohlgefiel“, aber nicht in konsequenter Weise, „denn die Höhen (das heißt die Opferplätze für die heidnischen Gottheiten) wurden nicht entfernt ...“

Die Rückreise nach Lúkúnooch beginnt dramatisch. Es herrscht Westwind. Bei einer solchen Wetterlage ist es schwierig, Nómwuluuk anzufahren. Das Motorboot der japanischen Handelsgesellschaft wartet draußen auf dem Riff. Wilhelm und Elisabeth können es nur mit Hilfe eines Auslegerkanus erreichen. Sie nimmt darauf Platz, so gut es geht. Ihre Ausrüstung müssen sie zum größten Teil auf der Insel zurücklassen. Jetzt gilt es, einen günstigen Moment abzupassen, in dem das Kanu durch die Brandung gestoßen und zum Motorboot hinausgerudert werden kann. Ein paar junge Männer machen mit ihrem eigenen Kanu einen ersten Versuch. Eine hohe Brandungswelle lässt es zerbrechen. Kurz darauf schafft es das Kanu, auf dem Elisabeth sitzt, unbeschadet in tieferes Wasser vorzustoßen.

Jetzt aber stellt sich das Problem, vom auf und ab tanzenden Kanu auf das Motorboot umzusteigen. „In dem Moment, als unser Kanu von einer Woge hochgehoben wurde, fassten zwei kräftige Insulaner meine Frau an den Händen, und mit einem Ruck war sie auf dem Boot.“ Mit diesen Worten endet Wilhelm seinen ausführlichen Bericht darüber, den er in einer kleinen Sammlung mit Erzählungen aus seiner Arbeit veröffentlich hat (1965:18).

Nachdem sie beide sicher auf dem Motorboot angekommen sind, finden sie Post aus Deutschland, auf die sie lange gewartet hatten. Der Postsack ist sogar prall voll. Und wie das so ist, wenn man lange keine Nachrichten von zu Hause bekommen hat: man will so schnell wie möglich wissen, was die Briefe an Neuigkeiten enthalten. Elisabeth liest geradezu enthusiastisch. Das Vergnügen des Lesens dauert aber nicht lange. Sie werden beide so seekrank wie nie zuvor. Auch sonst geht auf dieser Fahrt manches schief. Zweimal fällt der Motor aus und muss repariert werden. Sie brauchen zehn Stunden für nur fünfundvierzig Seemeilen. In solchen Situationen wünschen sie sich inständig, was in Offenbarung 21,1 gesagt ist: „Und das Meer ist nicht mehr.“

Derartige Wetterlagen machen den Missionaren besonders zu schaffen, wenn zwischen November und Mai der Passatwind weht. Dann müssen sie manches erdulden, wenn sie mit kleineren Booten auf Reisen sind. Unterwegs auf dem Meer ist es vor allem schwierig, sich etwas zu essen zuzubereiten. Wilhelm hat dazu eine so genannte „Kochkiste“ konstruiert, in der alle Gerätschaften untergebracht sind, die man braucht, wenn man unter etwas primitiven Umständen nicht hungrig bleiben will. Damit der Inhalt dieser Kiste im Wellengetümmel nicht verloren geht, ist ihr Deckel zugeschraubt. Manchmal wird sie auch zu etwas anderem als zum Kochen gebraucht. Wenn im Sturm ein Brecher so viel Wasser ins Boot schwappen lässt, dass es schnell hinausgeschöpft werden muss, schraubt Wilhelm seine Kochkiste in aller Eile auf, um den darin befindlichen Kochtopf als Schöpfkelle zu verwenden.

Auf Lúkúnooch angekommen können sie wegen des Sturms nicht anlegen und müssen nach Woneyopw zurück. Dort aber sieht es nicht gut aus. Während ihrer Abwesenheit hat ein Unwetter gewütet. In der Strandmauer klafft ein großes Loch. Viele Papayastauden sind umgefallen.

Gitarren und eine Kuh

Die Mädchen auf Lúkúnooch lernen Gitarre spielen. Das finden Wilhelm und Elisabeth aber nicht als befriedigend, weil die Mädchen dazu nicht singen, sondern nur klimpern, wie sie das nennen. Auch zwingen die Japaner die Mädchen, die Gitarre spielen können, bei ihren Trinkgelagen aufzutreten. Das führt schnell dazu, dass die beiden Missionare das Interesse daran verlieren, weiter Gitarrenunterricht zu erteilen. Wilhelm verkauft die Gitarren, die der Mission gehören, für 60 Yen an einen japanischen Händler nach Chuuk und erledigt dabei noch eine weitere, unangenehme Aufgabe. Er muss für die Missionarinnen auf Wutéét eine Kuh verkaufen. Für die setzt er 400 Yen an. Der japanische Händler will die Kuh zu diesem Preis nicht kaufen. Weil er aber größtes Interesse an den Gitarren hat, nimmt er die Kuh schließlich doch, und zwar zum festgesetzten Preis.

Der Krieg rückt näher

Noch Anfang Juli drückt Elisabeth in ihren Briefen ihre Freude aus „über die Siege, die unsere Truppen erleben dürfen", ist aber auch besorgt über das Schicksal ihrer Brüder, die als Soldaten an der Front stehen. Schon Ende August verdüstert sich ihre eigene Lage: „Das Boot kommt nicht. Das Mehl geht aus und damit auch das Brot. Auch keine Nachricht von zu Hause. Ob der Krieg nun aus ist? Diese Abgeschiedenheit! Auf Chuuk sollen mehrere Kriegsschiffe ankern, und Flugzeuge haben wir auch schon gesehen."

Danach weist Elisabeths Tagebuch eine große Lücke auf. Bis in den November hinein halten sie und Wilhelm sich auf Chuuk auf, wo sie festgehalten werden, weil der Schiffsverkehr nicht mehr regelmäßig funktioniert. Elisabeth fühlt sich nicht wohl. Ihr Körpergewicht schwankt stark.

Weihnachten 1940 geht vorüber. Seit Oktober gibt es keine Nachrichten mehr aus Deutschland. Sie fürchten, dass der japanische Sicherheitsdienst ihre Post abfängt und kontrolliert. Der Verdacht ist begründet. Die Briefe, die bisher noch ihre Adressaten erreicht hatten, weisen Spuren auf, die zeigen, dass sie sowohl von der Gestapo als auch von der japanischen Spionageabwehr geöffnet und gelesen wurden.

Das Jahr 1941 beginnt für die beiden unter zunehmender Anspannung. Wilhelm beschreibt ihre Situation aber immer noch augenzwinkernd: „Man könnte meinen, man sitze auf einem angesägten Ast.“

Im April tritt ein neuer japanischer Beamter seinen Dienst auf Lúkúnooch an. „Der alte hat sich krank gesoffen“, so der lakonische Kommentar von Elisabeth. Der neue aber lässt ihren Fotoapparat beschlagnahmen. Als Begründung führt er an, sie könnten damit ja Spionagefotos von japanischen Militäroperationen auf den Mortlockinseln machen. Sie bekommen ihn nie wieder. Er verbrennt einige Zeit später bei einem Fliegerangriff auf die Dienstelle, die ihn eingezogen hatte.

Noch gibt es genug zu essen. Mit Kokosnüssen lässt sich sehr gut ein Schwein mästen. Das Fleisch können sie räuchern und so eine Zeitlang haltbar machen. Die Lage aber ist kritisch, und die beiden sind inzwischen davon überzeugt, dass es auch auf den Inseln Krieg geben wird. Zwar können sie ihre Arbeit immer noch ungestört tun, empfinden aber, dass es schwierig geworden ist und in Zukunft noch schwieriger werden wird.

In dieser Situation richtet Johannes Rattel, der Feldleiter, telegrafisch eine Anfrage an die Missionsleitung in Bad Liebenzell. Er möchte Auskunft darüber, was unter den gegenwärtigen Kriegsbedingungen mit den Missionaren geschehen soll. Die Antwort: Er und seine Familie sollen nach Deutschland zurückkehren, die anderen „unter allen Umständen“ bleiben. Im April 1941 macht er sich mit seiner Familie auf die Reise. Sie sind die letzten unter den Missionaren, die Chuuk verlassen können.

Auch Wilhelm und Elisabeth wird – von Seiten der Japaner – zu verstehen gegeben, dass sie nach Deutschland zurückkehren könnten, wenn sie das wollten, aber an ein Zurückkommen sei nicht zu denken. Das sind wenig ermutigende Aussichten für die künftige Arbeit auf den Inseln. Reisen dürfen sie inzwischen nicht mehr. Nur noch die Nachbarinsel Woneyopw können sie besuchen.

Im Juni sichten sie ein Kriegsschiff. Es geht das Gerücht, dass ein hoher japanischer Offizier erwartet wird. Es handelt sich um Admiral Yamamoto, den Oberbefehlshaber der japanischen Seestreitkräfte. Er wird von jetzt an die militärischen Operationen in Melanesien, auf Neuguinea und auf den Salomoninseln, vor allem aber die Schlacht im Korallenmeer planen und durchführen. Seinen letzten Flug, von dem er nicht zurückkehren wird, tritt er wenig später von den Mortlockinseln aus an.

Aus Deutschland gelangen keinerlei Nachrichten mehr nach Chuuk, seit fast neun Monaten nicht.

Elisabeth, die immer noch regelmäßig ihr Tagebuch führt, kommentiert diese Ereignisse inzwischen mit großer Besorgnis. Es gibt aber etwas, man sollte meinen, es sei eigentlich etwas Wichtiges, das sie während dieser Zeit mit keiner Silbe erwähnt. Sie ist schwanger.

Hannas Freude (1. Samuel 1,20)

In den letzten Tagen des Juli taucht in ihren Aufzeichnungen unvermittelt der Satz auf: „Wir erwarten jeden Tag unseren Stammhalter. Das ist eine Geduldsprobe."

Am 10.August 1941 vormittags um neun Uhr wird – mit vierzehn Tagen Verspätung – Hannelore geboren.

Der vermeintliche Stammhalter ist also ein Mädchen. Für deutsche Verhältnisse ist sie eigentlich kein Stammhalter. Für die Insulaner dagegen ist sie es in der Tat. Sie rechnen ihre Abstammung grundsätzlich nicht über die Linie ihrer Väter, sondern über ihre Mütter. Diese sind es auch, über die das Land vererbt wird, das ein Klan besitzt. Frauen haben in den Stammbäumen der Familien daher eine herausragende Stellung. Die Ankunft von Hannelore ist also für die Insulaner ein bedeutendes Ereignis. Aber nicht nur für die Insulaner!

Ihrem Vater gelingt es, ein Telegramm mit der Nachricht von der Geburt seiner Tochter nach Deutschland zu schicken. Was er nicht weiß: Es sollte für mehrere Jahre das letzte Lebenszeichen aus der Südsee an die Verwandtschaft sein. Die Postkarte, die er zwei Tage nach Hannelores Geburt an ihren künftigen Patenonkel Karl Wagner in Waltenhofen schrieb, wird ganze fünf Jahre brauchen, um ihren Adressaten zu erreichen.

Die Versorgungslage wird schwieriger

Das Deutsche Reich hatte die Sowjetunion überfallen. In Europa herrscht der von Joseph Goebbels so genannte totale Krieg. Von den Verwandten in Deutschland gibt es von jetzt an für lange Zeit keine Nachrichten mehr.

Weil der Bootsverkehr zwischen Chuuk und den Mortlockinseln nur noch sehr sporadisch funktioniert, wird die Versorgung der Familie mit wichtigen Lebensmitteln problematisch. Inzwischen sind Mehl und Salz ausgegangen. Elisabeth muss mit Meerwasser salzen, wenn sie kocht.

Auch für die kleine Hannelore wird das Leben schnell schwieriger. Eine Zeitlang gibt es noch Dosenmilch für sie. Dann geht auch diese zur Neige. In dieser Situation beginnen die Insulaner damit, der jungen Mutter *áchi* zu bringen. Das ist ein honigsüßer Saft, den man aus den Schoten der sich entwickelnden Kokosnüsse gewinnt, indem man diese an der Spitze anschneidet und die abtropfende Flüssigkeit in einem Gefäß auffängt.

Ein Problem dabei sind die vielen Insekten, die von dem süßen Saft angezogen werden, in das Gefäß hineinfallen und ertrinken. Man muss sie herausseihen und dann das Ganze kochen, um es zu sterilisieren. Damit sind aber nicht alle Probleme gelöst. Bestimmte Insekten hinterlassen einen chemischen Stoff, der Blasenkrämpfe hervorrufen kann. Wenn Elisabeth ihrer kleinen Tochter das Fläschchen gibt, sitzt sie oft da und betet, dass „das Zeug darin" kein Unheil anrichtet.

Behinderungen

Die japanischen Beamten und Militärs versuchen zusehends, die Freiheit der deutschen Missionare einzuschränken, was ihre Arbeit betrifft. Man hält sie – wohl auf Grund ihrer englischen Sprachkenntnisse – für Spione, obwohl Deutschland mit Japan eigentlich verbündet ist. Sie dürfen ab sofort Lúkúnooch nicht mehr verlassen. Nicht einmal die Nachbarinsel Woneyopw ist ihnen mehr zugänglich.

Eines Tages will Elisabeth anlässlich einer Ausstellung von Handarbeiten der Insulaner ein paar Dinge kaufen. Dabei wird sie vom japanischen Inselbeamten des Ortes verwiesen.

Es gibt aber auch Japaner, die ihnen freundlich gesinnt bleiben, zum Beispiel ein Mann mit Namen Mori San. Er besorgt ihnen gelegentlich sogar Mehl und andere wichtige Sachen bei den Soldaten.

Inzwischen scheint ihre Post nicht nur zensiert zu werden. Die Hinweise verdichten sich, dass ihre Briefe einbehalten werden. Sie bekommen auch keine Nachrichten mehr über die anderen Mitarbeiter der Liebenzeller Mission auf Chuuk, und wenn diese ihnen über ihr Ergehen berichten, muss immer ein japanisches Begleitschreiben dabei sein, so die schikanöse Vorschrift.

Ende 1941 verübt Japan einen militärischen Überraschungsschlag gegen die amerikanische Kriegsflotte im Hafen von Pearl Harbor auf Hawaii. Amerika antwortet mit seinem Eintritt in den zweiten Weltkrieg, der von jetzt an auch die Inseln des Stillen Ozeans verheeren wird. Dieses Datum bildet für die Familie Kärcher einen wichtigen Einschnitt in ihrem Leben.

Für Hannelore gibt es keine Milch mehr. Das Boot, das bisher wenigstens in längeren Abständen von Chuuk gekommen war, kommt einfach nicht mehr. Manchmal fährt Elisabeth aus dem Schlaf und glaubt es zu hören. Aber es ist nur das Rauschen der Brandung und das Tosen des Windes. Das Warten auf Post aus der Heimat hat sie aufgegeben. Jetzt wartet sie nur noch auf Lebensmittel.

Ihre Tagebuchaufzeichnungen bekommen einen Anflug von Verzweiflung. Es regnet seit langem nicht mehr. Das bedeutet Wasserknappheit auf den Inseln. Sie kann nicht mehr richtig Windeln waschen, und die Seife ist schon vor fünf Monaten ausgegangen. „Halte aus!" Mit solchen und ähnlichen Ausrufen beendet sie immer häufiger ihre abendlichen Einträge in ihr Tagebuch.

Verschollen

Auch in Deutschland ist man inzwischen mehr als beunruhigt. Am 15. Juli 1942 richtet Elisabeths Mutter folgenden eindringlichen Brief an die japanische Botschaft in Berlin, hier im Wortlaut wiedergegeben:

Seit 1939 ist meine einzige Tochter Lisl an den Missionar Wilhelm Kärcher von der Liebenzeller Mission in Mortlock-Lukunotre auf den Koralleninseln (über Truk-Hafen Nanyo) verheiratet. Seit Beginn des Krieges mit Sowjetrussland bin ich ohne Nachricht von meiner Tochter, und seit dem Kriegseintritt Japans mit England und USA hat mein Schwiegersohn und Frau in das Japanische Reichsgebiet übersiedeln müssen. Ihr jetziger Aufenthaltsort ist mir allerdings unbekannt, da mir meine Tochter keine Nachricht mehr hat geben können, ihr letzter Brief datierte vom 25. Juni 1941. Am 9. September 1941 erhielt ich noch ein Telegramm von der Geburt eines Kindes, und seit dieser Zeit habe ich nichts mehr von meiner Tochter gehört.

Meine Bitte geht nun dahin, meiner Tochter eine kurze Nachricht zugehen zu lassen über das Wohlbefinden von Vater und Mutter und das Wohlergehen ihrer drei Brüder im Feld auf einem behördlich zugelassenen Wege, etwa durch drahtlose Telgrafie (Funkspruch). Die Unkosten hierfür bin ich gern bereit zu tragen.

Auch den eventuellen Zeitpunkt und auf welchem Wege eine Verständigung erfolgt, stelle ich ganz in Ihr Ermessen. Ich bin Ihnen schon sehr dankbar, wenn Sie mir in Kriegszeiten überhaupt die Möglichkeit geben, meiner Tochter ein Lebenszeichen zu vermitteln.

Ich würde mich freuen, gelegentlich Ihre Antwort auf meine Bitte zu erhalten. Rückporto füge ich bei und danke Ihnen gleichzeitig für Ihre Bemühungen bestens.

Heil Hitler!
Gez. Marie Wagner

Die Formulierung „ *...in das Japanische Reichsgebiet übersiedeln müssen ...*“ scheint darauf hinzudeuten, dass man in Deutschland vermutet, Wilhelm, Elisabeth und Hannelore seien in Japan interniert worden.

Die diplomatische Vertretung Japans in Berlin antwortet schon wenige Tage später am 22. Juli 1942 mit folgendem Schreiben:

Die Japanische Botschaft bestätigt den Eingang Ihres Schreibens vom 20. des Monats und bedauert, Ihnen mitteilen zu müssen, dass Nachforschungen über den Verbleib Ihrer Angehörigen leider nicht angestellt werden können. Es würde sich aber empfehlen, sich in dieser Angelegenheit an das Auswärtige Amt, Berlin W 8, Wilhelmstraße 75 zu wenden, das Ihnen dann weiter Nachricht zukommen lassen wird.

I. A.
T. Sogi, Botschaftsattaché

Marie Wagner wendet sich daraufhin am 4. August 1942 an das Auswärtige Amt in Berlin:

In der Abschrift gestatte ich mir, dem Auswärtigen Amt einen Antrag zwecks Nachrichtenübermittlung an meine Tochter Lisl Kärcher geb. Wagner zu überreichen.

Diesen Antrag sandte ich bereits an die japanische Botschaft in Berlin ein, welche mir Ihre Anschrift als zuständig in dieser Angelegenheit mitteilte.

Ich bitte, wenn eben möglich, mir meinen Wunsch zu erfüllen und danke Ihnen für Ihre Bemühungen.

Rückporto für Ihre Benachrichtigung füge ich bei.

Heil Hitler!
Gez. Marie Wagner

Eine Antwort vom deutschen Außenministerium scheint nie erfolgt zu sein.

Auf Lúkúnooch hat man von diesen Vorgängen nicht die geringste Ahnung. Es scheint, als sei eine gewisse Lähmung über Wilhelm und Elisabeth gekommen. Sie selbst stellt fest, dass sie ihr Tagebuch in letzter Zeit eher vernachlässigt.

Im September gelingt es Anna Dederer, ihnen von Chuuk aus die Nachricht zukommen zu lassen, es sei Post aus Deutschland gekommen. Bis diese aber nach Lúkúnooch gelangt, dauert es noch ganze drei Monate.

In diesen Wochen wachsender Verzweiflung und des frustrierten Wartens tritt ein wichtiges und erfreuliches Ereignis ein.

Waltraud

Sie kommt am 12. September 1942 zur Welt. Zunächst geht es dem kleinen Mädchen gut. Schon nach wenigen Wochen aber wird die Ernährungssituation für sie lebensbedrohlich. Sie hat Probleme mit der Verdauung. Kein Mittel will helfen.

Man muss sich vorstellen, in welcher Lage sich die Missionarsfamilie inzwischen befindet. Eines Tages verlieren japanische Soldaten beim Transport von Lebensmitteln Graupen. Diese kratzt Wilhelm auf der Erde zusammen. Die Graupen sind natürlich nicht sauber, sondern mit Sand und Erde vermischt. Trotzdem werden sie gekocht, um sie steril zu machen, und Waltraud trinkt den Sud dann aus ihrem Fläschchen.

Sie wird so krank, dass es den Anschein hat, als müsse sie sterben. So weit kommt es nicht, aber sie bleibt ein kränkliches Kind. Erst im Alter von zwei Jahren lernt sie laufen. Für ein Mädchen ist das ein sehr später Zeitpunkt.

Den Insulanern ist das alles kaum verständlich. Sie erwarten, dass ihre Missionare so automatisch unter dem Segen und Schutz Gottes stehen, dass es ihnen in finanzieller und körperlicher Hinsicht niemals so schlecht ergehen kann, wie das jetzt der Fall ist.

An dieser Stelle sei kurz auf etwas verwiesen, das erst ungefähr fünfundzwanzig Jahre später geschehen wird. Waltraud Kärcher wird sich in den sechziger Jahren daranmachen, das von Richard Neumaier erarbeitete Lehrbuch der Chuuksprache auf Wachsmatrizen zu übertragen, um auf diese Weise eine Veröffentlichung zu ermöglichen.

Kurz vor Weihnachten kommt ein Boot von Chuuk, und mit ihm sechs Dosen Milch. Was für eine wertvolle Lieferung! Die müssen jetzt mindestens zwei Monate lang reichen. Auch eine

Ziege wird geschlachtet. Waltraud geht es inzwischen wieder gut. Elisabeth dagegen nicht: „Ich sehe aus wie eine abgemagerte, schwindsüchtige Frau. Manchmal erschrecke ich vor mir selber." Post aus Deutschland ist auf dem Boot nicht mitgekommen.

Zum Weihnachtsfest 1942 gibt es noch einen kleinen Weihnachtsbaum, aber keine richtigen Kerzen mehr. Elisabeth erinnert sich daran, dass sie irgendwo noch „Puppenkerzen" hat. Die sind schnell abgebrannt. Statt Kerzen hängen am Weihnachtsbaum in der Kirche ein paar Öllampen.

Welcher Stress nicht nur auf der Missionarsfamilie lastet, sondern auch auf den japanischen Beamten und den Insulanern selbst, das zeigt sich daran, dass der Alkoholmissbrauch zunimmt und sogar die Weihnachtsfeier durch zahlreiche Betrunkene gestört wird.

Die Jahre des Schreckens kündigen sich an

Zwar erlaubt ein neuer Beamter, dass Wilhelm wenigstens wieder nach Woneyopw fahren darf, aber andere Schikanen nehmen zu. Die Insulaner, die ihr Grundstück nicht sauber gefegt haben, werden ungewöhnlich hart bestraft. Elisabeth verwendet sich beim japanischen Beamten für eine Frau, die von ihm gezwungen wird, wegen irgendeiner Bagatelle stundenlang in der Sonne zu stehen.

Die Milch, der Reis und der Zucker sind wieder ausgegangen, und *áchi*, den süßen Saft von den Schoten der Kokosnüsse, gibt es zur Zeit auch nicht. Elisabeth bettelt die japanischen Soldaten um Milch für die beiden Kinder an. Die lehnen mit dem Hinweis ab, sie solle sie mit Kokosmilch füttern. Sie ist schwer enttäuscht: „Das hätten deutsche Soldaten nicht getan."

Im März 1943 kann sie zum letzten Mal Brot backen. Dann ist auch das Mehl ausgegangen. Es gibt nur noch Taro, jene Knollenfrucht, die auf den Inseln in Sumpfbereichen wächst. Waltraud ist inzwischen ein halbes Jahr alt, wiegt aber nur sechs Kilogramm. Ihre Mutter ist ziemlich verzweifelt: „Ich muss nur immer beten in dieser Zeit, dass wir Glauben halten können und das Danken nicht verlernen. Es ist sehr schwer. Ich habe oft Angst, ich könne nicht durchhalten."

Eines Tages wimmelt es plötzlich von Soldaten auf Lúkúnooch. Ein Truppentransporter hat sie von Chuuk gebracht. An die Bevölkerung ergeht der Befehl, die Insel zu räumen. Sie wird gebraucht, um einen großen Flugplatz anzulegen, von dem aus der Krieg in den Salomonen und Neuguinea geführt werden kann. Der Räumungsbefehl gilt auch für die Familie Kärcher.

Am 26. April steht in Elisabeths Tagebuch nur ein einziger, unvollständiger Satz: „Geschützdonner am Tag zuvor." Ein amerikanisches Unterseeboot, so erfahren sie, hat die Inseln Satawan und Lúkúnooch beschossen, aber nicht getroffen.

Sie sitzen auf gepackten Koffern und harren in Ungewissheit der Dinge, die auf sie zukommen sollen. Wilhelm beginnt, einen Unterstand zu bauen für den Fall, dass sie wieder unter Beschuss geraten sollten.

In diese Lage hinein entsteht Ende Mai ein kleiner Hoffnungsschimmer, wenn auch ein trügerischer. Ein Boot von Chuuk taucht auf, bringt wieder Milch und Seife, aber auch die unmissverständliche Aufforderung, mit dem katholischen Pater zusammen umgehend nach Chuuk zu fahren. Elisabeth ist überglücklich: „Nun geht es also schon einen Schritt heimwärts!" Sie hofft, dass es Hannelore und Waltraud auf Chuuk besser gehen würde. Sie sollte sich täuschen.

Wilhelm bereitet die Reise vor. Für die beiden Kinder baut er zwei Holzkistchen, in denen sie bei Seegang sicher und ruhig liegen können. Die Gedanken, die ihn dabei bewegen, sind makaber. Er fragt sich, ob das nun ihre Bettchen, oder doch eher ihre Särge sein werden. Er denkt mit Sorge an das amerikanische Unterseeboot, das er immer noch in der Nähe der Inseln vermutet.

Am 28. Mai verlassen sie Lúkúnooch morgens um sieben Uhr. Der Abschied von den Christen dort fällt ihnen schwer, und auch die Insulaner sind unglücklich. Viele weinen. Die Kabine, in der sie reisen, ist eigentlich viel zu eng, weil darin auch gekocht, gewaschen und Wäsche getrocknet werden muss. Man kann nicht stehen. Die Fenster nach draußen sind mit Kisten voller Hühner und Schweine verbarrikadiert. Hannelore wird fürchterlich seekrank und spuckt schließlich nur noch Galle. Waltraud dagegen liegt friedlich in ihrer Kiste. Zwei junge Insulanerinnen sind Elisabeth behilflich. Bis Loosópw ist die See ruhig. Dann aber beginnt es zu stürmen und zu regnen.

Kurz bevor sie das Außenriff von Chuuk erreichen, entdecken sie mit Schrecken das amerikanische Unterseeboot in allernächster Nähe. Es verfolgt sie eine Zeitlang, dreht aber dann ab.

Die Menschen auf dem Schiff schreiben das dem Mana zu, der Wunderkraft, die von der Missionarsfamilie und dem Pater ausgeht.

9

Die Zeit des Schreckens auf Tonowas und Wutéét (1943-1946)

Interniert

Die Insel Tonowas ist zu jener Zeit der Sitz der japanischen Kolonialregierung und damit auch das militärische Hauptquartier der Inseln um Chuuk.

Chuuk selbst ist für die Japaner von größter strategischer Bedeutung. Sein über zweihundert Kilometer langes Wallriff macht die Lagune zum idealen Hafen für größere Schiffsverbände und Flugzeugträger. Daher ist es nicht verwunderlich, dass Admiral Yamamoto, der Oberbefehlshaber der japanischen Seestreitkräfte, sein Hauptquartier nach Chuuk verlegt hatte.

Sehr merkwürdig ist allerdings, dass Deutsche, also Angehörige einer mit Japan politisch verbündeten Nation, von den japanischen Militärbehörden interniert werden. Die Japaner sind in der Tat ausnahmslos allen Ausländern gegenüber äußerst misstrauisch, besonders dann, wenn diese über englische Sprachkenntnisse verfügen. Da nützt es nicht viel, wenn es eine „Achse Berlin-Tokyo“ gibt.

Wegen dieses Spionageverdachts erschien es Wilhelm ratsam, Briefe und Aufzeichnungen, die er in den zurückliegenden Jahren gesammelt hatte, zu vernichten, als die japanischen Beamten auf Lúkúnooch mit Hausdurchsuchungen begannen. Sie hätten ihn in höchste Gefahr gebracht. Elisabeth dagegen hütet die Briefe ihrer Verwandtschaft trotzdem wie ihren Augapfel und führt auch weiterhin ihr Tagebuch. Ihr Mann erfährt das erst Jahre später, und es wird Elisabeth in wenigen Monaten auf Wutéét in eine gefährliche Lage bringen.

Die Geschichte hat gezeigt, dass die Japaner den Missionaren der Liebenzeller Mission gegenüber auch anderswo vor Gräueltaten nicht zurückschreckten. Auf Manus, einer melanesischen Insel etwa tausend Kilometer südlich der Karolinen, wurden im Lauf der Kriegshandlungen um die Schlacht im Korallenmeer die beiden Missionarsfamilien Doepke und Gareis, dazu Maria Molnar zusammen auf einem japanischen Kriegsschiff durch Maschinengewehrfeuer umgebracht und ihre Leichen ins Meer geworfen. Die Vorgänge um diese Tragödie sollten erst viele Jahre später ans Licht kommen.

Nach ihrer Ankunft auf Tonowas muss die Familie Kärcher ziemlich lange auf den zuständigen Beamten warten. Als dieser endlich kommt, fertigt er sie barsch ab. Im Hotel, wo sie wohnen wollen, sei kein Platz. Sie sollten sich an ihren japanischen Missionarskollegen Yamaguchi wenden.

Nan'yo Dendo Dan

Als es dem Völkerbund nach dem ersten Weltkrieg darum ging, die Inseln Mikronesiens Japan als Mandatsgebiet zu unterstellen, entstand Besorgnis darüber, was mit den Christen in Mikronesien geschehen würde, wenn sie sich unter japanischer Herrschaft gezwungen sehen könnten, den Glauben des Shinto anzunehmen, der in Japan Staatsreligion ist. Die Verantwortlichen im Völkerbund fürchteten, dass Gewissens- und Religionsfreiheit durch die japanische Oberhoheit in Gefahr geraten könnten. Um die Bedenken des Völkerbunds zu zerstreuen, beschloss Japan 1919, speziell der damalige Marineminister Jomosaburo Kato, Mikronesien seine christliche Orientierung zu belassen und sogar japanischen christlichen Missionaren zu gestatten, auf Chuuk zu arbeiten, nachdem die deutschen Missionare, katholische wie evangelische gleichermaßen, für eine kurze Periode als feindliche Ausländer aus Mikronesien ausgewiesen worden waren. Daraufhin entstand im Rahmen einer congregationalistisch ausgerichtete Kirche in Japan die *Nan'yo Dendo Dan* („Südsee-Mission").

Die Missionare der Liebenzeller Mission arbeiteten bis etwa 1943 sozusagen als Gäste der japanischen Missionsgesellschaft, besaßen also keine Selbständigkeit. Diese Mission war damals auf Chuuk durch drei Missionare mit ihren Ehefrauen vertreten: Kanhan Teruya, Naosaburo Kawashima und Shokichi Yamaguchi.

Dieser letztere ist eben jener Yamaguchi, an den der ruppige Beamte die soeben angekommene Familie Kärcher verweist. Er wohnt mit seiner Frau Isuneko in der Siedlung Kuchuwa an der Nordostseite der Insel Tonowas.

Elisabeth bittet den Beamten, wenigstens sie und die beiden Kinder mit dem Motorrad dort hinzubringen. Das schlägt er ihr nicht aus. Die Yamaguchis sind nicht besonders erfreut über die

Einquartierung. Sie haben ihr Haus gerade frisch gestrichen. Hannelore weiß zwar, dass sie nirgendwo hinfassen darf, aber es passiert ihr eben doch. Das ärgert die Hausbesitzer.

Am folgenden Tag geht Elisabeth zum japanischen Arzt im nahegelegenen Krankenhaus, weil sie immer noch Körpergewicht verliert. Der meint, es könne sein, dass sie sich eine Lungentuberkulose zugezogen hat. Bei einer gründlichen Nachuntersuchung, die er einige Tage später vornimmt, kommt er dann zu einer beruhigenden Diagnose: „Kein Befund", sagt er auf Deutsch und schenkt ihr eine Dose Fleisch.

Sie machen in diesen wenigen Tagen auch noch andere erfreuliche Erfahrungen. Weil sie in ihrer Unterkunft keine richtige Kochgelegenheit haben, wollen sie in einem Restaurant essen. Das aber hat an diesem Tag geschlossen. Ein Japaner, der ihnen zufällig begegnet, lädt sie spontan zum Essen ein. Das ist bemerkenswert, denn Lebensmittel sind inzwischen rationiert. Man bekommt sie nur noch auf Marken.

Die japanische Zivilbevölkerung behandelt sie überwiegend freundlich, die Insulaner sowieso. Nur die Polizeibeamten verhalten sich befremdlich und schikanieren sie, wo sie können. Sie verlangen beispielsweise, dass sie sich auf Tonowas nur in Begleitung eines einheimischen Übersetzers außer Haus bewegen.

Kein Zuhause auf Tonowas

Sie haben den Eindruck, dass sie auf Tonowas nicht bleiben können, und beschließen, nach Toon zu gehen. Das Haus, das sie dort beziehen, befindet sich in einem heruntergekommenen Zustand. Es kostet viel Arbeit, es herzurichten und wohnlich einzuräumen. Aber es geht ihnen hier viel besser als zuletzt auf Lúkúnooch. Sie haben eine Kuh, mit deren Milch sich vor allem Waltraud, die in diesen Tagen ein Jahr alt wird, gut erholt.

Auch Elisabeth geht es besser. Sie nimmt in kurzer Zeit fünf Kilogramm zu. „Uns kommt es vor, als ob wir von unserer Wüstenwanderung ins Land Kanaan gekommen seien."

Eine Nachricht aus Deutschland

Am 26. September 1943, also über ein Jahr, nachdem Elisabeths Mutter versucht hatte, über das Außenministerium in Berlin ein Lebenszeichen von ihrer Tochter zu bekommen, erreicht sie ein

Besorgnis erregendes und gleichzeitig besorgtes Telegramm, aber nicht aus Waltenhofen, sondern aus Mühlhausen:

„Eltern und Geschwistern geht es noch gut. Ernst ist Mitte September gefallen. Er war schwer verwundet. Bitte sofort von euch ein Lebenszeichen.“

Was für eine Tragödie! Mit Ernst ist nicht Elisabeths, sondern Wilhelms jüngster Bruder gemeint. Und das Telegramm, das im September 1943 ankommt, trägt das Datum vom 16. November 1942, ist also schon vor fast einem Jahr abgeschickt worden. Ernst Kärcher ist schon viele Monate tot, als Wilhelm davon erfährt.

Es ist in der augenblicklichen Lage, in der sich die Familie Kärcher befindet, völlig unmöglich, der Bitte nachzukommen, sofort ein Lebenszeichen zu senden. Sie sind interniert, befinden sich in Schutzhaft, wie man dass in Deutschland inzwischen nennt. Das japanische Militär lässt keine Nachrichten mehr nach draußen dringen. Die Lage ist kritisch. Man rechnet jeden Tag mit einem amerikanischen Angriff.

Angst und Schikanen

Wenige Tage später werden Wilhelm und Elisabeth von einem Geräusch geweckt, das wie Kanonendonner klingt. Im Hafen der Marinebasis auf Tonowas ist ein Tankschiff explodiert und bringt drei weitere ebenfalls zur Explosion. Es gibt viele Todesopfer.

Das Dröhnen der Explosion ist so laut, dass es den Insulanern auf der dreißig Kilometer entfernten Insel Toon Angst und Schrecken einjagt. Sie beginnen in den Busch zu fliehen und glauben, dass der Angriff der Amerikaner begonnen hat.

Auf Toon gibt es einen japanischen Händler, der der Familie Kärcher immer noch freundlich begegnet und sie sogar wissen lässt, wenn er wieder eine Lieferung von Gebrauchsgütern bekommen hat, auf die ein Haushalt angewiesen ist, zum Beispiel Streichhölzer oder Konserven. Eines Abends schickt Wilhelm einen Jungen zum Händler, der die Sachen abholen soll. Der japanische Lehrer aber, der zufällig zur gleichen Zeit seine Einkäufe tätigt, verbietet dem Händler, dem Jungen das Gewünschte auszuhändigen. Eine reine Schikane!

Am schlimmsten aber ist etwas, womit das japanische Militär im zweiten Weltkrieg auch anderswo schwere Schuld auf sich geladen hat. Es ist damit begonnen worden, alle unverheirateten jungen Frauen in Listen zu erfassen, um sie zwangsweise zur Prostitution in den Bordellen der Armee heranzuziehen. Das führt zu erheblicher Unruhe unter den Insulanern. Viele der von diesem Schicksal bedrohten Frauen versuchen, sich diesem zu entziehen, indem sie heiraten, überstürzt natürlich. Einen anderen Ausweg aus dieser schwierigen Lage gibt es für sie nicht. Sie sind der Willkür der japanischen Gewaltherrschaft völlig ausgeliefert.

Welche Qualen die Verschleppung in die Zwangsprostitution im japanischen Machtbereich jener Zeit für die jungen Frauen bedeuteten, die man beschönigend als „Trostfrauen“ bezeichnete, ist dokumentiert (nachzulesen in Schibel-Yang 1996).

Am 22. November 1943, ihrem einunddreißigsten Geburtstag, erlebt Elisabeth eine große Freude. Auf ihrem Geburtstagstisch liegt ein Telegramm aus Waltenhofen. Es besagt kurz, dass es ihrer Verwandtschaft gut geht. Sie ist darüber „ganz aus dem Häuschen“, obwohl die Nachricht völlig veraltet ist: Das Telegramm wurde schon vor über einem Jahr abgeschickt. Ihr Tagebuch jubelt gar, in völliger Verkennung dessen, was kommen wird: „Vielleicht bringt das neue Jahr ja auch die Heimat!“

Ende November taucht ein japanischer Offizier bei ihnen auf, der ihnen eröffnet, dass sie am 10. Dezember die Station Toon verlassen und wieder nach Tonowas umziehen müssten. Das betrifft nicht nur die Familie Kärcher, sondern auch die übrigen Liebenzeller Missionarinnen und Missionare. Elisabeth fürchtet, dass sie auch auf Tonowas nicht lange bleiben werden: „Nun wird uns der Hals so langsam zugedreht und die nächste Station wird wohl Japan heißen.“

Es hat den Anschein, als sollten sie über ihre Zukunft alle bewusst im Unklaren gelassen werden. Auf Fragen bekommen sie keine eindeutigen Antworten. Man schickt ihnen ständig wechselnde Beamte, vor allem solche, die weder etwas entscheiden, noch ihre Bitten erfüllen können.

Zwar hatte der Räumungsbefehl auf 10. Dezember gelautet. Aber schon drei Tage vorher erscheint ein Boot, um sie abzuholen und nach Tonowas zu bringen. Elisabeth ist daher mit dem Packen noch nicht fertig. Der Beamte, ein Vertreter der Geheimpolizei, ein bissiger Typ, der offenbar inzwischen die Aufsicht über sie übernommen hat, zwingt die Familie trotzdem barsch zu überstürzter Abreise. Wegen der Kinder lässt er sie zwar noch einmal auf Toon übernachten, aber er erlaubt ihnen nicht, mehr mitzunehmen als das Allernötigste. Ihre Nachbarn im Dorf Fóósón versprechen ihnen, auf das Zurückgelassene aufzupassen.

Kurze Zeit später wohnen sie wieder bei Shokichi und Isoneku Yamaguchi auf Tonowas. Sie sind interniert und dürfen daher das Grundstück nicht verlassen. Für Wilhelm gilt eine Ausnahme. Er wird immer wieder gezwungen, beim Bau von Befestigungsanlagen und Schützengräben mitzuarbeiten. Weil sie alle in einem einzigen Zimmer wohnen müssen, wird auf der Veranda gekocht und gegessen. Wilhelm versucht alles Menschenmögliche, um bei den Behörden zu erwirken, dass sie Chuuk verlassen können, wenn nicht nach Deutschland, dann doch wenigstens nach Japan. Er wird von Woche zu Woche vertröstet. In Wirklichkeit aber tun die Behörden rein gar nichts für die Sicherheit der Familie.

Zwischen den Fronten

Weihnachten 1943 ist überschattet durch Fliegeralarm, der in immer kürzeren Abschnitten gegeben wird. Den ganzen Heiligen Abend verbringen sie in einer kleinen Kirche zusammen mit den Insulanern von den Mortlockinseln, die auf Tonowas wohnen. Elisabeths Tagebuch spricht von einem schönen, stillen Erlebnis.

Was sie zur Zeit essen müssen, bekommt ihnen nicht. Jeden Tag hat jemand anders in der Familie Bauchschmerzen und Durchfall. Hannelore fühlt sich sehr elend. Reis gibt es keinen mehr. Wenn die Insulaner ihnen nicht gelegentlich Fisch und Taro bringen würden, müssten sie hungern.

„Man muss Tag um Tag aus Gottes Hand nehmen."

Ende Januar 1944 bewohnen sie das Missionarshaus allein. Die Yamaguchis sind überstürzt nach Japan geflogen, geflohen vor dem drohenden Krieg. Allein im Haus zu wohnen dulden die Behörden aber nicht lange. Wilhelm versucht daraufhin, für seine Familie eine einfache Unterkunft zu bauen. Man will ihm aber weder einen Platz dafür zur Verfügung stellen, noch Holz, und Arbeiter schon gar nicht.

Irgendein Schuft, oder vielleicht einer, der noch ärmer ist als sie, stiehlt Wilhelms Schuhe und die Bettlaken der Kinder.

Am 3. Februar, Wilhelms und Elisabeths fünftem Hochzeitstag, sind alle krank: „Unsere Gedärme kommen hier anscheinend nicht mehr in Ordnung." Elisabeth bittet einen Arzt inständig um Milch und Haferflocken. Der aber kann ihr damit auch nicht mehr aushelfen.

Die Schlacht um Chuuk beginnt

Vier Tage später, am 7. Februar 1944, befindet sich die ganze Familie schon früh am Morgen zu einer Untersuchung im Krankenhaus. Plötzlich heulen überall die Sirenen. Der lange erwartete Angriff der amerikanischen Marine und Luftwaffe hat begonnen.

Irgendwie schaffen sie es, unversehrt nach Kuchuwa zurückzuhetzen. Dort ist inzwischen auch Richard Neumaier angekommen, der gezwungen worden war, Wutéét zu verlassen.

Beim nächsten Fliegeralarm wird es ernst. Während die ersten Bomben fallen und die Flak wütend zu schießen beginnt, stürzen sich die Menschen fluchtartig in die Unterstände. Elisabeth hat Waltraud auf dem Arm, rutscht auf dem nassen Boden aus und schlägt der Länge nach hin. Am Berg direkt oberhalb von ihnen befindet sich eine Geschützstellung, deren ohrenbetäubender Donner fast nicht zu ertragen ist. Dazu kommt das Krachen explodierender Bomben und das Rattern des Maschinengewehrfeuers in unmittelbarer Nähe. Die angreifenden Flugzeuge fliegen so tief, das man ihre Piloten in den Flugzeugkanzeln und ihre Bomben aus den Schächten fallen sieht. So geht das den ganzen Tag.

Die Angreifer haben leichtes Spiel. Der japanische Standortkommandant hatte angeordnet, die eigenen Flugzeuge zu warten. Dem Angriff der amerikanischen Maschinen, die von zwei großen Flugzeugträgern draußen vor dem Außenriff starten, haben die Verteidiger nichts entgegenzusetzen als Fliegerabwehrkanonen. Was die in alle Richtungen fliehenden japanischen Schiffe in dieser Situation bräuchten, ist ein Schirm von Jagdflugzeugen, die verhindern könnten, dass die angreifenden amerikanischen Flugzeuge vollkommen freies Schussfeld haben. Grässliche Szenen spielen sich ab. Gleich zu Beginn des Angriffs bekommt ein Schiff mit ungefähr fünfhundert Zivilisten – fast alles Frauen – einen Volltreffer und beginnt sofort zu sinken.

Das alles erleben die Missionare aus unmittelbarer Nähe mit. In den wenigen Angriffspausen wird gekocht und gegessen, so gut das eben geht. Kaum jemand hat richtigen Appetit. Wenn keine Flugzeuge in der Nähe sind, bessern die beiden Männer den Unterstand aus, der durch herumfliegende Granat- und Bombensplitter immer wieder beschädigt wird.

Am Ende dieses Tages bietet Tonowas einen erschreckenden Anblick. Fast alle Flugplätze in der Chuuklagune sind unbrauchbar, ungefähr vierzig Schiffe liegen versenkt auf Grund, darunter zahlreiche große Schlachtschiffe. Das ist fast die gesamte Kriegsflotte, über die das japanische Kaiserreich zuvor noch verfügt hatte. In Wirklichkeit ist auf Chuuk an diesem Tag den Japanern widerfahren, was sie einige Jahre zuvor den Amerikanern mit ihrem Überraschungsangriff auf Pearl Harbor angetan hatten.

In der darauffolgenden Nacht herrscht Ruhe, aber kaum jemand kann wirklich Ruhe finden.

Nach Mitternacht, gegen ein Uhr, werden sie durch laute Geräusche aus dem Schlaf gerissen. Ein japanischer Offizier fordert sie unwirsch auf, ihre Sachen zu packen. Sie sollen weggebracht werden. Wohin, das erfahren sie nicht.

In Eile raffen sie ein paar Sachen zusammen. Die beiden Kinder kommen in einen Wäschekorb, und mit einem zweirädrigen Karren geht es in die Nacht hinaus. Andere Flüchtlinge schließen sich ihnen an. Es ist ein trauriger Zug, der da in der Dunkelheit voranstolpert.

Nach etwa zwei Kilometern finden sie in der Kirche von Réére Unterschlupf und warten den Morgen ab. Kaum ist es hell geworden, kommen die Flugzeuge wieder. Es kracht, als sei die Hölle los. Splitter schlagen durchs Kirchendach und zu den Fenstern herein. Ein riesiger Öltank am Meer bekommt einen Treffer, explodiert mit ohrenbetäubendem Getöse und brennt drei Tage lang. Sie versuchen sich mit Psalm 91 zu beruhigen: „Wer unter dem Schirm des Höchsten sitzt ..."

Gegen Abend wird die Kirche von Infanteristen besetzt. Die Missionare müssen in ein kleines Haus ausweichen, das in der Nähe steht. Dort verbringen sie die folgende Nacht.

Während des nächsten Tages kommen immer mehr Soldaten nach Rééré und bauen ihre Stellungen aus. Gegen Abend muss die Familie und Richard Neumaier zurück nach Kuchuwa. Das Haus der Yamaguchis, das sie noch vorfinden, sieht zwar mitgenommen aus, das Dach aber ist unversehrt geblieben.

Der Ort Kuchuwa liegt in einer Bucht mit Namen Amara. Auf der gegenüberliegenden Seite befindet sich Enin. Von ihrem Haus aus können sie sehen, dass auch dort Truppen zusammengezogen werden. Sie gewinnen immer mehr den furchtbaren Eindruck, mitten ins Kampfgebiet geraten zu sein.

„Wenn wir nur nach Wutéét könnten!"

In Kuchuwa sind viele Insulaner umgekommen. Auch die Toten von den versenkten Schiffen liegen verstreut zwischen Trümmern und Treibgut am Ufer.

Ausgeliefert

Die Schlacht um Chuuk tobt den ganzen Februar hindurch. In der Nähe von Toon, so erfahren sie einige Zeit später, wird ein Tankschiff torpediert. Das ausströmende Öl fängt Feuer, erreicht das Ufer und setzt die katholische Missionsstation, die unweit der evangelischen gelegen ist, in Brand. Der amerikanische Pilot, der den Angriff geführt hat, wird abgeschossen, springt mit dem Fallschirm ab und fällt in die Hände wütender japanischer Soldaten, die ihn derart misshandeln, dass er auf dem Weg nach Tonowas stirbt.

Auch in ihrer unmittelbaren Nähe verüben japanische Soldaten schwere Gräueltaten gegenüber den Insulanern. Während eines dieser Fliegerangriffe flüchten sich zahlreiche Frauen, von denen die meisten als Zwangsprostituierte für die kaiserliche Armee herhalten müssen, in einen überdachten Schützengraben in unmittelbarer Nähe des Hafens. Der verantwortliche Kommandeur, der fürchtet, dass die Invasion der amerikanischen Marine unmittelbar bevorsteht, fürchtet auch, die missbrauchten Insulanerinnen könnten als Zeuginnen gegen ihn auftreten. Daher gibt er den Befehl, die Frauen zu töten. Er beordert drei Gefreite zu dem Schützengraben. Diese feuern mit ihren Maschinengewehren so lange durch den Eingang ins tiefdunkle Innere, bis die Schreie der Frauen verstummt sind. Im Schein ihrer Taschenlampen zählen sie anschließend ungefähr siebzig tote Körper, die in ihrem Blut liegen.[2]

Wilhelm bittet mehrfach inständig darum, mit der Familie nach Wutéét gehen zu dürfen. Die Erlaubnis wird ihm regelmäßig verweigert. Sie gewinnen den Eindruck, von den Japanern bewusst im Kampfgebiet belassen zu werden, damit sie umkommen.

Waltraud wird sehr krank. Sie ist abgemagert und erbricht ständig, was immer sie auch zu essen bekommt. In dieser verzweifelten Lage bitten sie wieder einmal darum, nach Japan ausfliegen zu dürfen. Auch diese Bitte wird ihnen nicht erfüllt, trotz eines ärztlichen Attests über Waltrauds Gesundheitszustand.

„Herr, erbarme dich über uns!“

Wilhelm hat mit Richard Neumaier zusammen inzwischen einen besseren Unterstand etwas oberhalb des Hauses am Berghang gebaut. Dort sind sie sicherer, aber es dauert etwas länger, bis sie ihn erreichen, wenn die Sirenen zu heulen beginnen. Schwierig ist

---

[2] (http://www.kouro.info/war/WWII-1944.pdf; 04.05.2005)

das vor allem in der Dunkelheit. Die Amerikaner fliegen inzwischen sogar nachts zwischen zwei und drei Uhr ihre Angriffe.

Nicht nur die Missionare, sondern auch die Insulaner klammern sich an das Gerücht, die Amerikaner würden am 15. April das Atoll erobern und besetzen. Was Menschen in solcher Lage alles zusammenhoffen!

Der Karfreitag 1944 ist ein böser Tag für sie. Wilhelm ist krank, hat Fieber. Zwei Tage später auch Elisabeth. Trotzdem versucht sie eisern, ihre Familie zu versorgen. Am Ostersonntag aber bricht sie auf der Veranda vor Schwäche bewusstlos zusammen. Als sie wieder zu sich kommt, beginnt ein schwerer Fliegerangriff. Ihr Mann muss sie überstürzt auf dem Rücken den Berg hinauf in den Unterstand schleppen.

Der Weg dorthin ist einfach zu weit, denn es ist inzwischen jede Nacht mehrmals Fliegeralarm. Also bauen die beiden Männer ein primitives Haus neben dem Unterstand, in das sie abends hineinkriechen und versuchen, ein bisschen Schlaf zu bekommen.

Ein paar Tage später schlägt in unmittelbarer Nähe eine Bombe ein. Zu Tode erschrocken reißen sie die Kinder aus dem Schlaf und flüchten in den Unterstand. Das Erlebnis ist so furchtbar für sie, dass sie die Behörden erneut inständig darum bitten, Kuchuwa verlassen zu dürfen. Vergebens.

Stattdessen stapeln die Soldaten Munitionskisten vor ihrem Haus auf. Die Deutschen sind ihnen zwar lästig und im Weg, aber woanders unterbringen, das wollen sie nicht.

Eindrucksvoll ist, mit welchem Optimismus und Gottvertrauen Elisabeths Tagebuch trotz dieser abgrundtiefen Enttäuschungen immer wieder Hoffnung erkennen lässt: „Wenn es Gottes Wille ist, dass wir hier bis zum Schluss bleiben sollen, dann kann er uns auch durch diese schwere Zeit hindurchbringen."

Ihr Mann beschreibt diesen schier unbeugsamen Lebenswillen seiner Frau in gewohnt selbstironischer Art und Weise, und dennoch mit anrührenden Worten. In einem Bericht, den die Zeitschrift „Anruf" im Jahr 1988 über das Leben von Wilhelm und Elisabeth Kärcher enthält, sagt er über sich und seinen Kollegen Richard Neumaier:

„Wir zwei Männer saßen auf dem Baumstamm einer Kokospalme und waren völlig mutlos. Der eine ließ die Welt dahin untergehen, der andere dorthin. Meine Frau stand vielleicht zwei Meter entfernt in der Hütte, da ein Kind am Rock, dort das andere. Und die hat gesagt: ‚Ich glaube einfach nicht, dass die Welt untergeht, wenn ihr zwei Männer das bestimmt. Da sorgt ein ganz anderer dafür. Die Welt geht nicht unter, und wir kommen wieder nach Hause!' So ist es dann gekommen. Frauen haben manchmal auch gute Gedanken und – Glauben."

Mitte April flauen die Angriffe merklich ab. Etwas zu essen zu finden wird aber immer schwieriger. Inzwischen sind alle stark unterernährt. Im flachen Wasser des Ufers schwimmen gelegentlich Zwiebeln und Tomaten, die von den Soldaten weggeworfen worden waren. Die fischen sie heraus. Ab und zu bringt ihnen Winiyam, ein Pastor von der Insel Paata, ein paar Tarorüben. Es regnet immer gerade so viel, dass sie genug Trinkwasser haben. Und es gibt unter den Soldaten sogar einen, der ihnen gelegentlich einen Rest Fisch schenkt.

Im Unterstand wimmelt es von Ratten und Schnecken. Wilhelm hat die Schlafkistchen der Mädchen inzwischen mit einer Moskitodrahtabdeckung versehen. Den Draht hatte er zufällig irgendwo gefunden. Auf diese Weise schlafen sie wieder ruhiger, nachdem sie in den vergangenen Wochen zunehmend Anzeichen von Traumatisierung entwickelt haben.

Ende April setzen die Angriffe wieder mit voller Wucht ein. Eines Nachts fallen Brandbomben. Um sie herum brennt alles lichterloh. Aber ihr Haus wird auf wunderbare Weise verschont.

Am 1. Mai 1944 geht es nah am Tod vorbei. Der Brotfruchtbaum, der ihren Unterstand tarnt, wird von einer Bombe getroffen. Einer seiner Äste bricht ab und drückt den primitiven Bau zusammen. Die Explosion der Bombe schleudert einen großen Stein mit Wucht gegen die Treppe ihres Schlafhäuschens und zerschmettert sie. Daraufhin bauen die beiden Männer einen neuen Unterstand, weiter oben am Berg, unter einem überhängenden Felsen.

Mitunter erleben sie es immer wieder kleine Lichtblicke. Ende Mai werden sie von einem japanischen Offizier eingeladen, Lichtbilder anzuschauen. Darunter sind auch ein paar über Deutschland.

Bis in den Juli hinein warten und hoffen sie auf ein Ende der Qualen, die ihnen die ständigen Fliegerangriffe bereiten. Sie kommen nicht mehr zur Ruhe. Elisabeths Tagebuch ist voller Verzweiflung. Ganz Enin ist zerstört, zerfetzt ihr „Häusle" neben dem Unterstand. Merkwürdig aber ist, dass bisher niemand körperlich zu Schaden gekommen ist.

Wilhelm bittet erneut umsonst darum, Kuchuwa verlassen zu dürfen. Geduldig beginnt er, ein neues „Häusle" zu bauen.

Die denkwürdige Bootsfahrt nach Wutéét

Am 25. Juli endlich kommt für sie die Erlösung.. Sie werden nach Wutéét evakuiert. Wie immer muss alles überstürzt geschehen. Auch diesmal können sie wieder nur das Allernötigste mitnehmen. Von den Sachen, die sie zurücklassen müssen, wissen sie nicht, ob sie diese jemals wiedersehen werden.

Das Landungsboot, das sie nach Wutéét bringen soll, bietet nicht viel Platz, und es ist offen. Elise Zuber, Anna Dederer, Elisabeth und die Kinder sitzen unter einem Regenschirm, Wilhelm neben ihnen, ohne Deckung, ohne jeden Sichtschutz. Sein weißes Hemd ist deutlich zu sehen. Als das Boot sich auf der Höhe der Insel Párem befindet, ist es zehn Uhr vormittags. Um diese Zeit pflegen die Angriffe durch amerikanische Bomber zu beginnen.

Auch heute sind sie pünktlich. Vor ihnen tauchen in niedriger Höhe dreizehn viermotorige Bombenflugzeuge auf, fliegen direkt auf das Boot zu, auf dem sich außer den Missionaren ein paar Soldaten befinden, aber auch zwei Geschütze, die nach Wutéét und Toon transportiert werden. Wilhelm wird von Panik erfasst. Er sieht ihrer aller Tod vor Augen. Aber das Unglaubliche geschieht.

Fast im gleichen Augenblick, in dem der Kommandant des Boots einen Haken nach rechts zu schlagen versucht, wenden sich die Flugzeuge scharf nach links und laden ihre Bomben über die gesamte Länge der Insel Párem ab.

Was in diesem Augenblick niemand weiß, erfährt Wilhelm einige Monate später, als er dem amerikanischen Offizier begegnet, der beim Angriff auf Párem das Kommando hatte. In dem Augenblick, in dem er das Boot ins Fadenkreuz bekam, fiel ihm der Mann im weißen Hemd auf: „Das kann kein Soldat sein, sondern ein Zivilist." Er gab daraufhin den Befehl, abzudrehen und das Boot unbehelligt zu lassen. Wilhelms Kommentar (1950:25): „In wie viel Not hat nicht der gnädige Gott über dir Flügel gebreitet!"

Das kleine Glück auf Wutéét

Aufatmen! Sie sind aus dem Hexenkessel heraus. An der Bootsanlegestelle auf Wutéét aber hilft ihnen niemand beim Aussteigen und Ausladen. Die Insulaner dürfen mit den Missionaren offiziell keinerlei Kontakt haben. Die Deutschen werden immer noch wie Spione behandelt. Man darf sich nicht einmal grüßen. Das ist besonders schwer für Elise Zuber, die – mit einer Unterbrechung von acht Jahren – schon seit 1909 auf Chuuk tätig war und die Erwachsenen auf Wutéét schon seit der Zeit kennt, als diese noch Kinder waren.

Wenige Wochen später wohnen sie in einer eigenen Unterkunft im Dorf Mwáánitiw. Ein Haus ist es eigentlich nicht, das man ihnen da in einem Sumpfgebiet zugewiesen hat. Aus der Bretterhütte, vier mal vier Meter groß, kann Wilhelm aber so etwas wie eine menschliche Behausung basteln, in der man leben kann. Er hat sogar eine kleine Küche und eine Veranda gezimmert. Das Blechdach aber ist alles andere als dicht.

Auch die übrigen Missionare bekommen in diesen Wochen eine Art Bretterverschlag, in dem sie hausen können.

Gemeinsam roden sie das Land um ihre Hütten, eine schweißtreibende, anstrengende Arbeit. Niemand besitzt mehr ordentliche Schuhe. Barfuß pflanzen und jäten sie Süßkartoffeln, Tapioka und Gemüse. Ohne ordentlichen Dünger gibt der Boden aber nicht viel her. Ihre Ernten sind eher dürftig, und oft werden ihnen die Früchte ihrer Arbeit auch noch gestohlen.

Wilhelm versucht alles Mögliche, um etwas Abwechslung in den kargen Speiseplan zu bringen. Manchmal essen sie sogar die Wurzeln von Papayastauden, von denen man gewöhnlich nur die Früchte isst. Er steigt auf Brotfruchtbäume, um Früchte zu pflücken, und schließlich auch auf Kokospalmen, um die Blattscheiden anzuschneiden, aus denen sich *áchi* gewinnen lässt, jener süße Saft, den wir von den Mortlockinseln schon kennen. Jeden Tag erntet er so dreimal ein Quantum für die Kinder. Aber seine Füße leiden schwer unter der Kletterei.

Mit der Eroberung der Inselgruppen von Palau und der Marianen durch die Amerikaner beruhigt sich die Kriegslage zusehends. Die Japaner auf Chuuk sind isoliert und militärisch ausgeschaltet. Aber die Ernährungslage wird kritisch, weil kein einziges Versorgungsschiff mehr die Lagune erreichen kann.

Elisabeth hat keinen Zucker und kein Salz mehr. Es reift in dieser Jahreszeit keine Brotfrucht. Reis dagegen gibt es noch etwas. Wenn es aber nichts anderes als jeden Tag Reis gibt, ist das viel zu einseitige Ernährung. Gelegentlich kann sie etwas Gemüse kaufen. Die Insulaner bringen ihr heimlich immer wieder auch Fisch, trotz Kontaktsperre, und obwohl sie eigentlich Tag und Nacht von Soldaten bewacht werden.

Unter denen, die ihnen etwas zu essen bringen, manchmal unter Lebensgefahr, ist ein junger Mann mit Namen Kumo Epineyiser.

Er wird später einmal einer der bedeutenderen Pastoren der Kirche auf Chuuk werden und – was im Augenblick natürlich kein Mensch ahnen kann – mit Wilhelm zusammen im Jahr 1970 für einige Zeit nach Deutschland reisen.

In memoriam

Elise Zuber ist todkrank. Die Strapazen der Internierung haben ihr Magenleiden verschlimmert. Ein paar Monate hält sie auf Wutéét noch durch. Am frühen Morgen des 15. Oktober 1944 stirbt sie in ihrer Bretterhütte einen schweren Krebstod, ohne medizinische Versorgung, ohne jedes Schmerzmittel. Es gibt nicht einmal Material, aus dem man einen Sarg für sie hätte zimmern können. Als Wilhelm darangeht, ein paar Fetzen Holz vom Haus abzureißen, tauchen der Häuptling und der Pastor von Wutéét auf und bringen Bretter, die sie im Inneren der Insel versteckt hatten. Für die Beerdigung machen die Soldaten eine Ausnahme. Ein paar Stunden lang dürfen sich alle Insulaner mit den Missionaren treffen. Sie tragen den Sarg auf eine der Anhöhen. Der Weg führt durch Panzergräben und sogar ein Stück durch knietiefes Wasser auf dem Riff vor Wutéét. Elise Zuber wird auf dem Friedhof inmitten der Mitglieder der Häuptlingsfamilie bestattet. Richard Neumaier hält die Ansprache: „Selig sind die Toten, die in dem Herrn sterben von nun an. Ja, der Geist spricht, dass sie ruhen von ihrer Arbeit; denn ihre Werke folgen ihnen nach“ (Offenbarung 14,13).

Das Grab von Elise Zuber auf Wutéét wird heute noch von den Insulanern gepflegt.

Das Leben geht weiter

Am 22. November 1944 wird Elisabeth zweiunddreißig Jahre alt. Es ist ihr an diesem Geburtstag nicht zum Feiern zumute. Die Tränen stehen ihr näher als das Lachen. Ihre Gemütsverfassung scheint sich auch auf ihr Tagebuch auszuwirken. Die zeitlichen Abstände zwischen den Einträgen werden immer länger. Es ist überhaupt ein Wunder, dass sie noch ihren Füllfederhalter und Tinte hat.

Weihnachten 1944 empfindet sie als schönes Fest. Irgendwie hat sie Mehl aufgetrieben und Plätzchen gebacken. Einen der katholischen Patres – auch die sind auf Wutéét interniert – bettelt sie um ein paar Kerzen an, die er noch hat. Die Kinder sind außer sich vor Freude über ihr Weihnachtsgeschenk. Sie hat ihnen ein kleines Bilderbuch gemalt.

Mitte Januar 1945 fallen wieder Bomben. Richard Neumaiers Haus wird schwer beschädigt. Das Haus der Familie Kärcher bleibt knapp verschont. Und wieder verbringen sie ganze Tage und Nächte in einem bombensicheren Unterstand unter einem Felsen.

Ihr Haus ist dann unbewacht. Die Küche ist nicht abschließbar. Das wissen auch die Diebe. Eines Nachts stiehlt ein junger Mann die Weihnachtsplätzchen, die noch übrig sind. Auch das Mehl, das Elisabeth gehütet hatte, ist weg. Der Kerl wird zwar entlarvt, aber was er gegessen hat, ist nicht wieder zu beschaffen. Inzwischen sind die Missionare, die in den Augen der Insulaner als reich erschienen, viel ärmer als sie selber.

Im Unterstand

Im April erwartet Elisabeth ihr drittes Kind. Hannelore kann es kaum erwarten, bis sie endlich ihren „Bruder“ bekommt. Am 28. April 1945 wird „er“ geboren, soll aber aus naheliegenden Gründen Anneliese heißen.

Die Umstände, unter denen sie auf die Welt kommt, sind dramatisch. An diesem Tag gibt es schon in aller Frühe einen schweren Angriff. Elisabeth wird mit Wehen in den Unterstand geschafft. Dort kann sie ihr Kind nicht auf die Welt bringen. Um die Mittagszeit wird sie ins Haus zurückgetragen, und Anneliese wird geboren, während die Amerikaner Wutéét bombardieren und die Geschosse der japanischen Fliegerabwehrkanonen über das Dach hinwegfegen. An den folgenden Tagen muss das Baby mit seiner sehr geschwächten Mutter zusammen auf einer Bahre in den Unterstand getragen werden. Dreimal übernachten die beiden miteinander in einem Erdloch.

Als die Angriffe wieder abnehmen, meldet das Tagebuch, dass es Anneliese trotz allem gut geht.

Der Schrecken findet ein Ende

Von einem japanischen Militärarzt erfahren die Missionare auf Wutéét, dass Hitler tot ist, dass es kein Deutsches Reich mehr gibt und in Europa Waffenstillstand herrscht.

Auf Chuuk geht der Krieg mit aller Härte weiter. Bis in den Juni hinein wird zwei bis drei Mal täglich Alarm gegeben. Ein Insulaner, der ihnen immer wieder Fisch gebracht hatte, wird beim Fischen mit Sprengstoff schwer verletzt. Die Ladung explodiert ihm in der Hand und reißt sie ihm ab. Auch sein Augenlicht hat er für immer verloren.

Ständig wird jemand in der Familie krank, außer der kleinen Anneliese. Es geht ihr bestens, obwohl es nicht einmal einen Schnuller für sie gibt.

Am 20. August 1945 bringt der Pastor von Wutéét ihnen die Nachricht, der Krieg zwischen Japan und Amerika sei zu Ende. Das ist ein Lichtblick für alle Beteiligten.

Trotzdem bleibt das japanische Militär den Deutschen gegenüber äußerst misstrauisch. Obwohl der Krieg sein offizielles Ende gefunden hat, werden die Häuser der Missionare Ende August noch einmal gründlich durchsucht. Dabei gibt es einen dramatischen Zwischenfall. Einer der Offiziere findet nicht nur die Briefe, die Elisabeth sorgfältig aufgehoben hat, sondern auch – welche Katastrophe – ihr Tagebuch.

Kaum hat der Offizier zugegriffen, greift auch Elisabeth zu. Sie ist wild entschlossen, Briefe und persönliche Aufzeichnungen aus den zurückliegenden Jahren unter keinen Umständen herauszugeben. Zähnefletschend schreit sie den Uniformierten an, das sei etwas, was nur sie angehe. Das Gezerre geht so lange hin und her, bis Elisabeth siegt. Der Offizier gibt schließlich nach, wenn auch zornig.

Dass die Erwachsenen so vieles geheim halten und verstecken, wirkt sich auch auf das Verhalten der Kinder aus. Hannelore fürchtet inzwischen so sehr um das Schicksal ihrer Puppen, dass sie diese sofort in Sicherheit zu bringen versucht, wenn sich ein Mann in Uniform nähert.

Unmittelbar nach diesem Ereignis geht das Gerücht um, die amerikanische Marine werde am 1. September Chuuk von den Japanern übernehmen. Die Missionare schöpfen Hoffnung, dass sie jetzt bald nach Deutschland zurückkehren dürfen. Sie packen, verschenken die paar Sachen, die sie nicht mehr zu brauchen meinen, und warten. Aber der September vergeht, und nichts geschieht.

Am 2. Oktober sagt man ihnen, sie seien jetzt frei und könnten gehen, wohin sie wollten. Die Patres sind schon in der Nacht zuvor nach Tonowas gebracht worden. Warum nicht auch sie, das weiß kein Mensch.

Sie warten den ganzen Oktober hindurch. Die Stimmung ist trostlos. Man schläft, steht auf, isst Süßkartoffeln und Gemüse, wenn man sie hat. Die übrige Zeit sitzt man herum und wartet. Auf Tonowas liegen mehrere amerikanische Kriegsschiffe vor Anker, aber auf Wutéét geschieht nichts. Weil es keine Streichhölzer mehr gibt, holt man bei den japanischen Soldaten Feuer zum Kochen und passt auf, dass es den Tag über ständig am Brennen bleibt.

Hoher Besuch

Er beginnt auch wieder mit Gerüchten. Am 15. November 1945 sollen sie nach Wutéét kommen, die Amerikaner. Alles, was Beine hat, steht am Strand, um sie gebührend zu empfangen. Aber sie kommen nicht.

Am 24. November kommen sie tatsächlich. Es ist der Admiral persönlich, der mit einigen anderen Offizieren zusammen an Land geht. Es wird eine denkwürdige Begegnung. Wilhelm hat sie im Jahr 1970 einem Aufnahmeteam des Zweiten Deutschen Fernsehens, das die Philadelphiaschule auf Toon besuchte, in einem Interview berichtet: Er begrüßt den Admiral in Englisch und gibt sich als Deutscher zu erkennen. Die erstaunte Reaktion des hohen Offiziers erfolgt in perfektem Deutsch: „Und was machen Sie hier?" Es stellt sich heraus, dass Deutsch seine Muttersprache ist.

In seinem Gefolge befindet sich auch der japanische Gouverneur als Kriegsgefangener. Der erste Besuch der hochrangigen Delegation gilt den Missionaren. Sie nimmt auf der Veranda Platz. Und sie kommt nicht mit leeren Händen. Es gibt ein fürstliches Begrüßungsgeschenk, das vor allem Elisabeth interessiert: Reis, Milch, Fleisch, Wurst, Gemüse, Obst und Kuchen, Wein, Seife, Strümpfe. Zu allem Überfluss finden sich sogar ein Paar Handschuhe darunter. Sie freut sich besonders über die Milch, die sie dringend für die Kinder braucht. Was für ein Segen!

Wilhelm wird mit dem Kommandeur des Admiralsschiffs bekannt gemacht, einem Herrn Wulf. Auch seine Eltern waren Deutsche. Er sorgt ab sofort dafür, dass Telegramme und Briefe nach Deutschland gelangen. Ein paar Tage nach ihrer ersten Begegnung schickt er den Missionaren die Kopie eines Briefs, in dem er die Missionsleitung in Bad Liebenzell über die gegenwärtige Lage der Dinge auf Chuuk informiert hat.

Im Dezember – die U.S.A. haben die Inseln inzwischen offiziell in Besitz genommen – kommt ein amerikanischer Militärgeistlicher in Begleitung von drei Ärzten zu Besuch. Wieder gibt es Köstlichkeiten in Hülle und Fülle: Milch, ganze achtundvierzig

Dosen, Mehl, Zucker, Brot, Salz, Tee und Kaffee. Elisabeth schildert das Ereignis als Riesenfreude, und das ist kein Wunder, wenn man bedenkt, wie sehr sie diese Dinge jahrelang entbehren musste.

Von zu Hause aber gibt es immer noch keine Nachrichten, keinen Brief, kein Telegramm. In Deutschland herrscht das Elend der Nachkriegszeit. Die Heimat liegt in unerreichbarer Ferne. Die Monate vergehen mit Warten.

Irgendwann Anfang April 1946 muss ein Brief von Wilhelm nach Mühlhausen gelangt sein. Der löst freudige Erregung aus. Lina, Wilhelms Mutter, nennt ihn „einen hellen Lichtstrahl", berichtet den Inhalt nach Waltenhofen und fordert Marie Wagner auf, umgehend auch von ihrer Seite darauf zu antworten. Das Problem ist nur, dass die Post in der gegenwärtigen Lage keine Briefe befördern kann, schon gar keine ins Ausland.

Die Familie Kärcher am Ende der Internierungszeit mit den Kindern (von links) Waltraud, Hannelore und Anneliese. Rechts im Bild Richard Neumaier und Anna Deder

Wilhelm gelingt es auch, ein Telegramm nach Bad Liebenzell abzusetzen: „Noch leben wir. Was sollen wir tun?" Die Antwort, die einige Zeit auf sich warten lässt: „Bleiben – unter allen Umständen!“ Das klingt unbarmherzig, ist aber nur allzu verständlich. Unmittelbar nach dem Krieg hätte die inzwischen fünfköpfige Familie in Deutschland keine auch nur einigermaßen gesicherte Existenz führen können.

Reisefreiheit

Im Februar 1946 erreicht sie die Nachricht, dass sie sich im Gebiet von Chuuk wieder frei bewegen können. Für Wilhelm bedeutet das, dass er sich von jetzt an wieder um seine Arbeit in den Gemeinden kümmern kann, wenn auch in einem beschränkten Rahmen. Gleichzeitig mit dieser Nachricht trifft auch die dafür notwendige Ausrüstung ein, gratis aus dem Fundus der amerikanischen Marine: Milchkonserven, Schiffszwieback, Hemden, Hosen Bettwäsche, vier Feldbetten mit Moskitonetzen und Geschirr. Ende Februar ist Wilhelm in Begleitung amerikanischer Soldaten unterwegs zu den Mortlockinseln.

Auch Richard Neumaier nützt die neue Reisefreiheit. Er besucht die Gemeinden auf den Hallinseln.

In dieser Zeit bekommt Elisabeth auf Wutéét Besuch von General Blake und einem Reporter der New York Times. Es gibt ein Interview und einen Fototermin mit den Kindern.

Sie selbst ist auch in anderer Hinsicht gefragt. Weil sie Englisch spricht, wird sie immer wieder als Dolmetscherin geholt, wenn Insulaner, die katholischen Patres und die Amerikaner miteinander kommunizieren müssen.

Auch Wilhelm ist inzwischen zu einem wichtigen Vermittler geworden. Von Zeit zu Zeit kommen amerikanische Wissenschaftler nach Chuuk, um ihre Studien zu machen. Dazu brauchen sie einen Dolmetscher. Und wer könnte ihnen dabei besser zur Hand gehen als ein Missionar wie Wilhelm Kärcher mit seiner detaillierten Kenntnis von Sprache und Kultur. Er begleitet in diesen Wochen die beiden Wirtschaftsethnologen Edward T. Hall und Karl J. Pelzer. Er hilft ihnen bereitwillig bei ihren Untersuchungen und Befragungen zu Themen der Landwirtschaft auf Chuuk.

Die Beiträge, die von den beiden wenig später in wissenschaftlichen Zeitschriften erscheinen, erwähnen ihren Dolmetscher merkwürdigerweise mit keinem Wort.

10

Der Neubeginn der Gemeindearbeit auf Toon (1946-1952)

Von Wutéét nach Toon

Im April 1946 endlich kann Wilhelm auf Toon nach einer Möglichkeit suchen, wo er und seine Familie wohnen können, um nach den Schrecken und der Zerstörung der vergangenen Jahre wieder neu anzufangen.

Auf der Insel sieht es trostlos aus. Die japanische Besatzung hatte alle Kirchen und Gebäude der Mission abgebrochen und für ihre Zwecke verwendet. Die frühere Station Pataaniyen im Dorf Fóósón ist total verwüstet. Wo das Missionarswohnhaus stand, befindet sich jetzt ein japanischer Soldatenfriedhof.

Für die Rückkehr nach Toon hatte ein Mann gesorgt, der auch in den kommenden Jahren eine wichtige Rolle in der Aufbauarbeit spielen sollte, die Wilhelm und seine Frau auf Chuuk wiederbeginnen werden. Wupwiini, damals Oberhäuptling auf den Inseln im Westteil von Chuuk, hatte sich nicht von den deutschen Missionaren als den besiegten Feinden Amerikas trennen wollen, sondern sich sofort bereit erklärt, sie wieder tätig werden zu lassen.

Dazu stellt er ein größeres Grundstück am Rand des Dorfs Chukiyénú zur Verfügung. Es liegt günstig am Berghang des Winipwéét und hat einen Zugang zum Meer. Das ist wichtig für die Versorgung der Missionsstation, die hier entstehen soll.

Der Unternehmungsgeist erwacht wieder

Die ersten Monate auf Toon beschreibt Elisabeth als „Steilstrecke". Die Mädchen und sie selbst sind oft krank. Sie fühlt sich schlapp, an manchen Tagen gar elend. Eines Tages wird sie bei einem unvorsichtigen Griff von einem Skorpion gestochen. Ein amerikanischer Sanitätsoffizier weist sie für zehn Tage ins Marinekrankenhaus auf der Insel Wééné ein und lässt sie eine Kur machen, nach der es ihr deutlich besser geht.

Das gibt ihr Auftrieb. Sie beginnt, aus amerikanischen Fahnen Kleider zu nähen. Das wirke sehr farbenfroh, wie sie sich ausdrückt. Einmal näht sie sich ein Kleid aus einer alten Tischdecke. Die schiere Not hatte sie in den vergangenen Jahren schon häufiger erfinderisch gemacht.

Ihr Mann und Richard Neumaier sind in diesen Wochen unermüdlich unterwegs, vor allem auf den Außeninseln.

Trauer um Ernst

In diesen Monaten des Aufbruchs auf Toon kommen die ersten Briefe aus Deutschland. Eine Riesenfreude für Elisabeth ist das Schreiben, das sie kurz nach ihrem fünfunddreißigsten Geburtstag von ihrem „Klub" aus Berlin bekommt.

Ganz anders fühlt sie sich aber, als sie einen weiteren Brief öffnet. Er spricht davon, dass es ihrer Familie in Waltenhofen gut gehe, aber er enthält auch einen schicksalsschweren Ausschnitt aus dem „Allgäuer", der in Kempten erscheinenden Tageszeitung. Es ist eine Todesanzeige. Sie lautet:

Zum Gedenken an meinen lieben Gatten, unseren guten Sohn und Bruder Feldwebel Ernst Wagner, geb. am 2. Mai 1914, gest. am 8. April 1945 in Pillau. Sei getreu bis in den Tod.

Elisabeth ist tief getroffen. Ernst war derjenige unter ihren Brüdern, der ihr am nächsten stand. Es geht ihr wie David beim Tod seines Freundes Jonatan: „Es ist mir leid um dich, mein Bruder Ernst" (2. Samuel 1,26)." Mit diesen Worten schreibt sie ihre Trauer in ihr Tagebuch.

Danach schreibt sie ein paar Monate lang gar nichts mehr auf. Der nächste Eintrag, den sie vornimmt, betrifft zunächst den sechsten Geburtstag von Hannelore. Wichtiger aber noch ist etwas ganz anderes.

Freude über Ernst

Er ist Wilhelms und Elisabeths viertes Kind. Am 17. Juli 1947 bringt sie ihn zur Welt. Der zumindest von Hannelore schon lang erwartete Bruder ist da. Seine Mutter nennt ihn einen „tüchtigen Schreier". Nachts aber ist er friedlich. Er schläft schon bald durch.

Neue Schwierigkeiten

Nach der Übernahme von Chuuk durch die Amerikaner hatten sich die deutschen Missionare gezwungen gesehen, die Leitung ihrer

Arbeit an eine amerikanische Mission zu übergeben. Es ist die frühere Bostoner Mission, die sich jetzt „American Board of Commissioners of Foreign Missions“ und später „United Church Board for World Ministries“ nennt.

Zwar wird die ältere Aufteilung der kirchlichen Arbeit auf den Inseln zwischen der Liebenzeller Mission und der Nan'yo Dendo Dan unter amerikanischer Verwaltung beibehalten, aber es kommt zu Verständigungsschwierigkeiten. Die sind weniger sprachlicher Natur, denn die deutschen Missionare sprechen Englisch. Es sind vor allem die Unterschiede in den Zielvorstellungen, das heißt, man ist sich nicht einig darin, was erreicht werden und mit welchen Mitteln dies geschehen soll. Spannungen entstehen außerdem aus der einfachen Tatsache, dass die amerikanischen Kollegen relativ jung und unerfahren sind. Vor allem sprechen sie als Anfänger die Sprache der Insulaner sehr viel unvollkommener als die deutschen Missionare, die darüber hinaus auf jahrelange Erfahrungen im Zusammenleben mit ihnen zurückgreifen können.

Wilhelm, der mit dem Aufbau seiner neuen Missionsstation beschäftigt ist und diese im Blick auf die Zukunft der einheimischen Kirche hin großzügig zu gestalten versucht, hat Ärger mit dem verantwortlichen amerikanischen Missionar, der „kein Material herausrücken will“, das dringend benötigt wird, um das Missionarswohnhaus auf Toon fertig zu stellen. Ein gewisses Selbstbewusstsein hat er sich trotzdem bewahrt: „Wir vertrauen auf Gott. Er wird uns auch in diesem Stück helfen. Er kann!“

Der amerikanische Missionar – vermutlich Dr. Clarence Gillet – verbreitet aber noch aus einem anderen Grund Unbehagen unter den deutschen Missionaren. Er rechnet damit, dass sie alle demnächst Chuuk verlassen werden. Dass er ihnen gegenüber diese Ansicht offen vertritt oder sie zumindest fühlen lässt, macht ihre Lage schwer erträglich angesichts der Tatsache, dass alles zusammengebrochen ist und neu begonnen werden muss. Dazu hin fällt Anna Dederer für längere Zeit aus. Sie liegt krank im Hospital, wo sie sich operieren lassen muss.

Danach verlässt sie die Liebenzeller Mission und tritt in die Arbeit der amerikanischen Mission ein.

Nach ihrem Abschied sind Wilhelm und Elisabeth Kärcher allein für die Arbeit auf Chuuk zuständig, denn auch Richard Neumaier hatte im Lauf des Jahres 1947 Chuuk für immer verlassen.

Das Bild des Missionars hat sich gründlich gewandelt. Wilhelm beschreibt das in einem seiner ersten Rundbriefe, die nach

Deutschland gelangen, sehr anschaulich: „Jetzt gibt es keine weißen Anzüge mehr. Der Missionar ist genau so schmutzig wie der Insulaner. Auch hat man keine Diener mehr, die einem alles nachtragen. Das ist aber eine gesunde Sache, weil man nun dafür geachtet wird. Man verliert damit nicht sein Gesicht, wie die alten Missionare meinten."

Schon früher waren Wilhelm und Elisabeth damit unzufrieden gewesen, dass die Missionare mit ihren Familien in der Kirche beim Gottesdienst auf dem *róóng* saßen, der erhöhten Plattform, wo sich der Altar befindet. Sie selbst hatten das nie so gehalten, und sie werden es auch künftig nicht tun. Wenn Elisabeth keinen Dienst hat, sitzt sie mit den ganz kleinen Kindern hinten auf der letzten Bank bei den Frauen, die auch kleine Kinder haben. Die drei Mädchen sitzen bei den Insulanerkindern im Sand, lernen in der Kinderstunde, was diese lernen, und sie sagen es auch in der gleichen Weise auf.

Ausgesprochen positiv verhält sich die amerikanische Militärverwaltung auf Chuuk beim Wiederaufbau der Gemeindearbeit auf den Inseln. Sie ist den deutschen Missionaren gegenüber aufgeschlossen, wo immer sich dafür eine Notwendigkeit zeigt. Die Bedingungen für ihre Arbeit sind damit merkwürdigerweise jetzt genau umgekehrt als unter der japanischen Militärverwaltung. Hatten die politisch-militärisch mit Deutschland sympathisierenden Japaner die Kirchen abgebrochen und die Missionare interniert, so tun die mit den Deutschen politisch-militärisch verfeindeten Amerikaner genau das Gegenteil. Sie helfen ihnen beim Wiederaufbau der Kirchen und erlauben ihnen, sich völlig frei zu bewegen, freier übrigens, als es im Augenblick den Deutschen in Deutschland gestattet ist, das im Chaos der letzten Kriegsmonate versunken und in Besatzungszonen eingeteilt ist, die von Militärregierungen verwaltet werden. Für diese vorbildliche Haltung der Hilfsbereitschaft bleibt Wilhelm den Amerikanern lebenslang dankbar.

Die Versorgung der deutschen Missionare wird aber auch von anderer Seite gesichert. Es ist der inzwischen gegründete Internationale Missionsrat, der sich darum kümmert.

Die Missionsstation Philadelphia (Finaatenifiya)

Sie liegt am Ende einer kleinen Bucht mit Namen Neepinómw in unmittelbarer Nähe des Dorfs Chukiyénú, zu deutsch „Geisterberg". Mit ihrem ins tiefe Wasser hinausragenden *wooroor*, einem

Pier mit Anlegeplätzen für mehrere Boote, besitzt sie so etwas wie eine Verkehrsanbindung.

Ende April 1947 ist der Bau der Kirche auf dem neuen Missionsgrundstück beendet. Sie bietet 500 Personen Sitzplätze und ist ein erstes Zeichen für den Optimismus und die Weitsicht, von der die Gemeindearbeit in Zukunft bestimmt werden soll.

Bemerkenswert ist das Gerüst, das die Außenwände der Kirche stützt. Wilhelm nennt es in einem Brief „die Knochen der Kirche". Die Wände sind aus Beton und enthalten besten Stahl. Die Japaner hatten auf Toon Schienen verlegt, die aus Deutschland kamen. Auf ihnen ist noch deutlich zu lesen: „Made in Germany, Krupp, Essen, 1926".

Die amerikanische Mission beteiligt sich an den Kosten für das Aluminiumblechdach. Die Gemeinden delegieren Arbeitskräfte auf die Baustelle, und die Kirche ist bei ihrer Einweihung schuldenfrei.

Am 22. August gibt es dann ein großes Fest: Die Eröffnung der neuen Missionsstation Philadelphia wird gefeiert. Der Ort liegt günstig, umgeben von drei evangelischen Dörfern. Das Missionarswohnhaus liegt etwas erhöht, mit schönem Blick auf die Bucht und den Bergrücken der Halbinsel Féwúpé.

Eine besondere Rolle spielt der Oberhäuptling Wupwiini auch beim Bau des Missionarswohnhauses. Die Militärregierung hatte ihm eine größere Lazaretthalle aus der japanischen Besatzungszeit zur Weiterverwertung überlassen. Wupwiini stellt das Holz dieser Halle für den Bau des Hauses zur Verfügung.

Am Tag der Einweihung sind etwa tausend Menschen versammelt. Der junge amerikanische Missionar Charles Heuser, der inzwischen seine Arbeit auf Wééné aufgenommen hat, kommt schon am Abend vorher mit allen seinen Schülern und Schülerinnen zum Fest nach Toon.

Während der ganzen Nacht – der Mond scheint hell – kommen die Menschen mit ihren Auslegerkanus in Philadelphia an. Am Morgen liegt um den Pier herum eine Armada von Booten. Wilhelm fühlt sich beim Anblick der Menschenmassen und der vielen Fahrzeuge an die Missionsfeste in Bad Liebenzell erinnert.

Die Kirche kann die Menschen nicht fassen. Viele müssen draußen in der prallen Sonne sitzen. Schon lange vor Beginn des Gottesdienstes werden Chorlieder gesungen.

Die Mädchen und Frauen haben eine Altardecke mit Antependium gestickt, auf dem in Englisch die Worte „Heilig, heilig, heilig" zu lesen sind.

Der Festgottesdienst beginnt vormittags um halb zehn Uhr und ist um erst um halb ein Uhr zu Ende. Alle Pastoren und alle Häuptlinge wollen eine Ansprache halten. Aber aus den drei bis vier Minuten, die jedem von ihnen zustehen, werden regelmäßig zehn. Südseeinsulaner sind eben nicht zeitorientiert wie Europäer, sondern ereignis- und personenorientiert.

Am Ende des Gottesdienstes ist Namiyo Eyas, der Pastor der Gemeinde in Chukiyénú, geradezu überwältigt vor Begeisterung. Er stellt Wilhelm die Frage: „Bitte sag mir, ob der Papst eine bessere Kirche als diese hier hat? Nichts kann besser sein als meine Kirche!" Schon zuvor, als die Türen der Kirche grün gestrichen wurden, war er ins Schwärmen geraten: „Diese Türen gleichen fast den Türen, die zum Himmel führen." Charles Heuser nimmt Namiyos Aussage als Thema für seine Predigt.

Danach gibt es ein üppiges Festessen, wie es nur die Insulaner von Chuuk vorbereiten können. Es wird so lange gegessen, wie der Gottesdienst gedauert hat, drei volle Stunden.

Eine merkwürdige Episode

Inzwischen beginnt auch die katholische Mission auf Chuuk mit dem Wiederaufbau ihrer Gemeindearbeit. Einer der Patres versucht überraschenderweise, im Dorf Chukiyénú ebenfalls Land zu bekommen, um zu bauen. Er versucht den Oberhäuptling Wupwiini für sein Vorhaben zu gewinnen, indem er ihm vorschlägt, das Dorf mit elektrischem Licht zu versorgen, gratis. Der aber schlägt das verlockende Angebot aus.

Eigentlich sollte der Pater wissen, dass die deutschen Missionare seinem Versuch, in ihrer unmittelbaren Nähe Fuß zu fassen, wenig bis gar keine Sympathie entgegenbringen werden. Er versucht es trotzdem, indem er eines Tages bei Wilhelm vorspricht. Dieser liest ihm einfach Römer 15,20 vor. Dort steht: „Dabei habe ich meine Ehre darein gesetzt, das Evangelium zu predigen, wo Christi Name noch nicht bekannt war, damit ich nicht auf einen fremden Grund baute ..."

Der Pater hat sich daraufhin auf einem Stück Land niedergelassen, das wenige Kilometer entfernt liegt.

Mitarbeiter, Helfer, Freunde und andere

Ohne die ist es Wilhelm unmöglich, den Berg an Arbeit zu bewältigen, der sich jeden Tag vor ihm auftürmt. Freunde findet er vor allem bei den Offizieren der amerikanischen Marine. Eine Reise zu den Mortlockinseln macht er auf einem überfüllten Schiff. Das Kommando hat ein Marineoffizier. Der bietet ihm das Büro in seiner Kajüte als Schlafraum an. Das erinnert Wilhelm an den römischen Hauptmann Julius aus der Apostelgeschichte, der dem Gefangenen Paulus auf der Fahrt nach Rom in Sidon gestattete, „zu seinen Freunden zu gehen und sich pflegen zu lassen" (28,3).

Auf verschiedenen Inseln stellt er fest, dass sich die Menschen wieder ihren alten Religionsformen zugewandt haben, weil sie während der Kriegshandlungen in Not geraten waren. Mütter, deren Kinder krank wurden, hatten zu magischer Medizin gegriffen, weil kein Arzt oder keine Krankenschwester erreichbar war. Ein solches Verhalten ist in der ersten und zweiten Generation Christen nicht ungewöhnlich. Es zeigt aber auch, dass man eine Gemeinde, die durch Mission entsteht, nicht zu früh sich selbst überlassen kann.

Wilhelm weiß das alles. Er enthält sich inzwischen jedweden unbarmherzigen Urteils. In einem wenige Jahre später erschienenen Bericht schildert er den Fall eines Vaters aus dem Dorf Wóónipw, dessen Kind trotz intensiver Bemühungen des amerikanischen Militärarztes und vieler Gebete gestorben war. Wilhelm hatte es beerdigt. Am Nachmittag danach kommt der Vater vor dem Abendmahl zur Beichte. Auf die Frage, ob er nicht doch wieder zur Magie gegriffen habe, bejaht er. Wilhelm reagiert darauf nicht mehr so wie damals auf Téé. Er weiß: „Wenn es hart auf hart geht, hält der Glaube oft nicht stand." Vor einem Seelsorger mit dieser Einstellung haben die Menschen gewiss keine Angst, wenn sie sich ihm eröffnen wollen.

Kumo Epineyiser, inzwischen Pastor von Wóónipw, klagt Wilhelm sein Leid. Die Balken für die Kirche müssen alle von Hand gesägt werden, eine Arbeit, die starke Männer erfordert, und sehr mühsam und langsam vonstatten geht. Kumo meint, seine Leute seien eher faul, wenn sie mit ihm allein zusammen arbeiten müssten. Das sei ganz anders, wenn der Missionar mitarbeite. Also verbringt Wilhelm viel Zeit mit dem Kirchbau in Kumos Gemeinde. Drei Tage in der Woche ist er als Zimmermann unterwegs. Dabei bleibt ihm vieles andere liegen, was auch erledigt werden müsste.

Wenn er abends in einem der Dörfer auf seinem Feldbett unter dem Moskitonetz liegt, findet er oft erst nach langer Zeit Ruhe und Abstand zu dem, was er am Tage alles erlebt hat. Bisweilen ist es eine schwere Last, die sich da über sein Gemüt legt und ihn nur in einen unruhigen Schlaf fallen lässt.

Eine der Mitarbeiterinnen, auf die sich Wilhelm absolut verlassen kann, ist seine Frau. Sie hält vor allem Kinder- und Frauenstunden.

Dr. Gillet, der amerikanische Feldleiter, verlässt mit seiner Frau Marion schon nach einem Aufenthalt von einem Jahr die Inseln wieder und kehrt nicht mehr zurück. Seine Aufgabe als Feldleiter übernimmt Charles Heuser, der sich Wilhelm gegenüber zunächst als sehr kooperativ erwiesen hatte. Er ist erst sechsundzwanzig Jahre alt und noch unerfahren. Das mag der Grund dafür sein, dass er beginnt, die deutschen Missionare fühlen zu lassen, dass er es ist, der hier das Sagen hat. Wilhelm jedenfalls fühlt sich gelegentlich von ihm „gedeckelt".

Enormes Arbeitspensum

Inzwischen hat das Jahr 1948 begonnen. Paul Gerhard Möller (1903-1998) ist seit zwei Jahren Direktor der Liebenzeller Mission, und er ist es, der Wilhelm zu einer ersten größeren literarischen Arbeit veranlasst. Er schreibt die Biografie von Kiriimen, einem Pastor von der Insel Némé.

Das Manuskript erlebt ein eigenartiges Schicksal. In Bad Liebenzell bleibt es zunächst unbeachtet. Erst nachdem die Erzählung als Fortsetzungsgeschichte in einer christlichen Zeitschrift erschienen ist, wird das Manuskript wieder wahrgenommen und 1960 auch im Verlag der Liebenzeller Mission veröffentlicht, ganze zwölf Jahre nach seiner Entstehung.

Mitte Oktober 1948 wird die Kirche in Wóónipw eingeweiht. Sie ist in gleicher Weise angelegt wie die in Philadelphia, nur kleiner, und sie hat etwas, was manche Kirchen auf Chuuk und seinen Inseln auch heute noch kennzeichnet. Über dem Giebel sitzt ein elegant wirkendes Türmchen, das man „Kärchertürmchen" nennen könnte, so charakteristisch ist es für seinen Baustil. In Wóónipw hängt sogar eine kleine Glocke drin, die vom so genannten „Kinderbund" aus Kolberg finanziert worden war.

Bis Weihnachten soll auch die Kirche in Paata fertiggestellt sein. Weitere Kirchen sind im Bau.

An zwei Tagen werden auf der Missionsstation Philadelphia junge Männer unterrichtet, vormittags von acht bis zwölf, nachmittags von zwei bis fünf Uhr. An den Samstagen kommen dann auch die Pastoren aus den verschiedenen Dörfern in der Nähe, mit denen der Sonntagsgottesdienst vorbereitet werden muss. Sonntags ist Wilhelm selbst auf den verschiedenen Inseln unterwegs, um Gottesdienste, Taufen und Abendmahl zu halten.

Elisabeth ist gleichermaßen ausgelastet. An zwei Tagen unterrichtet sie die jungen Frauen, und ansonsten die Woche über ihre eigenen Kinder. Manchmal leistet sie Hebammendienste. Mit der Stationsarbeit sind beide so beschäftigt, dass sie nur abends, wenn die Kinder schlafen, noch eine Weile Zeit für einander finden.

Unter den Christen herrscht eine ungeheure Aufbruchstimmung. Der Kirchenbesuch ist eindrucksvoll. Neunzig bis fünfundneunzig Prozent der Insulaner kommen zu den Gottesdiensten. Sehr viele kommen zum Abendmahl, darunter besonders auch viele Männer.

Ungeklärt ist immer noch, wann die Familie endlich ihren ersten Heimataufenthalt antreten kann. Zwölf Jahre lang haben sie inzwischen auf ihrem Arbeitsfeld ausgehalten. Noch aber ist die Zeit dafür nicht gekommen. Die wirtschaftlichen Verhältnisse in Deutschland lassen eine Rückkehr der Familie nicht zu, und eine Ablösung durch ein jüngeres Missionarsehepaar ist im Augenblick nicht möglich. Die U.S. Militärregierung verweigert zivilen Person die Einreise ins Treuhandgebiet strikt. Auch die für 1950/1951 geplante Rückkehr von Johannes Rattel und seiner Frau zerschlägt sich. Also planen Wilhelm und Elisabeth allein weiter.

Nach Fertigstellung der Kirchen schieben sie einen weiteren Schultag ein. Vor allem Wilhelm findet das „angenehm“, aber nicht mit der Begründung, dass er sich beim Unterrichten körperlich etwas schonen kann, sondern weil er meint, zwei Tage Schule wirkten zu wenig nachhaltig auf die Schüler ein. Bis zum Freitag hätten sie meist vergessen, was am Montag dran war.

Zu Weihnachten 1948 werden die Kinder reich beschenkt, zum ersten Mal in ihrem Leben. Sogar von Deutschland sind Weihnachtspäckchen gekommen. Der kleine Ernst aber findet Weihnachten eher bedrohlich: beim Anblick der brennenden Kerzen bricht er in Tränen aus.

Drei Arten von Insulanerchristen

Interessant ist ein Brief Wilhelms aus dieser Zeit, in dem er versucht, eine Typologie der Christen unter den Insulanern zu formulieren. Er unterscheidet drei Arten: „Die erste Gruppe wird von denen gebildet, die sich mit Ernst bemühen, Christus nachzufolgen. Sie gehen jeden Morgen zu einer kurzen Andacht in die Kirche, und jeden Abend, ehe sie sich zur Ruhe legen, beten sie ein gelerntes Gebet oder ein Gebet aus dem Herzen. Sie vertrauen auf Jesus und nehmen auch in Zeiten der Krankheit und Not ihre Zuflucht zu ihm. Dass sie manchmal noch vom Zorn und Eigensinn überwältigt werden, ist nicht ausgeschlossen, denn wenn man von Kindheit an immer seinen Willen durchsetzen konnte, dann fällt es einem schon schwer, sich in den Willen Gottes zu fügen. Sie kommen aber vor jeder Abendmahlsfeier zu einer persönlichen Aussprache unter vier Augen, wo sie diese Dinge bekennen und wir dann mit ihnen beten.

Die größte unter den drei Gruppen sind diejenigen, die nur sonntags in die Kirche gehen. Sie leben im Christentum und auch im Heidentum, und sie geben sich alle Mühe, beides miteinander zu verbinden. Sie halten besonders fest an den heidnischen Gebräuchen und ihrer magischen Medizin, ohne die sie meinen nicht leben zu können. Wenn sie einen neuen Garten anlegen, muss erst *sáfey* gemacht werden, „Medizin“, – gemeint ist ein magisches Ritual –, und ebenso, wenn man ein Haus baut, in ein Haus einzieht oder einen Baum fällt, aus dem man ein Kanu bauen will, wenn man das Kanu zum ersten Mal ins Meer bringt, und besonders, wenn man auf Reisen geht. Immer muss man sich vor bösen Geistern durch „Medizin“ schützen. Schon als schwangere Frauen fühlen sich Mütter gezwungen, verschiedene (animistisch verstandene) Arzneien zugunsten ihrer noch ungeborenen Kinder einzunehmen. Ein Mann im Dorf Fóósón hat zu seinem Schwiegersohn gesagt, der diese Dinge nicht mehr machen wollte: ‚Kanep, mit Hilfe dieser Arzneien bist du und wir alle geboren, und wir sind dadurch groß geworden. Warum willst du nun bei deinem Kind eine Ausnahme machen?’ Bei dieser Gruppe muss noch das geschehen, was in Ephesus einst geschehen ist (Apostelgeschichte 19,18-20).

Die dritte und kleinste Gruppe sind diejenigen, bei denen mit dem besten Willen nichts auszurichten ist. Ihr Verstand muss einfach verfinstert sein. Sie können nichts in sich aufnehmen, was höher steht als Essen, Trinken und Nichtstun. Wenn man sie in ihren Hütten besucht und fragt, warum sie nie in die Kirche kommen, so sagen sie meist prompt: ‚Ich habe nichts anzuziehen.' Gibt man ihnen dann Kleidungsstücke, so kommen sie auf Grund eines Anstandsgefühls einige Male, bleiben aber dann bald wieder weg. Wenn man schließlich wieder nach ihnen sieht und Nachfrage hält, sagen sie, sie seien krank oder verreist gewesen ...

... Eine Frau, die zu dieser Gruppe gehörte, ist vor einiger Zeit ganz in der Nähe unseres Hauses gestorben, und sie wurde auch ganz nach heidnischer Weise beerdigt. Weil sie die älteste Frau und damit das Oberhaupt ihrer großen Familie war, fürchteten sich alle vor ihrem Totengeist, der ihre Verwandten verfolgen würde, wenn sie nicht denselben Weg gingen wie sie. Nachdem sie aber nun einige Wochen unter der Erde ist, hat sich ihre älteste Tochter Fetiyong, die selber auch schon Großmutter ist, entschlossen, mit Ernst Christin werden. Es ist nicht so einfach für sie, denn sie hat all die schwarze Kunst ihrer Mutter gelernt und versteht sich auch auf das Herstellen von magischer Medizin. Ihr Mann Emok ist einer wie Esau, der an den Sonntagen in den Bergen und im Busch herumstreicht und wilde Hühner fängt, die da und dort noch zu finden sind, wo japanische Soldaten ihre Baracken hatten."

Gelegentlich spricht er von „Schildkrötenchristen". Eines Tages predigt er über verschiedene Verse aus dem Evangelium des Johannes, in denen vom Licht die Rede ist, in das hinein Christen gestellt sind, und in dem sie ihr Leben führen. Das ist ein Vergleich, den man nicht nur Südseeinsulanern anschaulich machen muss. Um seinen Schülern zu zeigen, was ein Christ ist, der sein Leben ständig im Licht führt, im Unterschied zu einem, der gelegentlich in die Finsternis verschwindet, benützt er das Verhalten der Schildkröten als Vergleich.

Die Zuhörer wissen über Meeresschildkröten sehr genau Bescheid. Von Zeit zu Zeit kommen diese aus dem Dunkel größerer Wassertiefen ans helle Licht der Oberfläche, um kurz zu atmen. Manche bleiben länger oben, andere weniger. Immer aber tauchen sie wieder ab, weil sie sich in der Finsternis der Tiefe wohler fühlen als im Licht der Sonne.

Der Vergleich hinkt natürlich etwas, denn so, wie sich die Schildkröten verhalten, sind sie von der Natur geschaffen. Gott hat sie so gewollt. Aber die Schüler verstehen trotzdem, was der Evangelist Johannes meint: eine Kombination aus dem Verhalten der

Tiere und eines Christen hätte er abgelehnt. Schildkrötenchristentum ist eine unbrauchbare Mischung.

Reisedienst auf den Inseln

Inzwischen ist es April 1949 geworden. Wilhelm ist zwei Wochen lang unterwegs auf einem Schiff der Regierung. Er haust mit einer Gruppe von Insulanern unter einer Plane, die an Deck aufgespannt ist. Tagsüber brennt die Sonne vom Himmel, nachts ist es windig, und nass werden sie auch ständig. „Wenn sich dann noch einige Seekranke übergeben müssen und sich der ganze Magen- und Gallenblaseninhalt über Kisten, Koffer, Kleiderbündel und Matten ergießt, so ist es am besten, wenn man gar nicht hinschaut, sondern sich eben ganz ruhig verhält, die Augen zumacht und sich bemüht, über etwas Appetitliches nachzudenken."

Appetitliches widerfährt ihm zum Glück gelegentlich auch. Er wird zum Essen in die Offiziersmesse eingeladen. Da geht es „fürstlich" zu, wie er meint. Er fühlt sich dann an einen Missionar erinnert, der früher auf Chuuk tätig war und in einem solchen Fall immer Philipper 4,12-13 zitierte: „Ich kann niedrig sein und kann hoch sein; mir ist alles und jedes vertraut: beides, satt sein und hungern, beides, Überfluss haben und Mangel leiden, ich vermag alles durch den, der mich mächtig macht."

Auf den Inseln erlebt er, was der Krieg in den Gemeinden angerichtet hat, während er auf Tonowas und Wutéét zur Untätigkeit verdammt war. Den besten Eindruck machen ihm die Gemeinden auf den Hallinseln, die er zwölf Jahre lang nicht mehr gesehen hatte. Dabei wird ihm immer klarer, dass Nachhaltigkeit in der Gemeindearbeit nicht erreicht werden kann, wenn er weiterhin ohne einen größeren Mitarbeiterstab ein so großes Arbeitsgebiet wie Chuuk versorgen muss.

Im November 1949 fährt er wieder einmal zu den Mortlockinseln. Er reist auf der „Nomad", dem Segelschiff der „Truk Trading Company", drei Meter breit und fünfzehn Meter lang.

Auf Némé gibt es Streit über den richtigen Segelkurs. Wegen des Windes, der verursacht, dass die „Nomad" stark abdriftet soll ein Kurs von 150° eingehalten werden. Am Ende der sechs Stunden, nach denen sie Nómwuluuk erreicht haben sollten, ist weit und breit keine Insel zu sehen. Jemand entdeckt schließlich, dass sie statt eines Kurses von 150° einen von 250° eingehalten haben. Dadurch sind sie fast siebzig Kilometer zu weit südlich ins Blaue hinein gefahren. Nach weiteren sechs Stunden erreichen sie schließlich die Insel doch noch.

Nómwuluuk macht einen deprimierenden Eindruck. In der Zeit nach dem Tod des früheren Pastors war die Gemeinde zusehends verwildert. Animistische Elemente gewannen wieder Einfluss. Kaum ein Mann kommt zum Gottesdienst. Sie betrinken sich jeden Abend mit Palmwein. Wilhelm hat das Gefühl, nicht viel dagegen tun zu können, und reist in großer Besorgnis wieder ab.

Auf Ettaal sieht es kaum besser aus. Von den über hundert Gemeindegliedern aus der Zeit vor dem Krieg gibt es nur noch sechsundzwanzig. Wilhelm erlebt „einige mühevolle, freudlose Tage". Die anderen Inseln machen ihm keinen so schlechten Eindruck. Nur die Kirchendächer müssen repariert werden. Da ist der Zimmermann besonders gefragt, und er schont sich nicht, sondern arbeitet bis zur Erschöpfung.

Seinen ausschließlich missionarischen Arbeitstag hat er am Beispiel Woneyopw beschrieben. Von acht bis zehn Uhr vormittags behandelt er einen Text aus dem Neuen Testament, danach können die Insulaner eine Stunde lang Fragen zur Bibel stellen. Nachmittags von zwei bis vier Uhr gibt es eine Geschichte aus dem Alten Testament, und von halb fünf Uhr bis Sonnenuntergang stellt er ihnen selber Fragen. Nach dem Abendessen versucht er, sie für das neue Liederbuch zu begeistern, von dem er einen Packen mitgebracht hat. Er übt die Melodien mit ihnen, die sie nicht kennen. Manchmal erzählt er ihnen eine Geschichte, die man in einer Predigt als Anschauungsmaterial gebrauchen kann.

Wilhelm Kärcher versieht seine Aufgaben als Missionar mit erstaunlicher Gewissenhaftigkeit. Seine Familie vernachlässigt er zwar nicht, und seine Frau ist darin mit ihm einig, dass als erstes „nach dem Reich Gottes zu trachten" sei (Matthäus 6,33; Lukas 12,31), ohne Belastungen lässt sich diese Einstellung aber nicht realisieren, vor allem nicht für die Kinder. Das werden insbesondere Hannelore, Waltraud und Anneliese in den kommenden Jahren erfahren müssen. In diesen Wochen ist es der kleine Ernst. Nach zweimonatiger Abwesenheit erkennt er seinen Vater nicht wieder, als der auf Toon vom Boot steigt.

Besuch von der Missionsleitung

Im November kommt Missionsdirektor Paul Gerhard Möller auf seiner Inspektionsreise nach Chuuk. Diesen Besuch empfinden die

Missionare und die Gemeinden gleichermaßen als „noch nie dagewesene Freude", wie Wilhelm in seinem Bericht vom Dezember 1949 schreibt.

Was ein Missionsdirektor ist, wissen die Insulaner natürlich nur sehr unvollkommen. Schon das Wort auszusprechen ist ein Zungenbrecher für sie. Hochrangige Vertreter ausländischer Organisationen sind für sie Personen mit Status wie ihre höchsten Titelträger, die Oberhäuptlinge. Also nennen sie Paul Gerhard Möller *samwoonnapen misin*, was etwa „Oberhäuptling der Mission" bedeutet. Für einen solchen Titelträger muss der Empfang auf jeden Fall prächtig gestaltet und gefeiert werden. Damit gibt es zunächst ein Problem.

Nie zuvor hat jemand auf *Chuuk* den neuen Missionsdirektor gesehen, nicht einmal die Missionare. Wird man den richtigen erkennen, wenn er auf der Insel Wééné den Laufsteg vom Schiff herunterkommt? Elisabeth legt ihrem Mann eindringlich nahe, ein Bild von Paul Gerhard Möller im „Ebenezer Herald", einem amerikanischen Nachrichtenmagazin, noch einmal anzuschauen, damit er seinen Chef auch sicher erkennt. Wilhelm meint, er werde wohl nicht gekleidet sein wie ein Offizier.

Dass er ihn nicht kennt, kommt dem Kommandanten der Militärregierung, bei dem der deutsche Besuch angemeldet werden muss, sehr merkwürdig vor. Es ist dem Offizier überhaupt nicht klar, dass die deutschen Missionare die letzten dreizehn Jahre ununterbrochen auf Chuuk festgehalten worden waren und ihre gegenwärtige Missionsleitung noch nie gesehen haben können.

Wilhelm erkennt Paul Gerhard Möller sofort. Die beiden machen sich umgehend auf den Weg nach Toon, wo sie gegen Sonnenuntergang ankommen wollen. Weil nie ganz sicher ist, ob ein Besucher zum vorgesehenen Zeitpunkt auch tatsächlich auf einer bestimmten Insel eintreffen wird, und weil es keine Möglichkeit gibt, seine Ankunft telefonisch nach Toon zu melden, ist ausgemacht, dass die Sirene auf dem Boot fünfmal ertönt, wenn es sich in Hörweite befindet und Paul Gerhard Möller tatsächlich an Bord ist.

Danach haben die Bewohner der Dörfer in der Nähe der Anlegestelle noch ausreichend Zeit, zusammenzuströmen. Die Menge ist schier unübersehbar.

In allen Gemeinden auf Toon und den anderen Inseln, die der Missionsdirektor besuchen kann, werden die Wege gejätet, die Kirchen mit Ehrenbogen ausgestattet und prächtig geschmückt.

Für Wilhelm und Elisabeth bedeutet der Besuch weit mehr. Nach langen Jahren können sie endlich wieder einmal mit einem Menschen sprechen, der denkt und fühlt wie sie, und mit dem sie sozusagen auf Augenhöhe verkehren: „Das Schönste von allem waren die Abende, in denen wir in aller Stille bei einer Tasse gutem Kaffee auf unserer Veranda saßen und alle unsere Fragen, Zweifel und Sorgen anbringen konnten, die unsere Arbeit betreffen."

Die Nummer fünf

Am 9. Januar 1950 kommt Helmut zur Welt. Er wird weder in einem Erdloch geboren wie seine Schwester Anneliese, noch zu Hause wie sein Bruder Ernst, sondern geradezu vornehm: im Marinekrankenhaus auf Wééné. Seine Mutter erholt sich lange Zeit nicht von den Anstrengungen der Schwangerschaft und Geburt ihres fünften Kindes. Sie fühlt sich nervlich stark überlastet und ist wegen der vielen schlaflosen Nächte, die sie erlebt, immer müde.

Es mag das Übermaß an Arbeit gewesen sein, das bewirkt hat, dass weder Wilhelm noch Elisabeth mehr als ein Jahr lang keine Tagebuchaufzeichnungen über die Ereignisse in ihrem Leben mehr machen. Es könnte auch daran gelegen haben, dass der kleine Helmut in seinem ersten Lebensjahr schwierige Krankheitsphasen durchmacht. Elisabeth berichtet immer noch von schlaflosen Nächten. Aber – und das ist bezeichnend für ihren Optimismus und ihre Zugewandtheit zum Leben – sie schreibt schwere Erlebnisse erst dann auf, wenn sie, wie bei Helmut, hinzufügen kann, es gehe ihm besser. So hatte sie es auch schon immer gehalten, wenn die Mädchen krank waren.

Um diese Zeit herum findet sich auch wieder einmal die Hoffnung, nach Deutschland zurückkehren zu können: „Unsere Ablösung hat, nachdem zuerst die Einreise verweigert worden war, nun die Einreiseerlaubnis bekommen. Ob wir dann dieses Jahr noch heimkommen?"

Die politische Lage in Ostasien allerdings ist wieder einmal in eine schwierige Phase geraten. Die Vereinigten Staaten haben im Koreakrieg nicht die von ihnen gewünschten Ziele erreicht, und der so genannte Kalte Krieg lässt viele einen neuen Weltkonflikt befürchten.

Das Kind des Pastors

Ein Thema, das die Theologie der Insulaner immer noch und immer wieder beschäftigt, ist das Problem der Wahrsagerei, der Gebrauch von magischer Medizin und Zauberei beim Haus- und Bootsbau. Ständig bringt Wilhelm auf Pastorenkonferenzen die Sprache darauf. Die jüngeren sind mit ihrer Meinung auf seiner Seite, die Älteren hüllen sich dabei meistens in Schweigen, denn sie sind direkt betroffen.

Zu den jüngeren Pastoren gehört auch Namiyo, jener Pastor der Gemeinde von Chukiyénú, dem die neue Kirche bei ihrer Einweihung schöner und prächtiger zu sein schien als der Petersdom in Rom. Seine Familie trifft ein schweres Schicksal, als eines seiner Kinder stirbt. Kurze Zeit später wird wieder eines seiner Kinder todkrank. Namiyo ist verzweifelt. In solcher Not ist die Versuchung für einen Insulaner groß, selbst für einen eingesegneten Pastor, alle Mittel in Bewegung zu setzen, um das Leben seines Kindes zu retten, und nicht nur wissenschaftliche Medizin, sondern eben auch traditionelle magische anzuwenden.

Namiyo will dieser Versuchung nicht nachgeben. Der Missionar versucht ihm dabei zu helfen. Wilhelm besucht das kranke Kind mehrfach und betet mit ihm. Eines Abends klopft Namiyo an die Tür des Missionarshauses und sagt: „Es wird heute Nacht sterben. Ich komme dann und sage euch, wenn es gestorben ist." Daraufhin beten Wilhelm, Elisabeth und Namiyo noch einmal sehr ernst für das Kind. Am anderen Morgen kommt der Vater schon in aller Frühe die Treppe herauf: „Ich wollte euch nur sagen, dass mein Kind nicht mehr krank ist." Es war ohne *roong* (Zaubermedizin) gesund geworden.

Die Missionsarbeit wird moderner

Im Juni 1950 fährt Wilhelm wieder einmal auf die Mortlockinseln. In seinem Gepäck befindet sich allerneueste Technik. Er hat von seinem amerikanischen Kollegen einen Petroleum-Gas-Projektor und eine ganze Reihe Bilder geliehen bekommen. Auch hatte er eine Serie Fotos aus der Anfangszeit seiner Tätigkeit auf den Mortlockinseln vor den misstrauischen Augen japanischer Beamter und Offiziere verstecken können. Und er kann Bilder vom Besuch Paul Gerhard Möllers zeigen. Mit dieser Ausrüstung beeindruckt er die Insulaner, wenn es dunkel geworden ist. Niemand ist dann mehr beim Fischen oder bei der Gartenarbeit. Auf jeder Insel sitzen Alt und Jung gespannt vor dem Bettlaken, das als Projektionswand dient. Auch Katholiken können es sich nicht verkneifen, verstohlene Blicke auf die Bilder zu werfen. Manche bekommen ein so schlechtes Gewissen davon, dass sie dem Pater später beichten, bei den Evangelischen „geguckt“ zu haben.

Wilhelm ist von seinem neuen Medium beeindruckt. Wenn er nur auch so einen Apparat hätte! Da wäre die Missionsarbeit viel leichter. Insulaner, die nicht lesen und schreiben können, wären damit viel problemloser und anschaulicher zu unterrichten.

Auf einigen Inseln führt er heftige Diskussionen mit den Männern um die Tabus, die sie beim Fischen mit Reusen – einer Art Falle für Fische und Krabben – beachten, weil sie immer noch glauben, damit ihren Fangerfolg positiv beeinflussen zu können: „Es fiel mir auf, dass so viele junge Männer mit struppigen Bärten in der Kirche saßen. Bei manchen war auch das Haupthaar weder geschoren noch gekämmt, so dass einige aussahen wie die Waldaffen.“ Was das alles zu bedeuten hat, erfährt er von einem dieser „unrasierten Gesellen“, der eines Sonntags zu ihm kommt, um sich auszusprechen. Die Männer glauben tatsächlich, ihre Reusen füllten sich reichlicher, wenn sie ihr Äußeres vernachlässigten.

Auf der Insel Ettaal gibt es inzwischen kein Kirchengebäude mehr. Wilhelm macht sich unter größten Schwierigkeiten an einen Neubau. Kaum jemand will ihm helfen. Zu essen hat er oft nur Brotfrucht und Salz. Die Korallenblöcke, die so rau sind wie Schmirgelpapier, schleppt er mühsam eigenhändig heran. Die Haut seiner Hände wird davon so wund, dass er nur noch arbeiten kann, wenn er alle Finger mit Heftpflaster zuklebt. Einen Baumarkt, in dem er Arbeitshandschuhe besorgen könnte, gibt es leider nicht.

Die Inseln im Westen

Anfang 1951 macht er sich an eine schwierige Aufgabe. Die Inseln um Pwolowót liegen etwa dreihundert Kilometer westlich von Chuuk. Ihre Bewohner sprechen einen Dialekt, der sich nicht wesentlich von der Sprache unterscheidet, die auf Chuuk gesprochen wird. Diese Inseln sind zwar inzwischen gelegentlich von Missionaren besucht worden. Ihre Bewohner aber sind vom Christentum noch sehr wenig berührt, ganz im Gegensatz zu den Hallinseln, wo sich Wilhelm Kärcher und Richard Neumaier schon in den dreißiger Jahren intensiv darum bemüht hatten, den Insulanern das Evangelium zu vermitteln.

Nun sehen wir ihn unterwegs nach *Pwolowót*. Es wird eine Reise mit vielen Hindernissen und stürmischer See von Anfang bis Ende. Schon kurz nach der Abfahrt von Toon läuft Wupwiinis Boot auf Grund. Erst mit steigender Flut be-kommen sie es wieder flott. Am andern Tag, als sie sich beeilen, um noch vor Nacht durch die Ausfahrt im Riff ins offene Meer zu gelangen, geht plötzlich ein Donnern und Zittern durch das Schiff. Im selben Augenblick sitzen sie auch schon auf einer Korallenbank fest, die unter Wasser lauerte. Mit aller Kraft werden die vier Dieselmotoren in den Rückwärtsgang geschaltet. Ruckweise rumpelt das Boot wieder in tieferes Wasser. Viel Zeit vergeht, weil mehrmals im Abstand von fünfzehn Minuten der Bootsrumpf daraufhin abgesucht werden muss, ob Wasser eindringt. Erst als sicher feststeht, dass es kein Leck gibt, wagen sie es, in tiefer Dunkelheit durch die Ausfahrt in die offene See hinauszufahren.

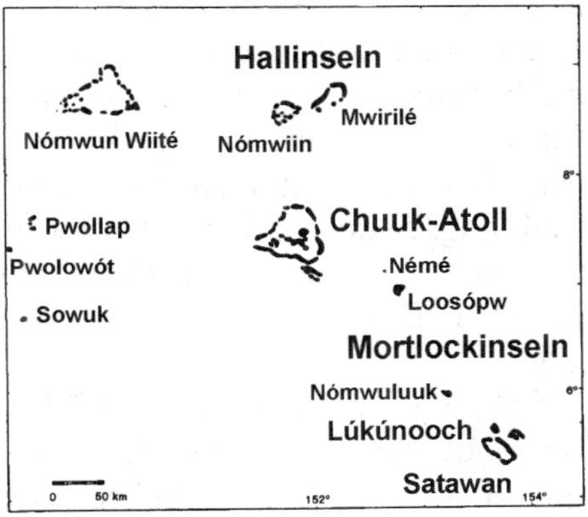

Die Insel Sowuk erreichen sie morgens gegen acht Uhr bei strömendem Regen. Der alte Häuptling Ikeniyong hatte darum gebeten, auf seiner Insel eine Gemeinde zu gründen. Auf Sowuk ist die Bibel bislang noch fast völlig unbekannt.

Zwar hatte es vor einigen Jahren den Versuch gegeben, einen Kirchenältesten von Chuuk auf die Insel zu bringen. Dieser Mann galt als willig, fähig und motiviert. Auch war er eine Zeitlang bei Ernst Dönges zur Schule gegangen, einem Liebenzeller Missionar, der zwischen 1911 und 1919 auf Chuuk gearbeitet hatte. Das Vorhaben war aber irgendwie im Sand verlaufen. Wilhelm vertrat die Meinung, es habe daran gelegen, dass man nicht beachtet hatte, wie der Apostel Paulus als Missionar seine Mitarbeiter zu ihrem Dienst „angefeuert“ habe, nicht mit den Worten: „Nimm es leicht!“, oder „Lass es geruhsam angehen!“, sondern mit Worten wie „Befleißige dich!“ oder „Jage nach!“.

Jetzt ist er selber gekommen. Er besucht die Menschen in ihren Hütten, und abends hält er eine Versammlung im *wuut*, dem „Gemeindehaus“ der Insel. Die Zahl seiner Zuhörer bleibt zunächst bescheiden. Es kommen drei Männer, eine Frau und acht halbwüchsige Burschen, die fast nackt sind, weil sie nichts anzuziehen haben. Er legt Matthäus 28,18-20 aus, wo Jesus von der Macht spricht, die ihm gegeben ist, und daran anschließend den Auftrag erteilt, seine Lehren in der ganzen Welt zu verbreiten. Wilhelms Kanzel ist eines der Auslegerkanus, die im *wuut* aufbewahrt werden, wenn sie sich nicht auf See befinden. Ikeniyong, der alte Häuptling, findet die Veranstaltung eher langweilig, obwohl sie nur eine halbe Stunde dauert. Er schielt ständig nach seiner Stange Chesterfield, Zigaretten, die er von einem Amerikaner bekommen hatte.

Einige Tage später findet Wilhelm auf Pwolowót eine kleine Gemeinde vor, die seit zweieinhalb Jahren von Nelson, einem Pastor von der ostmikronesischen Insel Kosrae, offensichtlich gut betreut wird. Auf Wilhelm macht sie einen lebendigen Eindruck. Sogar eine Kirche haben sich die Insulaner schon gebaut.

Im Zuge dieser Missionsreise scheint sich bei Wilhelm der Plan konkretisiert zu haben, dass es an der Zeit sei, auch die Bewohner der zahlreichen kleinen Inseln zwischen Chuuk und Yap mit dem Christentum bekannt zu machen. Diese Inseln heißen „Zentralkarolinen“, und sie liegen in einem unterschiedlich breiten, aber verhältnismäßig schmalen Streifen wie eine Straße von ungefähr 1.500 Kilometer Länge wenige Grade nördlich des Äquators. Diese Inseln sind ausnahmslos flache Sandinseln, und ihre geografische Form veranlasst Wilhelm dazu, von der „Inselstraße“ zu sprechen.

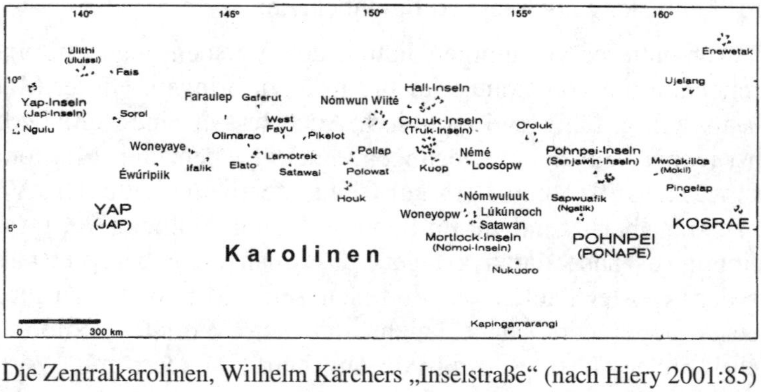

Die Zentralkarolinen, Wilhelm Kärchers „Inselstraße“ (nach Hiery 2001:85)

Etwa zehn dieser Inseln sind bewohnt. Die anderen werden von Schildkröten bevölkert, die den Zentralkarolinern als Fleischlieferanten dienen. Unter den bewohnten Inseln ist Satawal diejenige, an die Wilhelm besonders denkt. Ihre Bewohner sprechen eine Sprache, die mit der von Chuuk recht nahe verwandt ist. Größere Verständigungsprobleme würde es also nicht geben, wenn er versuchen sollte, auch dort eine Arbeit anzufangen. Im Augenblick allerdings ist ein solches Unternehmen illusorisch. Es gibt keine brauchbare Verkehrsverbindung dorthin, und ohne Mitarbeiter könnte er diese Aufgabe ohnehin nicht in Angriff nehmen.

Prüfungen

Als er nach langen Wochen mit völlig durchnässtem Gepäck wieder auf Toon ankommt, erkennt er seine Kinder nicht sofort, weil sie inzwischen Kleider aus Amerika tragen.

Das erste, was er erfährt, ist die Nachricht vom Tod seiner Mutter. Karolina Kärcher war am 13. Februar 1951 an einer Gelbsucht gestorben. Bis zuletzt hatte sie gehofft, ihren Sohn und seine Familie noch einmal wiederzusehen. Sie hatte fest damit gerechnet, dass sie in diesem Frühjahr nach Deutschland zurückkehren würden. Es hatte nicht sein sollen.

Danach heißt es für Wilhelm und Elisabeth wieder, sich in Geduld zu üben und zu warten, dass ein jüngeres Missionarsehepaar die Erlaubnis zur Einreise nach Mikronesien bekommt, um sie abzulösen.

Einige Wochen später, am Abend des 14. Mai 1951, kommt Elisabeth mit Hannelore und Helmut von der Insel Wééné zurück und findet hohen amerikanischen Besuch vor. Es ist Admiral Miller. Der ist gekommen, um ihnen Bescheid zu geben, dass in Zukunft keine deutschen Missionare mehr einreisen dürfen. Die Nachricht ist niederschmetternd.

Die letzten Monate vor der Reise nach Deutschland

Am 9. Mai 1951 sitzt Wilhelm zum ersten Mal in einem Flugzeug. Er ist unterwegs zur Missionarskonferenz, die in diesem Jahr für ganz Mikronesien auf Pohnpei stattfindet. Weil Admiral Miller, der höchstrangige Militärgeistliche im Treuhandgebiet, für einige Tage auch an der Konferenz teilnimmt, reisen sie mit einem Amphibienflugzeug der amerikanischen Marine, das sowohl zu Land als auch zu Wasser starten und aufsetzen kann. Wilhelm ist begeistert von dieser Technik, ist aber dennoch eher vorsichtig, denn er setzt sich auf den Sitz neben der Ein- und Ausstiegstür. Weil es sehr schönes Wetter ist, lässt der Pilot diese Türe geöffnet. Auf diese Weise hat Wilhelm auf dem ganzen Flug einen prächtigen Blick auf die Inseln und das Meer. Als Némé und Loosópw in Sichtweite kommen, wird er an die vielen unruhigen Fahrten auf dem Meer erinnert, die er in den vergangenen Jahren überstanden hat. „Wie schön ist es doch zu fliegen!"

Nach drei Stunden kommt Pohnpei in Sicht. Weil es dort noch keine Landebahn gibt, geht das Flugzeug auf dem Wasser nieder, ein spektakuläres Erlebnis für ihn. Es tut ihm geradezu Leid, dass er sich wieder auf der schwerfälligen Erde befindet.

An die sechzig Christen sind gekommen, um die Konferenzteilnehmer von Chuuk zu begrüßen. Alle wollen ihre Sprachkenntnisse anbringen: die Sprache von Chuuk, Englisch, Japanisch. Einer der Pastoren, der vor Jahrzehnten dem Liebenzeller Missionar Adam Syring (1883-1963) in Japan geholfen hatte, das Neue Testament in die Sprache der Insulaner von Pohnpei zu übertragen, bringt Wilhelm gegenüber gar seine Kenntnisse im Deutschen an den Mann.

Auf Pohnpei findet er ungewöhnlichen Luxus vor. Die amerikanische Missionarsfamilie hat einen Kühlschrank, dazu eine viel geräumigere Wohnung als seine eigene auf Toon.

Hier gibt es eine größere Kolonie von Chuuk- und Mortlockinsulanern. In ihrer Gemeinde zeigt er eines Abends Lichtbilder. Auch findet er Spuren der früheren deutschen Missionsstation und das Denkmal für Henry Nanpei, jenem Oberhäuptling, der während der deutschen Kolonialzeit selbst einmal in Bad Liebenzell zu Besuch war und seine beiden Söhne Enter und Robert zur Ausbildung nach Deutschland geschickt hatte.

Als er zwei Wochen später wieder nach Hause fliegt, erlebt er begeistert, wie das Flugzeug beim Start Gischt aufschäumen lässt und sich erst kurz vor dem großen Korallenriff in die Luft erhebt: „Du großer Gott, wenn ich die Welt betrachte!"

Auf dieser Missionarskonferenz wird der Beschluss gefasst, dass die Familie Kärcher nach ihrem kommenden Heimataufenthalt wieder auf ihr Missionsfeld zurückkehren soll. Man diskutiert sogar ihren möglichen Übertritt zur amerikanischen Mission mit der Begründung, das sei am besten für alle Beteiligten. Dazu sollte es nicht kommen.

Im Dorf Féwúpé auf Toon wird eine Kirche gebaut. Ursprünglich hatte die Gemeinde die Wände der Kirche nur etwa sechzig Zentimeter hoch betonieren wollen. Irgendwann muss sie ein Gefühl erfasst haben, wie es in Nehemia 3,38 für die Israeliten beschrieben wird: „Aber wir bauten die Mauer und schlossen sie bis zur halben Höhe. Und das Volk gewann neuen Mut zu arbeiten." Das Volk von Féwúpe geht sogar noch weiter: Die Wände sollen bis zum Dach betoniert werden. Auch Frauen und Kinder beteiligen sich. Sie schleppen den benötigten Sand auf dem Kopf in Palmstrohkörbchen vom Strand den Berg hinauf.

Auch auf Ruwó, einer der Hallinseln, wird fleißig gebaut. Aakos – der auf Deutsch „August" hieße – der Pastor, hat seine Gemeinde dazu gebracht, aus eigener Initiative eine Kirche zu errichten.

Und schließlich nähert sich der Zeitpunkt, an dem Wilhelm und Elisabeth Kärcher mit ihren Kindern endlich auf die große Reise nach Deutschland gehen können, um ihre Verwandten wieder- oder – wie im Fall der Kinder – zum ersten Mal zu sehen. Für Wilhelm sind inzwischen fünfzehn Jahre vergangen, seit er Mühlhausen verlassen hat.

Ein letztes Mal allerdings wird die Reise verschoben. Die Familie beschließt, noch nicht zu Weihnachten in Deutschland zu sein, damit die Kinder nicht mitten in den Winter hineingeraten. Die Reise soll im Frühjahr 1952 beginnen.

11

Heimataufenthalt und Wiederausreise (1952-1959)

Auf dem großen Schiff

Eigentlich beginnt die Reise, auf die sich alle freuen, eher traurig. In der Nähe des Wohnhauses der Familie Kärcher sitzen seit Tagen Leute herum, die ihnen wortlos beim Packen zuschauen. Es sind vor allem die Älteren, die sich von den Kindern verabschieden wollen. Manche von ihnen denken mit Wehmut daran, dass sie die Familie vielleicht nicht wieder sehen werden. Die Szene wirkt auf Wilhelm „wie ein Begräbnisgottesdienst".

Hannelore, die inzwischen fast elf Jahre alt ist, fühlt sich hin und her gerissen. Sie kann die Trennung von ihren vielen Freundinnen nur schwer verwinden. Der Abschied geht ihr sehr nahe.

Es gibt einen allerletzten Gottesdienst in der Kirche von Chukiyénú. Die Pastoren aus den Dörfern von Toon danken Wilhelm und seiner Frau in bewegten Worten für all den Dienst, den sie in den vergangenen Jahren für sie getan haben.

Am Pier auf Toon sind viele Menschen zusammengeströmt, als Wupwiinis Boot ablegt. Sie singen. Niemand weiß genau, ob die Kärchers für immer abreisen, oder ob sie zurückkehren werden, sie selbst auch nicht. Während der Fahrt auf die Lagune hinaus verschwinden Wohnhaus, Schule, Kirche und schließlich das Kreuz auf dem Kirchtürmchen hinter den Mangrovenbäumen. Auf ungezählten Booten folgen ihnen viele nach Wééné, um sich dort noch einmal von ihnen zu verabschieden.

Auf Wééné ist es wie oft auf den Inseln. Man muss warten. Das Schiff, die „Chicot", das sie zunächst nach Guam bringen soll, kommt von Pohnpei und ist verspätet. Zweimal wird der Abfahrtstermin verschoben. Bis dahin wohnen die Kärchers im Haus einer amerikanischen Familie, das während der folgenden Tage ständig von Menschen umlagert bleibt. Die Pastorenschaft, die sich zur Verabschiedung der Missionarsfamilie auf Wééné versammelt hat, kehrt am Samstagabend in ihre Gemeinden zurück, um den Gottesdienst zu halten, ist aber am Montagvormittag wieder vollzählig anwesend.

Besonders anhänglich ist Wupwiini. Er taucht immer wieder auf, um den kleinen Helmut auf den Schoß zu nehmen. „Ich komme nur, um euch alle noch einmal zu sehen. Jetzt werden die weißen Kinder nicht mehr am Pier sein, wenn ich nach Chukiyénú zurückkomme." Sie hatten Wupwiini oft erwartet und das Seil in Empfang aufgefangen, das er ihnen zuwarf, wenn er mit seinem Boot anlegen wollte.

Die ganze Nacht vom 19. auf 20. März nimmt die „Chicot" Ladung an Bord. Gegen sechs Uhr morgens, die Sonne ist soeben aufgegangen, stehen Wilhelm, Elisabeth und die Kinder am Heck des Schiffs. Da tauchen zwei kleine Ruderboote vor ihren Blicken auf. Die Pastoren von Toon mit ihren Frauen wollen ihnen unbedingt ein allerletztes Mal *Éwúnee feyinnó* und *kinissow chaapwúr* hinaufrufen: „Auf Wiedersehen" und „vielen, vielen Dank!"

Die Ankerketten rasseln, die Schiffssirene beginnt zu heulen, die Maschinen springen an und ein Zittern geht durch das Schiff. Die Kärchers winken den Insulanern auf den vielen Booten zu, die sie immer noch begleiten. Wenn sie jetzt nur sicher wüssten, ob sie wiederkommen werden! Der Abschied würde ihnen dann bestimmt leichter fallen.

Wilhelm ist sehr besorgt. Weder weiß er sicher, ob er selbst die Arbeit, die er wieder aufgebaut hatte, weiterführen kann, noch gibt es im Augenblick irgendeine Aussicht darauf, dass ein jüngerer Nachfolger dafür nach Chuuk kommen wird. Er fürchtet, dass vieles, was unter seinen Händen entstanden ist, wieder in die Brüche geht, weil er es nicht nachhaltig absichern konnte. Er sieht sich fast in der gleichen Lage wie damals, als die Japaner ihn und seine Familie internierten und so daran hinderten, seine Arbeit in den Gemeinden zu tun. Aber Wilhelm vertraut im festen Glauben darauf, dass Gott auch hier eine Lösung finden wird.

Seine Befürchtungen sind berechtigt. Die Welt ist inzwischen in zwei große Blöcke geteilt. Der so genannte Kalte Krieg hat begonnen. Was er nicht wissen kann: Er wird wiederkommen, und zwar bald. Noch aber schaut er vom Schiff aus zurück, das kurz vor halb acht Uhr die Öffnung im großen Korallenriff bei der Insel Piis durchfährt und das offene Meer erreicht.

Langsam entschwindet der Berg Winipwéét auf Toon den Blicken im Dunst des Horizonts. Am Abend dieses Tages steht er noch einmal an Deck, schaut hinaus auf zwei kleinere Inseln, die letzten, die zum Chuukdistrikt gehören, und denkt zurück: „Das Schiff pflügte mit seinem schmalen, langen Leib durch das Meer und hinterließ eine weiße, schäumende Straße, die nach Chuuk führte.“ Ihm und seiner Frau wird trotz der Freude auf die alte Heimat mit Wehmut bewusst, dass Chuuk und das Meer, auf dem sie so oft unter Lebensgefahr unterwegs gewesen waren, hinter ihnen liegt, und dass nun ein neuer Lebensabschnitt begonnen hat. Wilhelm beschreibt das mit den Worten: „In unserem Herzen ist noch eine ganz frische Wunde.“

Unter den Mitreisenden ist auch ein amerikanischer Missionar, ein gewisser Dr. Harold Hanlin. Dieser Mann ist im Augenblick noch ohne größere Bedeutung, wird aber in den kommenden Jahren besonders für Wilhelm in vieler Hinsicht zu einer – sagen wir es positiv – erheblichen Herausforderung werden.

Als die Dämmerung beginnt, findet Waltraud es merkwürdig, dass sie offenbar jetzt nicht irgendwo an Land gehen, um zu schlafen. So ist sie es von den Bootsreisen auf den Inseln gewöhnt. Auch will sie wissen, warum so ein großes Schiff nicht umfällt, wenn es so hoch über die Wasseroberfläche hinausragt. Einer der beiden Jungen kann sich das „große Fass“ nicht erklären, das weit über das Deck hinausragt. Für ihn hatten Wasserfahrzeuge bislang keinen Schornstein.

Schuhe und andere Widrigkeiten

Am 22. März 1952 kommen sie wohlbehalten auf Guam an. Dort erwartet sie eine erste Überraschung. Nicht nur die beiden Militärpfarrer der amerikanischen Marine, Captain J. H. Heintzelman und Lieutenant James R. Beamer, sind am Pier, um sie abzuholen, sondern auch zwei deutsche Ärzte. Mit der Anwesenheit der beiden Offiziere sind alle ihre Gepäck- und Transportprobleme gelöst. Sie brauchen sich auch um die Dokumente für ihre Weiterreise nicht kümmern, was sie, müssten sie das selbst tun, mehr als eine Woche Behördengänge kosten würde.

Eines der großen Probleme, die alle Familienmitglieder plagen, sind die Blasen an den Füssen, die sie bekommen, weil sie es seit Jahren nicht mehr gewöhnt sind, Lederschuhe zu tragen.

Der 23. März 1952 ist ein Sonntag. Sie nehmen am Gottesdienst in der Kirche des Marinekrankenhauses teil. Hier sind sie wer! Wilhelm berichtet von seiner Arbeit auf Chuuk. Und natürlich erwartet alle Welt von Hannelore, Waltraud, Anneliese und Ernst – Helmut ist dafür noch zu klein –, dass sie hören lassen, was man überall von Missionarskindern hören will: Sie sollen ein Lied in der Chuuksprache singen. Nichts leichter als das, und alle sind begeistert! Ihr Vater gibt anschließend einigen Journalisten ein Interview für einen Bericht in der Soldatenzeitung, die auf Guam erscheint.

Der Bericht, der drei Tage später im „Marianas Mariner" steht, hat es in sich. Er enthält nicht nur ein Foto der Familie vor dem Militärkrankenhaus in Begleitung der beiden Offiziere, sondern verhunzt auch die Schreibung der Namen Waltraut und Anneliese bis zur Unkenntlichkeit. Die beiden heißen „Weltereaut" und „Anneiese". Außerdem stellt der Verfasser des Berichts am Ende fest, dass die Kinder die Chuuksprache und etwas Deutsch, aber kein Englisch sprechen.

Am folgenden Montag geht es turbulent zu. Ein Bus bringt sie zum Hafen, wo sie das Schiff besteigen, mit dem sie von Guam nach San Francisco reisen werden, über den ganzen Pazifischen Ozean hinweg.

Die „General Edwin D. Patrick" ist ein Truppentransporter, der zweitausend Soldaten mit ihrer gesamten Ausrüstung transportieren kann. Es ist zweihundertdrei Meter lang, besitzt über vierhundert Kabinen und trägt den Namen eines Generals, der im zweiten Weltkrieg bei Manila in den Philippinen gefallen war.

Die „General Edwin D. Patrick"

Wilhelm bekommt die Technik des Schiffs gezeigt. Besonders interessant ist der riesige Maschinenraum mit seinen Transmissionen und einer technischen Vorrichtung, mit deren Hilfe aus Meerwasser Trinkwasser gewonnen wird.

Auf dem Schiff wartet schon ihr Gepäck in einer geräumigen Kabine auf sie. Die Kinder sind mächtig beeindruckt. Sie finden nicht nur die vielen Autos aufregend, die überall auf Guams Straßen herumwimmeln. Auch die zwei Musikkapellen, die zu hören sind, erregen ihre Aufmerksamkeit. So etwas gab es auf Chuuk nicht.

Bedrohlich wird es schließlich für die beiden kleinen Jungen. „Als dann der mitreisende General die Parade abnimmt und die Salutschüsse zu Ehren des Schiffs aus den Kanonenrohren donnern und blitzen, fährt Ernst jedesmal böse zusammen. Helmut fängt an zu weinen und beruhigt sich erst wieder, als sein Vater ihn auf die andere Seite des Schiffs mitnimmt, wo er das Meer und die kleinen Boote sieht, die ihm von Chuuk her vertraut sind. Mit ihnen kehrt sein Vertrauen in die Welt zurück."

Punkt elf Uhr vormittags setzen sich die Schlepper in Bewegung und bugsieren das große Schiff aus dem Hafen.

Nach San Francisco

Über eine Woche lang fahren sie nach Osten. Von der Besatzung erfahren sie als Deutsche einen völlig anderen Umgang, als das bei den Japanern der Fall war. „Ich muss sagen, man hat uns nicht bloß als Passagiere behandelt, sondern wie Gäste." Der Zahlmeister des Schiffs spricht sehr gut Deutsch, denn er hatte als jüngerer Mann eine Zeitlang in Deutschland gelebt. Er unterhält sich gerne mit ihnen. Eines Abends lässt er für die fünf Kinder einen Tisch mit vielen Geschenken herrichten, gerade so, als ob Weihnachten wäre.

Am 31. März erreicht des Schiff Honolulu auf Hawaii. Ein alter Bekannter, der als Beamter auf Chuuk tätig gewesen war, zeigt ihnen die Insel Oahu. Wilhelm kommentiert das ironisch mit den Worten: „Er macht sich selbst die Freude, die Hinterwäldler aus Mikronesien mit dem Auto durch Honolulu zu fahren."

Die Kinder bestaunen ein Kaufhaus. So viele Sachen! „Warum kaufst du die eigentlich nicht alle?", wollen sie von ihrem Vater wissen. Und erst die Rolltreppe! Was für ein spannendes Erlebnis! Waltraud verlässt kurz vor Erreichen des oberen Stockwerks die Stufe, auf der sie steht, mit einem Sprung und schaut zurück, um sicher zu gehen, ob das Ding sie etwa weiter verfolgen wird oder nicht.

Im Zoo von Honolulu sehen sie zum ersten Mal Elefanten, Krokodile, Zebras, Affen und Giraffen. Andere Besucher werden immer wieder auf sie aufmerksam, weil die Kinder ihrer Verwunderung in der Chuuksprache Ausdruck geben. Man hält sie für Schweden oder Polen. Manchen kommt das „Gebrabbel" der Kinder vor, als seien sie Inder.

Nachdem Honolulu hinter ihnen liegt, wird es auf der Fahrt nach Nordosten immer kühler. Die Tropen bleiben hinter ihnen zurück.

Auf dem Schiff sind die Kinder nicht allein unter sich. Es reisen etwa siebzig weitere kleine Passagiere mit. Für die gibt es auf dem Weg nach San Francisco ein Fest, auf dem auch wieder Lieder in der Chuuksprache gesungen werden müssen. Der Auftritt der Kärcherkinder wird sogar über Lautprecher in alle Kabinen übertragen. Einer ihrer „Hits" ist ein Abendlied. Sie singen es, wenn sie dazu aufgefordert werden, zu jeder beliebigen Tageszeit.

Am 5. April 1952 erreichen sie morgens das amerikanische Festland. Es ist sehr neblig. Der Kapitän bittet sie auf die Brücke, erklärt ihnen die schwierigen Manöver bei der Einfahrt in die Bucht von San Francisco. Über ihnen wölbt sich plötzlich die Golden-Gate-Brücke. Ein überwältigender Anblick, dieses Bauwerk mit der damals größten Spannweite der Welt.

Auch in San Francisco werden sie von freundlichen Menschen erwartet und betreut. Sie fahren über die fast dreizehn Kilometer lange Brücke mit ihren zwei Decks und sechs Fahrbahnen, auf der man über den Meeresarm zwischen San Francisco und Oakland auf das amerikanische Festland gelangt.

Quer durch die Vereinigten Staaten

Am 8. April sitzen sie im Zug, der sie in siebzig Stunden quer durch die U.S.A. nach Newark bringen soll. Auf der Fahrt durch die Sierra Nevada sehen die Kinder zum ersten Mal Schnee. Die ganze Familie erkältet sich auf dieser Reise. Trotzdem wird sie zu einem unvergesslichen Erlebnis. Nach der amerikanischen Wüste am zweiten Tag fährt der Zug am dritten durch den Mittleren Westen mit seinem fruchtbaren Land und seinen vielen Bauernhöfen.

Von Newark geht es im Auto nach Schooley's Mountain, der amerikanischen Niederlassung der Liebenzeller Mission. Die Kinder finden es immer lästiger, dass ihre Haut nicht mehr so angenehm feucht ist, wie das auf Chuuk immer der Fall war, sondern unangenehm trocken. Und ständig diese blöden Schuhe! Eine Zumutung!

Wann kommt endlich Deutschland?

Fünf Wochen lang verbringen sie in Schooley's Mountain. Am 15. Mai sind sie im kanadischen Montreal. Von dort soll die Reise nach Bremerhaven gehen. Während der Schiffsreise den St. Lorenzstrom hinab und über den Atlantik, die elf Tage dauert, ereignet sich nichts Besonderes. Die Kinder langweilen sich und stellen immer wieder die Frage, die Eltern gewöhnlich nervt: „Wann kommt endlich Deutschland?"

Als das Schiff den europäischen Kontinent und die Nordsee erreicht, finden die Kinder, Deutschland sei anscheinend eine lang gestreckte Insel, die gar nicht aufhöre. Das Meer, das in der Südsee eigentlich immer in unmittelbarer Nähe liegt, wo immer man sich befindet, fehlt ihnen plötzlich.

In Bremerhaven erwartet sie Elisabeths Tante Elise Grentz aus Berlin. Dann geht es mit der Bahn bis Karlsruhe, und von dort mit dem Auto nach Bad Liebenzell.

Die Fahrt durch Pforzheim ist bedrückend. Überall nur Trümmer und Zerstörung, die der schwere Fliegerangriff von 1944 hinterlassen hat. Das Nagoldtal und der Missionsberg bilden dazu einen scharfen Kontrast. Für die Kinder, die Deutschland noch nie gesehen haben, ist das alles ein Erlebnis, das sie mit gemischten Gefühlen wahrnehmen.

Was in Deutschland geschehen war

Auf dem Friedhof in Mühlhausen wird Wilhelm und den Kindern schmerzlich bewusst, dass seine Eltern – ihre ihnen unbekannten Großeltern – nicht mehr leben.

Ernst, jüngster Bruder Wilhelms, war 1942 in Russland gefallen. Kurz vor Weihnachten 1944 hatte Wilhelms Mutter ihren Mann im Viehstall tot aufgefunden. Ein Herzinfarkt hatte seinem Leben unerwartet ein Ende gemacht. Wilhelms Bruder Karl war in Kriegsgefangenschaft geraten, hatte aber überlebt und sich zum Teil auf abenteuerlichste Weise nach Hause durchgeschlagen. Sein Bruder Franz war mit seiner Familie aus Schlesien geflohen und erreichte fast völlig mittellos Mühlhausen in wochenlangen Fußmärschen.

Wilhelms Mutter war an Krebs erkrankt und kämpfte mit großer Energie mehrere Jahre lang gegen die Beeinträchtigungen, die ihre schwere Erkrankung mit sich brachte. Sie wollte die Rückkehr ihres Sohnes nach Deutschland unbedingt erleben. Eine Gelbsucht nahm ihr schließlich die letzte Kraft. Sie starb 1951 im Alter von zweiundsiebzig Jahren.

Entdeckungen und Erfahrungen

Ernst, inzwischen fünf Jahre alt, findet Deutschland entschieden zu kalt und das *fénúwen misin*, das „Missionsgrundstück", wie er den Missionsberg nennt, deutlich weniger attraktiv „als unseres". Er meint Philadelphia auf Chuuk.

Die Mädchen dagegen entdecken vieles, was sie begeistert, zum Beispiel Hufeisen. Die Pferde – die Mission betrieb damals noch eine Landwirtschaft – so erzählen sie, trügen richtige Geta, japanische Holzsandalen, und sie wollen wissen, wer ihnen diese jeden Morgen anziehe.

Verwundert sind sie auch darüber, dass ihr Vater so viele „Brüder" hat, denn sie sind es nicht gewöhnt, dass er und seine Kollegen nicht nur in Bad Liebenzell, sondern überall in Gemeinden und Gemeinschaften mit dieser Verwandtschaftsbezeichnung angesprochen werden.

Überhaupt die Verwandtschaft! Die Kinder haben Mühe, sich zu merken, wer aus welchem Grund ihr Onkel, ihre Tante, ihre Vettern oder ihre Basen sind. Ernst besteht darauf, zu erfahren, wer unter den vielen Verwandten nun eigentlich seine Schwiegermutter sei.

Mühlhausen ist für die Kinder besonders interessant. Hier kann man Rad fahren lernen, auf dem Traktor des Onkels in den Wald tuckern und die vielen Treppen in den Weinbergen an der Enz hinauf und hinunter steigen.

In Waltenhofen dagegen gibt es Großeltern. Sie haben Kühe, die Glocken um den Hals tragen, wenn sie auf der Weide grasen. Ganz in der Nähe gibt es ein Wäldchen, in dem man herrlich spielen kann, so ähnlich wie auf Toon. Die Freiheit aber, die dort herrschte, hat hier ihre Grenzen. Die Kinder wissen nicht, dass Weidegras in Deutschland kostbar ist. Auf Chuuk muss kein Heu gemacht werden, damit das Vieh im Winter etwas zu fressen hat. Unbekümmert laufen sie über die Wiesen der Nachbarschaft und sind völlig überrascht und erschreckt, wenn sie von den Bauern dafür ausgeschimpft werden.

Das Jahr 1952 vergeht mit Reisediensten und Lichtbildervorträgen in ganz Deutschland. Seit 1. August wohnt die siebenköpfige Familie in Eutingen bei Pforzheim. Ein Bekannter und Freund hat ihnen ein Haus vermittelt, das sie zu einem günstigen Preis erwerben und mit Hilfe der Verwandtschaft auch wohnlich einrichten können. Wilhelm und Elisabeth geben ihm den Namen *imwen kinamwmwe*. Das bedeutet „Haus des Friedens, der Ruhe". So steht es in Pforzheim-Eutingen, Brömachweg 27, heute noch an der Hauswand neben der Eingangstür.

Für Hannelore, Waltraud und Anneliese hat das Schuljahr und damit eine anstrengende Zeit begonnen. Sie müssen mit den gleichen Widrigkeiten kämpfen wie die meisten Missionarskinder. Kaum jemand kann ermessen, was es für ein Kind in diesem Alter bedeutet, ohne die Erfahrung des Kindergartens von heute auf morgen mit anderen Kindern in einer Klasse zusammen zu sein. Man kennt sich nicht, hat zuvor nie zusammen gespielt, und was man von seinen Erlebnissen aus der Südsee erzählt, ist so unglaublich, dass man schnell als Phantast, Angeber und Lügner gilt. Es sind die vielen kleinen unbekannten Einzelheiten in einer Schule in Deutschland, die ein Kind nicht kennen kann, das nicht hier aufgewachsen ist. Zwar haben ihre Eltern sie gut darauf vorbereitet. Trotzdem erleben die drei Mädchen schwierige erste Schulwochen, denn ihr Wortschatz im Deutschen ist nicht auf dem gleichen Stand wie der ihrer Mitschüler.

Wie sollte es auch anders sein? Auf Chuuk gibt es keine Jahreszeiten wie Frühling, Sommer, Herbst und Winter. Kinder, die einen solchen Jahresablauf nie erlebt haben, kennen daher auch die Wörter nicht, mit deren Hilfe man darüber spricht, Informationen austauscht und denkerisch darüber verfügen kann. Hannelore, Waltraud und Anneliese kennen dafür die Welt der Südseeinseln und die sprachlichen Mittel, mit denen man die dort vorhandenen Dinge bezeichnet und bespricht. Dass sie sich jetzt in Deutschland und damit in einer sprachlich anders orientierten Umgebung befinden, erleben sie als Mangel, und sie fühlen sich sehr verunsichert. Am leichtesten hat es noch Anneliese, die Jüngste. Die anfänglichen Schwierigkeiten nehmen aber im Lauf der ersten Monate in der Schule ab und sind auch bald einigermaßen überwunden.

Zweiter Abschied von Europa

Fast ein Jahr später erscheint in den „Mitteilungen der Liebenzeller Mission“ (Juli/August 1953:11-12) ein Bericht aus der Feder Wilhelms. Es ist sein Abschiedswort auf dem Pfingstmissionsfest in Bad Liebenzell vor seiner Wiederausreise. Es trägt als Überschrift die beiden Verse aus 2. Mose 40,36-37: „Wenn die Wolke sich aufhob von der Wohnung, so zogen die Kinder Israel. Wenn sich aber die Wolke nicht aufhob, so zogen sie nicht.“ Was dann folgt, ist es wert, wörtlich zitiert zu werden:

„Mose wusste wohl, dass mit jedem Erheben der Wolke ein ganz neuer Reiseabschnitt begann, darum dachte er nicht: Ich bin so geübt in den Wegen des Herrn und zudem in der Wüste gut bekannt, so dass ich auch ohne besonderes Zeichen es wagen kann, aufzubrechen.

Als wir vor fünfzehn Monaten in der Südsee uns für die Heimreise rüsteten, da hatten wir die innere Gewissheit, dass sich für uns die Wolke zum Zeichen des Aufbruchs erhoben habe. Derjenige, welcher der Wolke geboten hat, sich zu erheben, hat uns dann auch in ganz wunderbarer Weise die Wege in die Heimat geebnet und bis hin nach Eutingen bei Pforzheim gebahnt. Erst dort hat sich die Wolke niedergelassen.

Und nun hat sich die Wolke schon wieder erhoben zum Zeichen des Aufbruchs. Wir können fast nicht anders als im Gehorsam aufbrechen und so bitten wie Mose: Herr, gehe mit uns, denn es beginnt ein neuer Reise- und Lebensabschnitt!“

Dann erzählt er noch einmal jenes Erlebnis, das er als Kind im ersten Weltkrieg hatte, als er am Bahnhof in Mühlacker die Soldaten voller Begeisterung in den Krieg ziehen sah, weil der König sie gerufen hatte.

Und er fügt ein weiteres Erlebnis aus seiner Jugend hinzu: „In meinem Heimatort brannte vor vielen Jahren oberhalb des Dorfs das Schafhaus. Weil nun vor fünfzig Jahren die Feuerwehren noch nicht so modern eingerichtet waren und es kaum Wasser auf der Anhöhe gab, bildete die ganze Gemeinde eine lange Eimerkette vom Dorfbrunnen bis hinauf zum Brandplatz. Einer reichte dem anderen den vollen Wassereimer. Am Ende dieser Eimerkette, wo das Feuer brannte, arbeiteten die Feuerwehrleute. So wurde mit vereinter Kraft das verderbliche Feuer eingedämmt. Den Dank dafür bekamen nicht nur die Feuerwehrleute, sondern auch die

Eimerkette. Dies soll ein Beispiel sein für die Sache der Mission. Wenn man nicht Missionar sein kann, so kann man ganz bestimmt seinen Mann stellen in der Eimerkette. Wer möchte nicht heute bei diesem Missionsfest sich einreihen lassen in die Eimerkette?“

Geplant ist, dass Wilhelm im September 1953 allein nach Amerika reist, um verschiedene Forderungen zu erfüllen, die von den amerikanischen Behörden inzwischen an Nichtamerikaner gestellt werden, die im „Trust Territory of the Pacific Islands“ arbeiten wollen. So heißen die Inseln Mikronesiens inzwischen, die von den U.S.A. im Auftrag der Vereinten Nationen verwaltet und betreut werden. Für Wilhelm bedeutet dies, dass er eine Art Orientierungskurs absolvieren muss, ehe ihm und seiner Familie ein Visum für die Rückkehr auf die Inseln erteilt werden kann. Erst nachdem diese Formalitäten erledigt sind, soll ihm seine Frau in Begleitung der beiden Jüngsten, Ernst und Helmut, nachreisen. Zusammen werden sie dann wieder nach Mikronesien zurückkehren, ohne die drei Mädchen.

Schwerwiegender Entschluss

Eine Trennung der Familie? In der Tat! Und es gibt einen einfachen, aber schwerwiegenden Grund dafür: Für Hannelore, Waltraud und Anneliese gibt es auf Chuuk keine Möglichkeit, eine Schule zu besuchen, die ein Programm mit deutschen Standards hat. Die drei Mädchen müssen also wegen ihrer Schulausbildung in Eutingen zurückbleiben, wo sie während der Abwesenheit der Eltern von Barbara Löscher, einer Liebenzeller Schwester, betreut werden sollen.

Bis weit in die erste Hälfte des 20. Jahrhunderts hinein war eines der größten Probleme der Missionen und Missionarsfamilien die Schul- und Berufsausbildung ihrer Kinder. Es gab weder deutsche Auslandsschulen in den Ländern, wo Missionare tätig waren, noch existierten Fernunterrichtsprogramme, mit deren Hilfe Missionarskinder schulisch auf eine Berufsausbildung in Deutschland hätten vorbereitet werden können.

Es gab ursprünglich nur eine einzige Lösung für das Problem, und die hieß Missionarskinderheim. Dort kamen sie hin, wenn sie schulpflichtig geworden waren und ihre Eltern auf ihr Missionsfeld zurückkehren wollten. Das bedeutete, dass die Bedürfnisse von Missionarskindern dem missionarischen Auftrag ihrer Eltern nachgeordnet werden mussten.

Für die Kinder bedeutete das sehr oft eine emotionale Belastung besonderer Art. Sie verloren innerhalb kurzer Zeit ihre Bezugspersonen in einer Phase ihrer Entwicklung, in der sie auf diese in hohem Maß angewiesen waren. Sie mussten mit Ersatzbezugspersonen zurechtkommen, zu denen die Aufnahme einer Beziehung selten leicht, in der Regel schwierig und oft genug voller Spannungen war. Gar nicht so selten empfanden Missionarskinder das Erlebnis der Trennung von ihren Eltern in einer Weise als traumatisch, dass sie ihnen deswegen lebenslang Vorhaltungen machten. Unter diesen Kindern waren nicht wenige, die sich von allem abwandten, was mit Christsein, Glauben und Kirche zu tun hat.

Dieses Problem hat sich in der Gegenwart verringert. Missionarskinder müssen nicht mehr zu früh von ihren Eltern getrennt werden. Es gibt Auslandsschulen, Fernunterrichtsprogramme und professionelle Betreuung in Internaten für sie.

Für Hannelore, Waltraud und Anneliese besteht unter den gegebenen Umständen keine andere Möglichkeit zur Lösung des Problems ihrer Ausbildung als die, in Eutingen zu bleiben.

Die Entscheidung, die Familie zu trennen, erscheint nach außen hin den Eltern eher leicht gefallen zu sein. In einem Abschiedsbrief Wilhelms vom 6. August 1953 klingt das folgendermaßen: „Wir müssen unsere drei Mädchen der Schule wegen in Deutschland zurücklassen. Wir wagen das im Blick auf DEN, der gesagt hat: ‚Wer Vater oder Mutter oder Sohn oder Tochter mehr liebt denn mich, der ist mein nicht wert' (Matthäus 10,37).

In Wirklichkeit ringen Wilhelm und seine Frau lange Zeit schwer darum, das Schicksal ihrer drei Töchter der Aufgabe nachzuordnen, die sie auf Chuuk als noch nicht beendet ansehen.

Noch aber ist es nicht so weit. Zunächst wird Wilhelm, der Vater, die Familie verlassen. Bis ihm Elisabeth mit Ernst und Helmut nachreisen wird, vergeht noch einige Zeit.

Bagagli!

Wie 1937 bei seiner ersten Ausreise fährt er mit dem Zug nach Genua und übernachtet unterwegs in Bern bei Rosa Mäder. In Genua angekommen erlebt er Stress: sein Gepäck, schon vor zwei Wochen in Liebenzell aufgegeben, ist nirgends zu finden! Jetzt ist guter Rat teuer.

Nachdem er einen ganzen Tag hektisch, aber vergeblich danach gesucht hat, telegrafiert er nach Bad Liebenzell: „Gepäck nicht aufzufinden." Also heißt es, sich in Geduld zu fassen und zu warten. Spät in der Nacht klopft es an seiner Tür. Ein Polizeibeamter steht draußen, in der Hand das Antworttelegramm aus Bad Liebenzell: „Gepäck am 16. August Chiasso passiert."

Wilhelm kann in dieser Nacht kaum schlafen. Am nächsten Morgen macht er sich wieder auf die Suche nach seiner verschollenen Ausrüstung. Gegen elf Uhr vormittags, er hat gerade einen Gang durch die Stadt begonnen, um sich abzulenken, steht er in einer schmalen Gasse vor einem Haus, in dem sich das Büro einer kleinen Transportfirma befindet.

„Trasporti!? Ich könnte es ja einmal hier probieren!"

Wilhelm betritt das Haus. Im dritten Stock findet er in einer alten, etwas schmuddeligen Stube einen Italiener, der an seinem Schreibtisch sitzt und an einer Zigarre herumkaut. Im ersten Augenblick glaubt er nicht, dass er sein Gepäck hier finden wird. Aber dann traut er seinen Augen nicht: Der Mensch hat doch tatsächlich den Eilfrachtbrief vor sich auf dem Schreibtisch liegen, der zu seinem Gepäck gehört!

In diesem Augenblick betritt eine Deutschamerikanerin das schummrige Büro, auch sie auf der Suche nach ihren Sachen. Gemeinsam versuchen die beiden, sich mit dem Italiener zu verständigen. Das gelingt einigermaßen, aber es dauert dann immer noch über eine Stunde, bis die Zollabfertigung ihres Gepäcks über die Bühne gegangen ist. Zu sehen bekommen sie ihre Kisten und Koffer trotzdem noch nicht.

Stunden später, es ist inzwischen vier Uhr nachmittags geworden und alle Passagiere haben die Pass- und Zollformalitäten hinter sich gebracht, ist Wilhelms Ausrüstung immer noch an einem unbekannten Ort. Die Verzweiflung will ihn wieder packen. Da sieht er plötzlich etwas heranfahren, was er als „einen alten Rumpelkasten von Lastauto" bezeichnet. Auf dessen Ladefläche entdeckt er zu seiner größten Erleichterung seine Kisten. Er freut sich unbändig. Es ist wie Weihnachten. Aber er freut sich zu früh. Der Zahlmeister des Schiffs weigert sich, das Gepäck anzunehmen. Es sei nicht gemeldet.

Jetzt packt Wilhelm die Wut. Er geht von Deck hinunter zum Auto, zieht sein Gepäck heraus, lädt das erste Stück einem herumstehenden Italiener auf den Rücken und macht ihm mit Händen und Füßen klar, dass er das Zeug aufs Schiff schleppen solle.

Jetzt packt den Zahlmeister die Wut. Als er die Sachen an Deck stehen sieht, versucht er es mit Schikane: „Das kostet 15 Dollar

Fracht!“ Wilhelm aber gibt sich nicht geschlagen. Er redet, was das Zeug hält, macht dem Pedanten klar, dass auf jedem Schiff für je einen Passagier ein Kubikmeter Gepäck frei sei, und dass „sein Sach“ nur wenig mehr als einen Kubikmeter Rauminhalt umfasse. Der Zahlmeister aber beharrt verstockt auf seiner Forderung. Er holt einen der Schiffsoffiziere. Der erscheint mit einem Bandmaß und beginnt zu messen.

In diesem Augenblick wird es spannend. Wilhelm erkennt schnell, dass man mit dem Bandmaß nur in Fuß messen kann, der Offizier aber mit dem Unterschied zwischen Kubikmeter und Kubikfuß nicht so recht Bescheid weiß. Wilhelm nimmt ihm energisch das Bandmaß aus der Hand und führt ihm praktisch vor Augen, wie groß ein Kubikmeter ist. Es nützt nichts. Auch der Offizier behauptet, er müsse bezahlen.

Das will Wilhelm auf keinen Fall, und er greift zum letzten Argument, das ihm bleibt. Er erklärt den beiden, wer er ist und dass er auf die Karolinen wolle. Bei diesen Worten mustert ihn der Offizier noch einmal von Kopf bis Fuß und meint dann: „You are a churchman. We can do nothing. Du bist einer von der Kirche. Da können wir nichts machen.“

Wilhelms Kommentar: „Das war dann nach geschlagenen zwei Tagen das Ende vom ‚bagagli‘“ (italienisch für „Gepäck“).

Von Genua nach New York

Am 2. September 1953 sticht das ägyptische Schiff „Khedive Ismael“ von Genua aus nach New York in See. Wilhelm bewohnt zusammen mit „einem netten, siebzehn Jahre alten Araberburschen“, wie er ihn nennt, eine kleine Kabine. Weil dieser Englisch spricht, liest er abends vor dem Schlafengehen einen Abschnitt aus dem Neuen Testament mit ihm.

Auf der Fahrt durchs Mittelmeer herrscht ruhige See, im Gegensatz zum Atlantik, auf dem es hin und wieder sehr stürmisch zugeht. Während des rauen, regnerischen Wetters werden die Sturmleisten an den Tischen angebracht, die verhindern sollen, dass die Gedecke bei Schräglage des Schiffs von den Tischen rutschen. Es kommen nicht mehr viele Leute zum Essen in den Speisesaal.

Die etwas unappetitlichen Szenen, die Wilhelm auf seiner Reise nach New York erlebt und schildert, zeigen eindrücklich, wie sich Ernst des Lebens und Vernunft in seiner Person mit dem Spaß am

Komischen, Skurrilen und Grotesken verbindet. Trotzdem überschreitet er nie die Grenzen des guten Geschmacks, selbst wenn er sich ihnen in bedenklicher Weise nähert.

Einer seiner Tischnachbarn will beweisen, dass ihm das Schwanken des Schiffs nichts ausmacht, und dass er sich beherrschen kann. Auf einmal aber wird er ganz weiß im Gesicht, geht dann langsam in Richtung Bullauge, öffnet es und streckt seinen Kopf weit hinaus, als wollte er jemand rufen. So verharrt er ein paar Minuten, hält seine Nase in die frische Luft, fängt aber schließlich doch an zu husten und übergibt seinen Mageninhalt den Fischen.

Einen anderen überkommt es so schnell, dass er noch am Tisch „seine Sache erledigt". Wilhelms Kommentar: „Wenn man selber nicht seekrank ist, dann ist das ganz interessant. Aber der Appetit ist mir dadurch beinahe auch vergangen."

Er sitzt beim Essen oft mit einer Griechin zusammen an einem kleinen Tisch. Sie liebt es, sich zu den Mahlzeiten in Schale zu werfen. Ihre aufwendigen kosmetischen Verschönerungsversuche bringen nicht viel, nehmen aber so viel Zeit in Anspruch, dass sie immer etwas zu spät am Tisch erscheint. „An Händen und Füßen, im Gesicht und an den Lippen ist sie immer frisch gestrichen. Die roten, langen Fingernägel sehen fast aus wie Vogelkrallen, und an den Ohren trägt sie immer wieder andere Ringe, die bis zu fünf Zentimeter Durchmesser haben. Eigentlich fehlt ihr nur noch ein schöner großer Nasenring. Kaum hat sie gegessen, bläst sie mir ihren Zigarettenrauch über den Tisch ins Gesicht, der sich mit ihrem Parfümduft verbindet. Davon könnte man beinahe auch seekrank werden."

Eine fast siebzigjährige Großmutter aus München, die im Leben noch nie eine große Reise gemacht hat, ist auch auf dem Schiff. Sie will ihre drei Töchter in Amerika besuchen. Nach dem Sonntagsgottesdienst, den Wilhelm hält, bricht sie in Tränen aus: „Ich höre auf dem Schiff nur Kauderwelsch und kann kein einziges Wort verstehen. Aber als Sie gepredigt und gebetet haben, da konnte ich alles verstehen."

Wilhelm hat den Eindruck, dass sie umso unsicherer wird, je näher New York rückt. Sie hat offensichtlich Angst vor der ihr unbekannten Welt, in die sie geraten wird, und wünscht sich zurück in ihre vertraute Umgebung. Als die „Khedive Ismael" in den Hafen von New York einfährt, sitzt sie wieder einmal in ihrer Kabine und heult. Wilhelm versucht, ihr Mut zu machen, aber sie lässt sich in ihrem Unglück nicht beirren: „Wer wird mir in Amerika helfen, wenn meine Mädchen nicht da sind?“ Es ist zum Erbarmen! Wilhelm begleitet sie zur Passkontrolle. Die gute Frau aber bringt vor lauter Aufregung ihre Papiere immer wieder durcheinander, hat gar einen Teil davon verlegt. Nach einer halben Stunde endlich liegen alle die Dokumente der Reihe nach bereit, und die beiden können es wagen, an Land zu gehen.

Unten an der Landungsbrücke stehen drei moderne Amerikanerinnen. Die strecken die Köpfe zusammen und sind ins Gespräch vertieft. Wilhelm vermutet in ihnen die Töchter der alten Dame in seiner Begleitung, spricht sie an und fragt, ob dies ihre Mutter sei. Die drei erkennen ihre Mutter, die sie schon längere Zeit nicht mehr gesehen haben müssen, nicht sofort. Ihre Figur scheint sich inzwischen auch stark verändert zu haben. Als den dreien plötzlich ein Licht aufgeht, ruft eine von ihnen: „Mutter, bist du aber dick geworden!“ Mit dieser Aussage ist die Welt für die alte Dame wieder in Ordnung, und eine ihrer Töchter drückt Wilhelm einen Fünf-Dollar-Schein in die Hand, als Dank für seine Vermittlerdienste.

Studium in den U.S.A.

Den Orientierungskurs, zu dem Wilhelm verpflichtet ist, um ein Visum für die Wiedereinreise nach Mikronesien zu bekommen, absolviert er an einem College in Connecticut, dem Hartford Theological Seminary.

In den Vorlesungen und Seminaren, an denen er teilnimmt, entwickelt er Begeisterung für die Wissenschaft: „Wenn ich ein Missionsseminar anfangen müsste, so würde ich nicht nur gute Lehrer einstellen, sondern auch eine umfangreiche Bibliothek einrichten. Hier gibt es ein vierstöckiges Gebäude, gepackt voll mit allen erdenklichen Büchern.“ Damals verfügte die Bibliothek über 180.000 Bände. „Jedes neue Buch, das erscheint und wertvoll ist, kann man hier lesen, auch viele deutsche Bücher. Wenn man allerdings in Bad Liebenzell so viel hätte lernen müssen wie hier, wäre ich wohl nicht in die Mission gegangen. Aber deswegen wäre natürlich das Reich Gottes trotzdem gebaut worden.“

Man interessiert sich für ihn, für den Deutschen mit seiner merkwürdigen Schreibmaschine, der so ganz anders über Europa denkt und berichtet als die jungen amerikanischen Studenten. Und man hört ihm mit großer Aufmerksamkeit zu, wenn er von seinen Erfahrungen auf den Inseln Mikronesiens berichtet. Denn obwohl amerikanische Soldaten zehn Jahre zuvor das Gebiet erobert und besetzt hatten, weiß merkwürdigerweise kaum einer, wo Mikronesien liegt und was die Karolinen sind. Manche reagieren überrascht und sind verwundert darüber, dass es in den Staaten North und South Carolina Inseln geben soll.

Der Student Wilhelm Kärcher lernt abschätzen, wie viel er von einem Thema mindestens wissen muss, dass er mitreden kann. Aber er hat Schwierigkeiten mit der akademischen Sprache, der so ganz anderen Mentalität der Menschen und den Unterschieden zwischen dem deutschen und amerikanischen Bildungssystem. Einer seiner Briefe an seinen früheren Kollegen Richard Neumaier endet mit den Worten: „Wenn ich im Voraus gewusst hätte, ehe ich in die Mission ging, was es da alles zu lernen gibt und wie man da wegen des Lernens oft nicht schlafen kann, ich glaube, ich wäre Zimmermann geblieben. In diesem Beruf musste man zwar auch lernen. Aber dort fiel es mir fast in den Schoß. Hier in Hartford muss ich, wie auch in Bad Liebenzell, alles mit viel Mühe erringen. Manchmal bin ich ganz niedergeschlagen und frage mich, warum es mir so ergehen muss. Für dich wäre das ein feiner Platz, und es wäre wohl auch nicht so anstrengend für dich, wie es das für mich ist. Es fehlt eben bei mir auch die Grundlage. Denn alle, die hier studieren, haben das College oder sonst eine höhere Schule absolviert. Darum kannst du dir denken, dass ich keiner von den Besten bin. Als ich aber in der ersten Prüfung in Anthropologie 65% [des Prüfungsstoffs] richtig hatte, habe ich mich doch sehr gefreut, denn manche Amerikaner, die mehr Schulen besucht hatten als ich, lagen noch hinter mir. Und mit der [englischen] Sprache, das ist ja auch nicht so ganz einfach. Somit ist diese Schule für mich eine sehr harte Prozedur. Ich muss mich Tag um Tag durchbeißen."

Was Durchbeißen für ihn bedeutet, schildert er in einem Brief vom 2. August 1976 an seinen Neffen und Nachfolger als Missionar Klaus W. Müller: „Am Freitagmittag war in der Kantine Schluss. Es gab dann bis Montag früh nichts mehr zu essen. Von Schooley's Mountain bekam ich damals 20 Dollar im Monat. Das war mein Taschengeld. Alles andere hat ja die Mission bezahlt. Da habe ich mich wie die japanischen Studenten über den Samstag und Sonntag durchgehungert. Auch die afrikanischen Studenten machten das so."

Wenn er kein Geld mehr hat, sucht er sich Möglichkeiten, mit Babysitting etwas zu verdienen. Die Leute sind meist sehr verwundert, dass ein gestandener Mann in seinem Alter – er ist inzwischen fünfundvierzig – als Studierender noch so etwas tut. Er gerät in den Verdacht, Kinder missbrauchen zu wollen, und muss dann nachweisen, dass er selber verheiratet und Vater von fünf Kindern ist, um entsprechende Bedenken zu zerstreuen.

Das ganze Wintersemester hindurch benützt er in seinen Briefen den Ausdruck „durchbeißen". In einem von ihnen formuliert er es gleichsam als Programm: „So, jetzt schreibe ich keinen Brief mehr, bis ich mich ganz durch das Semester gebissen habe."

Während der Zeit in Hartford erreicht ihn die Nachricht vom Tod eines Insulaners, mit dem ihn eine tiefe Freundschaft verbindet. Kiriimen ist seit langer Zeit Jahren Pastor auf Némé, einer der Außeninseln von Chuuk. Der Verstorbene, der recht gut Deutsch konnte, hatte ihm früher vieles aus seinem bewegten Leben erzählt. Er war als junger Mann herumgekommen, hatte während der deutschen Kolonialzeit länger im Phosphatbergbau auf der Insel Nauru gearbeitet, und er war einer der ersten auf seiner Insel, die mit Ernst Christen sein wollten.

Unter dem Eindruck seines Todes beschließt Wilhelm, die Lebensgeschichte von Kiriimen, soweit sie ihm bekannt ist, in einer kurzen biografischen Skizze festzuhalten. Trotz seiner vielen Arbeit und seiner schwierigen Lebenssituation beginnt er mit der Arbeit am Manuskript noch in Hartford und schließt es in Schooley's Mountain ab.

Den fertigen Text mit dem Titel „Krimen, ein treuer Insulanerprediger" schickt er nach Bad Liebenzell. Dort scheint es auch eingetroffen zu sein, aber es gerät aus unerfindlichen Gründen in Vergessenheit. Ein Pfarrer der württembergischen Landeskirche, Joachim Braun, der ein christliches Blatt herausgibt, veröffentlicht es als Fortsetzungsgeschichte. Irgendjemand in Bad Liebenzell entdeckt sie dort, und es entsteht der Gedanke, die Geschichte auch im eigenen Verlag zu veröffentlichen. Sie erscheint 1960, sieben Jahre nach Abschluss des Manuskripts.

Eine Entscheidung, die bitter macht

Am College in Hartford gibt es einen Dozenten, zu dem Wilhelm ein besonderes Verhältnis entwickelt. Er ist Professor für die Fächer Anthropologie und Ethnologie, und er spricht Deutsch als Muttersprache.

Dr. Paul Leser, Jahrgang 1889, hatte Ethnologie studiert, in diesem Fach auch promoviert und sich habilitiert. Weil er Jude war, verlor er bald nach der Machtübernahme durch die Nationalsozialisten seinen Posten als Hochschuldozent. Er musste aus Deutschland fliehen. Über Schweden schlug er sich nach den U.S.A. durch und bekam schließlich 1953 einen Lehrstuhl an der Kennedy School of Missions, einer Abteilung des Hartford Theological Seminary. Dort lernten er und Wilhelm Kärcher sich kennen.

In seinen Vorlesungen und Seminaren meldet sich Wilhelm besonders gern zu Wort, besonders dann, wenn er etwas zurechtrücken kann, was der Professor seiner Erfahrung nach nicht ganz richtig darstellt.

So ist eines Tages davon die Rede, wie man vor wenigen Jahren in Deutschland noch Getreide gedroschen hat. Immer vier Mann hätten den Flegel im gleichen Takt geführt, so die Aussage. Wilhelm kann es sich dann nicht verkneifen, darauf hinzuweisen, dass er als Junge zu sechst mit anderen zusammen gedroschen habe.

Für einen Ethnologen wie Paul Leser ist ein gestandener Missionar mit den Erfahrungen, wie sie Wilhelm inzwischen gesammelt hat, von größtem Interesse. Die beiden unterhalten sich häufig über Kultur, Gesellschaft und Sprache der Insulaner von Chuuk, und Professor Leser gewinnt den Eindruck, Wilhelm bringe alle Voraussetzungen mit, im Fach Ethnologie zu promovieren. Er will ihn ins Doktorprogramm übernehmen.

Über dieses Ansinnen schreibt Wilhelm an Richard Neumaier in einem Brief vom 7. Dezember 1953: „Unser Anthropologieprofessor hat mich letzte Woche inständig gebeten, dass ich ja alle alten Geschichten und *roongen sáfey*[3] genau aufschreiben soll. Wenn ich so viel [wissenschaftliches Material] hätte, dass es ein Buch mit etwa 200 Seiten gäbe, [...] dann könnte ich damit den Doktor machen, wenn nicht in Deutschland, so doch in Amerika. Das wäre so was."

Zwar fügt er hinzu, dass er noch nicht vollkommen davon überzeugt ist, dem Vorschlag seines Lehrers folgen zu sollen. Er verwirft den Plan aber nicht grundsätzlich, zumal er sich darüber im Klaren ist, dass ihm das Vorhaben, sollte es ihm gelingen, einen enormen Vorteil bringen würde. Erstens könnte er damit seine Stellung unter den Insulanern festigen. Daran liegt ihm nicht viel, weil er sich in den zurückliegenden Jahren durch seine Persönlichkeit und seinen Einsatz schon so viel Status erworben hatte, dass er

[3] Sammelbegriff der Insulaner für magische Verfahren zur Heilung von Krankheiten, Schutz gegen allerhand Unheil usw.

bei ihnen auch ohne akademischen Grad eine Autorität sein wird. Viel gewichtiger ist ein anderes Argument. Als deutscher Missionar auf Chuuk wird er in Zukunft unter der Aufsicht amerikanischer Kollegen arbeiten müssen. In deren Ausbildungsgängen sind Universitätsabschlüsse schon lange die Regel. Deutsche Missionare mit ihrer handwerklichen Orientierung und darauf folgender Seminarausbildung werden von ihnen daher nicht als gleichwertige Partner angesehen. Wilhelm weiß das sehr genau und beschließt deswegen, den Vorschlag Professors Lesers, eine Promotion ins Auge zu fassen, dem zuständigen Missionsinspektor, Pfarrer Heinrich Hertel, vorzutragen und seine Meinung einzuholen.

Heinrich Hertel hatte in Erlangen Theologie studiert und war auf Veranlassung von Heinrich Coerper 1926 als Lehrer und Mitarbeiter nach Bad Liebenzell gekommen. Neben seiner Lehrtätigkeit hatte er schon seit längerer Zeit das Inspektorat für die Missionsfelder Japan und Südsee übernommen, war also Wilhelms unmittelbarer Vorgesetzter.

Als Heinrich Hertel aus Hartford erfährt, dass Wilhelm Kärcher für eine Promotion vorgeschlagen wurde, reagiert er empört, weniger gegen Wilhelm, vielmehr gegen „die Amerikaner“ und „ein solches Ansinnen“.

Unklar ist, warum er es rundweg ablehnt. Das Argument, dass eine Promotion geeignet wäre, Wilhelm den Rücken zu stärken, seine Stellung unter seinen künftigen amerikanischen Vorgesetzten auf Chuuk zu erhöhen und damit seine Arbeit wesentlich zu erleichtern, ist so einleuchtend, dass Heinrich Hertel eigentlich darauf hätte eingehen müssen. Fürchtete er den Präzedenzfall, das heißt, wäre er durch seine Zustimmung unter Zwang geraten, anderen Missionaren diese Möglichkeit auch einzuräumen? Oder ist der Grund für seine Ablehnung in der damals verbreiteten Ansicht zu suchen, Südseemissionare brauchten keine akademische Ausbildung?

Von einer solchen Einstellung ist man selbstverständlich bei der Liebenzeller Mission in der Gegenwart weit entfernt, und es ist auch Heinrich Hertel nicht einfach zu unterstellen, dass er engstirnig dachte. Fest steht aber, dass mit seinem Nein zu Wilhelms Plänen, den akademischen Grad eines Doktors der Philosophie zu erwerben, diese definitiv abgelehnt waren.

Wilhelm Kärcher akzeptiert die Entscheidung ohne Widerspruch, aber sie macht ihn bitter, sein Leben lang.

Pläne für Chuuk

Was ihn während seines Studiums wirklich sehr ernstlich beschäftigt, das sind ganz andere Besorgnisse. Er fragt sich, wie es den Pastoren, Häuptlingen und Christen auf Chuuk ergehen mag, wo sie so lange schon ohne seinen Rat und seine Erfahrung auskommen müssen? Er fürchtet, dass andere Glaubensgemeinschaften Einfluss auf die Gemeinden nehmen und Unruhe stiften könnten. Die Pastoren und auch die für sie verantwortlichen amerikanischen Kollegen schreiben ihm regelmäßig. Ihre Briefe enthalten aber keine besorgniserregenden Nachrichten.

Wilhelms früherer Kollege Richard Neumaier, mit dem er eine regelmäßige Korrespondenz führt, versucht immer wieder, ihn aufzurichten und ihm Vorschläge zu machen, vor allem im Zusammenhang mit der Planung einer Schule. Wenn die Gemeinden auf Chuuk eines Tages selbstständig werden sollen, müssen ihre Vertreter und Mitarbeiter dafür ausgebildet sein. Das erfordert Investitionen in materieller und ideeller Hinsicht. Wilhelm und Richard Neumaier erörtern die dabei zu lösenden Probleme in zahlreichen Briefen. Soll die Schule auf Toon oder doch eher auf Wéénê, dem Sitz der Regierung und Verwaltung, gebaut werden? Woher könnte man Lehrpersonal bekommen? Welcher Zeitplan erscheint realistisch?

Ein Kampf um das Neue Testament

Etwas vom Schwierigsten, mit dem sich Wilhelm im Lauf dieses Wintersemesters beschäftigen muss und herumplagt, hat mit einem Manuskript zu tun, das sich in seinem Gepäck befindet.

Erinnern wir uns. Richard Neumaier hatte schon früh erkannt, dass die Übersetzung des Neuen Testaments, das bei den Christen auf Chuuk und seinen Außeninseln bislang in Gebrauch war, zu viele Unzulänglichkeiten enthielt, als dass es in Zukunft weiterhin sinnvoll gebraucht werden konnte. Das hatte ihn dazu gebracht, dem Neuen Testament in der Sprache von Chuuk eine neue Form zu geben. In jahrelanger, geduldiger Arbeit war er dabeigeblieben, und nach seiner endgültigen Rückkehr von seinem Arbeitsgebiet hatte er das Manuskript für den Druck vorbereitet.

Eigentlich sollte man erwarten, dass die Drucklegung und Veröffentlichung von Bibeltexten keine große Angelegenheit mehr ist, wenn einmal alle Vorarbeiten erledigt sind. In Wirklichkeit gibt es auch danach noch eine ganze Menge zu tun. Bibelübersetzungen müssen sehr genau geprüft werden, und das in mehrfacher Hinsicht. Ist der Text korrekt? Schafft er theologische Probleme, weil Begriffe im Urtext durch ihre Umsetzung in ein anderes Denksystem verformt und schwer verständlich erscheinen? Empfinden die Menschen, die ihn lesen, den Text als flüssig und glatt? Können sie, die darauf eingestellt sind, hörend zu verstehen, seine Inhalte auch aufnehmen, wenn sie ihn lesen und lesend zu begreifen suchen? Es gibt noch eine ganze Reihe weiterer Fragen, die gelöst werden müssen, ehe ein Bibeltext gedruckt erscheinen kann.

Für Überprüfungen dieser Art sind in aller Regel die Bibelgesellschaften zuständig, die als Herausgeber tätig sind und auch für die Finanzierung des Drucks sorgen. Im Fall von Chuuk ist die amerikanische Bibelgesellschaft verantwortlich. Deren Vertreter aber stehen der Fassung des Neuen Testaments von Richard Neumaier mehr als kritisch gegenüber, aus den verschiedensten Gründen.

Dass er nicht als Sprachwissenschaftler gilt und als Theologe keine Hochschulausbildung nachweisen kann, wurde schon früher erwähnt. Was hinter der ablehnenden Haltung steckt, das die Vertreter der amerikanischen Bibelgesellschaft an den Tag legen, ist etwas sehr Menschliches.

Verantwortlich für die gesamte Arbeit in den Gemeinden auf Chuuk ist seit 1951, also seit zwei Jahren, ein amerikanischer Missionar. Es ist jener Dr. Harold Hanlin, den wir schon kennen, weil er sich auf dem Schiff befand, mit dem sich die Familie Kärcher auf die Heimreise von Chuuk nach Europa gemacht hatte.

Harold Hanlin ist zweifellos eine eindrückliche Persönlichkeit. Er hatte in den Fächern Theologie und Griechisch promoviert und bei einem gewissen Dr. Eugene A. Nida, einem bedeutenden Ethnolinguisten jener Zeit, Kurse für Bibelübersetzer absolviert. Was ihn besonders charakterisiert, ist sein Ehrgeiz, eine Eigenschaft, die einen Menschen zu großen Leistungen anspornen kann, wenn sie mit Maßen eingesetzt wird. Zwar sind seine Fortschritte beim Erlernen der Sprache von Chuuk nach Meinung von Wilhelm Kärcher bislang eher bescheiden: „Wenn er sprachbegabt wäre, so könnte er jetzt nach zwei Jahren Aufenthalt eine Andacht halten. Aber er schrieb mir, dass er das noch nicht wage.“ Trotzdem arbeitet Harold Hanlin inzwischen an einer eigenen Übersetzung des Neuen Testaments. Zumindest plant er sie intensiv.

Sehr schnell wird erkennbar, dass Harold Hanlin – Wilhelm schreibt in seinen Briefen aus jener Zeit merkwürdigerweise „Hänlein“ – verhindern will, dass Richard Neumaiers Übersetzung publiziert und auf Chuuk eingeführt wird. Dazu steht Dr. Harold Hanlin fast jedes Mittel zur Verfügung. Er ist der Verantwortliche für die Arbeit auf Chuuk. Seine weit reichenden Befugnisse und sein Einfluss beruhen auf einem entscheidenden Kriterium: er weiß seinen Lehrer Eugene A. Nida, der inzwischen Präsident der amerikanischen Bibelgesellschaft geworden ist, auf seiner Seite. Wenn das Neue Testament aus der Feder Richard Neumaiers erscheinen darf, dann nur mit seiner Genehmigung.

Die Aufgabe, die Wilhelm während seines Amerikaaufenthalts zu erledigen hat, besteht darin, genau dies zu erreichen. Er ist derjenige, der die Verhandlungen führen soll. In der Vergangenheit hatte er selber immer wieder betont, er lasse die Finger von Übersetzungsarbeiten, weil die amerikanischen Missionare die besseren Wissenschaftler seien. Er weiß aber auch, dass es im Augenblick niemand gibt, der sich besser in den sprachlichen und gesellschaftlichen Verhältnissen auf Chuuk auskennt als Richard Neumaier, und er weiß um die besonderen Qualitäten seiner Übersetzung des Neuen Testaments. Noch wichtiger aber ist die Tatsache, dass es noch Jahre dauern würde, bis Wilhelm einen brauchbaren Bibeltext für seine künftige theologische Arbeit in den Gemeinden auf Chuuk zur Verfügung hätte, wollte er auf das Erscheinen von Harold Hanlins Übersetzung warten.

Wilhelm ist sich über die gespannten Verhältnisse völlig im Klaren, ist aber auch gewillt, sich der schwierigen Aufgabe zu stellen, die fertige Fassung des Neuen Testaments, die er im Gepäck hat, zur Veröffentlichung zu bringen. Von Hartford aus schreibt er einen Brief an Eugene A. Nida mit der Bitte, ihn in dieser Angelegenheit sprechen zu dürfen. Dieser lässt ihn wissen, dass er ihn einladen wolle. Auf eine Einladung aber wartet Wilhelm vergeblich. Irgendwann aber ist seine Geduld zu Ende, und er hat das sichere Gefühl, den Stier bei den Hörnern packen zu sollen. Er fährt auf eigene Faust nach New York, wo die amerikanische Bibelgesellschaft ihr Hauptbüro hat.

Einer seiner Mitstudenten stellt dafür sein Auto zur Verfügung. Die beiden fahren schon um fünf Uhr morgens los. Vier Stunden später sind sie an Ort und Stelle. Nida empfängt Wilhelm tatsächlich. Beinahe drei Stunden lang dauert das Gespräch, in dessen Verlauf beide Seiten zäh und ausdauernd verhandeln. Wilhelm redet mit Engelszungen und muss ungewöhnliche Selbstbeherrschung zeigen. Mehr als einmal hat er das Gefühl, aus der Haut fahren zu müssen. Er gewinnt immer wieder den Eindruck, dass sein Verhandlungspartner mehr weiß und plant, als er offen erkennen lässt. Wilhelm fühlt sich in mehrfacher Weise unfair behandelt.

Als er das Büro des Direktors der amerikanischen Bibelgesellschaft verlässt, hat er den Eindruck, keine schlechte Figur gemacht, seinen Verhandlungspartner aber auch nicht überzeugt zu haben. Wilhelm hatte vorgeschlagen, vor der Entscheidung von Seiten der amerikanischen Bibelgesellschaft die Meinung der betroffenen Insulaner einzuholen. Darauf war Nida eingegangen. Wilhelm sollte das Manuskript nach Chuuk mitnehmen und dort die Verhandlungen weiterführen.

Es erweist sich, dass diese Lösung nur ein Aufschub ist. Der Konflikt schwelt weiter, und die Sache belastet Wilhelm auch weiterhin schwer: „Ich komme in diesen Tagen nicht zum Studieren, denn die Angelegenheit mit dem Neuen Testament treibt mich um, fast Tag und Nacht." Und am 20. November 1953 schreibt er in einem Bericht an Richard Neumaier: „Nun hoffe ich, dass ich die Gedanken betreffs des Neuen Testaments wieder losbekomme und ich im Stande bin, mich wieder dem Lernen zu widmen."

In einem Schreiben vom 12. Dezember 1953 lenkt die amerikanische Bibelgesellschaft teilweise ein und erklärt sich bereit, Teile der fertigen Übersetzung des Neuen Testaments zu vervielfältigen und in den Insulanergemeinden zur Prüfung zu verteilen. Wenige Wochen später nehmen die Verhandlungen mit der Vervielfältigungsfirma tatsächlich auch konkrete Formen an.

Studienabschluss

Wilhelm ist jetzt etwa ein halbes Jahr in den U.S.A. Das Studium, die fremde Sprache und die Menschen, die sie sprechen, die andere Schule und ihr System strengen ihn an. Aber das alles lässt ihn dafür auch kein Heimweh empfinden. Manchmal fühlt er sich in seiner Dachstube aber doch etwas einsam: „Ich war eine Familie gewöhnt und nicht nur Bücher, Tische und Stühle." Mit der Zeit hat er Freunde gefunden, die sich für die Inseln, für Deutschland und seine Erfahrungen interessieren.

Die Briefe, die er in dieser Zeit an seine Töchter in Eutingen schreibt, zeigen einen Vater voller Herzlichkeit, Verständnis für seine Kinder und seinen verdeckten, wohltuend verhaltenen Humor. In der Adresse auf dem Briefumschlag zieht er die Namen von Hannelore, Waltraud und Anneliese zu einem einzigen zusammen. Die drei heißen dann einfach „Hannewaltliese“, und so nennt er übrigens auch eines der Boote, das er auf Chuuk benützt.

„Hannewaltliese“

Den Umgang, den die Professoren mit den Studierenden pflegen, empfindet er als sehr freundschaftlich. Er hat Lust zu studieren, arbeitet oft bis Mitternacht in der Bibliothek. Noch nie hat er wohl so viel gelesen wie in Hartford. Sein Englisch ist dabei immer besser geworden.

Sein Studium schließt er mit gutem Erfolg ab. Ein ernstzunehmendes Angebot eines seiner Professoren, nach Afrika – nach Natal – zu gehen, lehnt er ab. Das Wichtigste aber für ihn ist das sehr positive Empfehlungsschreiben, das ihm der Direktor des Theologischen Seminars aushändigt: „Nun reut es mich nicht, dass ich mich auch dieser Schulung noch unterworfen habe.“

Mit diesem Schreiben erhält er von der amerikanischen Marine umgehend die so genannte „Navy Clearance“, die ihm erlaubt, als Nichtamerikaner wieder nach Mikronesien einzureisen. Gleichzeitig wird ihm bekannt, dass zwar Harold Hanlin ihn nicht mehr auf Chuuk sehen will, die Pastoren, die ihn bestens kennen, dagegen sehr wohl. Von ihnen weiß er, dass sie auf ihn warten und sich darauf freuen, ihn wieder begrüßen zu dürfen.

Reisedienste

Schon während des Studiums in Hartford, aber insbesondere nach dessen Abschluss besucht er die Gemeinden, die die Arbeit der Liebenzeller Mission unterstützen. Dabei erledigt er ein enormes Pensum. Ab Februar 1954 ist er drei Monate lang mit Omnibussen der Gesellschaft „Grayhound" in fünfzehn Staaten unterwegs.

Amerika findet er ungemein interessant. Er besucht die Niagarafälle, sieht in Chicago den schwarzen Arbeitern in einem großen Schlachthof zu. In seinen begeistert klingenden Schilderungen stehen die größten Gegensätze manchmal schroff nebeneinander. Beispiel: „In einer Stunde schlägt so ein Neger mit einem Hammer allein hundertfünfzig Rinder tot. Da floss das Blut in Strömen. Amerika ist ein schönes Land. Es gefällt mir gut!"

Es macht ihn dies alles aber auch nachdenklich: „Wenn man immer in so angenehmen Autos und in Polsterzügen fährt und die weichen Teppiche in den Häusern gewohnt ist, da fällt es einem fast schwer, wieder das einfache Leben auf den Inseln anzunehmen. Ich kann nun besser verstehen, warum es den amerikanischen Missionaren so schwer fällt, auf den Inseln zu arbeiten und zu wohnen."

Er präsentiert seine Arbeit interessant, lebensnah, gelegentlich mitreißend. Seine bisherige Lebensgeschichte könnte ja auch eindrucksvoller kaum sein. Und die Menschen spenden. Die finanziellen Mittel, die er dabei einwirbt, übertreffen das, was Heinrich Zimmermann, der damalige Leiter des amerikanischen Zweigs der Liebenzeller Mission in Schooley's Mountain, bislang geschafft hat, bei Weitem, wie dieser bewundernd feststellt.

Nach einiger Zeit hat er die Reiserei „von der Ostküste weit nach Westen und dann nach Norden, in die Nähe Kanadas, dann wieder nach Texas", gründlich satt. In einem Brief vom 23. März 1954 klagt er, dass er überall bis weit in die Nacht hinein erzählen muss. Auch gefällt ihm gar nicht, dass die Abreise seiner Frau aus Deutschland, die er baldmöglichst erwartet, immer wieder „umgeworfen" wird. Das klingt nach organisatorischem Chaos: „Zuerst hieß es, wir sollten mit dem Flugzeug von hier aus nach Guam fliegen, weil die Frachter keine Passagiere mitnehmen wollen. Dann sagte man mir, ich solle wieder über den Atlantik fahren, um in Neapel meine Frau zu treffen, von dort aus über Indien nach Hongkong fahren, um dann weiter zu fliegen oder mit einem Schiff zu fahren. Ich will sehr froh sein, wenn ich einmal alles hinter mir habe und wieder in einem Haus wohnen kann."

Wie sparsam Wilhelm Kärcher in dieser Zeit mit Geldmitteln umgehen muss, zeigt Folgendes: Ein alter Missionsfreund schenkt ihm ein Auto. Nachdem er es nicht mehr braucht, verkauft er es für sechzig Dollar. Die schickt er nach Eutingen, um damit die letzte Rate der Schuldentilgung für den Hauskauf zu bezahlen.

Die Trennung der Familie

Am 1. Mai 1954 sticht in Rotterdam der Dampfer „Maasdam" in See. An Bord ist Elisabeth Kärcher mit ihren beiden jüngsten Kindern Ernst und Helmut, dazu die junge Liebenzeller Missionarin Ingelore Lengning. Hannelore, Waltraud und Anneliese sind in Eutingen zurückgeblieben.

Anneliese schildert das, was sie und ihre Schwestern dann in unterschiedlicher Intensität erleben – und gelegentlich heute noch fühlen: „[...] Was wir damals empfanden, lässt sich eigentlich nicht beschreiben. Der Abschied von meiner Mutter bleibt mir unvergesslich. Es war Abend, als sie mit meinen Brüdern vom Auto der Liebenzeller Mission abgeholt wurde. Wir Mädchen standen am Gartentor und winkten ihnen unter Tränen nach. Uns war, als sei unser Herz mit einem scharfen Messer entzweigeschnitten worden. Es war dunkel – außen und innen. Die tiefe Wunde blutete.

Unsere Kindheit wurde durch diese Erfahrung des Getrenntseins schwer und traurig, und wir schweigen heute meist über diese Zeit, weil es doch nur sehr wenige verstehen würden – und weil wir Angst haben, die inzwischen vernarbten Wunden zu berühren, denn sie tun heute noch weh. Im Gespräch mit meinen Schwestern ist mir bewusst geworden, dass es für mich als Jüngste damals noch am einfachsten war. Ich hatte mich schützend hinter ihnen bergen können" (1996:63-64).

Sie spricht im Weiteren dann von der „Last, ein Missionarskind zu sein". Von ihnen erwartet man, immer ordentlich, lieb und anständig zu sein, wobei sie selbst eigentlich nur wie eben andere Kinder auch sein wollen, es aber nicht dürfen. Sie und ihre Schwestern erfahren das alles als eine Art Freiheitsentzug (1996: 64-65).

Sie bleibt aber nicht bei diesem Vorwurf stehen: „Meine Schwestern und ich hatten keine einfache Kindheit, aber wir haben mit Gottes Hilfe erfahren, dass gerade die schwere Zeit uns geholfen hat, weitere Schwierigkeiten in unserem Leben eher zu akzeptieren. Gott hat unsere Familie in besonderer Weise gesegnet, bewahrt und durchgebracht" (1996:66).

Für ihre spätere Tätigkeit als Lehrerin in Neuguinea, wo sie Missionarskinder in einer Internatsschule unterrichtete, waren ihre Kindheitserlebnisse geradezu berufsqualifizierend: „Ich [...] konnte mit den Kindern mitfühlen, wenn sie Heimweh hatten" (1996:66-67).

Mit dem Flugzeug zurück nach Mikronesien

Am 12. Mai – zwei Tage später als ursprünglich vorgesehen – wartet Wilhelm im Hafen von New York auf die Ankunft des Schiffs, auf dem sich Elisabeth und die beiden Jungen befinden. „Ernst erkannte mich schon von Weitem und fing sofort an zu erzählen. Er überbrachte mir viele Grüße von unseren drei Mädchen in Eutingen und auch ein schönes Geschenk von Mühlhausen. Bei Helmut hat es etwa zehn Minuten gedauert, bis er sich mit mir befreundete."

Zwei Wochen später sind die vier unterwegs nach San Francisco. In Amerika hat das Zeitalter des Luftverkehrs begonnen. Für Ernst und Helmut ist es ein Erlebnis, mit einer viermotorigen Maschine zu fliegen. Ihren Schwestern hätten sie das wohl auch gegönnt. Helmut: „Warum haben wir bloß die Mädchen nicht mitgenommen?" Auf dem Flug, der sie zuerst nach Chicago und von dort nach San Francisco bringt, erleben sie die Schönheiten der Landschaften Amerikas, den Mississippi, die Farmen, die Rocky Mountains von oben, die sie schon zwei Jahre zuvor vom Zug aus gesehen hatten.

Die Flugzeiten des Jahres 1954 muten uns heute lang an. Es gibt noch keine Verkehrflugzeuge mit Strahltriebwerken, also keine Jets im modernen Sinn, sondern nur viermotorige Propellermaschinen. Von New York nach Chicago brauchen sie mehr als drei Stunden, von dort nach San Francisco gar acht.

In San Francisco holt sie ein ihnen von Chuuk bekannter amerikanischer Offizier ab und ist ihnen bei Behördengängen behilflich. Die Uniform kürzt auch jetzt wieder überall bürokratische Vorgänge merklich ab. Von hier aus beginnt ihr großer Flug, der sie in achtundzwanzig Stunden über den ganzen Pazifik hinweg nach Guam bringen soll.

Man muss sich das richtig vorstellen. Nicht nur waren die Flugzeuge keine Jets, sondern auch keine Großraumflugzeuge. Wilhelm findet trotzdem für die Maschine der „Trans Ocean Line" begeisterte Worte: „Das Flugzeug fasst über dreißig Personen!" Und er fügt die tröstliche Bemerkung hinzu, das Flugzeug sei zwar kein Wasserflugzeug, aber es könne sich im Notfall so lange über Wasser halten, bis alle Passagiere in die Gummiboote gestiegen seien. Na ja!

Ihr Flug beginnt am 28. Mai um ein Uhr nachmittags. Er führt sie bei herrlichem Wetter nach Hawaii. Als sie nach einem neunstündigen Flug um zehn Uhr abends in Honolulu landen, ist es schon tiefe Nacht. Zwei Stunden lang können sie sich die Füße vertreten, dann beginnt die nächste Etappe, zwölf Stunden bis Wake Island. Weil das Flugzeug von Hawaii aus nicht mehr voll besetzt ist, machen die Flugbegleiterinnen für Ernst und Helmut aus je zwei nebeneinander liegenden Sitzen ein Bett.

Man kann sich im Übrigen leicht vorstellen, was den beiden Jungen mit ihrem Bewegungsdrang auf einem so langen Flug abverlangt wird. Auf Guam weigert sich Helmut, inzwischen vier Jahre alt, entschieden gegen die Zumutung, noch einmal in ein Flugzeug zu steigen, „weil sie einen immer auf dem Sitz anbinden."

Mit dem Schiff zurück nach Chuuk

Helmuts Protest kommt zur richtigen Zeit. Auf Guam, wo die letzte Etappe der zweiten Weltreise seines Lebens beginnt, wartet ein Schiff auf ihn, auf dem er nicht angebunden reisen wird. Es ist die „Chicot", mit der er schon vor zwei Jahren von Chuuk nach Guam gefahren war, als er zum ersten Mal in seinem Leben nach Deutschland durfte.

Die Zeit bis zum Ablegen – eine ganze Woche – nützen seine Eltern zu allerhand Besorgungen. Sein Vater kauft Baumaterial, das er für den Kirchbau auf den Inseln brauchen wird, auf Chuuk selbst aber nicht in ausreichenden Mengen und zu einem guten Preis bekommen kann, zum Beispiel Wellblechtafeln, ganze fünfhundert an der Zahl. Auch hält er Missionsvorträge in verschiedenen Gemeinden.

Drei Tage dauert die Reise von Guam nach Wéééné. Am 11. Juni, die Sonne ist gerade aufgegangen, tauchen die Berge der Inseln von Chuuk am Horizont aus dem Meer auf, und als die „Chicot“ gegen acht Uhr am Pier von Wééné anlegt, erleben die vier eine eindrucksvolle Szene. Fast alle Pastoren von Chuuk sind am Hafen versammelt. Um die Ankunft ihres Missionars und seiner Familie ja nicht zu verpassen, hatten sie gar schon eine ganze Woche lang auf Wééné kampiert. Insulaner zeigen auf diese Weise nicht nur ihre Zuneigung. Für sie ist die Sensation in diesem Fall perfekt: Kaum jemals zuvor war ein Missionarsehepaar nach einem Heimataufenthalt ein zweites Mal zu ihnen nach Chuuk zurückgekommen. Das muss gebührend gefeiert werden. Sogar der Gouverneur ist zum Empfang erschienen. Pass- und Zollformalitäten gibt es für sie als hochrangige Gäste keine.

Für die Insulaner gibt es nur eine einzige Enttäuschung in der Freude des Wiedersehens: Ernst, sieben Jahre alt, antwortet auf ihre Fragen nicht. Er hat die Chuuksprache in Deutschland anscheinend völlig vergessen.

So ist das bei Kindern im Alter des Spracherwerbs. Sie lernen neben ihrer Muttersprache mühelos eine zweite. Sobald die Sprechsituation sie aber nicht mehr zwingt, auch ihre Zweitsprache zu benützen, verblasst diese in kurzer Zeit. Wenn dann die Sprechsituation wieder gegeben ist, tauchen bei Kindern in dieser Phase ihrer intellektuellen Entwicklung auch die Strukturen ihrer Zweitsprache wieder auf. Ernst antwortet daher sehr bald wieder in der Sprache der Insulaner, wenn er von ihnen angesprochen wird.

12

Die Zeit der größten Schaffenskraft (1954-1959)

Ungeliebte Hausbewohner auf Toon

Am 15. Juni ertönt am Pier der Missionsstation in Chukiyénú mehrfach das Muschelhorn. In der Kirche kommt es spontan zu einem Gottesdienst. Überall wird gesungen, auch dann noch, als die vier „Heimkehrer" abends todmüde endlich schlafen wollen. Viele Insulaner erkundigen sich teilnahmsvoll nach Hannelore, Waltraud und Anneliese, die in Eutingen zurückgeblieben sind, und man spricht bewundernd davon, dass sie, ihre Eltern und Brüder das Opfer der Trennung gebracht haben.

Die erste Überraschung gibt es, als sie ihr Wohnhaus betreten, das sie vor zwei Jahren verlassen hatten. Es ist in einem bedauernswerten Zustand. Der Hunger der Termiten hat ihm übel mitgespielt. Überall im Holz sind ihre Spuren zu sehen. Es muss in Stand gesetzt werden.

Ernst und Helmut können sich an manches noch gut erinnern. Die beiden empfinden es aber als Zumutung, dass sie in einem Haus wohnen, in dem es neben ihnen selbst auch noch Ameisen, Geckos, Molche und Kakerlaken gibt, und das massenhaft. Immer wieder entdecken sie anderes Krabbelgetier, vor dem es ihnen graust. Helmut ist der erste, der erklärt, er wolle nicht bleiben, und nach einer Woche schließt sich auch Ernst der Meinung an, es sei jetzt genug und an der Zeit, wieder nach Eutingen zu gehen.

Bald aber haben sie wieder Freunde. Ständig ist eine Horde Insulanerjungen da und am Herumrennen. Nach einigen Monaten beschließt sogar Helmut endgültig und entschieden, nicht mehr nach Deutschland zurückzukehren. Das Leben auf Chuuk könnte nicht schöner sein!

Schwierige Planungen

Die fünfziger Jahre sind für alle Mikronesier die Zeit, in der nicht nur eine effektive Verwaltung, moderne Wirtschaftsformen und entsprechende Verkehrsmöglichkeiten für sie geschaffen werden.

Die U.S.A., die Mikronesien für die Vereinten Nationen treuhänderisch verwalten, richten ihre Bemühungen vor allem auch auf die Entwicklung des Schulwesens, um der Bevölkerung die Möglichkeit zu geben, an Bildung und damit an das Wissen der übrigen Welt heranzukommen. Die künftigen Politiker, Ärzte, Wirtschaftsfachleute und Lehrer unter den Insulanern brauchen Ausbildungsstätten. Dasselbe gilt auch für die Pastoren, die in Zukunft die Gemeinden auf den Inseln betreuen sollen, und nicht zuletzt auch für die Mädchen und Frauen, deren Kinder in den kommenden Jahren die Geschicke Mikronesiens bestimmen werden.

Wer ein christliches Familienleben gestalten will, muss wissen, was darunter zu verstehen ist. Was das für die Insulanerinnen bedeutet, beschreibt Wilhelm mit folgenden Worten: „Fááyichuk, der Westteil von Chuuk, hat mehr als dreitausend Einwohner, aber keine Schule, in der Mädchen im Alter von vierzehn bis achtzehn Jahren erzogen, geschult und zu Christus geführt werden. Deshalb werden die meisten schon mit vierzehn oder fünfzehn Jahren von ihren Eltern verheiratet, damit sie untergebracht sind und der junge Ehemann beim Vater der jungen Frau arbeitet, die doch noch ein Mädchen ist. Kinderehen!"

Einen ersten Versuch, eine Mädchenschule zu gründen, hatten Wilhelm und Elisabeth im Jahr 1949 schon einmal unternommen. Das Projekt war aus verschiedenen Gründen schon im Ansatz gescheitert, und Wilhelm äußert gelegentlich seinen Ärger darüber, dass ihm so viele Besserwisser hineingeredet hatten. Jetzt werden die beiden von den Gemeinden geradezu bestürmt, erneut einen Versuch zu machen. Sie haben sich daher für ihre zweite große Arbeitsperiode auf Chuuk vorgenommen, wieder eine Mädchenschule ins Leben zu rufen, diesmal nicht auf Wutéét, wie vor dem zweiten Weltkrieg, sondern auf Toon. Aber nicht nur das.

Auf der neuen und auszubauenden Missionsstation soll auch ein Projekt entstehen, das für die Zukunft der Gemeinden von entscheidender Bedeutung ist: eine Pastorenschule. Die Verwirklichung dieses Vorhabens, das ist Wilhelm und Elisabeth klar, wird viel Arbeit mit sich bringen und viel Geld kosten, soll aber in Übereinstimmung und Zusammenarbeit mit den Gemeinden in die Tat umgesetzt werden. Im Vordergrund aber steht zunächst die Mädchenschule.

Deren Finanzierung hat ihre eigene Geschichte. Heinrich Hertel, den wir schon als Inspektor für die Südsee kennen, findet eines Tages einen Pfennig und bittet Gott spontan, er möge diesen Pfennig segnen. Seinen Aufrufen, Pfennige für die Missionsarbeit zu sammeln, ist ein spektakulärer Erfolg beschieden, der unter dem Namen „Pfennigsegen“ bekannt wird. Eigentlich kommt er im Wesentlichen der Mädchenschule auf Palau zugute. Für die künftige Mädchenschule auf Toon legt Heinrich Hertel einen weiteren Fond an, der auf Vorschlag von Johannes Rattel „Segenstropfen für Chuuk“ genannt wird.

Für Wilhelm und Elisabeth bedeutet das Projekt nicht nur weitere Bautätigkeit, sondern auch die Notwendigkeit, sich nach geeigneten Mitarbeitern umzusehen. Dazu gehören nicht nur solche mit Unterrichtsbefähigung. Wenn Wilhelm und Elisabeth für den Schulbetrieb frei sein wollen, brauchen sie mindestens ein Missionarsehepaar, das ihnen die Arbeit in den Gemeinden abnimmt. Noch in Deutschland hatten sie dieses beantragt, wissen aber noch nicht genau, wer das sein wird und wann die Betreffenden zur Verfügung stehen werden.

Die Zusammenarbeit mit der amerikanischen Mission auf dem Gebiet der Schulplanungen gestaltet sich schwierig. Das liegt nicht so sehr am Willen zur Kooperation, sondern an den sehr unterschiedlichen Vorstellungen, die Amerikaner und Deutsche davon haben, wie so eine Schule und ihr Unterrichtsprogramm auszusehen hätten. Auch gewinnt Wilhelm mehr und mehr den Eindruck, seine amerikanischen „Vorgesetzten“ wollten ihn nur „ans Bauen hinhetzen“, eine Arbeit, die er in den Jahren zuvor bis zur Erschöpfung getan hatte, und die er nicht mehr als seine eigentliche Aufgabe ansehen will. Verärgert zeigt er sich vor allem darüber, dass „die Großen die Probleme immer auf die Kleinen abwälzen“.

Schwierigkeiten machen die Planungen auch deswegen, weil Baumaterial transportiert werden muss, vor allem Zement und Sand. Dazu fehlt der Missionsstation ein geeignetes Transportmittel.

Ein eigenes Motorboot

Die Logistik einer Missionsstation auf den Inseln der Südsee, ihre Versorgung also, steht und fällt mit der Verfügbarkeit eines leistungsstarken Bootes. Wilhelm ist bisher immer darauf angewiesen, den Oberhäuptling Wupwiini darum zu bitten, ihm sein Boot zur Verfügung zu stellen, wenn er Material und Menschen transportieren muss. Für ein so großes Bauvorhaben wie die Mädchenschule ist das keine dauerhafte Lösung. Er braucht unbedingt ein eigenes

Boot, das ihm jederzeit verfügbar ist. Auch Elisabeth will das. Für sie stehen Sicherheitsgründe im Vordergrund. Auf dem Meer braucht man technisch sichere Fahrzeuge. Eine Zeitlang hatte sie sogar die Ansicht vertreten, nicht mehr nach Chuuk zurückzukehren, wenn ihnen kein ordentliches Boot zur Verfügung gestellt werde. Die beiden bekommen ein solches auf ganz eigenartige Weise, und die Geschichte hat eine interessante Vorgeschichte.

Die Liebenzeller Mission unterhält damals eine so genannte Missionsschau. Das ist so etwas wie ein ethnologisches Museum. Es zeigt die verschiedenen Arbeitsfelder ihrer Missionare anhand der materiellen Kultur, mit deren Hilfe die Menschen dort ihr Leben gestalten: Hausformen, Haushaltsgeräte, Werkzeuge, Kleidung, Verkehrsmittel und vieles andere. In der Missionsschau, die heute Missionsmuseum heißt, gibt es auch eine Abteilung Südsee. Dort hatte ein junger Mann – Willi Lutz aus Murr – eines Tages ein Auslegerkanu gesehen, wie es auf Chuuk gebraucht wird, und er hatte den Eindruck gewonnen, es sei an der Zeit, der Missionsarbeit dort ein seetüchtiges Motorboot zu besorgen. Sein Aufruf, dafür Geld zu sammeln, löste vor allem im „Jugendbund für entschiedenes Christentum“ (EC), heute Jugendverband „Entschieden für Christus“ genannt, einen Spendenboom aus. In wenigen Monaten waren 3.000 Dollar zusammengekommen, für die Verhältnisse im Deutschland des Jahres 1954 ein schier unvorstellbar hoher Betrag.

Nach dieser Vorgeschichte nun die eigentliche Geschichte des ersten Motorboots, das in der Liebenzeller Missionsarbeit auf Chuuk in Dienst gestellt wurde.

Im Juli nimmt Wilhelm wieder einmal an einer Missionarskonferenz auf Pohnpei teil. Dort fällt sein Blick im Hafen zufällig auf ein Motorboot, das seinen Vorstellungen weitgehend entspricht. Er macht sich auf die Suche nach dem Eigentümer, und er findet ihn „weit hinten im Busch“. Der Mann versteht nicht nur etwas Englisch, sondern auch die Chuuksprache. Wilhelm fällt es folglich nicht schwer, mit ihm zu verhandeln. Der Bootsbesitzer erklärt sich bereit, ihm das Boot, das er vor Jahren selbst von der Regierung gekauft, schon längere Zeit aber nicht mehr benützt hatte, für 1.000 Dollar zu überlassen. Er will es sogar vorher noch neu streichen.

Bei der amerikanischen Verwaltungsbehörde erreicht Wilhelm die Zusage, dass es mit dem nächsten Frachtschiff nach Chuuk transportiert werde, zum überaus günstigen Frachtpreis von 350

Dollar. Sein amerikanischer Missionarskollege auf Pohnpei streckt ihm sogar den Kaufpreis vor.

Bis jetzt scheint alles glatt zu laufen, und Wilhelm rechnet damit, schon im kommenden August sein neues Boot benützen zu können. Es kommt, wie so oft, alles ganz anders.

Statt des Boots erhält Wilhelm mit dem Frachtschiff von Pohnpei einen Brief, der besagt, er müsse noch einmal selber kommen und nachverhandeln. Also reist er im September schon wieder nach Pohnpei. Dort findet er „sein" Boot verlassen am Strand, im gleichen etwas heruntergekommenen Zustand, in dem er es gesehen hatte. Der Dieselmotor funktioniert nicht so recht, und das ist der Grund, warum das Boot nicht auf das Schiff nach Chuuk gebracht werden kann. Was tun?

Wilhelm überlegt nicht lange. Er beschließt, das Boot, das er unbedingt haben will, selber zu reparieren. Das bedeutet drei Wochen harte Arbeit. Bei den Außenreparaturen muss er ständig im Wasser stehen. Seine Füße schürft er sich an den Korallenblöcken blutig, und seine Hände sind voller Blasen. Nach der Arbeit am Dieselmotor ist er jedes Mal am ganzen Körper so stark verschmutzt, dass er sich vor dem Duschen erst einmal mit Petroleum säubern muss. Schließlich aber kann er die umfangreichen Reparaturen erfolgreich abschließen. Die erste Probefahrt ergibt, dass sich all die Mühe gelohnt hat. Wilhelm fühlt sich am Ziel seiner Wünsche.

Jetzt aber tauchen neue Hürden auf. Das prächtig hergerichtete Motorboot, für das sich zuvor niemand interessiert hatte, erregt mit einem Mal die Aufmerksamkeit der Öffentlichkeit auf Pohnpei. Es tauchen Käufer auf, die dem vormaligen Besitzer mehr bieten als die 1.000 Dollar, die Wilhelm bezahlt hatte. Die größten Schwierigkeiten für ihn entstehen dadurch, dass der amerikanische Gouverneur von Pohnpei auf das Boot aufmerksam wird. Er will es zurückhaben. Auf normalem Weg ist ihm das nicht möglich, denn Wilhelm hatte den Kauf korrekt abgewickelt und enorme Arbeit hineingesteckt, um es in Stand zu setzen. Also versucht es der Gouverneur mit einem schmutzigen Trick.

Er weiß, dass Wilhelm sein Motorboot ohne Transportmöglichkeit auf dem großen Frachtschiff der Regierung nicht nach Chuuk schaffen kann. Also setzt er die Frachtkosten in schikanöser Weise von den ursprünglich zugesagten 350 Dollar immer weiter hinauf, bis sie schließlich bei 1.782 Dollar liegen, einer Summe, die fast das Doppelte des Kaufpreises erreicht. Diesen Betrag kann Wilhelm selbstverständlich nicht aufbringen.

In seiner Not erzählt er dem Sekretär des Gouverneurs, auf welche Weise das Geld für das Boot zusammengekommen ist, und er weist ihn darauf hin, dass er es ausschließlich zum Wohl der Insulaner einsetzen wolle, und nicht zu seinem eigenen Nutzen. Dafür sei ein so hoher Frachtpreis doch wohl völlig überzogen.

Dieser Meinung schließt sich der Sekretär tatsächlich an und erwirkt die Genehmigung, das Boot für die Mission verbilligt nach Chuuk transportieren zu lassen, für insgesamt 750 Dollar. Was für eine Gebetserhörung für Wilhelm!

Im November kommt es auf Chuuk an, leicht beschädigt zwar, aber in fahrtüchtigem Zustand. Auf Toon wird es am Pier mit dem Lied *Sipwe mwaareyiti Koot reen awach me neetipach* begrüßt. Es ist der Choral „Nun danket alle Gott mit Herzen Mund und Händen“. Der Jugendbund für EC auf Chuuk ernennt Willi Lutz, den Initiator der Spendenaktion, zum Ehrenmitglied und den damaligen Bundespfarrer des Deutschen EC-Verbandes, Pastor Arno Pagel, gar zum Ehrenhäuptling.

Das Boot selbst erhält den Namen „Jugendbund EC“. Für Wilhelm und seine Arbeit ist es „etwas noch nie Dagewesenes. Nur wer jahrelang auf der Landstraße stand und seinen Arm ausstreckte, um von einem Autofahrer mitgenommen zu werden, und dann auf einmal ein eigenes Auto geschenkt bekommt, der kann verstehen, wie es uns heute zu Mute ist, nachdem nun das Boot unten am Pier liegt, und wir es zu jeder Zeit benützen können, ohne irgendjemand vorher zu fragen.“

Es ist etwa zehn Meter lang. Sein Motor liefert zehn PS Leistung, verbraucht wenig Treibstoff und ist leicht zu bedienen. Der vordere Laderaum fasst eine Fracht von zwei Tonnen, und in der hinteren Kabine finden zehn Personen Platz. Seine Einsatzmöglichkeiten aber unterliegen einer Einschränkung. Es kann nur für

Fahrten innerhalb der Chuuklagune gebraucht werden. Für den offenen Ozean außerhalb des Wallriffs ist es nicht geeignet.

Einen eigenen Etat für den Betrieb des Bootes kann er von der Mission nicht erwarten, und auch vom Stationsgeld lässt sich nichts dafür abzweigen. Es muss sich selber tragen. Wilhelm beschäftigt einen Mann, der nur an dem Tag bezahlt wird, an dem das Boot auch tatsächlich fährt. Entlohnt wird dieser mit einem Dollar und freiem Essen für ihn und seine Frau. Dieser Mann erledigt aber nur die praktischen Arbei-ten, die anfallen. Der Steuermann des Boots heißt Wilhelm Kärcher. Auch die Pastoren, die mit ihren Frauen umsonst mitfahren können, legen unterwegs Hand an, wenn es nötig ist, zum Beispiel beim Ab- und Anlegen.

Jeden Montag fährt Wilhelm in Begleitung einiger seiner Schüler nach Wééné, um Post abzuholen, Einkäufe und Behördengänge zu erledigen. Über zehn Jahre lang tut die „Jugendbund EC" so ihren Dienst.

Die Mädchenschule entsteht

Im Oktober 1954 wird mit ihrem Bau begonnen. Etwa zehn Jahre sind vergangen, seit die Mädchenbibelschule auf Wutéét im Krieg zerstört wurde.

Geld für Baumaterial ist zunächst nicht verfügbar, und Löhne kann der Missionar noch weniger bezahlen. Der Baubeginn ist ein Glaubensschritt, und die „Segenstropfen", die später kommen, rinnen den Bauleuten erst einmal als Schweißtropfen über die Haut.

Ohne die Mitarbeit der Gemeinden geht gar nichts. Männer und Frauen beteiligen sich in sechs Schichten an der Errichtung des Gebäudes, das im unteren Bereich Schulräume, im oberen einen Schlafsaal für fünfzig Mädchen und eine kleine Wohnung für zwei Missionarinnen enthalten soll.

Basalt- und Korallensteine müssen herangeschleppt werden. Den Sand für die zu betonierenden Teile des Gebäudes schafft das Boot von unbewohnten Inseln herbei. Die Männer auf den Mortlockinseln sägen von Hand die Balken, die das Dach tragen sollen.

Achthundert Kilometer, und keine Mitarbeiter

Weil die Mädchenschule unbedingt bis September 1955 fertig sein soll, arbeitet Wilhelm wieder bis an die Grenzen seiner Kraft. Denn die Arbeit in den Gemeinden lässt er während der Bautätigkeit nicht ruhen. Seine Predigten bereitet er oft mit öligen Händen vor, die er sich bei der Reparatur des Bootsmotors holt. „Die Bibel und der Meterstab sind zur Zeit zwei wichtige Dinge auf meinem Schreibtisch."

Was er und seine Frau dabei leisten, ist enorm. Man muss sich das vorstellen: Dreißig Gemeinden sind zu bedienen, die in einem Umkreis von achthundert Kilometern verstreut liegen. In den vergangenen achtzehn Jahren sind sechs neue hinzugekommen, aber nie ein zusätzlicher Mitarbeiter. Wenn er sich in jeder Gemeinde jeweils auch nur eine einzige Woche aufhielte, bräuchte er einschließlich der Reisezeit ein ganzes Jahr, um einmal herumzukommen. Ohne Mitarbeiter geht das nicht. Das wissen auch die Missionsleitungen in Deutschland und den U.S.A. Doch damit gibt es ein Problem.

Das Innenministerium der Vereinigten Staaten, das auch für das Treuhandgebiet Mikronesien zuständig ist, hat inzwischen verfügt, dass auf den Inseln nur noch tätig sein kann, wer die amerikanische Staatsbürgerschaft besitzt. Junge Deutsche, die sich in die Mission und auf die Südseeinseln gerufen fühlen, werden nicht mehr nur Vater und Mutter weniger lieben können, wie es in Matthäus 10,37 steht. Sie müssen auch ihre Staatsbürgerschaft aufgeben. Solche Menschen gibt es, und sie sind zum Teil schon unterwegs. Nur wissen Wilhelm und Elisabeth davon nur gerüchtweise Genaueres. Ein Missionar, der gerade seine Ausbildung beendet hat, Erwin Pegel, hält sich schon in den U.S.A auf, um seine Einbürgerung zu erreichen, und zwei Missionarinnen sollen auch noch dazukommen.

Besondere Schwierigkeiten gibt es unter den Pastoren einiger Gemeinden. Inzwischen arbeiten verschiedene andere christliche Glaubensgemeinschaften auf den Inseln, die ihnen Versprechungen machen für den Fall, dass sie zu ihnen übertreten. Wenn diese Versprechungen materielle Werte oder Geld bedeuten, ist nicht nur die Versuchung groß, dass die Pastoren entsprechend handeln, sondern auch der Druck von Seiten ihrer Gemeindeglieder auf sie, diesen Schritt zu tun. Wilhelm hat verschiedentlich große Mühe, die „Füchse", wie er sie nennt, daran zu hindern, „in einen nicht zugesperrten Hühnerstall einzudringen." Dabei schlägt ihm gelegentlich offene Feindschaft entgegen.

Auf Nómwuluuk gibt es einen Mann, der ihm seit einiger Zeit demonstrativ aus dem Weg geht. Wenn er ihn in seiner Hütte besuchen will, ist er nie da. Wilhelm versucht es härtnäckig weiter, bis es ihm schließlich gelingt, ihn zu sprechen. Als der Mann ihn kommen sieht, zündet er sich eine Zigarette an und bläst Wilhelm den Rauch wortlos ins Gesicht, ein Verhalten, das Insulaner unter sich als arrogant und damit als völlig inakzeptabel ablehnen würden. Wilhelm weiß jedenfalls sofort, was er davon zu halten hat. Er fühlt sich unerwünscht.

Immer noch kein Neues Testament

Mit Richard Neumaier pflegt Wilhelm regen brieflichen Kontakt, bittet ihn bei wichtigen Entscheidungen um seinen Rat und bekommt von ihm regelmäßig Spenden zur Finanzierung seiner Arbeit.

In einem Brief an ihn vom 16. November 1954 klagt Wilhelm, dass alles viel leichter wäre, wenn er wenigstens das Matthäusevangelium in einer brauchbaren Form hätte. Die amerikanische Bibelgesellschaft aber verzögert die Herausgabe des Neuen Testaments immer noch. Zwar erscheinen in unregelmäßigen Abständen Teile davon in vervielfältigter Form. Darüber hinaus aber geschieht nichts.

Inzwischen hat Richard Neumaier Eugene A. Nida, den Leiter der amerikanischen Bibelgesellschaft, in Deutschland getroffen, hat geduldig argumentiert und bescheiden verhandelt, so gut das unter den gegebenen Umständen möglich war. Nida wollte nicht von seinen Positionen abrücken, hatte ihm gar Lappalien vorgeworfen wie die Feststellung, er benütze nur doppelte Anführungszeichen. Als Richard Neumaier ihn darauf hinwies, dass es auf seiner Schreibmaschine leider keine einfachen Anführungszeichen gebe, verstieg sich Nida sogar zu dem Vorschlag, er solle die einfachen Anführungszeichen eben von Hand einfügen. Neumaier war verständlicherweise maßlos enttäuscht, hielt sich aber zurück, um sein Werk nicht zu gefährden.

Wilhelm selbst verliert langsam die Geduld. Er wehrt sich inzwischen dagegen, die Texte, die den Pastoren als Predigtvorbereitungen und zur Sonntagsschularbeit zur Verfügung gestellt werden, immer nur nach Vorlagen aus den U.S.A. übersetzen und erstellen zu lassen. Er will endlich theologische Vorlagen, die den Bedürfnissen der Insulaner und ihrer Kultur angepasst sind: „Es tut mir leid, aber ich kann den Kram nicht mehr mitmachen."

Es zeichnet sich im Übrigen immer mehr ab, dass es besser ist, wenn die Liebenzeller Mission die Verantwortung für ihren Einflussbereich wieder allein übernimmt. Das geschieht ab Januar 1955.

Harold Hanlin, der amerikanische Feldleiter, stimmt dem Vorhaben zu, beginnt danach aber umso intensiver, seine eigenen Vorstellungen von einer Übersetzung des Neuen Testaments durchzusetzen. Wilhelm, der notgedrungen mit ihm verhandeln muss, ist mehr und mehr befremdet. Er und natürlich auch Richard Neumaier erkennen nicht nur immer deutlicher, dass Hanlin ganze Passagen aus Neumaiers Übersetzung einfach übernimmt, sondern dass er Formulierungen hineinbringt, die den Ausdrucksweisen der Insulaner nicht entsprechen. Auch andere Merkwürdigkeiten stören Wilhelm erheblich.

Eine der besonderen Eigenschaften der Übersetzung Richard Neumaiers ist die Tatsache, dass sie Parallelstellen aufweist. Sie sind wichtig für die Pastoren, aber auch für die Kirchenältesten und Sonntagsschulhelfer, wenn sie sich für ihre Aufgaben vorbereiten. Dies ist einer unter den zahlreichen Gründen, warum Wilhelm und die Pastoren diese Übersetzung haben wollen. Aus völlig unerfindlichen Gründen aber beharrt die amerikanische Bibelgesellschaft darauf, keine Übersetzungen mit Parallelstellen zu drucken.

Die Querelen beschäftigen inzwischen auch die Verantwortlichen der Württembergischen Bibelgesellschaft in Stuttgart, von der die Liebenzeller Mission erwartet, dass sie vermittelt. Wilhelm führt eine Korrespondenz mit Prälat Schlatter darüber. Er glaubt aber nicht, dass er damit Erfolg haben wird: „Das Handeln fällt mir eben viel leichter als das ewige Verhandeln.“

Schon bald ist Wilhelms letzter Geduldsfaden bis zum Zerreißen gespannt. Das zeigt sein Brief vom 9. September 1955 an Richard Neumaier: „Jetzt wird Druck gemacht. Wir wollen nicht, dass die Sache noch einmal auf die lange Bank geschoben wird. Wo das Verhandeln nicht zum Ziel führt, da muss man eben handeln.“

Er hat inzwischen etwas getan, was beweisen soll, dass es nicht die Mission ist, die den Druck des Testaments durchsetzen will, sondern dass die Gemeinden endlich ihren eigenen Bibeltext sehen und lesen wollen, übersetzt und formuliert für sie und von einem ihrer Missionare. Er hatte eine Fragebogenaktion begonnen, die in Erfahrung bringen soll, ob die Gemeindemitglieder Richard Neumaiers Fassung des Neuen Testaments wollen oder die – noch im

Entstehen befindliche – von Harold Hanlin. Das Ergebnis ist fast hundertprozentige Zustimmung zu Richard Neumaiers Fassung.

Wie schwierig manchen Pastoren ihre Entscheidung fällt, erkennt man daran, dass der Rücklauf bei der Abgabe der Fragebögen nur sehr zögerlich verläuft. Wilhelm beschließt, den Pastoren, die ihr Votum noch nicht abgegeben haben, „Dampf zu machen", indem er ihnen das Gehalt so lange sperrt, „bis die Zettel da sind." Viele unter ihnen fürchten, dass sie Harold Hanlin mit ihrer Zustimmung zum Testament Richard Neumaiers verärgern und von ihm zur Rede gestellt werden. Dabei geschehen merkwürdige Dinge. Einer der Pastoren entscheidet sich für beide Neuen Testamente, andere lassen ihre Kirchenältesten entscheiden, damit ihr eigener Name nicht in Erscheinung tritt.

Im August dieses Jahres kommt es dann zu einer denkwürdigen Begegnung. Wilhelm ist zu Besuch bei Harold Hanlin, um seinen neuen Mitarbeiter vorzustellen, der inzwischen auf Chuuk eingetroffen ist. Wir werden ihn gleich kennen lernen. Was gegen Ende des Besuchs geschah, liest sich folgendermaßen: „Als es dann Zeit zum Gehen war, hielt Dr. Hanlin mich noch zurück, und dann kam er mir ganz gelb vor im Gesicht. Er las mir einen Brief von Dr. Nida mit etwa folgendem Inhalt vor: ‚Zu meiner großen Verwunderung muss ich in einem Brief von Dr. Schlatter lesen, dass die Liebenzeller Mission das Neue Testament für ihr Gebiet drucken lassen will.'" Hanlin gibt Wilhelm offen die Schuld an dieser Entscheidung. Der hat davon keinerlei Kenntnis und ist völlig überrascht.

Kehren wir aber zunächst zurück in die erste Hälfte des Jahres.

Eine Tragödie auf dem Meer

In den Monaten April und Mai 1955 bereist Wilhelm wieder einmal die Hall- und Mortlockinseln. „Es gibt hier Arbeit in Hülle und Fülle. Es ist genau so, wie wenn ein Bauer nur einmal im Jahr Zeit hat, um auf seinen Acker zu gehen. Dann wird er wahrscheinlich manches Unkraut vorfinden, das in der Zwischenzeit gewachsen ist. Andererseits sieht er aber auch, dass trotz des Unkrauts doch da und dort die Saat nicht erstickt wurde, sondern heranreift. So ist es auch hier."

Die Gemeinde auf den Hallinseln hat sich in den letzten achtzehn Jahren verdoppelt. Auf Nómwiin übt der Häuptling, der Christ ist, einen sehr guten Einfluss aus. Auf Fanaanú aber sieht es schlecht aus. Apel, der Pastor, hat das Trinken angefangen. Auch der Pastor von Ruwó taugt nicht viel.

In der Nacht vom 4. auf den 5. Mai geschieht ein furchtbares Unglück im Seegebiet der Mortlockinseln. Sechs Insulaner kommen dabei um. Weil es auch Wilhelm beinahe das Leben gekostet hätte, sei hier wörtlich wiedergegeben, was er in seiner 1965 erschienenen Erzählung „Durch die Brandung“ darüber berichtet.

Nachmittags gegen zwei Uhr verließen wir die Insel Nómwuluuk. Die See war wohl rau, aber die Leute meinten, wir könnten es gut wagen. Vier Kanus lagen bereits im Riffmeer. Auf den beiden letzten befand sich mein Gepäck. Eigentlich wollte ich mit Manur fahren, weil ich wusste, dass er ein guter, erfahrener Kapitän war. Aber Iyoosef, der Sohn unseres verstorbenen Predigers, sagt: „Du fährst mit uns.“ So stieg der junge, erst kürzlich eingesetzte Prediger Likireng auf Manurs Kanu. Es fuhr sofort ab. Wir ruderten gleich hinterher und durch die schmale Spalte am Riff hinaus aufs offene Meer. Ehe das Segel gehisst wurde, betete ich. Wir befahlen uns dem an, der auch im Meer einen Weg bahnt und uns bewahrt.

Wie erwartet, fuhr Manurs Kanu besser durch die raue See als unseres; denn nach kurzer Zeit waren sie uns einige Seemeilen voraus. Wir schafften die Fahrt mit Mühe und Not. Es war schon Abend, als wir immer noch weit draußen in den Gewässern der weit vorgelagerten Insel Anuwas kreuzten. Die Leute rechneten mit hellem Mondschein in der Nacht. Aber bald zogen schwere Wolken auf. Es wurde dunkel. Der Wind nahm immer mehr zu. Für wenige Minuten zerrissen die Wolken. Der Mond schien auf das weiße Segel von Manurs Boot. Das war der letzte Gruß.

Es folgte eine schwere Nacht. Das Segel musste des starken Sturmes wegen gerafft werden. Die rollenden Wogen trugen weiße Schaumkronen. Der Sturm riss und klatschte im Segel. Die Wellen schlugen immer mehr ins Boot. Zwei Mann mit Taucherbrillen mussten ständig Wasser schöpfen. Plötzlich machte einer schlapp; er war seekrank und erschöpft. Ein anderer löste ihn ab. Außer mir waren jetzt nur noch drei Mann fähig, etwas zu tun. Der junge Kapitän sagte zu mir: „Wenn der Ausleger von den Wellen tief ins Meer gedrückt wird, dann komm auf meine Seite; wird er aber aus dem Meer in die Luft gehoben, musst du schnell wieder auf die andere Seite. Wir müssen jetzt gut aufpassen, damit unser Kanu nicht umgeworfen wird, sonst sind wir verloren.“

So jagten wir durch die grausige, regnerische Nacht ins Ungewisse. Das Kanu glich einem wild gewordenen Pferd. Wir schossen schräg an die Wellenberge heran, hingen etwas am Berg, dann ging es über den Kamm der Woge und drüben wieder hinunter.

Es mag Mitternacht gewesen sein, als der Kapitän das Segel auf einmal herunterließ und sagte: „Wir können nicht mehr, wir sind ganz ab!" Frierend hockten die nassen braunen Männer im Kanu; wir ließen uns treiben.

Nach etwa einer Stunde ermunterte ich sie, es noch einmal zu versuchen. Sofort setzten sie sich wieder ein. Die Stunden schlichen langsam dahin. Endlos lang dehnte sich die Nacht. Bang erwarteten wir das Morgengrauen. Würden wir dann nicht irgendwo Land sehen, wüssten wir nicht mehr, wo wir uns befinden. Meine Augen schmerzten von dem angestrengten Hinausstarren in die Dunkelheit.

Endlich wurde es Tag. Wie dankbar waren wir, als die schwarze Wand, die wir sahen, keine Wolke war, sondern wirklich das ersehnte Land!

Wo aber war Manurs Boot? Wir hielten nach allen Seiten Ausschau, doch nirgendwo war es zu erblicken. An Land angekommen, fragten uns die anderen, die uns weit voraus gewesen waren, nach Manurs Boot. Auch auf den anderen Inseln suchten wir es vergeblich. Ein durch Sprechfunk herbeigerufenes Marineflugzeug kam von Guam und suchte im Tiefflug das Meer um die Mortlockinseln ab. Umsonst. Erst nach Tagen fanden sie auf einer unbewohnten, kleinen Riffinsel angeschwemmte Teile eines Kanus. Sechs Männer wurden in jener Nacht, ganz in unserer Nähe, ohne dass wir sie sehen konnten, vom Meer verschlungen. Wie gnädig und wunderbar hatte der Herr über unserem Leben gewacht!

Unklar ist, warum Iyoosef darauf bestanden hatte, den Missionar auf seinem Boot zu haben. Eine mögliche Erklärung ist die, dass die Insulaner damit rechnen, ein besonders treuer Christ, ein Pastor oder ein Missionar stehe automatisch auch unter dem ganz besonderen Schutz Gottes. Daraus schließen sie, dass einem Boot nichts zustoßen könne, wenn sich ein solcher an Bord befindet. Die Ereignisse dieser Nacht scheinen das zu bestätigen. Wilhelm äußert sich dazu etwas anders: „Ganz gewiss hätte mich der Herr auch auf dem Kanu, das im Meer zerbrach, bewahren können, aber er gebraucht doch auch manchmal Menschen, die uns nach seinem Willen leiten."

Wilhelm wird später aus Deutschland den Vorwurf hören, er hätte das Unglück verhindern können, wenn er die Reise mit der „Jugendbund EC" gemacht hätte. Das aber wäre ein viel größerer

Fehler gewesen: das Motorboot ist zwar see-, aber nicht hochseetüchtig.

Legenden

Ereignisse wie dieses führen im Lauf der Zeit dazu, dem Missionar übernatürliche Kräfte zuzuschreiben. Er gilt mehr und mehr als *manaman* oder *iiman*. Wundertätige Eigenschaften erwarten die Insulaner vor allem aber von dem, was er kraft seiner Autorität sagt. Man ist überzeugt, dass er Dinge einfach dadurch bewirken kann, dass er darüber spricht. Diese Vorstellung treibt seltsame Blüten. Es entstehen Gerüchte und Geschichten um ihn.

So soll er eines Tages eine Ziege länger angeschaut und dann beiläufig gesagt haben, sie mache es wohl nicht mehr lange. Am Tag darauf ist sie tot. Das Wort des Missionars hatte es bewirkt, so der Schluss der Insulaner.

Wilhelm selbst war beim Anblick des Tiers klar geworden, dass es krank ist und daher wohl nicht mehr lange leben würde.

Eine andere Legende berichtet von einem Gottesdienst, den Wilhelm eines Tages hielt. Ein Betrunkener sei aufgetaucht und habe massiv gestört. Wilhelm soll ihn zurechtgewiesen und aufgefordert haben, die Kirche zu verlassen. Weil der Betrunkene aber seine Pöbeleien nicht unterlassen wollte, habe Wilhelm ihn gepackt und eigenhändig zum Fenster hinausgeworfen. Dort sei er tot liegengelieben. Nach dem Gottesdienst habe der Missionar dann über ihm gebetet, worauf der Missetäter wieder zum Leben erwacht sei.

Es gibt solche Gerüchte und Legenden um seine Person auf Chuuk auch heute noch.

Eine von den absurdesten Geschichten, die er jemals über sich und seine Mitarbeiter gehört hat, und die ihm die Sprache verschlägt, erfährt er eines Tages auf Sowuk: Er sei auf dem Meer umgekommen, Anneliese Stüber – spätere Lehrerin an der Mädchenschule und Mitübersetzerin des Alten Testaments in die Chuuksprache – sei katholisch geworden und bald darauf gestorben.

Für Elisabeth ist das Gerücht, ihr Mann sei während jener Fahrt von Nómwuluuk nach Ettaal ertrunken, das sie bald erreicht, verständlicherweise niederschmetternd. Bald aber erfährt sie von einem Distriktsbeamten, dass er einen Funkspruch aus den Mortlockinseln vorliegen habe, der besage, ihr Mann sei wohlauf.

Elisabeth kümmert sich während der Abwesenheit ihres Mannes um die Arbeit auf Toon und um ihre Söhne. Ernst ist inzwischen acht Jahre alt und muss unterrichtet werden. Was es manchmal für sie bedeutet, wenn ihr Mann unterwegs spontan entscheidet, seine Reisepläne zum Wohl einer Insulanergemeinde abrupt zu ändern und auszudehnen, zeigt folgende Geschichte.

Auf Sowuk

Im August 1955 ist Wilhelm an Bord des Frachters „Roque". Er will wieder einmal die Inseln westlich von Chuuk besuchen, wo das Christentum noch ganz in den Anfängen steckt. Auf Sowuk gibt es eine kleine Gemeinde mit etwa dreißig Christen, und Tatewus, ihr Pastor, hat sie dazu gebracht, eine kleine, aber dennoch geräumige Kirche zu bauen.

Für Wilhelm ist es, wie er an Richard Neumaier schreibt, „eine Lust, der Gemeinde das Evangelium zu verkünden." Er hat den Eindruck, dass er länger hier bleiben sollte, als er sich vorgenommen hatte. „Mit einem Kanu fuhr ich in der Nacht noch hinaus aufs Schiff, bezahlte meine Fahrt, kaufte einige Lebensmittel, holte meinen Koffer und schrieb einen Gruß an meine Frau, dass ich für unbestimmte Zeit nicht zurückkommen werde."

Was für eine geduldige und einsichtige Ehefrau muss Elisabeth sein, wenn ihr Mann das so einfach beschließen kann?

Als Tatewus erkennt, dass Wilhelm bleibt, strahlt er im Schein seiner Laterne über das ganze Gesicht, holt eine Matte aus seiner Hütte und breitet sie auf dem Bretterboden einer kleinen Hütte neben seinem Kochhaus aus. Die Hunde, die unter diesem Bretterboden herumliegen, bellen den Eindringling wütend an. Irgendjemand bringt ihm so etwas wie ein Kissen. Sein Moskitonetz hat er immer bei sich, und mit seinem Gummimantel deckt er sich zu. In der ersten Nacht kann er trotzdem nicht so recht schlafen. Um ihn herum riecht es stark nach Schweinestall. Am nächsten Morgen entdeckt er ihn und seine Bewohner unmittelbar neben seiner Schlafstelle.

Während er sich schläfrig noch einmal auf die andere Seite dreht, wird er auf ein merkwürdiges Geräusch aufmerksam. Die Männer der Gemeinde greifen unter die Dachsparren der Hütte und ziehen Kleidungsstücke darunter hervor. Es sind ihre Hosen, die sie über ihre roten Lendentücher zu ziehen pflegen, wenn sie zum Gottesdienst gehen. Sie sind Christen wie der Missionar. Der trägt immer eine Hose. Weil sie so sein wollen wie er, empfinden sie das starke Bedürfnis, wenigstens in der Kirche ebenfalls Hosen zu tragen. Aufbewahrt werden diese zwischen den Gottesdiensten in einer Art Garderobehäuschen in der Nähe der Kirche. Hier also hat Wilhelm die Nacht verbracht.

Weil er auf dem unebenen Boden denkbar schlecht liegt und die Sandflöhe ihn plagen, bittet er Tatewus um ein paar Hölzer. Er will sich ein Schnurbrett bauen. Das ist ein Rahmen von Bettgröße, über den er der Länge und Breite nach Schnüre spannt. So entsteht eine Art Matratze. Wilhelm nennt das Fabrikat „Insulanerschlaraffia".

Die Gemeinde auf Sowuk gibt es erst seit fünf Jahren. Wenn Wilhelm predigt, muss er langsam sprechen und deutlich formulieren, denn die Sprachen von Sowuk und von Chuuk unterscheiden sich etwa wie das Schwäbische von der Mundart, die in der Gegend Berlins gesprochen wird. Überhaupt muss alles in sehr einfacher Weise geschehen. Denjenigen, die Christen werden wollen, muss er erst einmal beibringen, wie man betet. Er spricht also jeden Satz vor, und sie sprechen nach.

Pwolowót liegt etwa achtzig Kilometer nördlich von Sowuk. Seine Bewohner gelten als bedeutende Kanubauer und Seefahrer. Seit einiger Zeit lebt ein junger Pastor auf der Insel. Er heißt Ayiten und stammt von Paata, einer Nachbarinsel von Toon. Als Wilhelm von Sowuk nach Pwolowót kommt, ist er überrascht, was Ayitens Arbeit inzwischen alles erreicht hat. Es gibt keine Plätze mehr, an denen Geistern Opfer gebracht werden, und die Menschen fühlen sich nicht mehr so streng daran gebunden, Tabus zu beachten, um sich vor Unheil zu schützen. Auch sie wollen so als Christen leben, wie es auf den anderen Inseln die Regel geworden ist.

Unterstützt wird Ayiten durch den Häuptling Romolow, der sich kompromisslos für ein Leben nach der Bibel entschieden hat. Unter seiner Führung ist die Gemeinde auf hundertsechzig Christen angewachsen. Aber es gibt auch Anfechtungen.

Ayitens siebenjähriger Sohn stirbt überraschend, obwohl die ganze Gemeinde intensiv für ihn betet. Wieder können die Insulaner nicht verstehen, warum Gott mit einem so treuen Diener auf diese Weise umgeht. Sie empfinden das als Vergeltung von Gutem mit Bösem.

Schwer trifft es auch die Familie von Romolow. Wurák, sein ältester Sohn, erkrankt an Lepra, muss zur Behandlung auf die Marianeninseln und dann auf die Leprastation nach Pohnpei gebracht werden. Wilhelm besucht ihn später im Krankenhaus auf Chuuk: „Es war schwer für mich, als ich diesen aussätzigen und starken Insulaner im Hospital besuchte und der Vater, der vor dem Bett auf dem Boden saß, dann sagte: ‚Sieh, mein Erstgeborener ist aussätzig!'"

Für Romolows Familie nimmt die Krankheit Wuráks ein gutes Ende, wenn auch erst lange Zeit später. Im Jahr 1959 wird er als geheilt entlassen.

Die Eröffnung der Mädchenschule

Nach Wilhelms und Elisabeths Plänen sollte sie im September 1955 ihren Betrieb aufnehmen. Wilhelm muss im Lauf der Bauarbeiten erkennen, dass es wohl Januar 1956 werden wird: „Wenn ich nicht an der Schule arbeite, so arbeiten die anderen auch nicht oder doch herzlich wenig." Im Dezember aber ist sie weitgehend fertiggestellt. Es gibt nur noch ein paar Ergänzungen baulicher Art zu erledigen.

Sehr erleichtert äußern sich Wilhelm und Elisabeth über die Ankunft von Erwin und Dora Pegel, die für die Gemeindearbeit zuständig sein werden: „Wir sind sehr dankbar, dass endlich nach einer Pause von achtzehn Jahren wieder ein junger deutscher Missionar nach hier kommen konnte. Nach dem Krieg haben uns allerlei große Männer besucht, gaben uns gute Ratschläge, aber niemand wollte bleiben, um zu helfen, die Ernte einzubringen. Kein Bauer freut sich, wenn er in der Erntezeit hohen Besuch bekommt, um den er sich kümmern muss, und der ihn bei der Arbeit aufhält. Doch er freut sich sehr, wenn während der Ernte einer kommt, der sich als Erntearbeiter mit in die Reihe stellt und die Arbeit fest anpackt."

Erwin und Dora Pegel werden zuerst auf Nómwiin in den Hallinseln und danach auf Woneyopw in den Mortlockinseln stationiert.

Im letzten Rundbrief des Jahres – er ist vom 31. Dezember – spricht er von einer Wüstenwanderung und dem sinkenden Petrus. Das mag ein Hinweis darauf sein, welche Kraft ihn der Kampf um das Neue Testament und die Bautätigkeit gekostet hat. Die Mädchenschule ist praktisch fertig. Der Unterricht soll tatsächlich im neuen Jahr beginnen. Aber ein Blick in die Stationskasse enthüllt Besorgniserregendes. Sie ist vollkommen leer. Wilhelm muss sogar mit Schulden ins neue Jahr gehen und letzte Ergänzungen am Neubau ruhen lassen.

In dieser Lage tut er etwas, was er unter normalen Umständen nie getan hätte, was aber bei den Insulanern gang und gäbe ist. Er verspricht dem Kassier der Firma auf Wéénė, die den Zement geliefert hat, er werde im Januar seine Schulden auf Heller und Pfennig bezahlen. Dabei hat er keine Ahnung, wo er das Geld dafür hernehmen soll. Und er macht eine überraschende Erfahrung.

Er verlässt sich in seiner Not ganz auf das Wort aus Josua 1,5: „[...] Ich will dich nicht verlassen noch von dir weichen." Als der Zahlungstermin naht, auf den er sich in seinem Versprechen festgelegt hatte, ist auch das Geld da. Aus Milwaukee in den U.S.A. erreichen ihn fünfzig Dollar, die ausdrücklich für Zement bestimmt sind, obwohl der Spender nicht wissen kann, dass Wilhelm Zement bezahlen muss. Von der amerikanischen Luftwaffe auf Guam kommt ein namhafter Betrag, aus der Schweiz der Löwenanteil, und von der Liebenzeller Mission 300 Dollar. Wilhelm ist seine Schuldenlast mit einem Schlag los, und diese Tatsache erinnert ihn an Johannes 11,40: „Habe ich dir nicht gesagt, so du glauben würdest, du solltest die Herrlichkeit Gottes sehen?"

Die Mädchen in den Gemeinden von Fááyichuk können es kaum erwarten. Solch ein schönes Wohnhaus, wie sie es in der Schule haben werden, kennen die wenigsten in ihren Dörfern.

Ein Problem stellt sich in der Frage, an welchem Tag das Fest der Einweihung stattfinden soll. Mit Beginn des Unterrichts ist das nicht möglich, weil zur Gestaltung eines schönen Programms die Mitarbeit der Schülerinnen gebraucht wird. Auch kann in so kurzer Zeit kein großes Festessen vorbereitet werden. Der Vorschlag, das Fest an Pfingsten zu feiern, wird von den Pastoren mit dem Hinweis abgelehnt, es könnte um diese Zeit regnen, und die für das Essen Verantwortlichen geben zu bedenken, dass dann die Brotfrucht noch nicht reif sei.

Schließlich wird Elisabeth zu Rate gezogen. Ihr Argument: „An Pfingsten kommen viele Missionsfreunde in Bad Liebenzell zusammen, die in besonderer Weise Gaben gegeben und für den Bau der Mädchenschule gebetet haben. Andererseits würde es auch der Missionsleitung Freude bereiten, wenn sie bei der Gelegenheit des Missionsfestes all den Freunden unseren Dank für all die Segenstropfen weiterleiten könnte, die uns weit übers Meer zugeflossen sind."

Das leuchtet ein. Man beschließt, dass am Pfingstfest die Insulanerchristen mit der Heimatgemeinde in Deutschland zusammen ein Fest feiern sollten.

Die Vorbereitungen werden fast euphorisch in Angriff genommen. Elisabeth: „Ich musste immer wieder bremsen und zur Einfachheit ermahnen."

Chorlieder werden geübt. Über fünfzig Häuptlinge und Titelträger bekommen eine schriftliche Einladung zum Gottesdienst und zum Festessen.

Während der Tage vor Pfingsten sind die sechsundvierzig Schülerinnen, die seit Januar am Unterricht teilnehmen, damit beschäftigt, das ganze Missionsgelände zu säubern und zu schmücken. Zwei Tage verbringen einige Männer mit der „Jugendbund EC" am Außenriff, um für das Fest zu fischen. Über fünfhundert Fische sind ihre Ausbeute.

Der Tag vor dem Fest ist gekommen. Wilhelm und Elisabeth finden, der Trubel und die Geschäftigkeit seien ganz ähnlich wie am Samstag vor Pfingsten in Bad Liebenzell. Strahlend geht die Sonne auf, nachdem ein schwerer Tropenregen in der Nacht alle Wassertanks gefüllt hatte. Kaum ist es Tag geworden, kommen auch schon die Köche, um in ihren großen Kesseln das Essen zu kochen. Motorboote legen an, bringen Arbeitskräfte, und legen wieder ab. Die „Jugendbund EC" holt den ganzen Tag lang Leute von den Inseln in der Umgebung von Toon. Am Nachmittag ertönt die Sirene des Boots, das den Gouverneur und eine Abordnung von zwanzig Amerikanern ankündigt.

Die Kirche ist am Einweihungstag viel zu klein für all die vielen Gäste. Wer keinen Platz mehr bekommt, lagert draußen am rasenbewachsenen Abhang, von wo aus man gut in die Kirche hineinsehen kann.

Die Ansprachen, Grußworte, Lieder und Danksagungen im Gottesdienst wollen schier kein Ende nehmen. Sogar Dr. Hanlin ist anwesend und spricht über Bedeutung und Notwendigkeit der Ausbildung und Erziehung der Insulanerjugend in Regierungs- und Missionsschulen.

Einer der Insulaner lässt sich angesichts des Schulgebäudes zu der Bemerkung hinreißen: „Wenn einer von uns auf Chuuk so ein schönes Haus bauen könnte, würde er nicht mehr auf zwei, sondern auf drei Beinen gehen."

Wilhelm hält seine Predigt über jenes israelitische Mädchen aus 2. Könige 5, das auf einem Kriegszug der Syrer gefangen genommen wurde, in das Haus des Naeman kam und schließlich durch ihren vorbildlichen Wandel und ihren Glauben an den lebendigen Gott dem an Lepra erkrankten Feldherrn und seiner ganzen Familie zum Segen wurde: „So sei es auch unser Wunsch und Bitte zugleich, dass alle Mädchen, die in Zukunft durch unsere Schule gehen, imstande sein möchten, für andere ein Segen zu sein."

Anschließend gibt es im Schulhaus das Festessen für die amerikanischen Beamten, die politischen Häuptlinge und die Pastoren. Bei dieser Gelegenheit dankt Wilhelm noch einmal allen für ihre Mitarbeit beim Bau der Schule. Die Schülerinnen, in schneeweißen Kleidern und mit roten Bändern im schwarz glänzenden Haar, unterhalten die Festgesellschaft mit Liedern und musizieren fleißig auf ihren Gitarren und Ukulelen.

Von Schulerlebnissen und Hühnern

Die Arbeit des Unterrichtens teilen sich Ruut, die begabte Frau des Pastors Kono, Tapeya, die Tochter des Pastors Noor, und Dora Pegel. Die Leitung der Schule übernimmt kommissarisch Elisabeth Kärcher. Wilhelm unterrichtet gelegentlich ebenfalls.

Weil Elisabeth auch ihre beiden Söhne unterrichten muss, beschäftigt sie diese mit der Lösung von schriftlichen Aufgaben, während sie selbst in der Mädchenschule vor ihrer Klasse steht. Eines Tages kommt sie von dort in die Wohnung zurück, um nach Ernst und Helmut zu schauen. Die sind verschwunden. Kurze Zeit später entdeckt sie ihre Sprösslinge unten am Pier – nicht bei den Aufgaben, sondern beim Schwimmen.

Sehr interessant ist, was sie mit den Insulanern an Weihnachten erleben. Die Christen auf Chuuk beschenken sich zu jener Zeit nicht in der Familie, sondern nur in der Gemeinde. Natürlich werden auch die Missionare mit Geschenken bedacht, manchmal mehr, als ihnen lieb ist. Erwin und Dora Pegel sehen sich nach ihrer ersten Weihnachtsfeier auf Nómwiin mit vierzig lebenden Hühnern konfrontiert.

Die Schülerinnen konzentrieren ihre Schenkfreudigkeit naturgemäß eher auf die Kinder des Missionars. Ernst und Helmut sind ganz aus dem Häuschen. Vor ihnen türmt sich alles Mögliche: Seife, Kaugummi, selbst gemachte Taschen, Eier und eben – Hühner!

Pläne für eine Jungenschule

Mikronesien ist inzwischen voll mit dem Aufbruch in die moderne Zeit beschäftigt. Dazu gehört, dass ein umfassendes Schulwesen geschaffen wird, das künftige Generationen befähigen soll, die Geschicke der Inseln selbst in die Hand zu nehmen.

Auf der Missionarskonferenz für ganz Mikronesien, die Mitte des Jahres 1956 auf Toon stattfindet, wird auch die Frage einer Schule für Jungen diskutiert, darunter vor allem ein Standort, der dafür geeignet ist. Es kommt noch nicht zu einer endgültigen Entscheidung.

Reisedienst, immer noch mit dem Auslegerkanu

Im September 1956 ist Wilhelm wieder einmal auf Pwolowót. Er hat die Strecke von Sowuk auf einem Auslegerkanu zurückgelegt, fast dreißig Stunden lang. Am folgenden Morgen predigt er über die Ankunft des Apostels Paulus in Rom.

Manche der Kindern, die Ausländer nicht oft zu Gesicht bekommen, haben immer noch Angst vor ihm. Dagegen hat er ein einfaches Mittel parat. Seine Frau hat ihm Bonbons mitgegeben, und sie tun ihre Wirkung. Unter den Kindern, die sich immer noch vor ihm fürchten, verbreitet sich schnell die frohe Kunde, er fresse tatsächlich niemanden, sondern verteile Wohlschmeckendes.

Er hat die Korrekturbogen der biblischen Geschichten dabei, die Richard Neumaier übersetzt hat, und die demnächst in Buchform zur Verfügung stehen sollen. Die schönen Bilder darin erweisen sich als große Attraktion.

Immer wieder wird Wilhelm daraufhin angesprochen, ob es nicht möglich wäre, einen Missionar auch auf Pwolowót zu stationieren. Das soll angestrebt werden, aber Wilhelm kann keine sichere Zusage machen. Erst in den siebziger Jahren wird der Wunsch der Gemeinde in Erfüllung gehen. Dann wird sich Klaus W. Müller, Neffe und Patensohn Wilhelms, mit seiner Frau Ulrike auf der Insel niederlassen.

Am 15. September gegen Mittag sitzt Wilhelm wieder auf einem Hochseekanu. Er will mit Ikepi, einem erfahrenen Kapitän und Bootsbaumeister, nach Chuuk zurückfahren. Das dauert bei günstigem Wind und guter Wetterlage zwei Tage und zwei Nächte.

Die Fahrt nach Chuuk mit dem Hochseekanu führt über etwas mehr als dreihundert Kilometer offenes Meer. Dazu braucht man etwa fünfzig Stunden. „Es ist furchtbar einsam auf dem Meer, wenn man nur in einem ausgehöhlten Baumstann umhersegelt." Man hat keine richtige Schlafgelegenheit. In der zweiten Nacht starrt Wilhelm schon von Mitternacht an immer nach Osten und wartet auf den Sonnenaufgang. Von Ikepi weiß er, dass sie bei Sonnenaufgang wenigstens die höchsten Bergspitzen von Chuuk sehen müssen, wenn er richtig Kurs gehalten hat und sie nicht von der Strömung abgetrieben wurden. Diesen Augenblick will er nicht verpassen.

Als es im Osten heller wird, fragt ihn Ikepi, ob er etwas sehen könne. „Wenn ich nicht irre, sehe ich die Spitze vom Winipwéét, dem Berg auf Toon." Ikepi nickt zustimmend: „Das ist wirklich Chuuk!"

Die beiden wecken die anderen Männer, die sofort hell wach sind. Jetzt kann Ikepi sich schlafen legen. Ein jüngerer übernimmt den Platz des Kapitäns für den Rest der Reise. Nachdem eine schwere Regenbö über ihnen niedergegangen ist und sie somit ihr Morgenbad genommen haben, singen sie *Sipwe fókkun kinissow ngeni Samach Koot wóón nááng* ..., „Wir danken dir, Gott, unserem Vater im Himmel ...!"

Nachmittags um zwei Uhr fahren sie bei Amwachang auf Toon in die Bucht ein. Sie blasen die Muschel, und sofort wissen Ernst und Helmut, dass ihr Vater gleich da sein wird. Voller Bewunderung schauen sie sich das Fahrzeug an, mit dem er so lange unterwegs war.

Die Last droht zu schwer zu werden

Am 26. November schreibt er wieder einmal einen Brief an Richard Neumaier. Es geht auch dieses Mal um das Neue Testament. Es ist die reine Verzweiflung: „Die Sache bricht mir fast das Genick." Wilhelm hat das Gefühl, er gelte bei den amerikanischen Kollegen nur noch als störrischer, schwieriger Mitarbeiter, als Querulant. Er fürchtet, dass eine Intrige gegen ihn in Gang ist. Er berichtet in der Tat Erstaunliches: ihm liege ein Brief von der Liebenzeller Mission vor, der beweise, dass man seine Versetzung nach Palau betreibe. Das trifft ihn so schwer, dass er ernstlich daran denkt, von sich aus dort hin zu gehen, vielleicht auch nach Pwolowót, oder auf irgendeine der Mortlockinseln, einfach weit weg von allem, was ihn belastet. „Ich kann ja meine letzten zehn Jahre noch auf einem Strafposten verbringen. Das wird wohl auch für den inneren Menschen nicht zum Schaden sein."

Es müssen schwere Wochen für ihn und Elisabeth gewesen sein. Das einzig Erfreuliche in dieser Lage ist eine Nachricht, auf die sie lange gewartet haben: das Neue Testament ist definitiv in Druck gegangen.

Anerkennung in der Öffentlichkeit

Welche Achtung inzwischen der Arbeit Wilhelms und Elisabeths von Seiten der Insulaner und der Behörden entgegengebracht wird, zeigt eine Anordnung, die der Direktor der Handelsgesellschaft auf Wééné erlässt, als Wilhelm kurz vor Weihnachten 1956 die Hallinseln besucht. Das Boot der Gesellschaft, auf das der Missionar bei Fahrten zu den Außeninseln angewiesen ist, solle so lange auf den Hallinseln bleiben, bis dieser seine Tätigkeit dort abgeschlossen habe. Selbst noch nach einer Woche Aufenthalt auf Nómwiin weist der Kapitän auf diese Order hin: „Ich habe zu warten, bis du ganz mit deiner Arbeit fertig bist."

Heimsuchung als Gericht und Gnade

Am 11. Januar 1957 tobt ein schwerer Taifun von Westen her über die Inseln um Chuuk. Schon am Morgen bei der Frühandacht in der Kirche von Chukiyénú kann man sich kaum noch verständlich machen, so laut prasselt der Regen auf das Dach. Die ersten Bäume gehen krachend zu Boden. Das Motorboot „Jugendbund EC" reißt so stark an den Seilen, dass sich die Poller aus dem Boden lösen, an denen es vertäut ist.

Im Dorf Fóósón packt der Sturm ein Haus nach dem anderen, hebt deren Blätterdach von den Eckpfosten und lässt es in einiger Entfernung am Boden zerschellen. Ein Mann bittet den Missionar um ein Seil, weil er seine Hütte am Boden festzurren will. Es nützt nichts. Der Sturm fegt es mitsamt der spärlichen Einrichtung bis an den Abhang des Berges.

Zwei junge Insulaner, die sich mit ihrem Motorboot außerhalb der Lagune befinden und zu spät erkennen, dass sie in einen Taifun geraten werden, kentern in den Wellen. Es gelingt ihnen im letzten Augenblick, die Sitzbretter des Boots herauszureißen, um sie als Schwimmhilfen zu benutzen. Sie treiben in die Nacht hinaus. Es gibt kaum Hoffnung für sie, denn sie müssen jeden Augenblick damit rechnen, von Haifischen angegriffen zu werden. An ihre Bretter geklammert durchleben sie entsetzliche Stunden der Angst, bis sie am anderen Tag schließlich von einem Polizeiboot lebend gefunden werden.

Anfang Februar gerät die „Jugendbund EC“ in einen schweren Nordsturm. Im hohen Wellengang reißt das Drahtseil, mit dem die Steuerung betätigt wird. Das bringt seine Besatzung in eine gefährliche Situation, denn das Boot befindet sich in unmittelbarer Nähe des Riffs einer Insel. Steuerlos läuft es Gefahr, vom Seegang auf das Riff geworfen zu werden. Den Schaden auch nur notdürftig zu reparieren ist aus zwei Gründen äußerst schwierig. Der Wellengang macht ruhiges Arbeiten unmöglich, und um an das Seil zu kommen, muss das Deck des Bootes aufgerissen werden. Es treibt scheinbar unaufhaltsam auf das Riff zu, doch kurz vor dem Aufprall gelingt es Wilhelm mit zerschundenen Händen, das gerissene Seil provisorisch zu reparieren. Das Steuer spricht wieder an.

Auch auf den Hallinseln, die schon ein paar Monate zuvor von einem Taifun heimgesucht worden waren, entstehen schwere Schäden. Das Haus, das Wilhelm vor zwanzig Jahren auf Nómwiin gebaut hatte, stürzt ein, und fast alle Brotfruchtbäume liegen am Boden. Der Regen hat ihn so aufgeweicht, dass ihre Wurzeln keinen Halt mehr finden.

Die ganze Insel ist in kürzester Zeit vollständig überflutet. Gärten und Pflanzen werden durch das Salzwasser zerstört. Die Menschen stehen knietief im Wasser, halten ihre Kinder in den Armen und erwarten den Untergang der Insel. Die Kirche aber bleibt stehen.

Auch auf Nómwuluuk und Sowuk hat der Taifun schwere Schäden angerichtet, Schweine, Hühner und Ziegen aufs Meer hinausgetrieben und alle Kanus unbrauchbar gemacht.

Drei Taifune gibt es innerhalb von nur sieben Monaten. Wilhelm hat den Eindruck, als sei der gesamte Pazifik durcheinander geraten. An den Glauben der Insulaner stellt so ein Taifun hohe Anforderungen. Wenn früher ein solches Unwetter von Westen hereinbrach, galt es als Strafe der Verstorbenen für falsches Verhalten der Lebenden. Diese Vorstellungen tauchen jetzt regelmäßig auch bei den Christen wieder auf. Sie fürchten sich und überlegen, ob es nicht doch richtiger wäre, den Ahnengeistern ein Opfer zu bringen, um sie zu besänftigen. Wilhelm dagegen spricht von Heimsuchung als Gericht und Gnade.

Solche Worte sind unter den gegebenen Umständen für die Insulaner schwer zu verstehen, vor allem das mit der Gnade. Sie erfahren sie aber kurz darauf, als Wilhelm von einer Gemeinde in Chicago einen Scheck über zweihundert Dollar für die Taifungeschädigten bekommt und an sie ausbezahlt.

Hoher Besuch

Im Frühjahr 1957 meldet ein hochrangiger Beamter von der deutschen Botschaft in Manila seinen Besuch auf Toon an. Dr. von Schweidnitz verbringt einige Tage in Philadelphia, um sich über die Arbeit der deutschen Missionare zu informieren. Er und seine Frau sind engagierte Christen, und sein Bericht fällt überaus positiv aus. Wilhelm ist der Ansicht, das Schreiben, das er bald darauf bekommt, sei es wert, in den „Mitteilungen der Liebenzeller Mission" veröffentlicht zu werden. Er unterbreitet seinen Vorschlag dem zuständigen Missionsinspektor. Der aber lehnt mit dem Hinweis ab, man müsse demütig bleiben. Durch diese Ablehnung fühlt sich Wilhelm erheblich verletzt. Verdient hat er dieses Verhalten bei der Bescheidenheit, die ihn immer ausgezeichnet hat, auf keinen Fall. Daher sei auch dieses Schreiben, im Wortlaut etwas gekürzt, hier wiedergegeben:

Botschaft der Bundesrepublik
Deutschland
MANILA Pol 318

Manila, den 6. Mai 1957

Herrn Missionsinspektor
Pfarrer Heinrich Hertel
Liebenzeller Mission
Bad Liebenzell/Württ.

Sehr geehrter Herr Pastor!

Ich habe Ihnen noch für Ihr Schreiben vom 9.3. zu danken, das ich erhielt, kurz bevor ich mich am 20.3. auf die Reise nach Micronesien begeben habe. Am 10.4. bin ich von dort zurückgekehrt und habe eine wirklich sehr interessante Zeit auf den Inseln verbracht.[...]

Auf TRUK verbrachte ich eine Woche bei der Familie Kaercher in TOL und war während dieser Zeit auch mit Herrn Pegel zusammen, der von Mortlock herübergekommen war.

Ich bin von aufrichtiger Bewunderung erfüllt für das Wiederaufbauwerk, das die Missionare nach der auch für sie so schweren und verlustreichen Kriegszeit auf den Inseln geleistet haben. Abgesehen von der segensreichen seelsorgerischen Arbeit der Missionare konnte ich mich davon überzeugen, daß auch die Leistungen der Schulen sowohl von der einheimischen Bevölkerung wie von der amerikanischen Verwaltung aufs Höchste anerkannt werden. Ich habe auch in meinem Bericht an das Auswärtige Amt zum Ausdruck gebracht, dass hier mit bescheidensten Mitteln und unter schwierigsten Verhältnissen eine Arbeit geleistet worden ist und weiter geleistet wird, die geeignet ist, das deutsche kulturelle Ansehen im pazifischen Raum zu festigen und zu fördern. Ferner bin ich bemüht, den Missionsschulen einiges unentgeltliches Lehrmaterial zu beschaffen.[...]

Mit meinen besten Wünschen für das weitere segensreiche Wirken Ihrer Mission auf den pazifischen Inseln bin ich, sehr geehrter Herr Pastor,

Ihr stets ergebener
(gez.) Dr. von Schweidnitz

Keine Privilegien

Auf seiner Reise nach Pwolowót und Sowuk im Juni benützt Wilhelm wieder das Schiff der Regierung. Zwar hatte man ihm eine Kabine versprochen. Damit ist es aber nun doch nichts. Was er bekommt, ist ein Platz auf dem obersten Deck, ganz hinten, in der Nähe der Rettungsboote. Hier haust er zehn Tage lang unter freiem Himmel mit Männern und Frauen zusammen. Der Seegang ist zuweilen so heftig, dass er nicht frei stehen kann. Sein Feldbett muss er mit einem Seil sichern. Zwar hat er eine Art Zeltdach, das er über ein Kabel spannen kann, so dass er, wenn es regnet, einigermaßen trocken bleibt, aber das Wasser schießt in breitem Strom unter ihm durch, von einer Seite auf die andere. Unangenehm ist auch die Windrichtung, in der er sich befindet. Weil er im hinteren Teil des Schiffs untergebracht ist, muss er immer wieder den beißenden Rauch des Schornsteins einatmen.

Und er muss feststellen, dass sich die Zeiten auch auf Chuuk geändert haben, selbst für ihn, den jeder kennt, und von dem jeder weiß, was er inzwischen geleistet und für die Allgemeinheit zuwege gebracht hat. Die jüngeren Insulaner, die Regierungsfunktionen ausüben, haben ganz selbstverständlich Kabinen mit Waschgelegenheit. Wilhelm muss sich als Deckpassagier bescheiden, was zwanzig Jahre zuvor undenkbar gewesen wäre. Aber er ist froh, dass er überhaupt mitreisen kann. Man erlaubt ihm auch, in der Kantine zu essen und sich tagsüber hier aufzuhalten, wo es bequemer ist als auf Deck. Dort muss er eigentlich nur die Nächte verbringen.

Ikepi

Dafür geht es ihm auf Sowuk sehr gut, wo Ikepi, der alte Seefahrer, veranlasst hatte, dass ein schönes Holzhaus für ihn gebaut wurde. Das war auch in der Hoffnung geschehen, dass die Gemeinde auf Sowuk doch noch irgendwann ihren eigenen Missionar bekommen würde.

Dazu muss man wissen, dass Insulaner eine ganze Reihe von Vorteilen haben, wenn ein Missionar in ihrer unmittelbaren Nähe stationiert ist. Er hält Schulunterricht, man wendet sich an ihn oder seine Frau, wenn man krank ist und Medikamente braucht. Meist hat er Funkverbindung mit offiziellen Stellen, so dass er Notsituationen lösen helfen kann. Und die Insulaner dürfen in aller Regel damit rechnen, dass sich der Missionar mit ihnen solidarisiert, wenn es nötig sein sollte. Das war besonders im Entdeckungszeitalter und am Beginn der Kolonialzeit von Bedeutung. Missionare waren meist die einzigen, die sich den Schiffsbesatzungen entgegenstellten, die auf den Inseln ihre Vorräte an Nahrung und Wasser ergänzten, sich dabei meist grobschlächtig aufführten und über die Frauen herfielen.

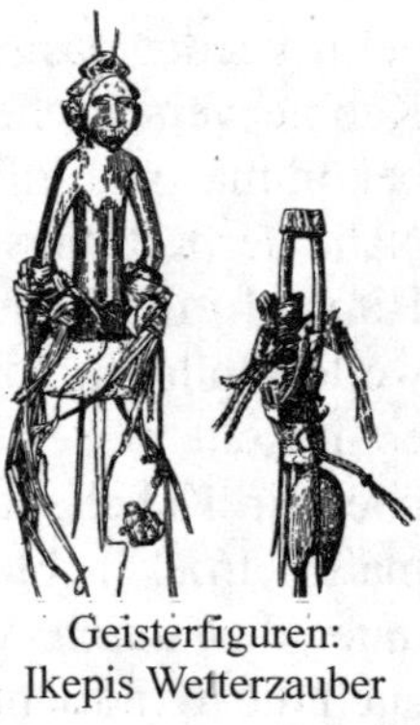
Geisterfiguren: Ikepis Wetterzauber

Ikepi ist einer der besten Kanubauer und Kapitäne in der Region. Früher, als er noch nicht Christ war, galt er als Experte für Boots- und Wetterzauber. Sein diesbezügliches Wissen hat er von seinem Vater übernommen. Lesen und schreiben kann er nicht. Dafür ist er einer der aufmerksamsten Zuhörer in den Gottesdiensten und fehlt nie. Manchmal wundert er sich über die Politiker in den Ländern Europas, Amerikas und Asiens. Er meint, früher hätten sie selbst, die Mikronesier, viele Kriege gegeneinander geführt. Das aber habe mit dem Evangelium auf den Inseln aufgehört. Er fragt sich, warum die Europäer, Amerikaner und Asiaten selbst eigentlich noch nicht darauf gekommen und *miriit*, das heißt vernünftig geworden sind.

Lesestoff

Am 2. Juli 1957 kommen die Kisten mit dem Neuen Testament und den Biblischen Geschichten aus dem Alten Testament (W*uruwo mii pin*) auf Chuuk an. Wochenlang hatte Wilhelm geradezu auf der Lauer gelegen. Jedes Schiff, das auf Wééné anlegte, hatte er abgepasst. Immer wieder war er enttäuscht worden, und immer wieder musste er seine Pastoren vertrösten, die ihm ständig mit der Frage in den Ohren lagen: „Wann kommen die Bücher?"

Eines Tages kommt er von Toon nach Wééné, um Besorgungen zu machen. Schon am Hafen ruft ihm ein Insulaner zu: „Du hast viele, viele Kisten bekommen. Dein Name steht drauf!"

Was es für die Christen auf Chuuk bedeutet, das Neue Testament in ihrer eigenen Sprache lesen zu können, kann man nur ermessen, wenn man weiß, was jetzt geschieht. Noch bei der Ankunft am Pier auf Toon muss die erste Kiste geöffnet werden. Jeder will sehen, ob man in Deutschland tatsächlich ein Buch in seiner eigenen Sprache machen konnte. Wupwiini, der Oberhäuptling von Toon, der auch schon lange auf „die Bücher" gewartet hatte, steht mit einer überdimensionalen Sonnenbrille ausgerüstet mitten unter seinen Leuten und den Kisten, die kreuz und quer herumstehen. Er liest und liest und liest.

Auch Wilhelm ist voller Freude: „Jetzt möchte ich sofort auf Reisen gehen und mit den Predigern auf den einsamen Inseln das Neue Testament lesen." Wie sehr die Insulaner selber darauf gewartet haben, zeigt sich darin, dass innerhalb eines Monats zweitausend Stück von den Neuen Testamenten und alle tausend Exemplare der Biblischen Geschichten aus dem Alten Testament verkauft sind. Und er erlebt interessante Dinge damit.

Im Dezember 1957 ist er auf Pwolowót. Dort liest er jeden Nachmittag zwei Stunden mit einer Gruppe von etwa zwanzig Leuten im Alter von zehn bis vierzig Jahren ganz langsam das Matthäusevangelium. Er stellt immer wieder fest, dass das „neue" Neue Testament die Insulaner dazu bringt, Bibeltexte mit ganz anderem, besserem Verständnis als bisher zu lesen. Das „alte" Neue Testament war für sie einfach zu schwer verständlich. In seiner „Bibelleseklasse", wie er sie nennt, sitzt regelmäßig auch ein Junge mit Namen Erinis („Ernst"), einer der Söhne des Häuptlings.

Eines Tages, als es schon dunkel ist, kommt seine Mutter mit einem Dollar in der Hand zu Wilhelm und sagt: „Mein Erinis liegt in der Hütte und weint, weil er kein Neues Testament hat." Der Junge will unbedingt ein Buch, das ihm allein gehört, aus dem er selber lesen kann.

Während Wilhelm in seiner Hütte am Entwurf eines Rundbriefs schreibt, sieht er in etwa fünfzig Meter Entfernung einen Mann im Inselgemeindehaus sitzen, der damit beschäftigt ist, auf seinem Oberschenkel aus Kokosfasern Schnur zu drehen. Der kleine John, zwölf Jahre alt, sitzt neben ihm und liest ihm aus *Wurowo mi pin* eine der alttestamentlichen Geschichten vor.

Jetzt wird auch deutlich, dass es nicht falsch war, die Veröffentlichung des Neuen Testaments und der Biblischen Geschichten mit Nachdruck zu betreiben. Ohne diese müssten sich die Pastoren weiterhin mit Notlösungen behelfen, denn Harold Hanlins Testament ist immer noch nicht fertig, und die amerikanische Bibelgesellschaft hat ihm sogar nahe gelegt, es zum gegenwärtigen Zeitpunkt nicht drucken zu lassen.

Lesehilfen

Eine Schwierigkeit für die älteren Insulaner, die lesen wollen, ist ihre altersbedingte Fehlsichtigkeit. Die meisten bräuchten eine Brille. Auf den Inseln gibt es aber weder Augenärzte noch Optiker, die schnell Abhilfe schaffen könnten. Eine gewisse Lösung dieses Problems bieten die abgelegten Brillen, die deutsche Missionsfreunde sammeln und nach Chuuk schicken. Wenn Wilhelm bekannt gibt, dass wieder einmal eine Sendung Brillen unterwegs oder gar schon angekommen ist, verbreitet sich die Nachricht wie ein Lauffeuer von Dorf zu Dorf, von Insel zu Insel. Wer eine Brille braucht, darf in die Kiste greifen und probieren. Für die Interessenten, die als Erste kommen, ist die Auswahl beträchtlich. Sie können unter dreihundert verschiedenen Modellen wählen. Da sitzen sie dann und suchen aus, diskutieren, prüfen, halten einen Text nah vor ihre Augen, dann wieder mit ausgestreckten Armen weiter weg. Und viele finden tatsächlich ein Exemplar, mit dem sie brauchbar lesen können.

Ein Liederbuch mit Noten

Nach Wilhelms Vorstellungen ist es nun auch an der Zeit, dass die Insulaner wieder ein ordentliches Liederbuch bekommen. Die meisten haben nur noch Fetzen von einer älteren Fassung. Das neue soll Noten enthalten, nicht nur als Melodien, sondern mehrstimmig gesetzt. Zwar sind die Insulaner gewöhnt, selbständig mehrstimmig zu improvisieren, wenn sie singen. Wenn aber Instrumente als Begleitung hinzukommen sollen, brauchen die Spieler Noten. Das erweist sich besonders in der Schule als notwendig.

Was die Schülerinnen sehr interessiert, ist das Harmonium. Davon gibt es ganze zwölf Stück von einem japanischen Fabrikat in einer Kleinfassung. Die Mädchen übertreffen sich gegenseitig in ihrem Eifer, das Tasteninstrument spielen zu lernen. Wilhelm: „Sie lernen das leichter als ich in Liebenzell. Wir haben schon etwa fünfzehn Mädchen, die die Lieder am Sonntag in der Kirche begleiten. Diese Mädchen müssen sich das Lied, das sie am Sonntag in der Kirche spielen wollen, immer erst [Note für Note] auf ein Blatt Papier abschreiben.“ Wenn sie ein gedrucktes Liederbuch hätten, entfiele der ganze Aufwand.

Jubiläum

Am 20.Juli 1957 feiern die Hallinseln Nómwiin, Fanaanú und Ruwó ein zwanzigjähriges Jubiläum. So lange ist es her, dass ihre Bewohner fast ohne Ausnahme Christen geworden sind. Das ist nicht selbstverständlich, denn die Gemeindearbeit lag in all den Jahren zum größten Teil in den Händen einheimischer Pastoren. Ein Missionar war nur wenige Jahre ständig anwesend gewesen.

Zu den Jubiläumsfeierlichkeiten strömen die Menschen von den Inseln nach Nómwiin. Fast die gesamte Gemeinde von Fanaanú hält sich eine Woche lang dort auf. Der Jubiläumsgottesdienst dauert vier Stunden. Beim anschließenden Festmahl vertilgen die Gäste zehn große Karettschildkröten, die auf den unbewohnten Sandinseln in der Nähe zu finden sind.

Wilhelm berichtet von den ersten Anfängen der Gemeindearbeit, und eine Reihe von Rednern berichtet, wie sie selbst Christen geworden sind. Eines unter diesen Zeugnissen ist bemerkenswert. Der Oberhäuptling Oto („Otto“) erzählt, dass er zunächst schnell die Überzeugung gewonnen habe, dass das Christentum für die junge Generation gut sei. Für ihn und die anderen Älteren sah er das nicht. Irgendwann aber habe die Geschichte von jenem Ereignis bei der Stadt Damaskus „sein Inneres gebissen", wie er in seiner Sprache sagt, in dessen Verlauf aus dem Saulus der Paulus geworden sei (Apostelgeschichte 9), und er habe erkannt, dass er selbst auch Christ werden müsse.

Neue Schwierigkeiten

In dieser Zeit erreicht die Mission die Nachricht von einem Erlass der amerikanischen Behörden, der anordnet, dass bis zum Jahr 1963 nicht nur neu nach Mikronesien einreisende Mitarbeiter der Mission die amerikanische Staatsbürgerschaft erworben haben müssen, sondern ausnahmslos alle Nichtamerikaner, also auch Wilhelm und Elisabeth. Das ist eine Forderung, die den beiden zu hoch erscheint. Sollen sie tatsächlich in ihrem Alter noch die Staatsangehörigkeit wechseln? Sie beginnen daher, wenn auch zögerlich, mit Überlegungen für ihre Nachfolge.

Zunächst aber tragen die Gemeinden aus dem ganzen Gebiet, also auch die von der amerikanischen Mission betreuten, ein Projekt an Wilhelm heran, das er sofort in Angriff nehmen und bis 1963 realisieren will: eine Schule für angehende Theologen. Diese soll aus Gründen der Logistik, der Versorgung mit den nötigen Gütern, auf Wééné gebaut werden. Dort befindet sich der Schiffs- und Flughafen, die Behörden, das Postamt, das Krankenhaus, und hierhin kommen alle Insulaner zuerst, wenn sie sich von den Außeninseln nach Chuuk begeben müssen. Die Schule ist deshalb so dringend erforderlich, weil abzusehen ist, dass es bald Nachwuchsmangel unter den Pastoren geben wird, weil die älteren, vor dem zweiten Weltkrieg ausgebildeten, nach und nach das Ruhestandalter erreichen.

Insgeheim hat Wilhelm schon vor einiger Zeit damit begonnen, Geld dafür zurückzulegen. Es handelt sich dabei um so etwas wie eine „schwarze Kasse" für einen guten und sinnvollen Zweck. Er füllt sie mit dem Verkaufserlös der Neuen Testamente und Biblischen Geschichten in der erklärten Absicht, dass es die Insulanergemeinden selber sein werden, die diese Schule finanzieren. Eine geniale Idee. Dass sie von der Leitung der Liebenzeller Mission als nicht ganz so genial angesehen wird, enttäuscht ihn. Er ist der Ansicht, wenn die katholische Mission fünf Schulen unterhalten kann, dann könnten zwei Schulen für die Liebenzeller Mission nicht zu viel sein.

Das würde bedeuten, dass die Arbeit auf Chuuk unter allen Umständen ein weiteres Missionarsehepaar für den Reisedienst bekommen muss. Er stellt einen entsprechenden Antrag, obwohl er daran zweifelt, dass er damit Erfolg haben wird. Auch drängt er darauf, dass die Leitung des amerikanischen Zweigs der Liebenzeller Mission in Schooley's Mountain mehr Entscheidungsfreiheit bekommt, um bürokratische Hindernisse in der Zukunft so gering wie möglich zu halten, Entscheidungen zu vereinfachen und zu beschleunigen. Diese Vorschläge bringen ihm den Ruf ein, nicht ausreichend Geduld aufzubringen. Er muss sogar den Vorwurf hören, er werfe die Flinte immer ein bisschen zu früh ins Korn.

Wie berechtigt seine Forderungen sind, zeigt sich wenig später. Harold Hanlin und die Gemeinden, die unter seiner Leitung stehen, fordern zu Anfang 1958 eine endgültige Entscheidung bezüglich der Eröffnung der geplanten Schule von Wilhelm. Über ein Jahr lang haben sie inzwischen geduldig gewartet. Er kann diese Entscheidung aber nicht liefern, weil ihm wegen der „elenden Warterei" auf Antwort aus Deutschland die Hände gebunden sind. Schließlich kündigt Harold Hanlin seine Mitarbeit auf. Und wie es dann oft so ist: bald danach kommt ein zustimmender Bescheid aus Deutschland, aber leider zwei Monate zu spät. Eine Riesenenttäuschung für Wilhelm und Elisabeth: „Diese Schule auf Wéénė hätte Ost- und Westtruk miteinander verbunden, aber nun ist es zu spät."

Es bleibt ihnen nichts anderes übrig, als die Schule in eigener Regie auf Toon zu bauen und zu betreiben. In der Korrespondenz, die über das Projekt geführt wird, heißt sie „Jungenschule", eine Ergänzung zur Mädchenschule, die schon existiert und seit zwei Jahren mit Erfolg läuft.

Unter den Bedingungen, wie sie auf einem Missionsfeld herrschen, kann es durchaus geschehen, dass die verantwortlichen Missionare ihre Entscheidungen und Erwartungen zu stark an den Gegebenheiten ausrichten, mit denen sie sich herumschlagen müssen. Das zeigt sich in der Enttäuschung Wilhelms über die Verzögerungen, die er mit dem Erscheinen des Liederbuchs erlebt. Zwei Jahre lang muss er die Gemeinden immer wieder vertrösten. Er selbst versteht nicht, warum das so sein muss. Dabei sind sowohl der Verlag als auch der Herausgeber in Deutschland intensiv darum bemüht, den Band drucktechnisch und musikalisch so ordentlich wie möglich zu gestalten. Das braucht einfach seine Zeit. Wilhelms Bitte an Richard Neumaier, ihm alles Liederbuchmaterial per Luftpost nach Chuuk zu schicken, „um es umgehend selber“ zu machen, wirkt daher tatsächlich etwas unbeherrscht.

Auch liegen nicht alle Verzögerungen, die sich für Wilhelm als Belastung erweisen, an der Schwerfälligkeit der verantwortlichen Gremien in der Mission. Er hatte schon vor einiger Zeit eine neue Lieferung der Biblischen Geschichten aus dem Alten Testament bestellt. Auch diese lässt übermäßig lange auf sich warten. Eines Tages erfährt er, dass im vergangenen Dezember auf dem Schiff „Alaska Bear“, das von San Francisco nach Guam unterwegs war, ein Laderaum ausgebrannt sei. Das könnte die Verzögerung erklären.

Langwierige Nachforschungen ergeben schließlich, dass die Kisten mit den Büchern in einem Lagerhaus in San Francisco hängen geblieben sind und dort seit November 1957 herumstehen. Der Agent des Norddeutschen Loyd in San Francisco will sogar wissen, wann Wilhelm seine Kisten endlich abhole. Man muss sich das vorstellen: Ein Empfänger, der Tausende von Kilometern von San Francisco entfernt auf einer Südseeinsel wartet, wird gefragt, warum ihn sein Zeug so wenig interessiere!

Die Katze lässt das Mausen nicht

Mit Beginn der Osterferien, in denen er keinen Unterricht geben muss, macht sich Wilhelm wieder einmal auf den Weg auf die Hallinseln. Als er das Missionarswohnhaus auf Nómwiin betritt, erlebt er eine Überraschung. Es ist bewohnt, und die Bewohner lassen sich nicht einfach aus dem Haus bitten, indem der Missionar Eigenbedarf geltend macht. Sie entziehen sich sogar jeder Annäherung und müssen gefangen werden. Es sind Ratten, die das Haus offenbar in größerer Zahl bevölkern. Wilhelm musste damit gerechnet haben, denn er hat einen geübten Rattenfänger auf die Reise mitgenommen, der sich als beherzt und geübt erweist, eine Katze. Schon in der ersten Nacht bringt sie dreizehn der ungeliebten Mitbewohner zur Strecke. Aber sie frisst keine einzige von den Ratten, sondern legt sie alle säuberlich unter Wilhelms Bett ab. In der folgenden Nacht braucht sie nur noch vier von ihnen fangen. Dann ist das Missionarshaus vollständig entmietet.

Die Kinder

Von den Töchtern in Deutschland gibt es offenbar gute Nachrichten. Ihre beiden Brüder Ernst und Helmut haben sich inzwischen ganz auf das Leben in der Südsee eingestellt. Deutschland ist bei ihnen in Vergessenheit geraten. Alles dreht sich um Boote, Motoren, Fischfang und Baden im Meer. Ihre Mutter, die sie neben ihrer Arbeit in der Mädchenschule unterrichtet, hat gelegentlich ihre liebe Not mit den beiden. In ihrem Erlebnishunger sehen die beiden Jungen in der Schule etwas, was das eigentlichen Leben verhindert und ihm daher nachgeordnet sein sollte. „Sie sind überzeugt, dass sie das, was sie für die Südsee brauchen, bereits gelernt haben.“

Der Bau der Jungenschule

Im Mai bekommt Philadelphia Besuch vom derzeitigen Gouverneur. Er findet die Arbeit der deutschen Missionare so eindrucksvoll, dass er beschließt, eine Delegation der Vereinten Nationen, die demnächst Chuuk besuchen wird, auch nach Toon zu bringen. Es hat den Anschein, als betrachteten die lokalen Behörden die neue Mädchenschule schon jetzt als Vorzeigeobjekt. Der Leiter der Kommission, die dann auch tatsächlich eintrifft, ein Engländer, äußert, er habe auf Chuuk bislang noch keine so schöne und saubere Schule zu sehen bekommen. Die Zulassungsurkunde, die der Hochkommissar für das Treuhandgebiet der Schule ausstellen muss, bekommt Wilhelm noch am selben Tag ausgehändigt.

Auffällig ist, dass über die letzten sechs Monate des Jahres 1958 fast keine Nachrichten darüber vorliegen, was in dieser Zeit auf Toon geschieht. Wilhelm scheint keine Muße gehabt zu haben, Briefe oder Berichte zu schreiben. Erst verhältnismäßig spät im folgenden Jahr erfahren wir, was ihn davon abgehalten hat: das Gebäude für die Jungenschule entsteht.

Ursprünglich war geplant, die Schule im Dorf Fóósón zu bauen, damit sie nicht zu nahe an der Mädchenschule liegt. Dann aber hatte sich die Möglichkeit ergeben, ein Grundstück zu erwerben, das ein Tarofeld und einen Bach enthält.

Der Platz muss gerodet werden. Einige der künftigen Schüler helfen Wilhelm dabei. Ihre Väter aus den Gemeinden holen Basaltsteine vom Berg herunter, Korallenbrocken aus dem Meer, und das

Boot „Jugendbund EC“ fährt jeden Morgen nach der Morgenandacht nach der Nachbarinsel Romónum, um Sand zu holen.

Elisabeth baut mit ihren Schülerinnen zusammen einen Weg, damit die Jungen beim Transport der Baumaterialien nicht ständig im Schlamm versinken.

Gelegentlich tauchen Mitarbeiter auf, die Wilhelm lieber nicht gesehen hätte. Die Regierung unterstützt den Bau der Jungenschule nämlich mit Lebensmitteln, und das lockt manche „Arbeitskräfte“ an, die nur wegen des Essens kommen. „Es war oft eine Hochschule für meine Geduld, und ich habe nicht bloß sie, sondern auch mich noch besser kennen gelernt.“

Am 11. April 1959 sitzt er erschöpft in seinem neuen Arbeitszimmer des inzwischen fertigen Gebäudes der Jungenschule, das am 26. April eingeweiht werden soll. Schwere Arbeitswochen liegen hinter ihm. Mit einer Gruppe von künftigen Schülern von Pwolowót, Sowuk, Nómwiin, Fanaanú, Mwirilé und den Mortlockinseln hat er den Bau zu Ende geführt. Es fehlen nur noch die Tische und Bänke, die Wilhelm ebenfalls selber schreinern muss. Insgesamt siebenundfünfzig Schüler werden zu Schuljahrsbeginn erwartet.

Erwin Pegel hat ihm beim Bauen fleißig geholfen, die Binderkonstruktionen gebaut und die Schalungen für die Betonarbeiten gemacht.

Der Bau der Jungenschule gelingt deutlich besser als der für die Mädchen. Das bringt die Erfahrung, und auch die finanzielle Lage ist nicht mehr so angespannt. Im Erdgeschoss befinden sich zwei einfache, geräumige Klassenzimmer, an beiden Seiten offen, also ohne Fenster. Angeschlossen sind Lagerräume, Werkstatt, Waschraum und Büro. Im oberen Stockwerk liegt die Missionarswohnung mit einer Küche und vier Zimmern, und anschließend daran der zehn Mal zehn Meter große Schlafraum für die Schüler. Wohnung und Schlafraum können über getrennte Außentreppen erreicht werden.

Beim Einweihungsfest spricht Wilhelm über das Leben und das Bauen. Irgendwann müsse ein Anfang gemacht werden, wo alles gerodet und sauber gemacht wird. Dann muss es ein stetes Aufbauen geben, auch unter schwierigen Umständen, bei Hitze, bei Durst und Hunger. Erst danach kann man die Krone des Lebens empfangen (2. Timotheus 4,7-8).

Die knapp sechzig Schüler kann Wilhelm nicht allein unterrichten. Dafür hat er Apel und Koyichi eingestellt, Absolventen einer Schule für künftige Pastoren auf Pohnpei. Er rechnet immer noch fest damit, dass er einen Lehrer aus den U.S.A. bekommt.

Schüler der Philadelphia-Jungenschule

Erstes Schulentlassungsfest in der Mädchenschule

Wenige Tage später, am 14. April, werden zweiundfünfzig Mädchen aus der Schule entlassen, ein Riesenfest. Alle haben bestanden und bekommen ihr Diplom.

Auf dem Programm des Festgottesdienstes steht unter anderem Musik von Georg Friedrich Händel, von Elisabeth auf dem Harmonium vorgetragen. Das „Largo“ wird sogar von einer Schülerin gespielt, von Imiye, einer Nichte Wupwiinis.

Für den neuen Kurs haben sich allein von Chuuk schon wieder sechzig Mädchen angemeldet. Sollte der Andrang weiterhin so groß sein, müssen Wilhelm und Elisabeth sehen, wie sie in der Mädchenschule noch mehr Platz schaffen können.

Eine neue Lehrerin hat inzwischen ihre baldige Ankunft angekündigt. Neben Anneliese Stüber, die schon einige Zeit an der Mädchenschule arbeitet, wird Esther Hahn demnächst ihre Unterrichtstätigkeit aufnehmen.

Entlassungsfeier des ersten Jahrgangs der Philadelphia-Mädchenschule 1959

Eine neue Trennung kündigt sich an

Seit Elisabeths zweiter Ausreise im Jahr 1954 sind nun fünf Jahre vergangen. So lange haben Hannelore, inzwischen achtzehn, Waltraud und Anneliese, inzwischen sechzehn und vierzehn Jahre alt, ihre Mutter nicht mehr gesehen. Ernst und Helmut, inzwischen zwölf und zehn Jahre alt, haben ihre Grundschulzeit hinter sich und sollen auf eine weiterführende Schule gehen. Also rüstet sich Elisabeth für die Heimreise nach Deutschland. Für sie wird es ein Abschied für immer. Ihr Mann wird weitere vier Jahre auf Chuuk bleiben.

Ernst und Helmut sind von der Aussicht, nach Deutschland zurückzukehren, nicht sehr begeistert. Ihr Vater meint: „Bei ihnen sieht man kein Rüsten." Sie wünschen sich, dass es immer so bliebe, wie es jetzt ist. Besonders schwer fällt es Ernst, sich von einem Insulaner zu verabschieden, mit dem er oft zum Fischen aufs Meer hinausgefahren ist. Helmut freut sich zwar auf den Flug nach Guam. Es wird aber auch ihm sehr bewusst, dass er seinen Vater für lange Zeit nicht wiedersehen kann.

Am 12. Mai 1959 reisen die drei von Toon ab. Am 16. Juni soll ihr Schiff von Kobe in Japan abfahren und am 21. Juli in Genua ankommen. Von dort aus wollen sie Rosa Mäder in Bern besuchen und dann nach Waltenhofen weiterreisen. Die Eltern Elisabeths leben beide noch, und bei ihnen werden sie dann auch Hannelore, Waltraud und Anneliese treffen.

Elisabeth denkt mit Besorgnis an die Zeit, in der ihr Mann wieder so allein leben und hausen wird wie vor Jahren auf Lúkúnooch. Damit er neben seiner vielen Arbeit nicht auch noch für sein Essen und seine Wäsche sorgen muss, lernt sie zwei Jungen aus der Schule an, einen, der für ihn kocht, und einen, der für ihn wäscht. Wilhelm fürchtet, „dass das in der ersten Zeit ein bisschen schief gehen wird." Doch er hofft das Beste.

Auch aus dieser Zeit des Abschiednehmens gibt es wenig Nachrichten. Die Arbeit scheint es nicht erlaubt zu haben. Eines aber bedenkt Elisabeth besonders.

Ehe sie sich auf die Reise macht, packt sie ihrem Mann einen Koffer mit Kleidungsstücken. Sie schärft ihm ein, dass sie ihn in vier Jahren bei seiner endgültigen Rückkehr von Chuuk in keinen anderen als diesen Kleidern ankommen sehen will. Sie fürchtet nämlich, dass die Kleidungsstücke, die er jetzt und in der kommenden Zeit tragen wird, so verwaschen sein werden, und dass er sie in seiner Anspruchslosigkeit, die ihn schon als Junggeselle auszeichnete, so lange tragen wird, bis sie ganz zerlumpt sein würden.

Mit der Ausrüstung im Koffer käme er erwartungsgemäß ordentlich angezogen in Deutschland an, und sie müsste sich dann nicht seinetwegen schämen.

13

Allein auf Chuuk (1959-1963)

Eine Frage der Selbständigkeit

Mit der Gründung der so genannten Jungenschule verbinden Wilhelm und die Gemeinden auf Chuuk weit mehr als mit der Mädchenschule die Vorstellung, sie könnte die Voraussetzungen für die künftige Selbständigwerdung der einheimischen Kirche auf Chuuk schaffen. Selbständigkeit setzt kompetente Führungspersönlichkeiten mit überdurchschnittlichem Wissenshorizont voraus. Wilhelm rechnet fest damit, dass sich unter den Schülern, die er und seine Mitarbeiter von jetzt an hier ausbilden wollen, einige finden werden, die in der Lage sind, später einmal ein Pastorenamt zu übernehmen.

Er selbst steht dieser Entwicklung positiv gegenüber: „Selbständigkeitsbestrebungen sind etwas ganz Natürliches, wenn sie im richtigen Geiste verwirklicht werden, dem wir nicht im Wege stehen wollen."

Die Jungenschule bedeutet zunächst aber, dass auf der Missionsstation während der Schulzeit etwa hundertfünfzig Leute unterzubringen und zu verköstigen sind. Bei drei Mahlzeiten pro Tag ist das eine ganze Menge.

Die Schüler, das Bier, die Zigaretten und andere Disziplinprobleme

Kinder auf einer Südseeinsel erfahren eine vollkommen andere frühkindliche Prägung als Kinder in Europa oder Amerika. Bis zu einem Alter von sechs Jahren leben Insulanerkinder in größtmöglicher Freiheit. Sie stromern herum, kommen nach Hause, wenn sie Hunger haben, und sie sind meist mit gleichaltrigen Spielkameraden oder älteren Geschwistern zusammen. Das trifft vor allem auf die Jungen zu. Bei den Mädchen ist es etwas anders.

Die Insulaner von Chuuk rechnen ihre Abstammung durch die Verwandtschaftslinie der Mutter. Daher kommt den Frauen eine besondere Stellung zu. Sie sind es, über die der Landbesitz weitervererbt wird. Mädchen bekommen daher schon als Kinder deutlich mehr Zuwendung von Seiten ihrer Eltern und Verwandten als Jungen. Sie müssen zwar schon früher als Jungen Pflichten für die Familie übernehmen, aber sie werden behütet und beschützt, bis sie heiraten. Daher wirken die jungen Frauen schon im Alter von sechzehn Jahren wie reife Erwachsene, ganz im Unterschied zu den Jungen.

Ihre soziale Stellung ist bei Weitem nicht so gefestigt. Sie gelten als wenig vernünftig. Trotzdem überlässt man sie lange sich selber. Das hat zur Folge, dass sie noch als junge Erwachsene wenig Reife zeigen, sich gern in Horden zusammenfinden, die sich auf den Inseln herumtreiben, Trinkgelage veranstalten, Raufereien und anderen Unfug anzetteln. Manche unter ihnen bleiben so lange in einem Zustand der Unvernunft, bis die Eltern beschließen, ihr Sohn müsse heiraten, damit er das Leben kennen lernt, für eine Frau und Kinder sorgen muss, um auf diese Weise *miriit*, das heißt „vernünftig" zu werden. Man kann sich vorstellen, wie eine Ehe oft aussieht, die unter solchen Bedingungen geschlossen wird.

Wilhelm hat von jetzt an eine solche Horde nicht nur zu unterrichten, sondern rundum zu betreuen. Er ist für sie verantwortlich, und sie haben ihm zu gehorchen, denn bei den Insulanern ist es üblich, dass die Erziehungsberechtigten ihre Pflichten an die jeweiligen Schulleiter abtreten, in deren Obhut sich ihre Söhne und Töchter befinden.

Wilhelm ist dabei nicht ganz allein. Verschiedene einheimische jüngere Männer arbeiten als Lehrer in der Schule mit, wobei die Schwierigkeiten, die die Schüler verursachen, gelegentlich auch von diesen Lehrern ausgehen.

Unter seinen Schülern sind einige „schwierige Gesellen", wie er sie nennt. Da ist zum Beispiel Timoti, ein Bruder von Wurák. Auf seiner Heimatinsel Pwolowót gilt er als einer der besten Schüler.

Timoti leidet an einer Rückgratverkrümmung. Als Kind hatte er auf einem Baumstamm gespielt, der vor der Insel im flachen Wasser schwamm. Als eine Welle diesen Baumstamm erfasste und mit Gewalt an den Strand schleuderte, verletzte sich Timoti schwer.

Der Junge ist bei allen beliebt, und seine Lehrer sind der Meinung, er könne inzwischen schon die Morgenandacht in der Schule übernehmen. Es gibt Pläne, ihn auf eine Schule nach Pohnpei zu schicken, wo er eine Ausbildung zum Pastor bekommen soll.

Was aber macht Timoti eines Tages? Er veranstaltet mit einigen anderen Jungen zusammen ein Saufgelage, während Wilhelm auf Wééné unterwegs ist.

Alkohol ist in den Schulen auf den Inseln streng verboten. Das gilt auch für das Rauchen. Die Gründe dafür sind einsichtig. Eine Schule zu betreiben ist teuer. Da sollen die Schüler das wenige Geld, das ihre Verwandtschaft für sie aufbringt, nicht auch noch vertrinken und in Rauch aufgehen lassen. Das Alkoholverbot besteht aber noch aus einem anderen Grund.

In der Insulanergesellschaft gilt es als ungehörig, anders oder besser sein zu wollen als die Mitmenschen. *Mósónósón* – Demut – ist ein hoher Wert. Das lernen Kinder schon sehr früh. Daher verinnerlichen sie den Zwang zu einem Verhalten der Unterordnung. Sie schämen sich, wenn sie auffallen, im Positiven wie im Negativen. Manchmal wollen Männer aber zeigen, was in ihnen steckt. Das fällt Insulanern, die dazu erzogen wurden, sich eher zurückzunehmen, ziemlich schwer. Um ihre Hemmungen zu verlieren, betrinken sie sich. Wenn sie betrunken sind, fühlen sie sich *péchékkún* und *pwara*, „stark" und „mutig".

Das ist auch für Wilhelms Schüler eine große Versuchung. Wenn sie ihre Hemmungen verloren haben, kommt es schnell zu Raufereien, offenem Streit und mitunter sogar zu Totschlag.

Das Problem taucht auch unter den Erwachsenen in den Gemeinden ständig auf. Es muss also kontrolliert und eingedämmt werden. Wer sich eines solchen Verhaltens schuldig macht, der erfährt, dass er vor seiner Gemeinde sein Gesicht verliert. Kirchenälteste, die sich betrinken und dann in Gewaltakte verwickelt sind, müssen ihr Amt eine Zeitlang ruhen lassen.

Um diesbezüglich Disziplin halten zu können, bleibt dem Schulleiter nichts anderes übrig als rigoros durchzugreifen. Wer Alkohol konsumiert oder beim Rauchen erwischt wird, muss die Schule verlassen.

Wilhelm nimmt natürlich an, dass „die dummen Buben" um Timoti ihn nicht ärgern wollten. Aber nun ist er in einer schwierigen Lage. Die Sache ist aufgeflogen, und alle wissen darüber Bescheid. Laut Schulordnung ist das ein Vergehen, das den sofortigen Schulausschluss zur Folge hat. Die Gründe dafür sind bekannt.

Wilhelm ist maßlos enttäuscht, aber er zögert, denn er weiß nicht so recht, was er tun soll. Die beteiligten Jungen zeigen tatsächlich Reue. Tagelang ringt er mit sich, und schließlich bringt er es nicht übers Herz, sie hinauszuwerfen. Sie hatten sich bisher zu ordentlich geführt. Er lässt sie also ein paar Tage lang schmoren, ehe er ihnen seine Entscheidung mitteilt. Er will sehen, ob die Reue echt ist.

Wie er schließlich entschieden hat, wissen wir leider nicht.

Die Schüler sind zum Teil schon achtzehn Jahre alt und darüber. Manche unter ihnen machen sich einen Sport daraus, nachts ins Dorf zu schleichen und sich an die Mädchen heranzumachen. Das schafft Unruhe unter den Dorfbewohnern. Für Wilhelm kann dadurch eine äußerst unangenehme Situation entstehen. Wird ein Mädchen schwanger, dann gilt das als seine Schuld, denn die Väter der Schüler, besonders die von den Außeninseln, haben ihre Verantwortung an den Schulleiter delegiert. Sehr schlimm wird es, wenn die Schüler sich gar im Schlafsaal der Mädchenschule zu schaffen machen.

Um das zu unterbinden, sind drastische Maßnahmen nicht zu vermeiden. Wilhelm muss so früh wie möglich ein Exempel statuieren, muss den Ersten, der sich so etwas zu schulden kommen lässt, fristlos hinauswerfen, wenn er nicht in kürzester Zeit ein disziplinäres Chaos erzeugen will. Schon im ersten Jahr sieht Wilhelm sich gezwungen, vierzehn Jungen der Schule zu verweisen, weil sie sich nicht an die Schulordnung halten wollen, sich nachts herumtreiben, Diebstähle begehen, Mädchen belästigen und andere Bosheiten verüben. Dass so etwas nicht spurlos an ihm vorübergeht, ist nur zu verständlich. Der Hinauswurf eines Schülers kann sich nämlich an anderer Stelle verheerend auswirken.

Nehmen wir an, unter den Delinquenten sei der Sohn einer hochgestellten Persönlichkeit oder Familie auf einer der Außeninseln. Wenn dieser die Schule verlassen muss, so bedeutet das eine schwer erträgliche Schande, nicht so sehr für ihn allein, sondern für seine gesamte Familiengruppe. Sie gerät ins Gerede. Wochenlang ist der Vorfall unter Umständen Tagesgespräch. Der Missionar, der auf einer solchen Außeninsel stationiert ist, kann dadurch in eine schwierige Situation kommen. Es geschieht nicht selten, dass betroffene Familiengruppen Stimmung gegen ihn zu machen beginnen, um sich an ihm dafür zu rächen, dass er ihnen mit dem Schulausschluss eines ihrer Sprösslinge das Gesicht genommen hat.

Eines Tages hat er ein Erlebnis, das ihm zeigt, wie richtig die Entscheidung war, die Jungenschule nicht auf Wéén´, dem Sitz der Regierung, sondern auf Toon gebaut zu haben.

Die Gemeinde Mwáán auf Wéén´ feiert in diesen Tagen ein Jubiläum, zu dem Wilhelm eingeladen ist. Er fährt mit allen seinen Schülern zum Fest, wo sie als Chor auftreten werden.

Auf Wéén´ gibt es inzwischen eine Bierbar, die auch andere Attraktionen bietet. Dort geht es in einer Weise zu, wie es Wilhelm seinen Jungen nicht zumuten will. Er weiß sehr wohl um den Erlebnishunger junger Menschen, ist sich aber auch im Klaren darüber, was mit jungen Insulanern passieren kann, wenn sie an Alkohol kommen. Ein zusätzliches Problem sind die zahlreichen Häuser, in denen die ganze Nacht um Geld gespielt wird. Hier verprassen Männer an den Wochenenden manches Regierungsgehalt, das eigentlich für die Bedürfnisse einer Großfamilie ausgegeben werden müsste.

Auf Toon gibt es diese Probleme nicht, denn die Häuptlinge haben beschlossen, dass auf ihrer Insel alkoholische Getränke nicht eingeführt werden dürfen. Ihre Begründung: es sei nicht einzusehen, dass Geld in Trinkgelage investiert würde, wenn es dringend für viel Wichtigeres gebraucht werde. Der Beschluss der Häuptlinge von Toon, so sinnvoll er erscheint, bringt Wilhelm in eine schwierige Lage. Einige Abgeordnete im „Landtag" von Chuuk streuen den verleumderischen Verdacht, er selbst habe bei dieser Entscheidung maßgeblich seine Hand im Spiel gehabt.

Er versucht es bei allen seinen Schülern, die durch abweichendes Verhalten auffallen, zunächst immer mit Geduld. Das ist oft leichter gesagt als getan. Es gibt einige unter ihnen, die schon aus einer Schule der Regierung als Tunichtgute ausgeschlossen wurden. Manchmal vergreift sich Wilhelm, wenn wieder einmal etwas passiert. Wenn er unter Stress steht, kann er heftig aus der Haut fahren und das Augenmaß verlieren. So passiert es ihm, dass er einen Schüler ohrfeigt, weil er beim Singen stört. Einmal wirft er einen Schüler aus der Schule, weil dieser während des Gebets einem Mädchen ein Briefchen zuzustecken versucht. Die Auswirkungen, die solche Handlungsweisen haben, sind oft verheerend, weil sich die ganze Verwandtschaft des so Bestraften bloßgestellt und beleidigt fühlt.

Solche Szenen tun ihm danach immer leid. Auch bereut er inzwischen, dass er sich in der Vergangenheit durch Mitarbeiter öfter „scharf machen", das heißt dazu drängen ließ, übergroße Härte gegen die Insulaner zu zeigen.

Ein ähnliches Problem tritt auf, wenn ein Schüler keinen Schulabschluss bekommen kann. Er und seine Verwandtschaft wären dadurch höchst beleidigt. Das darf man einem Insulaner nicht zumuten. Also bekommt er bei der öffentlichen Abschlussfeier die gleiche Dokumentenrolle überreicht wie die anderen auch. Darin befindet sich aber kein Diplom, sondern nur die Bestätigung, dass er die Schule drei Jahre lang besucht hat.

Wilhelm erlebt mit seinen Schülern aber auch viel Erfreuliches. Manche führen ihre Hefte so sauber, dass ihr Anblick einen ästhetischen Genuss für Wilhelm bedeutet, wenn er sie durchsieht.

Die Jungen haben nachmittags praktische Arbeiten auf dem Grundstück zu verrichten. Da muss Gras geschnitten, Unrat beseitigt oder Brennholz gehackt werden. Sie arbeiten sehr gerne mit Wilhelm zusammen, besonders wenn etwas gebaut werden muss, und sie verehren ihn wie einen Vater. Das nützt und verstärkt er, wo er kann: „Wenn hundertfünfzig Schüler hinter mir stehen, dann sind das auch ebenso viele Verwandtschaftsgruppen."

An den Sonntagen nimmt er alle seine Schüler mit zum Gottesdienst, wo immer er in den Dörfern auf Toon auch predigt. Die bilden dann einen stimmgewaltigen Chor von sechzig Sängern.

Kammerdiener

Eine Freude für Wilhelm sind auch jene zwei Jungen, die Elisabeth vor ihrer Abreise angeleitet hat, für ihren Mann zu sorgen. Aki von Woneyopw ist sein Koch, Teyifis von Nómwiin wäscht seine Wäsche. Wie er seine beiden „Kammerdiener" empfindet, beschreibt er selbst so: „Meine Frau muss ihnen irgendwie Anweisung gegeben haben, immer etwas zu kochen. Das halten sie auch getreulich ein. Sie machen immer Feuer, wenn es Zeit ist, und kochen etwas. Wenn sie einmal nicht wissen, was sie kochen sollen, dann kochen sie doch immerhin Wasser für Tee oder Kaffee. Dann decken sie den Tisch und tragen alles auf, was so in Büchsen im Schrank herumsteht. So langsam gewöhne ich mich daran. Es ist nur gut, dass ich mit einem unempfindlichen Magen ausgerüstet bin. Dafür bin ich dann immer dankbar."

Teyifis findet seine Rolle als Haushälter nicht als sehr befriedigend. Was ihn interessiert, ist etwas ganz anderes. Er ist einer der besten Fischer in der Schule. Mit Speer und Spanngummi geht er sicher um, Schildkröten entwischen ihm selten, und Technisches zieht ihn fast magisch an. Innerhalb kurzer Zeit lernt er mit Außenbordmotoren umzugehen und den Stromgenerator zu bedienen. Wilhelm versteht Teyifis und seine Interessen sehr gut. Ihm geht es ähnlich.

Teyifis hat, neben seiner Abneigung gegen Küchenarbeit, noch ein anderes Problem. Kurz vor seiner Entlassung aus der Schule vertraut er sich Wilhelm an. Da gibt es ein Mädchen, die Tochter eines der Pastoren. Er würde sie gerne heiraten. Wilhelm soll vermitteln. Der würde sich auch freuen, wenn sich die Heiratspläne des jungen Mannes verwirklichen ließen. Aber der Vater des Mädchens lehnt ab. Teyifs ist einer von den Außeninseln. Menschen, die von dort herstammen, besitzen bei den Bewohnern der Inseln in der Chuuklagune nur geringes Ansehen. Teyifis ist so zu sagen „vom Land". So einen wollen die Mädchen auf Chuuk eher nicht. Dabei sind die Menschen von den Außeninseln in der Regel fleißiger, ausdauernder, geschickter und bescheidener. Teyifis leidet ein paar Tage unsäglich, findet sich aber schließlich mit der Ablehnung ab.

Kaum ist er wieder zu Hause auf Nomwiin, fängt er an, den Kindern dort Lesen und Schreiben beizubringen. Schon nach kurzer Zeit aber ist er wieder auf Toon. Wilhelm braucht seine geschickte Hand bei der praktischen Arbeit. Und Teyifis drückt sich vor keiner noch so schweren Aufgabe. Er erweist sich als der perfekte Vorarbeiter. Mit dem Lohn, den er von Wilhelm bekommt, bezahlt er das Schulgeld für seinen jüngeren Bruder.

Lange Zeit denkt Wilhelm darüber nach, was aus dem jungen Mann werden wird, wenn er selbst nicht mehr auf Chuuk ist. Schließlich findet er einen Weg, ihm eine theologische Ausbildung auf Pohnpei zu ermöglichen.

Wie viel Zuwendung Teyifis erfahren hat, und welche Dankbarkeit er gegen Wilhelm empfindet, kommt in einem Brief zum Ausdruck, den er ihm von Pohnpei aus schreibt, als er erfährt, dass Wilhelm nach Deutschland zurückkehren wird. Hier ein Auszug:

Jetzt will ich dir meinen Dank schreiben, weil wir uns nicht mehr sehen werden. Vielen Dank, dass du mich von Anfang an geliebt hast, als ich in die Schule kam, bis zuletzt, als ich nach Pohnpei ging. Auch hast du meine Bitte erfüllt und mir geholfen, dass ich auf diese meine jetzige Schule kam. Ich weiß, wie du in Not gewesen bist, als ich damals so schwer krank war. Du hast mir Arznei gegeben. Dafür danke ich dir sehr. Jetzt gehst du fort, aber ich vergesse deine große Liebe zu mir nicht. Ich weiß auch, dass du dich sehr freuen wirst, wenn du hörst, dass ich ein guter Christ bin. Ich will dir versprechen, dass ich auf dem schmalen Weg gehen will. Viel hast du mir geholfen, als ich bei dir in der Schule war. Gott wird mit uns sein bis in alle Ewigkeit!

In Liebe, dein Teyifis

Unfassbar aber ist die Enttäuschung, die Wilhelm wenige Jahre später mit dem jungen Mann erlebt, mit dem er so große Hoffnungen verbindet. Er muss mit zwei anderen Studenten, auch sie frühere Schüler der Philadelphiaschule, wegen eines schweren Verstoßes gegen die Schulordnung Pohnpei verlassen. Für seinen Vater, einen zuverlässigen Kirchenältesten der Gemeinde auf Nómwiin, bedeutet das einen schweren Schlag: Teyifis ist damit schon sein zweiter Sohn, der als Gescheiterter nach Hause zurückkehrt.

Einsamkeit

Den Heiligen Abend 1959 empfindet Wilhelm als einsam. Die Schüler von Chuuk sind nach der Weihnachtsfeier für zwei Wochen auf ihre Heimatinseln zurückgekehrt. Nur die Schüler von den Außeninseln sind noch da. Am Heiligen Abend fährt er mit ihnen nach Romónum, einer Insel, die etwa fünf Kilometer von Toon entfernt liegt, um mit der dortigen Gemeinde zu feiern. Wie er den Heiligen Abend nach dem Gottesdienst erlebt, schildert er in anrührender Weise:

„Ich zog mich in das Haus zurück, das der Gemeinde gehört. Einen Weihnachtsbaum gab es dort nicht. Aber ich holte sechs Kerzenreste vom Altar in der Kirche und stellte sie auf den Tisch. Fünf ließ ich im Gedenken an meine Kinder und eine im Gedenken an meine Frau brennen, die in Deutschland Weihnachten feiern. Als die dann alle abgebrannt und zerflossen waren, ging ich hinaus an den schönen Sandstrand. Das Meer brandete am Riff, der Wind rauschte in den Palmkronen, und das Kreuz des Südens stand hoch am Himmel, als wäre es von starker Hand gehalten."

Am nächsten Tag ist er auf der Insel auf Éét. Dort bekommt er seinen Weihnachtsbaum doch noch, und sogar Geschenke: „Als nach drei Stunden der gemeinsame Weihnachtsgottesdienst in der übervollen Kirche zu Ende war, bekam jeder in einem Palmkörbchen eingepackt etwas zu essen. Für die Häuptlinge und mich hatten sie einen schönen Tisch unter einem Brotfruchtbaum gedeckt. Mit einem Mal kam unsere frühere Schülerin Tayeko mit ihrer Kindergruppe auf mich zu. Sie trug ein schön geschmücktes Mangrovenbäumchen in der Hand, und jedes der Kinder hatte ein kleines Geschenk in Form von schönen Muscheln für mich. Das Bäumchen stellte sie vor mir auf, die Kinder legten die Geschenke darunter, und dann sangen sie ein Weihnachtslied."

Über die Jahreswende 1959/1960 baut er in der Mädchenschule einen zusätzlichen Schlafsaal. Damit ist Platz geschaffen für eine weitere Klasse.

Neben der Arbeit in der Schule trifft er sich jeden Monat einmal mit den Pastoren. Die sind sehr auf ihn angewiesen. Wenn sie in ihren Gemeinden einigermaßen kompetent predigen wollen, brauchen sie Denkanstöße, haben sie doch weder ein umfassendes Theologiestudium absolvieren können, noch besitzen sie eine nennenswerte Bibliothek in ihrer Sprache, aus der sie Ideen schöpfen könnten. Wilhelm bearbeitet auf seinen Zusammenkünften mit ihnen exemplarisch Texte für den Sonntagsgottesdienst. Das will vorbereitet sein, erst recht dann, wenn er den Pastoren schriftliche Unterlagen mitbringt, nach denen sie verlangen.

Wirkungen der Schule

Inzwischen lässt sich ein Effekt erkennen, der von der Philadelphiaschule auf die Kirchengemeinden ausgeht. Wilhelm nennt es „ein unsichtbares Band“, das hinausgeht, das ihn und seine Mitarbeiter fester mit ihnen verbindet. Die Eltern der Schüler sind mit größerem Interesse beteiligt, auch in ihrer Mitarbeit in der Gemeinde. Manche Mädchen aus dem ersten Kurs bringen zuverlässig ein, was sie gelernt haben.

Das „macht Schule“ im wahrsten Sinn des Wortes. Siyales, ein Pastor von einer der Mortlockinseln, hört eines Tages die sechsundachtzig Schülerinnen singen, die Wilhelm zu einem Gemeindefest ins Dorf Féwúpé mitgenommen hat. Wenn so viele Insulanermädchen singen, dann ist das ein spektakuläres Ereignis. Siyales ist ganz erfüllt davon. Was Wunder also, wenn er für seine Inselgruppe unbedingt auch so eine Schule will.

Schule als Institution ist für die Insulaner etwas ganz anderes als für Kinder aus dem europäisch-westlichen Kulturkreis. Lernen in einer Schule bedeutet für sie wesentlich mehr als nur Zugang zu Wissen. Hier lernen die Insulanerkinder Dinge kennen und mit ihnen umgehen, die sie in ihrer eigenen, durch die Inselsituation beschränkten Lebenswelt nicht haben: Bücher über ferne Länder, Landkarten, Dia- und Filmprojektoren, Mikroskope und vieles andere. Insulaner gehen daher mit größerem Interesse zur Schule, weil sie ihrer Phantasie, ihren intellektuellen Bedürfnissen und ihrem Erlebnishunger weit mehr bietet als das, was sie auf ihren Inseln und in ihren Dörfern vorfinden.

Ihren Erlebnishunger befriedigen können die Mädchen beispielsweise im neuen „Badezimmer“, das Wilhelm für sie baut. Insulaner baden oder waschen sich bis zu dreimal am Tag. Zu Hause haben sie vielleicht einen Bach oder ein Wasserloch dafür. In ihrer Schule aber steht ein Zementtank, der zweieinhalb Kubikmeter Wasser enthält, und den sie direkt von ihrem Schlafsaal aus erreichen können. Gefüllt wird er über ein Rohr aus der Quelle in der Nähe des Gebäudes. Man braucht nur einen Eimer oder ein anderes Gefäß, und schon kann man herrlich kühles Wasser über sich hinunterschütten.

Schule kann aber auch Spannungen in eine Gesellschaft bringen. Im Unterricht erfahren ihre jüngsten Mitglieder schon früh und innerhalb kurzer Zeit wesentlich mehr über die weite Welt, als die älteren jemals darüber wissen werden. Das schafft Distanz zwischen den Generationen. Dazu kommen Lesen und Schreiben, Fähigkeiten, die viele der Älteren, die das Sagen haben, nicht beherrschen. Das schafft Autoritätskonflikte.

Diese entstehen auch, wenn die Jüngeren ein bewusst christliches Leben führen und die Traditionen der ursprünglich animistischen Religion nicht mehr akzeptieren wollen, weil ihr schulisches, naturwissenschaftlich begründetes Wissen ihnen ermöglicht, zwischen echten und unechten ursächlichen Zusammenhängen zu unterscheiden. Konkret: Sie wissen, dass Krankheiten durch Bakterien und nicht durch bösartige Geister verursacht werden. Wenn sie krank werden, wollen sie daher nicht mehr mit einem Ritual zur Geisteraustreibung behandelt werden, sondern mit Medizin wie Aspirin, Penicillin oder anderem. Die Älteren sehen darin Tabubrüche mit gefährlichen Folgen.

Überall auf der Welt brechen junge Menschen Tabus natürlich nicht nur, weil sie ihre Sinnlosigkeit erkennen, sondern weil es Spaß macht. Drei Schüler von Pwolowót zeigen sich darin als besonders dreist. Die Ferien, die sie zu Hause verbringen, nützen sie, um ihr neu erworbenes Wissen an den Mann zu bringen und anzuwenden.

In den Gewässern um Pwolowót lebt eine Art Aal, den die Insulaner *nopwut* nennen. Weil es auch ein magisches Ritual gibt, das so heißt, in dem der *nopwut* eine Rolle spielt, ist das Tier höchst tabu. Das heißt konkret, dass der Aal nicht als menschliche Nahrung gilt. Mehr noch: er darf unter keinen Umständen gegessen werden. Die Menschen sind der Überzeugung, dass jemand in der

Familie krank wird oder anderes Unheil entsteht, wenn man Aal isst.

Die drei Schüler haben in der Schule gelernt, dass der Zusammenhang „*nopwut* essen gleich Unglücksursache“ jeder rationalen Begründung entbehrt, also unsinnig ist. Außerdem schmeckt das Fleisch der Tiere sehr gut. Wenn die drei Jungen mit den älteren Männern zum Fischen gehen und Aale fangen können, dann essen sie auch davon, und das möglichst demonstrativ. Die Älteren sind entsetzt. Geradezu empört reagieren sie, wenn die Jungen den Kindern davon zu essen geben. Als aber nach einer gewissen Zeit kein Unglück oder Todesfall eintritt, macht Bewunderung dem Ärger Platz. Das regt die Philadelphiaschüler zu weiteren Tabubrüchen an.

Wenn die Männer beim Fischfang auf dem Meer waren, gehen sie grundsätzlich nicht sofort in ihre Häuser, sondern müssen sich eine Zeitlang im *wuut*, dem Inselgemeindehaus, absondern („separieren“), dort zusammen essen und auch schlafen. Sie hatten sich auf dem Meer im Bereich gefährlicher Wassergeister aufgehalten, und deren bösen Einfluss müssen sie verlieren, ehe sie wieder in ihre Familien zurückkehren dürfen. Es ist eine Art ritueller Reinigung, der sie sich unterziehen müssen. Auch daran halten sich die Jungen nicht. Sie gehen einfach nach hause, baden sich und essen bei ihren Familien. Trotzdem wird niemand krank. Sie sind überraschenderweise sogar gleich erfolgreich und fangen immer ebenso viele Fische wie die anderen, die das Tabu beachten.

Europäisch-westliche Beobachter neigen dazu, die Stirn zu runzeln, wenn in einer christlichen Schule unterrichtet wird, dass derartige Tabus einer Gesellschaft nicht beachtet zu werden brauchen. Gewiss ist es eine Gefahr für die Autorität der älteren Männer auf den Inseln, wenn die Jüngeren nicht mehr gehorchen. Eine Autorität jedoch, die auf der Einhaltung von sinnlosen Regelungen beruht, ist unecht und schon allein von daher gefährdet. Ihre Tabus, das erkennen die betroffenen Männer auf Pwolowót sehr schnell, sind Sackgassen ihrer eigenen Kultur, in denen sie sich selbst gefangen halten. Und Beweise dafür, dass es positiv für sie ist, wenn sie sich daraus befreien, liefern ihnen die drei Jungen mit ihrem Verhalten zur Genüge.

Als die Schulferien zu Ende sind und die Jungen wieder nach Toon zurück müssen, bringt Angéwúr, einer der bedeutenden Kapitäne und Bootsbauer von Polowót, nicht nur sie mit seinem Auslegerkanu nach Chuuk, sondern auch noch zwei neue Schüler, für die in der Philadelphiaschule eigentlich gar kein Platz mehr ist. Beharrlich vertritt Angéwúr die Meinung: „Je mehr Jungen hier in die Schule gehen, umso besser ist das für unsere Gemeinde. Wir waren alle ständig beeindruckt in den Tagen, in denen die drei bei uns waren. Die sind ganz anders geworden.“ Angéwúr bittet inständig darum, die neuen Schüler aufzunehmen. Wilhelm bringt es nicht übers Herz, seine Bitte abzulehnen.

Die Bedeutung und der Ruf der Philadelphiaschule auf den Inseln ist in Wirklichkeit so groß geworden, dass manchmal die merkwürdigsten Begründungen vorgebracht werden, um Wilhelm dazu zu bringen, jemand als Schüler zu akzeptieren. So kommt eines Tages Wosiko, eine frühere Schülerin, und stellt ihren Bruder Chunewo vor: „*Árákárákár*, – so klingt ‚Herr Kärcher‘ in ihrer Sprache – der Chunewo hat keine Ahnung davon, dass es in der Bibel einen Galaterbrief gibt, und er weiß selbstverständlich auch nicht, wo er ihn findet. Das lernt er nur, wenn er hier in die Schule geht.“ Wilhelm nimmt ihn auf.

In vielen alltäglichen Situationen zeigt sich inzwischen, welche Auswirkungen modernes Wissen, in der Schule vermittelt, für die jungen Insulaner haben kann. Wilhelm bekommt eines Tages einen eindrucksvollen Brief von Eefa, einer ehemaligen Schülerin, in dem sie berichtet, was sie erlebt hat. Sie ist inzwischen verheiratet und hat ein Kind. Das schreit abends und nachts häufiger und über längere Zeit. Eefa ist überzeugt, dass es nicht krank, sondern eben einfach so geartet ist. Ihre Schwiegermutter aber hat über das Verhalten ihres kleinen Enkels ganz andere Ansichten. Sie will, dass gegen das nächtliche Schreien eine Zaubermedizin gemacht wird. Eefa, die schon während ihrer Schwangerschaft ständig dazu gedrängt worden war, bestimmte Rituale einzuhalten, von deren Wirkungslosigkeit sie überzeugt war, hat große Mühe, sich dagegen zu stellen und ihre eigenen Ansichten durchzusetzen.

In ihrem Brief zeigt sich so recht deutlich, welche Belastungen die jungen Frauen auf Chuuk zu ertragen haben. Eefas Ehemann spielt in dieser Angelegenheit überhaupt keine Rolle. Er ist nach der Verwandtschaftsrechnung der Insulaner nicht mit seinen Kindern verwandt, hat also auch keine Autorität im Bezug auf ihre Erziehung. Eefa sieht sich daher mit dem Problem alleingelassen. Aber sie hat einen Trumpf in der Hand, der ihr ermöglicht, die Sache durchzufechten. Diesen Trumpf verdankt die ehemalige Schülerin der Philadelphiaschule ihrer Ausbildung, die sie dort erfahren hat. Eefa ist Verkäuferin auf Wééné, hat ihre Arbeitsstelle auf Grund ihres Diploms bekommen und bringt Geld in die Familie. Das ist ein Argument. Ihre Schwiegermutter lässt sie schließlich gewähren.

Zulassungsfragen

Der Zustrom an Schülern vergrößert sich ständig, und das schafft zunehmend Probleme. Bislang werden Schüler eher nach ihrem Motiv und ihrer Bereitwilligkeit aufgenommen, sich dem Reglement der Schule zu unterwerfen. Ihre intellektuelle Befähigung ist eher sekundär. Damit entsteht in den Klassen eine zu breit gefächerte Begabungslage: es gibt zu viele Schüler, die zwar lernwillig sind, aber nur ein geringes Lerntempo besitzen. Und da sich die Durchnahme des Lehrstoffs in einer Klasse auch nach den weniger Guten richten muss, bremsen die Betreffenden den Fluss des Unterrichts in überdurchschnittlichem Maß aus. Die Lehrer kommen mit dem Lehrstoff zu langsam voran. Diese Erfahrung führt mit der Zeit zu der Erkenntnis, dass eine Aufnahmeprüfung gemacht werden muss, vor allem auch, um die Englischkenntnisse der Schüler zu testen, die sie aus ihrer Grundschulzeit mitbringen. Nur wer ausreichend Englisch versteht, ist in der Lage, die Lehrbücher zu verstehen, die es in der Sprache der Insulaner nicht gibt.

Der Stab der Mitarbeiter vergrößert sich

Über lange Jahre hinweg hatten Wilhelm und Elisabeth immer wieder größere Anstrengungen gemacht, Mitarbeiter zu gewinnen, um Arbeit delegieren zu können. Ab Mitte der fünfziger Jahre hatte sich diese Situation zu entspannen begonnen. Für eine ausführlichere Würdigung des Beitrags, den die Neuankömmlinge zur Arbeit von Wilhelm und Elisabeth Kärcher leisten, ist der Umfang dieser Biografie zu beschränkt. Daher seien sie an dieser Stelle nur namentlich und mit dem Jahr ihres Dienstbeginns genannt.

Bis zum Jahr 1963, in dem Wilhelm Kärcher vorläufig endgültig nach Deutschland zurückkehrt, treffen auf Chuuk ein: Erwin und Dora Pegel (1955), Anneliese Stüber (1956), Peter und Inge Ermel (1959), Esther Hahn (1960), Ernst und Annedore Seng (1960).

Bis zum Ende von Wilhelm Kärchers letztem Aufenthalt auf Chuuk (1968-1970) kommen hinzu: Herman und Lois Buehler (1964), Elfriede Schmidt (1965), Roland und Dorothea Rauchholz

(1966), Werner und Gertrud Fredrich (1968), Lothar und Gisela Käser (Dienste in Übersee, 1969), Klaus und Ulrike Müller (1970), Siegfried und Gudrun Neumaier (1970), Delyle und Cynthia Ellefson (Christian Service Corps, 1970).

Es wird ruhiger

Ende Dezember 1960, nach den verschiedenen Weihnachtsfeiern in der Schule und in den Gemeinden, wird es für einige Tage ruhiger um den rastlosen Missionar. Die Schüler sind über die Weihnachtsferien nach Hause zurückgekehrt, und mit seinem neuen Mitarbeiterstab kann er jetzt Arbeit delegieren. In einem seiner Berichte in den „Mitteilungen der Liebenzeller Mission" aus dieser Zeit findet sich eine seiner seltenen Äußerungen darüber, dass er sein Leben ohne seine Familie als belastend empfindet: „Es war für mich eine Wohltat, als alle weg waren und es im Haus etwas ruhig wurde. Aber wenn es ruhig wird, ist es auch wieder nicht gut. Dann bekomme ich Heimweh nach meiner Familie."

Im neuen Jahr kommen die lange erwarteten Kisten mit den neuen Liederbüchern (*Kkéénún namanam*) an. Wie dringlich diese erwartet werden, sieht man daran, dass es in einigen Gemeinden zu Streitereien kommt, weil nicht jeder, der ein Liederbuch will, auch eines bekommen kann. Das geht so weit, dass die Missionare auf ihr Exemplar verzichten, damit einzelne Insulaner nicht leer ausgehen müssen. Innerhalb von zwei Wochen werden so 1.500 Bücher abgesetzt. Selbst die Kisten, in denen die Bücher transportiert wurden, finden Verwendung, als „Anbaumöbel" oder Medizinschränke.

Die Zeit der zerfetzten Liederbücher ist zu Ende. Mit ihren vierstimmigen Begleitsätzen eignen sie sich nicht nur zum Chorsingen. Die früheren Philadelphiaschülerinnen, die gelernt haben, das Harmonium zu spielen, können jetzt zügig den Gemeindegesang begleiten, wo ein solches Instrument vorhanden ist.

Noch einmal: Hoher Besuch

Im Lauf des Jahres 1961 kommt erneut Besuch von der Botschaft der Bundesrepublik Deutschland nach Toon. Und er kommt nicht mit leeren Händen. Unser Land lässt sich die Philadelphiaschule inzwischen etwas kosten. Da gibt es Wandkarten, die dringend gebraucht werden, um den Geografieunterricht anschaulich zu gestalten. Dieses Jahr bringt der Besuch gar mehrere große Globusse mit. Wilhelm lässt die Schüler die Geschenke selbst auspacken und genießt die Riesenfreude, die sie auslösen. Die Globusse haben einen Durchmesser von einem halben Meter, sind also so groß, dass man auch die Karolinen und Chuuk gut darauf finden kann.

Wut und Streit um Blut

Im November 1961 berichtet Wilhelm von schweren Auseinandersetzungen im Dorf Wiichukunó, die schon vor längerer Zeit ausgebrochen waren. Der Streit schwelt vor sich hin, obwohl die Gemeinde gerade dabei ist, eine Kirche zu bauen. Irgendwann überstürzen sich die Ereignisse.

Eines Sonntags kommt Wilhelm in Begleitung von Ernst Seng aus dem Dorf Féwúpé zurück, wo die beiden den Sonntagsgottesdienst gehalten hatten. Es ist gegen drei Uhr nachmittags. In der Kirche von Chukiyénú hat soeben die Sonntagsschule begonnen. Während die beiden Missionare der Kirchentür zustreben, kommen sie vom Pier her am Bootsschuppen vorbei. Zu ihrer Verwunderung entdecken sie dort die Bewohnerschaft von Wiichukunó fast vollzählig versammelt und in Lauerstellung herumlungernd, mit finsteren Minen und Zornesfalten auf der Stirn.

Wilhelm spricht zunächst den Häuptling an: „Aakos, warum sitzt ihr hier draußen am Bootsschuppen und nicht in der Kirche?“

Aakos – auf Deutsch hieße er etwa August – reagiert unwirsch und knurrt als Antwort ein paar unverständliche Sätze. Für einen Insulaner ist das äußerst ungewöhnliches Verhalten, vor allem einer Respektsperson gegenüber! Wilhelm beschließt trotzdem, nicht sofort darauf zu reagieren, sondern zunächst einmal seine Sachen in seine Wohnung zu bringen. Auf dem Weg dorthin trifft er einen Mann, den er fragen kann, was geschehen ist.

Die Insulaner haben ein besonderes Verhältnis zu Blut. Wenn ein Streit so ausartet, dass jemand verletzt wird, bricht Empörung bei den Angehörigen dessen aus, der blutet. Wenn es so weit gekommen ist, dann muss der Verursacher bezahlen, bisweilen mit einer so bizarren Begründung wie dieser: „Wenn im Regierungskrankenhaus jemand Blut spendet, das für eine Transfusion gebraucht wird, dann wird das bezahlt.“ Eine solche Vorstellung ist der Hintergrund für das, was jetzt gleich passiert.

Aakos und sein Gefolge warten wie Wegelagerer auf einen Mann aus Chukiyénú namens Pwúúng. Er kümmert sich die Woche über um das Missionsboot. Am Sonntagvormittag hatte einer aus Aakos' Familie im Suff diesen Pwúúng angerempelt. Der war daraufhin ausgerastet und hatte für das Ungemach Rache genommen, indem er den Rempler blutig schlug. Nun wollen sich Aakos und seine Leute ihrerseits an Pwúúng rächen. Weil der aber in der Kirche sitzt, müssen sie warten, bis er herauskommt. Eine Prügelei in der Kirche, das wäre der Wut und des Zorns zu viel.

Was nach Ende der Sonntagsschulveranstaltung droht, ist jedem klar, der weiß, wie Insulaner bei solch einem Vorfall reagieren. Auch Wilhelm weiß das. Pwúúng muss damit rechnen, dass er totgeschlagen wird. Wilhelm passt daher auf, bis Pwúúng in der Kirchentür erscheint, und schickt ihn im Befehlston umgehend in den Kirchenraum zurück. Er selbst tritt vor Aakos hin und bittet ihn unter Aufbietung seiner ganzen Autorität, er möge doch einsehen, das sein Rachefeldzug keine sinnvolle Lösung sein könne. Und für den Fall, dass Aakos nicht anders könne als zum Prügel zu greifen, schlägt er vor, anstelle von Pwúúng doch ihn, den Missionar, zu vermöbeln.

Den Prügel hat Aakos schon in der Hand, ein wuchtiges Ding aus schwerem Mangrovenholz. Den erhebt er zwar nicht gegen Wilhelm, aber er bebt vor Zorn, und er verliert jede Selbstbeherrschung. Er lässt seine ganze Wut an ihm aus, indem er ihn mit den unflätigsten Worten beschimpft.

In der Kultur und Gesellschaft der Insulaner ist solch ein Verhalten das Allerletzte, was man sich denken kann und herausnehmen darf. Einem Höhergestellten gegenüber – und als solcher gilt ein Ausländer und Missionar fast automatisch – darf ein Insulaner auf keinen Fall so handeln. Er muss nämlich fürchten, dass der Zorn des Höhergestellten tödliche Folgen für ihn hat. Das *manaman*, das Wilhelm zugeschrieben wird, kann den Übeltäter krank machen und umbringen, so die Vorstellung der Insulaner.

Dass Aakos sich über dieses ungeschriebene Gesetz hinwegsetzt, beweist, wie wütend er in Wirklichkeit ist. Er hat sich aber zumindest noch so weit unter Kontrolle, dass er seinen Knüppel nicht einsetzt. Als dann plötzlich der alte Wupwiini neben Wilhelm auftaucht, gelingt es den beiden, die aufgebrachte Menge ins *wuut*, das Dorfgemeindehaus, abzudrängen. Dort sitzt Wilhelm noch lange mit ihnen zusammen und versucht, die wogenden Gemüter zu beruhigen. Aber die Ereignisse laufen aus dem Ruder.

Kaum haben sie alle ein wenig ihre Fassung wiedergefunden, taucht der Bruder dessen, der sich von Pwúúng eine blutige Nase geholt hatte, mit einer Pistole in der Faust auf und beginnt, die Gruppe erneut aufzuhetzen. Wieder muss Wilhelm versuchen, Aakos unter Aufbietung aller nur denkbaren Argumente dazu zu bewegen, den Konflikt anders zu lösen oder jetzt erst einmal auf sich beruhen zu lassen. Nach langem Hin und Her macht sich Aakos mit seiner Gefolgschaft auf den Heimweg. Wilhelm erreicht es sogar noch, vorher mit ihnen zu beten.

Kaum ist er zurück in seiner Wohnung, geht der Streit auf dem Platz vor der Kirche mit lautem Geschrei schon wieder los. Diesmal ist es die Familie von Pwúúng, die sich bewaffnet mit Buschmessern, Eisenstangen und Mangrovenholzkeulen wutschnaubend auf den Kriegspfad begibt, um Aakos und seinen Leuten den vermeintlich verdienten Denkzettel zu verpassen. Um die Katastrophe zu verhindern, stellt sich Wilhelm ihnen beherzt in den Weg. Es gelingt ihm damit nicht nur, die Streithähne auseinander zu halten. Kaaw, der Anführer von Pwúúngs Kampftruppe, gibt sogar seine Eisenstange ab, als Wilhelm ihn darum bittet. Mit vielen guten Worten bringt er schließlich auch die anderen dazu, sich zu beruhigen. Auch mit ihnen betet er, ehe sie nach Hause gehen.

Dann beginnt langsam Gras über der Sache zu wachsen. Aakos erklärt sich bereit, den Streit auf sich beruhen zu lassen, wenn Wilhelm seinerseits eine Bedingung erfüllt: Pwúúng soll seine Arbeit als Maschinist auf dem Missionsboot mit sofortiger Wirkung aufgeben, als Strafe für sein Fehlverhalten.

Wenn Wilhelm auf diese Bedingung einginge und Pwúúng entließe, wäre das hart für beide. Erstens würde er damit seinen tüchtigen Maschinisten um seinen sowieso schon karg bemessenen Lohn bringen, und zweitens könnte er in so kurzer Zeit keinen gleichwertigen Ersatz für ihn finden, geschweige denn jemand anleiten, diese Arbeit zu tun. Wilhelm willigt trotzdem ein, weil er Aakos zeigen will, dass er nachgeben kann. Daraufhin tritt in der Sache eine gewisse Ruhe ein.

Einige Tage später erfährt Wilhelm von den beiden Pastoren Namiyo und Kono, dass Aakos schwer daran trage, dass er ihn, den Missionar, bei der ersten Konfrontation an jenem denkwürdigen Sonntag in so unbeherrschtem Ton beleidigt hatte. In Wirklichkeit schämt sich Aakos in einer Weise, dass er selbst die Initiative zur Versöhnung nicht ergreifen kann. Auch das ist eine der so ganz anders gearteten Regelungen in der Kultur der Insulaner. Wer ein

Fehlverhalten selbst eingestehen wollte und denjenigen persönlich aufsuchte, dem gegenüber er sich falsch verhalten hat, der würde damit nur beweisen, dass seine Unverschämtheit nicht mehr zu überbieten ist. Richtig im Sinne der Insulanergesellschaft verhält man sich in so einem Fall, indem man einen Stellvertreter schickt, der die Sache wieder in Ordnung bringt.

Auf den will Wilhelm aber nicht mehr zu lange warten. Nach einigen Tagen lässt er Aakos wissen, dass er bereit sei, ihm sein rüdes Benehmen zu verzeihen. Aakos aber kommt nicht, und auch kein Stellvertreter.

An einem der folgenden Sonntage ist Wilhelm an der Reihe, im Dorf Chukuram den Gottesdienst zu halten. Sein Weg führt ihn an Aakos' Gehöft vorbei. Der ist aber nicht zu Hause. Also lässt er ihm ausrichten, er wolle ihn sprechen, wenn er auf dem Rückweg wieder hier vorbeikomme. Und tatsächlich ist Aakos dann auch anwesend, sogar seine ganze Familiengruppe, alle versammelt im *wuut*.

Wieder kommt es zu langwierigen Verhandlungen und Diskussionen. Schließlich erklärt man sich zur Versöhnung mit Pwúúng bereit, aber nicht ohne Vorbedingungen. Der müsse zu ihnen kommen und Abbitte tun, denn er habe ihren Sippenbruder geschlagen, und das sei etwas sehr Schlimmes. Mit Wilhelm selbst kommt Aakos anschließend unter vier Augen schnell ins Reine.

Noch am gleichen Abend macht sich Pwúúng mit seiner Familie auf den Weg nach Wiichukunó, in Begleitung von Wilhelm, versteht sich. In der Kirche wird das Kriegsbeil endgültig begraben. Das bedeutet auch, dass Pwúúng seine Arbeit auf dem Missionsboot wieder aufnehmen kann. Ende gut, alles gut?

Nein, unfassbar nein!

Als Wilhelm am darauf folgenden Montag abends von Wééné zurückkommt, wartet Aakos schon wieder mit seinem gesamten Tross an Verwandtschaft auf ihn. Er will sich mit einem jungen Mann, den er im Lauf des Streits mit Pwúúng selbst geschlagen hatte, auch versöhnen. Das tut er ohne viel Umschweife in Wilhelms Wohnung. Und nun geschieht das, was immer geschieht, wenn Insulaner einen Streit endgültig beilegen wollen: Sie tauschen Geschenke aus. Aakos' Frau hat sie schon vorbereitet: eine nagelneue, geräumige Emailleschüssel, Kleiderstoffe, Seife, Geld und andere nützliche Dinge. Zum Zeichen seiner Anteilnahme legt Wilhelm noch eine Hose dazu, und die Geschenke werden als Zeichen der Reue und Wiedergutmachung an den jungen Mann übergeben.

Wer glaubt, dass die Geschichte damit ihr Ende gefunden hätte, der irrt.

Weil sie in aller Öffentlichkeit, an einem Sonntag, und gar noch auf dem Platz vor der Kirche passiert ist, muss sie auch an einem Sonntag nach dem Gottesdienst öffentlich bereinigt werden, aber nicht vor, sondern in der Kirche. Wilhelm predigt über Johannes 21,15-17. Es ist die Stelle, an der Jesus seinen Jünger Petrus dreimal fragt, ob er ihn liebe. Nachdem das letzte Lied gesungen ist, erheben sich alle am Streit Beteiligten von ihren Plätzen. So zeigen Insulaner ihre Bereitschaft zur Buße. Aakos und Pwúúng bitten jeder einzeln die Gemeinde um Verzeihung dafür, dass sie sich von ihrem Zorn hinreißen ließen, sich unbeherrscht zu verhalten. Und Aakos lässt es sich nicht nehmen, noch einen draufzusetzen: Er richtet seine Bitte um Vergebung sogar an die erst vor kurzem angekommenen jungen Missionare Ernst und Annedore Seng mit der Begründung, die beiden hätten diesen ganzen Schlamassel viel zu unvermittelt als Neulinge erleben müssen.

Damit ist die Geschichte, die anscheinend nicht enden sollte, tatsächlich endgültig zu Ende.

Ist es tatsächlich heller geworden?

Gelegentlich muss Wilhelm auch auf Toon erleben, wie in christlichen Gemeinden zu bestimmten Anlässen Rituale mit magischem Charakter wieder hervorgeholt werden, wenn es dafür einen besonderen Anlass gibt. Im Dorf Wóónipw muss nicht nur die Kirche vergrößert werden, weil die Gemeinde auf das Doppelte angewachsen ist. In einem Teilbereich des Dorfes wird gleichzeitig ein großes *wuut* gebaut. Solch ein traditionelles Dorfgemeindehaus ist natürlich in viel stärkerem Maß mit der althergebrachten Kultur der Insulaner verbunden als eine Kirche.

Wilhelm fällt auf, dass das Vorhaben einem Baumeister von der Insel Feefen anvertraut wird, obwohl die Dorfbewohner durchaus selbst in der Lage sind, einen solchen Bau zu errichten. Auf seine Frage nach dem Grund dafür bekommt er eine interessante Antwort.

Zwar ist der Baumeister, wie alle Einwohner auf Feefen, Christ und Mitglied einer Gemeinde. Aber zum Bauprogramm eines solchen *wuut* gehörte in der Vergangenheit eine Reihe von Ritualen, etwa wie in Deutschland das Richtfest. Diese kennt nur ein traditioneller Baumeister, und das Dorf Wóónipw will auf die Einhaltung dieser Riten nicht verzichten, aus welchen Gründen auch immer. Also ordnet der Baumeister an, dass ein Schwein gefangen und mit zusammengebundenen Beinen an einer Stange hängend um die Baustelle herumgetragen, anschließend geschlachtet und sein Blut an die Firstbalken gestrichen wird. Am Ende dieses offensichtlich animistisch motivierten Rituals steht ein christliches Gebet.

Hier haben wir es mit einem Paradebeispiel für eine synkretistische Mischung aus zwei verschiedenen Religionsformen zu tun. Es wäre gewiss verfehlt, wenn man das Ereignis dramatisierte, indem man den Christen in Wóónipw vorwirft, sie seien damit in alte heidnische Verhaltensweisen zurückgefallen. Solche Ereignisse sind nicht ungewöhnlich und weltweit zu beobachten, sowohl in der Vergangenheit, als auch in der Gegenwart, wo immer das Christentum eine andere Religionsform abgelöst hat.

Die Menschen im Israel des Alten Testaments taten so etwas ständig. In den (christlichen!) Winzerdörfern Süddeutschlands war es bis vor wenigen Jahrzehnten üblich, bei drohendem Hagelschlag einen Trupp Männer in die Reben zu schicken, um mit Böllern Lärm zu machen, ein Überbleibsel aus der vorchristlichen alemannischen Religion, in der die Menschen glaubten, mit Lärm könne man bösartige Geister vertreiben, auch solche, die Hagel verursachten. Auch gibt es immer noch Christen, die nichts dabei finden, mit der Wünschelrute auf Wassersuche zu gehen.

Die Insulaner sind also ganz normale Menschen, wenn sie sich gelegentlich so verhalten. Wilhelm und Kumo, den Pastor der Gemeinde Wóónipw, stört das trotzdem erheblich, aus verständlichen Gründen. Als Kumo die Kirchenältesten, die an der Aktion beteiligt waren, daraufhin anspricht, erklären sie zunächst, der Baumeister habe ihnen gesagt, dies sei eine Sitte japanischer Zimmerleute, die bis 1945 auf den Inseln gearbeitet hatten. Kumo will das nicht akzeptieren und fordert die Betreffenden auf, ihr Kirchenamt ruhen zu lassen. Die aber reagieren böse. Sie drohen ihm an, umgehend katholisch zu werden, falls er sie zum Amtsverzicht zwingen würde.

Dass sie derart überzogen reagieren, kann man nur verstehen, wenn man weiß, dass es für die Insulaner in jedem Fall einen herben Gesichtsverlust bedeutet, wenn einer sein Amt niederlegen muss, damit seine ganze Würde und sein Prestige verliert, das Ansehen seiner Familie mit eingeschlossen. Konflikte, die sich daraus entwickeln können, sind zählebig und nur mit viel Fingerspitzengefühl und Geduld zu lösen. Kumo versucht es, obwohl es für ihn mit Schwierigkeiten verbunden ist, die man als Fremder nicht leicht erkennen kann.

Die Pastoren werden von ihren Gemeinden bezahlt. Wenn einer unter ihnen sich von seinem Gewissen dazu veranlasst fühlt, jemand auf ein Fehlverhalten aufmerksam zu machen, dann riskiert er, dass sich die Betroffenen weigern, ihn weiter mit dem Lebensnotwendigen für sich und seine Familie zu versorgen. Wohlgemerkt: Es weigern sich nicht Individuen, sondern jeweils ihre gesamte Verwandtschaftsgruppe. Das erzeugt bei den Pastoren einen gewissen Druck, so zu predigen, wie es die Menschen gerne hören würden, und nicht, wie sie es eigentlich müssten.

Im Fall von Pastor Kumo weitet sich der Konflikt um die animistische Opferzeremonie – denn nichts anderes war die Geschichte mit dem Schwein gewesen – so stark aus, dass Wilhelm, der sich eigentlich aus der Sache heraushalten wollte, doch noch als Vermittler nach Wóónipw geht. Der Aufstand gegen Pastor Kumo nimmt nämlich unerträgliche Formen an.

Wilhelm ist erst ganz kurze Zeit im Dorf, als ein Ereignis eintritt, das die Situation mit einem Schlag ändert und den schwelenden Konflikt auslöscht, noch ehe die Bauarbeiten am *wuut* ganz beendet sind.

Als einer der schweren Brotfruchtbäume gefällt wird, die beim Bau gebraucht werden, stürzt der Stamm auf den Dorfpfad und erschlägt einen Mann, der dort gerade unterwegs ist. Im gleichen Augenblick ist der Streit beendet, denn ganz Wóónipw ist überzeugt, Gott selbst habe eingegriffen, seinen Willen klargemacht und das Dorf für das heidnische Ritual bestraft.

Der folgende Weihnachtsgottesdienst wird von über siebenhundert Menschen besucht, die in der erweiterten Kirche alle Platz finden. Wilhelm ist voller Bewunderung darüber, mit welcher inneren Beteiligung gesungen, gepredigt und gefeiert wird.

Er bleibt dabei: Auf Chuuk ist es – trotz solcher Vorfälle – in der Tat heller geworden!

Das Jahr 1962

Die ersten Monate sind ausgefüllt mit Bau- und Reparaturarbeiten. Das Boot, die „Jugendbund EC“, muss neu gestrichen werden, vor allem unterhalb der Wasserlinie. Deshalb wird sie an Land gebracht. In den Schulferien gehen Wilhelm dabei ein paar Schüler vormittags zur Hand. Nachmittags arbeitet er mit Pwúúng allein weiter. An den Abenden schreibt er fleißig Briefe.

Gegen Ende des Jahres muss wieder gebaut werden. Es fehlen Lagerräume für Lebensmittel und Literatur. Die Liederbücher, die Neuen Testamente und Katechismusbände, von denen ein gewisser Vorrat vorhanden sein muss, können im tropischen Klima der Inseln nur dann in ansehnlichem Zustand erhalten werden, wenn sie trocken und luftig gelagert werden.

Gebaut werden muss auch eine Lehrküche, in der die Schülerinnen kochen lernen können, dazu eine kleine Wohnung für eine Missionarin. Wilhelm selbst braucht dringend einen Raum, in dem er die Pastoren zu Schulungskursen zusammenbringen kann.

Das Unternehmen ist zwar arbeitsaufwändig, denn zuerst muss der alte Bau an der Stelle, wo das neue Gebäude entstehen soll, abgerissen werden. Dafür müssen keine Arbeitskräfte eingestellt werden. Wilhelm darf mit der Begeisterung seiner Schüler für Bauarbeiten rechnen. Er braucht ihnen nur ein einziges Mal zu sagen, was er plant. An schulfreien Nachmittagen reißen sie sich geradezu um die Hämmer, Zangen und anderes Werkzeug, das er ihnen austeilt. Auf sein Kommando: „Nun zeigt mal, was ihr könnt," klettern sie wie die Affen, lachend und vor Vergnügen schreiend von allen Seiten auf den Bau, den sie abreißen dürfen. Nach kaum drei Stunden ist das morsche Ding in handliche Stücke zerlegt.

Weil der Neubau an einem Hang errichtet werden soll, muss viel Erde abgegraben werden. Auch die Schülerinnen arbeiten fleißig mit. Dabei tragen sie keineswegs irgendwelche abgetragenen Sachen als Arbeitskleidung, sondern ihre schönen, bunten Kleider. Manche erscheinen sogar ganz in Weiß auf der Baustelle, denn sie achten streng darauf, immer sehenswert angezogen zu sein, bei so vielen jungen Kerlen in Sichtweite. Was den Weißgewandeten allerdings nicht passieren darf, ist ein plötzlicher Regenguss. Dann sind die Schönheiten nicht wieder zu erkennen.

Die Menschen aus dem Dorf Chukiyénú sind voller Bewunderung darüber, wie zügig das alles vonstatten geht. Für Wilhelm aber mischt sich in das Gefühl der Befriedigung ein Wermutstropfen. Er ahnt, dass dies sein letzter Bau sein wird, den er auf Chuuk plant und errichtet.

In der Nacht vom 11. auf den 12. November 1962 richtet der Taifun „Karen" auf Guam Millionenschäden an. Es ist einer der schwersten Taifune, die jemals zuvor über die Insel hinweg gezogen waren. Die Regierung lagert alle Flugzeuge rechtzeitig von Guam nach Chuuk aus, um sie vor dem Unwetter in Sicherheit zu bringen. Es gibt viele Tote und Verletzte. Nach dem Tropensturm ist Guam zu neunzig Prozent zerstört. Zahllose Familien sind obdachlos. Die Lebensmittel müssen sogar rationiert werden.

Das Unwetter hatte sich als tropischer Wirbelsturm in der Gegend der Mortlockinseln gebildet, war dann in der Nähe von Chuuk zum schweren Taifun geworden, ohne das Atoll selbst zu treffen, und dann nach Nordwesten weiter gezogen.

Auf Toon gibt es nur ein paar umgerissene Bäume und abgerissene Blechtafeln. Was wäre gewesen, wenn es die Philadelphiaschule getroffen hätte!?

Tiefe Befriedigung äußert Wilhelm darüber, dass er eines seiner wichtigsten Ziele mit der Schule erreicht hat. Sie sollte vorrangig den Nachwuchs in der Pastorenschaft für die Kirchen auf Chuuk sichern helfen. Sechs Absolventen der Philadelphiaschule besuchen inzwischen das theologische Seminar auf Pohnpei, wo die künftigen Pastoren für ganz Mikronesien ausgebildet werden.

Abschied von Chuuk, nur scheinbar für immer

In den Jahren, in denen er vor allem für die Jungenschule zuständig ist, scheint die Zeit für ihn zu fliehen: „Wenn die kommenden Jahre auch so schnell dahingehen, dann kommt für mich sehr bald die Zeit, wo ich wieder mit meiner Familie zusammen sein werde." Dieser Zeitpunkt rückt mit dem Beginn des Jahres 1963 näher.

Ende Januar ist er sechsundfünfzig Jahre alt geworden. Vier Jahre lang hat er seine Frau und seine beiden Söhne nicht mehr gesehen, seine drei Töchter schon zehn Jahre. Trotzdem fällt ihm der kommende Abschied schwerer, als er es erwartet hat, denn es wird der Abschied von seinem Lebenswerk sein. Toon selbst betrachtet er als seine „richtige" Heimat: „Der Platz, die Häuser, die Wege, die Bäume, die Boote, das Meer und vor allem die Leute und Kinder gehörten so ganz zu meinem Leben."

Gelegentlich spricht er davon, dass sich die Wolke aus 2. Mose 40,36-37 wieder erhebe, die ihm signalisiere, dass es wieder aufzubrechen gelte. Seine Zeit auf Chuuk ist um.

Aber er denkt nicht nur an seine Wehmut. Er sieht auch Erfolg und ist voller Dankbarkeit für die Erfüllung, die er hier erfahren hat. Sein Bericht, in dem er sich darüber äußert, endet mit dem

Satz: „Auf dem Platz, wo jetzt das neue Haus steht, haben wir damals sehr arm angefangen. Ich danke dem Herrn, der meine Frau und mich gebraucht hat, ihm hier zu dienen."

Sein Haus hat er bestellt. Die Mädchenschule wird von Esther Hahn und Anneliese Stüber betreut, die Jungenschule von Erwin und Dora Pegel. Auf Nomwiin in den Hallinseln arbeiten Peter und Inge Ermel, auf Woneyopw in den Mortlockinseln Ernst und Annedore Seng.

Am 25. März 1963 ist Wilhelm bereits aus der Jungenschule ausgezogen. Die Schüler, die ihm beim Auszug und beim Packen helfen, sind merkwürdig still bei ihrer Arbeit. In dem einen Zimmer, in dem er noch haust, stapeln sich die Koffer und Kisten, aber auch schon Abschiedsgeschenke der Insulaner.

Ihm ist zumute, wie einem immer zumute ist, wenn man ein Lebenswerk aus der Hand legen muss. Es fällt ihm schwer, aufzubrechen und alles zu verlassen: „Es würgt mich zwischendurch." Was er als Heimat anzusehen gelernt hat, muss zurückbleiben. Wilhelm fühlt sich wie ein alter Baum, der tiefe Wurzeln geschlagen hat und eigentlich nicht mehr verpflanzt werden kann. Trotzdem will er nach Deutschland. Dort wartet seine Familie auf ihn.

Der alte Ayisawasan aus Chukiyénú versucht ihn zu trösten: „Wir sollten nicht weinen. Du bist so viele Jahre hier gewesen, hast viel gearbeitet, hast uns geliebt. Du hast eine gute Frau in Deutschland und fünf Kinder. Die hast du lange, lange nicht gesehen. Und jetzt kannst du nach Hause gehen. Wir sollten nicht weinen." Und dann laufen dem alten Herrn doch ein paar Tränen hinter der Brille hervor und über sein runzeliges Gesicht.

Die Abschiedsversammlungen, die Wilhelm hält, werden zu Gedenkversammlungen für alle Missionare, die jemals auf Chuuk gearbeitet haben.

In der Nacht zum Palmsonntag 1963 schläft er nur zwei Stunden. Ständig kommen Menschen, die sich persönlich von ihm verabschieden wollen. Fast die ganze Nacht hindurch wird vor seinem Haus gesungen.

Am Morgen um sechs Uhr hält er seinen letzten Gottesdienst. Er predigt über den Einzug Jesu in Jerusalem, die Begeisterung der Menschen darüber und ihr wenige Tage später geschrienes „Kreuzige ihn!" Noch einmal weist er seine Zuhörer darauf hin, sie sollten so wetterwendisch doch nicht leben. Das will er als sein Vermächtnis an sie verstehen.

Nach dem Gottesdienst geht es an den Pier: „Dicht gedrängt stehen die Menschen am Boot, dessen Motor schon läuft. Zwei andere Boote liegen daneben. Auf dem einen fahren die Schülerinnen, auf dem anderen, völlig überladenen, die Pastoren, die mit nach Wéénė wollen." Die Schüler dagegen begleiten Wilhelm auf der „Jugendbund EC".

Alles, was man zum letzten Mal tut, tut man sehr bewusst, schmerzlich bewusst. Wie oft ist er so mit dem Boot von hier abgefahren, nachdem er das Kommando „Löst das Seil!" gegeben hatte. Nun ruft er es bewusst zum letzten Mal: „*Epichi ewe sáán*!"

Während das Boot bei strahlendem Wetter in die Bucht hinaustuckert, entdeckt er überall am Ufer Menschen. Auf den Felsen hoch über der Lagune stehen die Christen von Féwúpé und winken. Bei Fóósón am Pier wartet ebenfalls eine Menschenmenge. Zwischen den Kokospalmen am Abhang des Winipwéét blitzen und blinken Taschenspiegel Abschiedsgrüße.

Auf Wéénė regelt Wilhelm seine Passangelegenheiten, und dann geben die früheren Philadelphiaschülerinnen, die inzwischen hier leben, ihm zu Ehren ein allerletztes großes Abschiedsessen. Von dort geht es zum Flughafen, wo die Menschen aus der ganzen Umgebung zusammenströmen und die Zufahrten völlig verstopfen. Es sind an die tausend Männer, Frauen und Kinder. Viele von ihnen hatten sich schon Tage zuvor auf den Weg nach Wéénė gemacht, um auf jeden Fall zur rechten Zeit an Ort und Stelle zu sein. Sie singen und singen.

Es dauert eine ganze Stunde, bis Wilhelm alle Hände geschüttelt hat.

Mit zweistündiger Verspätung landet das Flugzeug der „Air Micronesia" aus Richtung Pohnpei. So lange steht die Menschenmenge in der glühenden Nachmittagssonne und wartet, bis sich der große Vogel in die Luft erhebt und ihren Blicken entschwindet.

Er selbst sieht von seinem Flugzeugfenster aus die Berge von Chuuk unter den Tragflächen versinken. Für einen kurzen Moment fällt sein Blick noch einmal auf die Insel Toon. Dann fliegt die Maschine auf das offene Meer hinaus nach Nordwesten. Es ist der 7. April 1963.

Als sie ihre Reiseflughöhe erreicht hat, löst sich seine Anspannung etwas, und er trinkt den Kaffee, den ihm die Flugbegleiterin serviert. Müdigkeit überfällt ihn. Er stellt die Rückenlehne seines Sitzes zurück und überlässt sich dem Schlaf. Am liebsten wäre es ihm, wenn er nun so ohne Unterbrechung direkt nach Eutingen fliegen könnte. Aber er hat auf Guam noch einiges zu erledigen, und auf Yap und Palau soll er je eine Woche lang die Arbeit der Liebenzeller Mission begutachten.

Es herrscht Abenddämmerung, als er auf Guam landet. Hier erfährt er zuerst einmal, dass er sich wieder in einem Land mit Zivilisation befindet. Er muss seinen Pass vorlegen. In all den Jahren auf Chuuk hatte sich kein Mensch für so etwas wie einen Pass interessiert. Und der Beamte, der ihn kontrolliert, entdeckt auch prompt ein fehlendes Dokument: „Sie haben kein Visum für Guam!“ Das hätte er beantragen müssen, denn er ist Deutscher, und Guam ist US-amerikanisches Territorium.

Als er vom Passbeamten gefragt wird, wie lange er denn auf Chuuk gewesen sei, sagt er: „Sechsundzwanzig Jahre.“ Der Beamte wird misstrauisch. Schließlich lässt er ihn aber einreisen mit der Auflage, sich bei der Rückreise von Yap und Palau im Lauf der nächsten Wochen ein Visum geben zu lassen. Denn: auf Guam selbst gibt es kein Visum für Guam.

Am Flughafen wird er von Wilhelm Fey und seiner Frau abgeholt, einigen früheren Schülerinnen und Kikiwo, einem jüngeren Mann, der an der Philadelphiaschule mit ihm zusammen unterrichtet hatte. Als gar nicht einfach empfindet er, dass er im Abendgottesdienst der Palaugemeinde von Chuuk berichten soll. Er beschreibt das Gefühl mit den Worten: „Ich musste von einer frischen Wunde die Binde abnehmen.“

Guam selbst macht einen problematischen Eindruck auf ihn, wenn er daran denkt, dass in Zukunft mehr und mehr junge Leute von den Inseln Mikronesiens hierher kommen werden, um zu arbeiten oder sich weiterzubilden. Guam ist ein wichtiger Militärstützpunkt, eine Art Flugzeugträger mit allem, was dazugehört: Kasernen, Militärkrankenhäuser, aber auch Stätten, wo die Soldaten sich amüsieren, viele eher von zweifelhafter Qualität. Für seine Schüler fürchtet er Schlimmes. Guam kommt ihm vor wie Sodom für Lot und seine Familie.

Abstecher nach Yap und Palau

Am 9. April geht seine Maschine um neun Uhr vormittags von Guam nach Yap, wo sie drei Stunden später landet. Die westmikronesischen Inselgruppen Yap und Palau werden damals noch mit Propellermaschinen angeflogen.

Die Missionsstation „Salem“ auf Yap beeindruckt ihn wegen ihrer schönen Lage. Sie erscheint ihm gar als die schönste in Mikronesien, nach Toon natürlich, denn dort, so findet er, ist es am ruhigsten. Auf Yap rumpeln Autos und dröhnen Motorräder Tag und Nacht am Haus der Mission vorbei, wo er wohnt.

Die Arbeit der Mission auf Yap wurde erst verhältnismäßig spät begonnen und ist bei weitem noch nicht so weit fortgeschritten wie anderswo in Mikronesien. In den Gottesdiensten auf den Dörfern fällt ihm auf, dass die Menschen Betel kauen. Die Insulaner von Chuuk kennen diese Sitte nicht. Hier auf Yap haben nur die ganz kleinen Kinder schneeweiße Zähne. Bei allen anderen ist die gesamte Mundpartie vom Betelkauen dunkelrot gefärbt, schmiermäulig, die Zähne schwarz und unappetitlich.

Hier gibt es auch noch Menschen, die während der Kolonialzeit im Kaiserreich Deutsch gelernt haben und sich an gewisse sprachliche Formulierungen erinnern. Ein alter Mann, den Wilhelm mit den Missionaren Adam Müller und Edmund Kalau in seiner Hütte besucht, steht plötzlich stramm und ruft: „Das Gewehr über!“ Dann stimmt er mit dünner, zittriger Stimme das Deutschlandlied an. Erste Strophe natürlich.

Auf Palau besucht er „Emmaus“ und „Bethania“, die beiden Schulen in Koror und Ngarard, die dort von der Liebenzeller Mission für die Palaugemeinden geführt werden.

Auf seinen Rückflug muss er warten, und das wird zur Geduldsprobe. Das Flugzeug, das ihn nach Guam bringen soll, kommt nicht. Es liegt mit einem Maschinenschaden auf Yap fest. Das Ersatzteil, das benötigt wird, muss von Guam erst dorthin geflogen werden. Zwei Tage wartet er, sucht immer wieder den Himmel ab, meint von Zeit zu Zeit auch das ferne Dröhnen von Flugzeugmotoren zu hören. Nichts. Als es am Abend des dritten Tages endlich kommt, ist es zu spät zum Rückflug. Für ihn bedeutet dies, dass er den Flug von Guam über Manila und Hongkong nach Frankfurt, den er gebucht hat, nicht mehr erreichen wird.

Der lange Weg nach Hause

Als er ein paar Tage später, am 25. April 1963, in Guam das Flugzeug besteigt, das ihn nach Europa bringt, breitet sich in seinem Inneren ein bedrückendes Gefühl der Leere aus. Alles, alles bleibt hinter ihm zurück. Es ist furchtbar.

Um ihn herum sitzen Soldaten in der Maschine. Er ist einer der wenigen Passagiere in Zivil. Der Flug geht über Saigon in Vietnam, und dort ist Krieg. Während der sieben Stunden Aufenthalt macht er zwar eine kleine Stadtrundfahrt, bleibt aber sonst am Flughafen, denn er hat Verständnisschwierigkeiten. In Saigon spricht man Französisch. Englisch versteht kaum jemand.

Am Abend geht es mit einer Propellermaschine weiter nach Bangkok. Er vermisst den ruhigen Flug, den er im moderneren Jet hatte, dessen Triebwerke viel weniger Lärm machen. Von New Delhi in Indien fliegt er wieder in einem Jet, „der über hundert Passagiere befördern kann", wie er erstaunt bemerkt.

In Teheran erlebt er zum ersten Mal nach zehn Jahren wieder, „wie kalte Luft sich anfühlt". In der Wartehalle des Flughafens entdeckt er einen kleinen Jungen in Strickjacke und Lederhose. Der muss doch wohl Deutsch können. Er spricht ihn also an, und er bekommt auch prompt eine Antwort, in Bodenseeschwäbisch. Kurz darauf lernt er die Eltern und die kleine Schwester des Jungen kennen. „Jetzt kann es also nicht mehr weit nach Hause sein!"

Nach einem endlos langen Flug über Beirut, Istanbul, über Griechenland und den Balkan erkennt er an den grünen Wiesen und den gepflegten Feldern, die er vom Flugzeugfenster aus erkennen kann, dass er bald über Deutschland sein wird.

In München müssen alle Passagiere zur Passkontrolle das Flugzeug verlassen. Jetzt ist er zwar in seinem Land, aber er fällt auf. Der Passbeamte mustert Wilhelm, nachdem er seinen Pass mit offensichtlichem Interesse durchgeblättert hat. Er will wissen, wo der merkwürdige Passagier denn herkomme? „Aus Mikronesien," sagt dieser. Damit kann der Beamte nicht viel anfangen. Wieder mustert er ihn, insbesondere seinen Hut, der mit einem Muschelkranz geschmückt ist.

Auch in Frankfurt fällt er auf, diesmal wegen seiner Hose. Die hatte er unglücklicherweise im Flugzeug zerrissen und anschließend selbst geflickt, notdürftig, so gut es eben gegangen war.

14

Die Zeit in Deutschland bis zur zweiten Wiederausreise (1963-1968)

Rückkehr in eine fremd gewordene Familie

Da ist er nun also wieder in Deutschland, nach zehn Jahren Abwesenheit. Man könnte meinen, er sei uneingeschränkt froh und glücklich darüber. Aber so einfach ist das alles nicht.

In Frankfurt kann er unter seinen Töchtern nur Hannelore mit ihrem richtigen Namen ansprechen. Die anderen beiden muss ihm Elisabeth vorstellen. Den jungen Frauen, die etwas auf sich halten, fällt sofort auf, dass Wilhelm nicht nach der neuesten Mode gekleidet ist, wie sie jetzt in Deutschland getragen wird. Wie soll er auch? Hannelore findet seine Kleidung unpassend, vor allem seine Schuhe. Die seien lächerlich. So etwas trage man hierzulande nicht mehr.

Schon für Elisabeth war es nicht einfach gewesen, als sie im Jahr 1969 mit Ernst und Helmut nach Deutschland zurückkehrte. Anneliese hat die Situation folgendermaßen beschrieben: „Die Mutter kam mit unseren Brüdern mit dem Zug an. Wir Mädchen standen auf dem Bahnsteig und holten sie ab. Die Mutter war uns fremd geworden, und es dauerte lang, bis wieder ein Vertrauensverhältnis vorhanden war. Sie musste viel Geduld und Liebe aufbringen. Nach einer so langen Zeit in einem Gebiet mit einer so völlig anderen Lebensweise war es für sie nicht einfach, sich wieder in Deutschland mit fünf Kindern zurechtzufinden, und das ohne Mann. Finanziell waren wir immer knapp dran, aber meine Mutter verstand es, aus kleinen Dingen ein Fest zu machen, und wir Kinder konnten uns über wenig freuen“ (1996:64).

Wilhelm kommt in seine Familie zurück, die ihn mit großer Freude erwartet. Aber er muss damit zurechtkommen, dass er sie lange nicht gesehen und sich ihr entfremdet hat, seine Frau und seine zwei Söhne vier Jahre lang, seine drei Töchter ganze zehn Jahre. Man muss sich klar machen, was das bedeutet. Anneliese, die jüngste von den Mädchen, war acht Jahre alt, als sie sich 1953 von ihrem Vater verabschiedete. Jetzt ist sie achtzehn, ihre

Schwestern einundzwanzig und zweiundzwanzig Jahre alt. Sie sind junge Frauen geworden. In den entscheidenden Jahren ihrer Formung zu erwachsenen Persönlichkeiten mussten sie auf den Vater als der männlichen Bezugsperson verzichten, ein Zustand, der eine normale Persönlichkeitsentwicklung beeinträchtigen kann. Wie anstrengend, angespannt und befremdlich das Zusammenleben mit dem Vater in der ersten Zeit nach Wilhelms Rückkehr ist, hat wiederum Anneliese knapp, aber eindrucksvoll beschrieben: „Es herrschte große Aufregung, als endlich der Tag kam, an dem wir ihn vom Flugplatz abholen sollten. Für uns Mädchen war es erneut ein seltsames Gefühl. [...] In den zehn Jahren war uns unser Vater trotz Briefen und Bildern doch völlig fremd geworden. Und er kannte uns nicht mehr. Er verwechselte mich laufend mit meiner Schwester, die mir sehr ähnlich sah.

Erneut begann eine Zeit, in der mit viel Liebe und Geduld ein neues Vertrauen aufgebaut werden musste. Am Anfang schien es fast unmöglich. Für meinen Vater waren wir immer noch die kleinen Mädchen (1996:65)."

Es bleibt aber nicht bei den Verletzungen: „Trotz allem waren wir glücklich, unsere Eltern wiederzuhaben, eine Familie sein zu dürfen, wie dies bei unseren Schulkameraden auch war. Ganz langsam konnte mit der Hilfe Gottes wieder ein Familienleben entstehen, in dem einer den anderen liebte, ihm vertraute und ihn so akzeptierte wie er war. Die Wunden heilten, und die Fremdheit wich (1996:65)."

Die Familie Kärcher im Jahr 1963 (von links): Wilhelm, Waltraud, Helmut, Hannelore, Ernst, Anneliese, Elisabeth

Zunächst aber ist die Fahrt im Auto von Frankfurt nach Bad Liebenzell ein einziges freudiges Ereignis. Wilhelm kommt aus dem Staunen nicht heraus, über den Verkehr auf der Autobahn, den er als rasend empfindet, über die Sauberkeit, wohin er auch schaut, weil nirgendwo Laub auf den Wegen liegt oder Gras darauf wächst, wie überall auf Chuuk, über den herrlichen Wald, die Häuser mit den Ziegeldächern, den Schwarzwald im Frühlingsblütenschmuck. Deutschland hatte sich in den zehn Jahren seiner Abwesenheit enorm verändert.

Rückkehr in eine fremd gewordene Berufswelt

Die Lebenswelt, die er hinter sich gelassen hat, war voller Wärme, klimatisch wie menschlich. Das ist anders geworden, zum mindesten klimatisch. Kalt ist die Luft, die er atmet, kalt, was er anfasst.

Wer wie er so lange Jahre seines Lebens in einer fremden Gesellschaft gelebt, ihre völlig andere Mentalität und ihre Menschen schätzen und lieben gelernt hat, dessen Gefühle sind sehr zwiespältiger Natur, wenn er endgültig aus der fremden Welt zurückkehrt, in der er Wurzeln geschlagen hat. Das Schwierigste an einer solchen Rückkehr ist immer die Tatsache, dass man in gewisser Weise ein Heimatloser geworden ist. Man erkennt plötzlich, dass die Welt, in der man aufgewachsen ist, nicht mehr so ist, wie man sie in Erinnerung hat, und dass man selbst in der fremden Welt ein ganz Anderer geworden ist.

Auch Wilhelm muss damit fertig werden, dass er nirgendwo mehr ganz zu Hause ist. Das hat mancherlei Ursachen.

Für den Missionar „im Feld“ oder „draußen“ gilt eine Ausnahmesituation. Es gibt sehr viele Menschen, die ihn kennen, an ihn denken, für ihn beten und Geld spenden, damit er seine Arbeit tun kann. Er schreibt regelmäßig Berichte, vielleicht sogar Bücher, die gedruckt eine größere Verbreitung erfahren. Man schreibt ihm Briefe und erkundigt sich nach seinem Ergehen. Das alles ändert sich deutlich, wenn er sein Arbeitsfeld verlassen hat. Zwar wird er nicht zu einem kompletten „Nobody“, aber es ist schon verwunderlich, wie schnell es geht, bis ihn nur noch wenige kennen und nach ihm fragen. Es gibt viele Missionare, für die eine solche Situation sehr belastend ist.

Hinzu kommt aber noch eine weitere Schwierigkeit. „Draußen“ hatte er nicht nur Gelegenheit, alle nur denkbaren Ideen zu entwickeln und Initiativen zu ergreifen, die seiner Persönlichkeit entsprachen. Es waren aber nicht nur die Gelegenheiten, die sich ihm boten, sondern man erwartete geradezu selbstverständlich, dass er Ideen lieferte und Initiativen ergriff. Niemand stellte sich ihm in den Weg, niemand gab ihm das Gefühl, da breche einer in sein Territorium ein und wildere in einem fremden Revier. Wieder von „draußen" zurück muss er entdecken, dass er ständig jemand ins Gehege kommt, wenn er Initiativen ergreift, dass er Ablehnung erlebt, wenn er handelt. Er muss damit fertig werden, dass ihm vorgeworfen wird, er handle eigenmächtig, seine Ideen und Ansichten seien unmöglich, überholt, altbacken.

Er dagegen hat „draußen" gelernt, vieles anders zu sehen. Er hat Einsichten gewonnen darüber, dass man sein Leben nach anderen Grundsätzen gestalten, mit den Mitmenschen ganz anders umgehen, Probleme ganz anders und besser lösen kann, als es diejenigen tun, die nie über den Tellerrand der eigenen Gesellschaft und Kultur hinausgeschaut haben.

In genau dieser Lage befindet sich Wilhelm von jetzt an. Er kommt besonders anfangs damit nur schwer zurecht, und an seiner Familie, die ihm helfen will, sich wieder in die veränderte deutsche Gesellschaft hineinzufinden, geht das alles nicht spurlos vorbei.

Einige Jahre lang ist er als „Bergverwalter" in Bad Liebenzell tätig. In seinem Aufgabenbereich ist er für Technisches zuständig, hat er die Verantwortung für die Werkstätten und muss den Seminaristen ihr wöchentliches Pensum an praktischer Arbeit zuteilen. Die aber gehen nicht immer freundlich mit ihm um. Mag sein, dass sich die ersten Anzeichen für die so genannte Achtundsechzigerrevolution bemerkbar machen, die Deutschland in jener Zeit zu erfassen beginnt. Schwerer wiegt, dass Wilhelm mit seinen Ansichten, seinem Verständnis von technischen Abläufen und seinem ganzen Verhalten als veraltet gilt. Die jungen Handwerksmeister unter den Seminaristen sind ihm in Arbeitstechniken und in Managementfragen weit überlegen. Das ist nicht verwunderlich. Wie soll ein Missionar, der sein Leben in der extremen Abgeschiedenheit der Südsee verbracht hat, wissen, verstehen und beherrschen, was sich in Europa alles an Veränderungen und Neuerungen ergeben hat.

Er versucht sich mit seinem Los abzufinden, aber es strengt ihn an. Wenn er abends nach Eutingen zurückkommt, ist er unzufrieden mit seinem Tagewerk. Manchmal ist er verzweifelt. Trotzdem verliert er seinen wohltuenden Sinn für skurrile Ideen nicht. Eines Tages eröffnet er seinen jüngeren Mitarbeitern, er wolle jeden fürstlich belohnen, der es fertig bringen würde, dass er nicht mehr Bergverwalter sein müsse.

In seinem Element ist er, wenn er Reisedienst tut, Bibelarbeiten und Vorträge über seine Arbeit auf den Inseln hält. Bereitwillig arbeitet er in den Gemeinschaftsbezirken Pforzheim und Mühlhausen mit, macht Predigtdienst, wenn jemand verhindert ist. Wenn er spricht, hören die Menschen gespannt zu. Er kann ungemein anschaulich erzählen, ohne dabei geschwätzig zu wirken. Auch Kinder finden interessant, was er ihnen zu sagen hat.

Noch einmal nach Chuuk?

Von 1963 ab erscheint für mehrere Jahre in den „Mitteilungen der Liebenzeller Mission“ kein einziger Bericht mehr aus Wilhelms Feder. In der Nummer 7.1968 aber meldet er sich mit einem Abschiedwort plötzlich wieder zu Wort. Es beginnt mit dem Vers 25 aus Psalm 37: „Ich bin jung gewesen und alt geworden, und habe noch nie den Gerechten verlassen gesehen und seine Kinder um Brot betteln.“ Der Grund für das Abschiedswort: Man hatte ihm die Frage gestellt, ob er bereit wäre, noch einmal nach Chuuk zurückzukehren, um bei der Klärung verschiedener Probleme mitzuarbeiten, die sich mit der Selbständigwerdung der einheimischen Gemeindeorganisation inzwischen ergeben hatten.

Die Entwicklung Mikronesiens geht in den sechziger Jahren des 20. Jahrhunderts mit Riesenschritten weg von der Kolonialzeit und hinein in moderne demokratische Verhältnisse. Auch die Gemeinden auf den Inseln und ihre Leitungen drängen auf Unabhängigkeit und strukturelle Veränderungen. Sie finden, es sei jetzt an der Zeit, das Gewicht, das ihre Missionare bei Entscheidungen immer noch haben, zurückzudrängen, weil sie dieses als Bevormundung empfinden.

Konkret gesprochen geht es darum, dass sich die Gemeinden zu einer Kirchenorganisation mit eigener Ordnung zusammenschließen und sich eine Verfassung geben wollen, auf die sich alle Mitglieder und Mitarbeiter verpflichten sollen.

Die Gemeinden und ihre Pastoren verhalten sich bei den Forderungen, die sie stellen, durchaus loyal. Sie wollen Partnerschaftlichkeit bei der Zusammenarbeit, und das ist ja im Grunde eine berechtigte Forderung. Andererseits ist nicht von der Hand zu weisen, dass sich in diesem Prozess für sie auch die Gefahr verbirgt, das Kind mit dem Bade auszuschütten. Auch die jüngeren Missionare und Mitarbeiter der Kirche auf Chuuk, die Wilhelm und Elisabeth Kärcher abgelöst haben, sind zu der geforderten partnerschaftlichen Zusammenarbeit bereit. Sie wollen aber auf biblische Strukturen für die Leitung einer christlichen Gemeinde und andere ethische Grundsätze, die sie für wichtig halten, nicht verzichten. Dabei kommt es zu sehr unterschiedlichen Auffassungen, denn die Insulaner trennen Religion und Politik, Pastorenamt und Position des politischen Titelträgers, des *samwoon*, nicht in der Weise, wie es ein Europäer tun oder erwarten würde. Das heißt, ein Pastor mit geistlichem Mandat hat für die Insulaner fast automatisch auch Anspruch auf ein politisches Mandat.

Aus dieser unterschiedlichen Auffassung gesellschaftlicher Mechanismen ergeben sich Spannungen mit den Missionaren, deren eigene Sicht der Dinge selbstverständlich auch ihre Berechtigung hat. Ihr Problem ist nur, dass sie allesamt zu jung sind, um in der Gesellschaft der Insulaner den Status zu besitzen, der nötig ist, um ihrem Urteil und ihren Entscheidungen das nötige Gewicht zu geben. Diesen Status hat im Augenblick nur einer: Wilhelm Kärcher. Er ist ein solcher *samwoon* für die Insulaner. Auf ihn werden alle hören, und niemand wird ihm widersprechen, ohne einen absolut zwingenden Grund dafür zu haben.

In dieser Eigenschaft soll er nach dem Willen der Insulaner, der Missionare und der Missionsleitung noch einmal für eine begrenzte Zeit nach Chuuk gehen, um die anstehenden Probleme lösen zu helfen. Eines der drängendsten hat etwas mit dem Besitz von Land zu tun.

Im Lauf der Geschichte der Christianisierung der Inseln hatten bestimmte Familiengruppen ihrer Gemeinde oder der Mission Grundstücke zur Verfügung gestellt, damit Kirchen und Missionarswohnungen gebaut werden konnten. Das geschah teils durch regelrechten Kauf, vielfach aber auch in der Form einer Schenkung. Weil die Insulanergesellschaft ursprünglich keine schriftlichen Urkunden kannte, sondern nur mündliche Absprachen, gab es bis weit in die Kolonial- und Nachkriegszeit keinerlei Kaufverträge, geschweige denn Grundbucheinträge über solche Transaktionen.

Als Grundstücksgrenzen galten etwa ein Bach, ein Felsblock oder einfach Bäume. Regelrechte Grenzmarkierungen im europäisch-westlichen Sinn kannte man nicht. Das führte oft zu heftigen Streitigkeiten, die auch nach mehreren Generationen noch aufflackern konnten. Immer wieder wollten mögliche Erben zusätzliche finanzielle Entschädigung, oder sie forderten gar die Rückgabe von „geschenktem" Land.

Das Problem der Missionare, die in den sechziger Jahren auf Chuuk tätig sind, ist in dreifacher Weise schwierig. Niemand kennt die Geschichte solcher Grundstücksgeschäfte aus eigener Erfahrung, und keiner weiß richtig, wo die jeweiligen Grundstücksgrenzen verlaufen. Die größten Schwierigkeiten liegen bei den älteren Insulanern, die zwar Bescheid wissen, sich aber aus den Streitigkeiten heraushalten wollen, weil sie den Streithähnen verwandtschaftlich verbunden sind, oder weil sie sich scheuen, zwischen die Fronten zu geraten.

Diese Lage der Dinge führt nun interessanterweise zu einer salomonischen Lösung, der sich sowohl Missionare als auch Insulaner problemlos anschließen: der einzige, der über die nötige Autorität und das entsprechende Wissen verfügt, ist Wilhelm Kärcher. Er soll kommen, Grenzsteine setzen und so die Besitzverhältnisse gerichtsverwertbar machen.

Der Ruf von Chuuk, noch einmal für ein oder zwei Jahre dort mitzuarbeiten, kommt Wilhelm einerseits wie gerufen, andererseits aber ist er sich dessen bewusst, dass er inzwischen einundsechzig Jahre alt geworden ist und mit der körperlichen und psychischen Belastung, die ihn auf Chuuk erwartet, nicht mehr so leicht fertig werden wird.

Zwei Biografien kreuzen sich

In den beiden letzten Jahren vor seiner dritten Ausreise ist Wilhelm wieder viel unterwegs, um in Kirchengemeinden und Gemeinschaften über sein Missionsfeld und das zu berichten, was ihn dort erwarten wird, wenn er wieder ausreist. Einen besonderen Stellenwert in seinen mit Lichtbildern illustrierten Vorträgen hat die Schule, die eine seiner bedeutendsten Leistungen geworden ist. Früher hatte er, wenn es darum ging, immer von der Mädchen- und der Jungenschule gesprochen. Jetzt nennt er sie „Philadelphiaschule", denn inzwischen werden Mädchen und Jungen in gemischten Klassen unterrichtet. Das entspricht zwar nicht ganz den ursprünglichen gesellschaftlichen Regeln der Insulaner, aber die Zeiten haben sich geändert. Die Regierung praktiziert in ihren Schulen die Geschlechtertrennung nicht mehr, und der Unterricht in gemischten Klassen hat einen entscheidenden Vorteil. Er spart Lehrkräfte. Deren Anstellung ist mit erheblichen Kosten verbunden, und es ist schwierig, geeignete Lehrer für eine Tätigkeit auf den Inseln der Südsee zu beschaffen.

Die Philadelphiaschule wird seit dem Jahr 1964 von Herman und Lois Buehler geleitet und als „Junior High School“ geführt, was in Deutschland einer Realschule entspricht. In wenigen Jahren werden sie in Heimataufenthalt gehen. Dann muss eine Vertretung für sie gefunden sein.

Im Februar 1966 hält Wilhelm einen Vortrag über Chuuk im Saal der Liebenzeller Gemeinschaft in Freiburg im Breisgau. Ich selbst, der Autor, sitze unter den Zuhörern. Immer wieder spricht der Redner davon, dass in der Philadelphiaschule ein Lehrer gebraucht werde, und dass sich heute abend einer unter den Anwesenden befinde, von dem er wisse, dass er Lehrer geworden sei.

Ich spitze die Ohren. Meint er tatsächlich mich? Er meint mich tatsächlich! Wie kann er aber wissen, dass ich Lehrer geworden bin? Ich beschließe, ihn nach seinem Vortrag anzusprechen.

Schon seit geraumer Zeit hatten meine Frau und ich die Frage besprochen, ob wir nicht für eine begrenzte Zeit „so etwas“ machen sollten, und wir hatten beschlossen, eine Gelegenheit zu nutzen, wenn sie sich bieten sollte.

Als ich Wilhelm die Frage stelle, wie er sich unsere Mitarbeit auf Chuuk vorstelle, zeigt sich, dass er schon einen fertigen Plan hat: „Ihr braucht euch nur bei „Dienste in Übersee“ – damals ein bekannter kirchlicher Entwicklungsdienst – zu bewerben. Gleichzeitig fordert euch die Kirche auf Chuuk über die Liebenzeller Mission für ihre Schule an, und wenn ihr angenommen werdet, könnt ihr schon bald darauf ausreisen.

Gesagt, getan. Es sollte dann noch etwa drei Jahre dauern, bis der Plan Wirklichkeit werden konnte. Mit unserem Gespräch in Freiburg jedenfalls kreuzt sich mein eigener Lebensweg und der meiner Familie mit dem Wilhelm Friedrich Kärchers, und das mit unerwartet positiven Folgen, wie sich zeigen wird.

15

Die letzten beiden Jahre auf Chuuk (1968-1970)

Noch einmal Abschiedsworte

Seine letzte Verabschiedung findet auf dem Pfingstmissionsfest 1968 in Bad Liebenzell statt. In seiner Ansprache weist er unter anderem darauf hin, dass er für die Aufgabe, die vor ihm liegt, eigentlich schon zu alt sei: „Wenn niemand anders dazu bereit oder fähig ist, dann müssen eben Großväter gehen!"

Diese Worte, die Wilhelm in die versammelte Menschenmenge hineinruft, hört ein junger Mann, der seine Ausbildung am Seminar der Liebenzeller Mission vor kurzem abgeschlossen hat und dabei ist, sich auf eine Tätigkeit als Missionar vorzubereiten. Er hatte sich eigentlich schon auf Neuguinea festgelegt und einige Wochen zuvor ein inoffizielles Angebot, in den Missionsdienst nach Japan zu gehen, abgelehnt. Auch diesen jungen Mann kennt Wilhelm schon Zeit seines Lebens. Es ist Klaus Wilhelm Müller, der jüngste Sohn seiner Schwester Frieda, mithin sein Neffe. Sein Onkel Wilhelm ist auch sein Taufpate.

Was Wilhelm nicht weiß und definitiv auch nicht auf seine Initiative zurückgeht: zwei Jahre später werden sich die beiden auf Chuuk wieder begegnen, als Mitarbeiter und Kollegen.

Am 10. Juni 1968 fliegt Wilhelm von Stuttgart über Guam wieder nach Chuuk.

Zurück auf Toon

An der Bootsanlegestelle von Chuukiyénú wird er von singenden Insulanern wieder im Empfang genommen. Wupwiini wartet schon auf ihn, um ihm zu erzählen, dass er schwer krank gewesen sei und ständig darum gebetet habe, dass er noch einmal gesund würde, um die Rückkehr des Missionars, „seines" Missionars zu erleben. Nur wenn er auf der Insel sei, könne er ruhig sterben, denn Wilhelm würde ihn ja dann beerdigen.

Wupwiinis Wunsch wird nicht ganz so vollkommen in Erfüllung gehen, wie er sich das bei der Ankunft Wilhelms gedacht hat.

Er stirbt erst im Lauf der achtziger Jahre, als dieser schon längst für immer nach Deutschland zurückgekehrt ist.

Auch die Pastoren feiern die Rückkehr „ihres“ Missionars, manchmal in anrührenden Worten. Einer unter ihnen, Wuwanter von der Insel Wutéét, erinnert in seiner Begrüßungsansprache daran, dass Wilhelm ihm einmal eine Hose geschenkt habe, und dieses Kleidungsstück sei ihm eigentlich immer nur eine schmerzliche Erinnerung an ihn gewesen. Er habe sich daher von Zeit zu Zeit mit dem Gedanken getragen, sie zu verbrennen. Aber nun sei Wilhelm wieder da und der Grund für eine Hosenverbrennungsaktion damit entfallen.

Ein anderer Pastor, Winiyam von Manayiyo, macht Wilhelm am folgenden Sonntag auf Paata stutzig, als er in seiner Ansprache sagt, der Tag sei für ihn, Winiyam, nur eine halbe Freude, obwohl ihm dabei die Freudentränen in den Augen stünden. Und dann ruft er in die versammelte Gemeinde hinein: „Ich will euch sagen, warum es nur eine halbe Freude ist: Seine Frau und seine Kinder sind nicht mitgekommen.“

Wupwiini: immer für eine Überraschung gut

Selbstverständlich gibt es überall, wo Wilhelm begrüßt wird, ein prächtiges Festessen nach dem anderen. Manche unter den Insulanern machen es weniger prächtig, aber dafür umso herzlicher.

Eines Nachmittags gegen vier Uhr taucht Wupwiini wieder einmal bei ihm auf in der Absicht, ihm eine besondere Freude zu machen. Aus einem alten Papiersack kramt er zwei frisch gebackene, noch warme Laibe Brot und eine Konservendose heraus und fordert Wilhelm auf: „Deck schon mal den Tisch, ich habe etwas Gutes für uns beide mitgebracht.“

Was dann aus der Dose quillt, kann Wilhelm in der Situation nicht genau erkennen, vermutet aber, dass es erst gekocht werden müsste, um als menschliche Nahrung gelten zu können. Aber er tut, was Wupwiini ihm vormacht. Die beiden streichen sich den Inhalt, eine Art Mus, gemeinsam auf ihr Brot. Weil es scharf gewürzt ist, macht er Durst. Wilhelm aber hat noch keinen Vorrat an Getränken im Haus. Diesem Mangel hilft Wupwiini ab, indem er am Regenwassertank zwei Gläser mit Wasser zapft. Nach diesem „Kaffeeplausch“, wie Wilhelm ihn nennt, packt Wupwiini die Reste der Mahlzeit in seinen Papiersack, wirft ihn über seine Schulter und schlurft durch den Busch in seine nahe gelegene Hütte zurück.

Erinnerungen

Wilhelm selber wohnt im gleichen Haus, das er kurz vor seiner Heimreise 1963 noch gebaut hatte. Er fühlt sich darin richtig zu Hause, und seine Arbeit macht ihm Freude. Er bereitet die Sonntagsschultexte für das Jahr 1969 und andere theologische Handreichungen für die Pastoren vor. Und er findet lange zurückliegende Vergangenheit wieder.

Schon am dritten Tag nach seiner Rückkehr auf die Inseln fährt er nach Wutéét, wo er vor dreiundzwanzig Jahren mit seiner Familie interniert gewesen war. Hier ist in der Morgenfrühe noch alles still. Er geht am Meer entlang, erkennt einzelne Bäume, an die er sich aus jener Zeit erinnert, und stößt auf den Sumpf, aus dem die vielen Ratten kamen. Er findet sogar den Platz wieder, wo er mit seiner Familie und den anderen Missionare unter elenden Bedingungen hausen musste, wo sie zusammen im Bombenhagel der amerikanischen Luftwaffe überlebten. Tiefe Dankbarkeit überkommt ihn, als er die Ereignisse der damaligen Zeit in Gedanken an seinem inneren Auge vorüberziehen lässt.

Den Zustand der Jugendarbeit auf Chuuk hatte er verschiedentlich als ehe düster geschildert bekommen. Nun ist er überrascht, dass siebzig junge Leute vor ihm sitzen, um ihm zuzuhören. In der darauf folgenden Woche sind es achtzig, aus nur zwei Gemeinden, im Dorf Féwúpé einige Tage später sogar zweihundertfünfzig! „Manche von ihnen müssen einen Weg von zweieinhalb Stunden zurücklegen, über Stock und Stein, Felsen und Sumpf, bergauf und bergab, durch hohes, nasses Gras, denn es hatte die Nacht zuvor stark geregnet."

Ein hochseetüchtiges Motorschiff

Im April besucht er wieder einmal Pwolowót, und von dort wird er unter besonderen Umständen wieder abgeholt und nach Toon zurückgebracht, mit einem nagelneuen, hochseetüchtigen, geräumigen Motorschiff. Dessen Geschichte beginnt in Hongkong.

Am 1. Mai 1969 ist der Himmel über der Riesenstadt regenverhangen. Trotzdem sind viele Missionsfreunde gekommen, um beim Stapellauf des neuen, für Chuuk bestimmten Missionsschiffs dabei zu sein. Mit einer Kokosnuss wird es auf den Namen *Chen* getauft. Unter den Klängen von „Praise God from whom all blessings flow" gleitet sie ins Wasser.

Wenige Wochen später trifft die *Chen* nach einer 5.000 Kilometer langen Fahrt auf Pwolowót ein. Die Missionare Peter Ermel und Ernst Seng hatten sie unter dem Kommando eines kanadischen Kapitäns in Hongkong abgeholt.

Chen bedeutet „Liebe", wie sie sich in Johannes 3,16 beschrieben findet. Mit diesem aus Fiberglas gebauten Schiff, das über zwei Dieselmotoren verfügt, wird die Arbeit auf Chuuk sehr viel leichter. Die Außenstationen können besser versorgt und die Gemeinden auf den Inseln regelmäßig besucht werden. Wilhelm lernt das Schiff im letzten Jahr seiner Anwesenheit auf Chuuk selbst noch kennen und schätzen.

Wenige Tage nach Wilhelms Rückkehr von Pwolowót auf der *Chen* macht sie ihre erste Reise nach den Mortlockinseln. Wilhelm ist selbstverständlich auch an Bord.

In der Nähe von Nómwuluuk fällt ihm jener denkwürdige 4. Mai 1954 ein, an dem er in letzter Minute das Kanu gewechselt hatte und am Leben blieb. Jetzt, nach fünfzehn Jahren, reist er nicht mehr mit dem Auslegerkanu zwischen den Inseln hin und her, sondern mit einem robusten, seetüchtigen Fahrzeug, das speziell dafür in Hongkong gebaut worden war.

Niemand ahnt zu diesem Zeitpunkt, welch rabenschwarzes Schicksal das Boot erwartet. Vier Jahre später wird die *Chen* auf einer Missionsreise in die Zentralkarolinen – Wilhelms „Inselstraße" – in einer Tragödie ihr Ende finden. Sie zerschellt in den Morgenstunden des 5. August 1973 auf einem Korallenriff (Müller 1975:41).

Der Mentor

Am 27. August 1969 landet eine Boeing 727 der Air Micronesia auf der Insel Wééné. Mit ihr komme ich, meine Frau und unsere beiden Kinder von Guam nach Chuuk. Von Wééné aus fahren wir auf der *Chen* nach Toon, wo wir an der Bootsanlegestelle von Wilhelm in Empfang genommen werden. Wir wohnen im gleichen Haus neben dem Gebäude der Mädchenschule, das er Jahre zuvor selbst für seine Familie gebaut hatte.

In den kommenden Wochen stellt er mich nach und nach in den Gemeinden als neuen Lehrer an der Philadelphiaschule vor. Dazu begleite ich ihn sonntags, wenn er in die Dörfer geht, um den Gottesdienst zu halten. Er führt mich so in das einfache Leben der Insulaner ein.

An einem der ersten Sonntage wandern wir zu Fuß um ganz Toon herum, fünf Stunden lang. Mit hochgekrempelten Hosen gehen wir durch den regennassen Busch. Kurz vor dem Dorf Wóónipw schauen wir uns nach einem Platz zum Schlafen um. In einem *wuut*, einer Hütte aus vier Pfosten mit einem Dach aus Blättern darauf, findet jeder einen groben Balken, auf den er sich legen kann, dazu ein kleineres Stück Holz als Unterlage für den Kopf. Wir schieben uns eine Weile hin und her, und mit einem Mal kommt der Schlaf so tief über uns, dass wir das harte Holz vergessen und einschlafen. Wir kommen gerade noch rechtzeitig zum Beginn des Gottesdienstes.

An einem anderen Sonntag sind wir unterwegs nach Éét. Es ist zwar sehr schönes Wetter, aber der Nordostpassat bläst heute in voller Stärke. Die Sturmzeit hat begonnen, und die Wellen haben Schaumkronen. Ich sitze mit Wilhelm auf dem Motorkasten eines alten japanischen Fischerkahns. Wenn es auf Chuuk so etwas wie eine Wasserschutzpolizeibehörde gäbe, wäre er sicher schon lange aus dem Verkehr gezogen worden. Beim geringsten Seegang legt sich das Boot abwechselnd von einer Seite auf die andere, dass man wirklich glaubt, es wäre besser, den Gedanken an unten und oben entweder zu vertauschen oder aufzugeben.

Das Boot besitzt einen Dieselmotor. Das Auspuffrohr ragt aus dem Deck heraus und ist vom Rost schon ganz durchlöchert. Liegt es irgendwo vor Anker, so wird eine Blechdose über die Auspufföffnung gestülpt, damit es nicht hineinregnen kann. Beim Anlassen des Motors vergisst der Bootsmann, die Dose abzunehmen. Bei der ersten Zündung wird das Ding kräftig in die Luft gebolzt und landet zu unserem größten Vergnügen irgendwo im Wasser.

Kaum haben wird das Riff durch eine flache Fahrrinne passiert, fühlen wir uns wie auf dem offenen Meer. Zwei Meter hoch sind die Wellenberge, und sie werden bald noch höher. Das Boot steigt jedes Mal steil den Wellenkamm hinauf, anstatt ihn zu spalten, bleibt dort einen kurzen Augenblick hängen, bis die Welle unter ihm durch ist, um daraufhin mit voller Wucht ins nächste Wellental hineinzufallen. Der Aufschlag auf dem Wasser ist hart. Aber wir können nichts anderes tun, als uns tief in die Regenmäntel zu verkriechen, damit uns der umherspritzende Gischt nicht schon gleich zu Anfang durchnässt. Ich bin in wenigen Minuten seekrank und hänge kraftlos mit beiden Armen über der Bambusstange, die längs über das Deck läuft. Vor Anstrengung bricht mir der Schweiß aus.

Auf Éét angekommen bin ich so erschöpft, dass ich in einer Palmblätterhütte sofort tief einschlafe. Wilhelm beginnt den Gottesdienst ohne mich. Der ist schon fast vorbei, als ich endlich aus meiner Betäubung aufwache. Aber ich komme noch zu Wort. Mit der Hand deute ich die Bewegungen an, die unser Boot auf dem Weg nach Éét gemacht hatte. Als ich noch deutlicher werde und die Hand auf die Magengegend lege, geht ein verständnisvolles Murmeln durch die Reihen der Leute, die da vor uns im Sand sitzen. Sie kennen das. Auch Südseeinsulaner werden seekrank, wenn das Meer unruhig ist.

An Ostern 1970 sind wir zum dritten Mal zusammen unterwegs. Diesmal geht es nach Wutéét. Bisher hatte mich Wilhelm immer übersetzt. Heute schlägt er mir vor, ich solle es doch einmal in der Sprache der Insulaner versuchen.

Während ich spreche, verhalten sich die Menschen auffallend ruhig und aufmerksam. Dabei wird mir bewusst, welche Spannung die Zuhörer erfasst, wenn jemand mit ihrer Sprache nicht richtig oder nur anfängerhaft umzugehen versteht.

In diesem Augenblick wird mir bewusst, dass der Mensch und Missionar Wilhelm Friedrich Kärcher mein Mentor geworden ist. Er traut mir zu, dass meine Rede in der Chuuksprache nicht völlig danebengeht, trotz meines Herumstümperns. Die Souveränität, die er ausstrahlt, gibt mir das Gefühl, gar nicht so schlecht zu sein, wie ich mich im Augenblick fühle. Und er schärft mir immer wieder ein, ich solle so viel wie möglich schriftlich fixieren, was ich erlebe und lerne, wenn ich mit den Insulanern zusammenarbeite. Dabei ahnen weder er noch ich selber, dass dieser Rat meinen Lebensweg in entscheidender Weise beeinflussen wird. Ihm als Mentor verdanke ich wesentlich und eigentlich, dass ich später Hochschullehrer geworden bin.

Auf dem Heimweg kommen wir über Romónum. Die ersten Baulichkeiten, die man erkennen kann, wenn man sich einer solchen Insel nähert, sind kleine Hütten von etwa quadratischem Grundriss, die in unregelmäßigen Abständen am Ufer entlang auf Pfählen stehen. Diese Pfahlbauten sind unschwer als sanitäre Einrichtungen auszumachen. Ihre Wasserspülung wird bei Flut von der Natur selbst geregelt.

Als wir uns im flachen Wasser dem Ufer nähern, kommt eine junge Frau zwischen den Palmen über den Sandstrand auf uns zu. Es ist Florita, eine frühere Philadelphiaschülerin. Ihr Baby trägt sie nach Insulanerinnenart über der Hüfte. Plötzlich bückt sie sich, schöpft Meerwasser in die hohle Hand und spült sich den Mund. Das geschieht in unmittelbarer Nähe eines der Toilettenhäuschen. Wilhelm meint dazu lakonisch: „Nicht so tragisch. Das ist alles schon etwas verdünnt."

Wilhelm Kärcher als „Seniormissionar"

Tagtäglich wird ihm bewusst, dass er tatsächlich dem Alter eines Großvaters sehr nahe gerückt ist. Zwar macht ihm seine Arbeit Freude, aber es mischt sich leichte Bitterkeit hinein. In einem Brief an Richard Neumaier klagt er, dass er nur noch angestrengt zu Fuß gehen kann, zumal wenn er zwischen Téé und Satawan durch das Riffmeer waten muss.

Die Kinderarbeit, so findet er, liegt im Argen. Manche der jüngeren Pastoren und Gemeindehelfer sind entweder der Ansicht, auf solch eine Stunde brauche man sich nicht besonders vorzubereiten, weil es sich dabei doch „nur" um Kinder und Jugendliche handle. Oder sie meinen, man könne die Kinderstunden im gleichen langweiligen Trott abhalten, wie das oft mit den Erwachsenen gemacht wird.

Das liegt nicht unbedingt nur an der Faulheit oder bösen Absicht der Verantwortlichen. Es sind oft überkommene Vorstellungen, von der Sprache der Insulaner vorgegeben, die sie so denken und handeln lässt. Kleine Kinder nennt man *semiriit*, was „unvernünftig" bedeutet. Wenn Kinder so sind, warum sollte man sie also zum Denken anregen? Ein ähnlich vorbelasteter Begriff ist *tipáchchem*. Das Wort bedeutet „Intelligenz". Wörtlich genommen heißt einer, der Intelligenz besitzt, er sei „mit gutem Gedächtnis versehen". Das bringt selbst die Lehrer dazu, zu glauben, ein Mensch müsse nur möglichst viel auswendig lernen, um Sachverhalte verstehen zu können. Also wird mit Kindern meist auswendig gelernt, indem der Lehrer etwas vorsagt, was die Kinder und Jugendlichen dann nachsagen müssen. Oft ist das aber nur ein gedankenloses Vorbrüllen und Nachbrüllen, das keinerlei Anregung zu kreativem Denken bietet, mit dessen Hilfe man lernen könnte, Gedanken zu verknüpfen, wirklich zu verstehen und anzuwenden.

Andererseits äußert sich Wilhelm zufrieden darüber, dass ihm niemand „dazwischenfunkt", wie er das in den Jahren 1963 bis 1968 in Deutschland erlebt hatte: „Niemand will mich hier an die Wand drücken."

Sehr besorgt zeigt er sich darüber, dass er wieder einmal seine Kinder verlassen, und dass Ernst ihm geschrieben hat: „Ich habe keinen Vater, mit dem ich wichtige Dinge besprechen kann."

Auch die Arbeit der jüngeren Missionare und Mitarbeiter macht ihm zu schaffen. Er sieht wohl, dass sie „es recht und richtig machen" wollen. Sie geben ihm aber offenbar das Gefühl, er und Richard Neumaier hätten „es nicht richtig gemacht." Er fühlt sich verunsichert und fehl am Platz, spricht von „Eingeborenen", von sich aber als „Ausgeborenem", und endet doch mit dem eher versöhnlichen Satz: „Aber so ist es halt im Leben; wir haben wohl manchmal auch so gedacht."

Gelegentlich zeigt sich bei ihm tatsächlich eine gewisse Fehleinschätzung dessen, was mit Mikronesien in Zukunft geschehen soll. Manche Verfahrensweisen im Unterricht sind ihm echt zuwider. Besonders Amerikanern gegenüber kann er sehr misstrauisch sein, wenn es um neue Unterrichtstechniken und didak-tische Konzepte geht.

Seine jüngeren Mitarbeiter auf der Missionsstation und in der Schule schätzen eine unter seinen Eigenschaften ganz besonders. Muss etwas repariert werden, braucht man ihn nur ein einziges Mal um seinen handwerklichen Rat und Sachverstand zu bitten. Man kann fast sicher damit rechnen, dass er spätestens am anderen Morgen in seinen kurzen Arbeitshosen auftaucht und Handwerkszeug heranschleppt. Dafür erwartet er, der „Junggeselle", als Lohn nur, dass er zu Brotfruchtsalat und anderen guten Sachen – bevorzugt Hähnchen! – eingeladen wird, die er sich selber nicht zubereiten kann. Bei ihm gibt es eben oft nur Reis mit Sauerkraut aus der Dose, fast schon sein Standardgericht. Er kocht es sich meist für mehrere Tage im Voraus.

Schwer getroffen fühlt sich Wilhelm von einem Vorwurf, der das Unterrichtsprogramm betrifft, das er vor Jahren für die Philadelphiaschule entworfen hatte.

Die Entwicklung des Lebens auf den Inseln ist inzwischen dahingehend fortgeschritten, dass im öffentlichen Leben nur derjenige eine Rolle spielen kann, der über gute englische Sprachkenntnisse und Sprechfähigkeit verfügt. Wer diese beherrscht, besitzt Status, gilt als gut ausgebildet und kann es im öffentlichen Dienst oder in der Wirtschaft zu etwas bringen. Dass sich die Dinge in diese Richtung entwickeln würden, hatten Wilhelm und Elisabeth nicht vorausgesehen und wohl auch nur schwer voraussehen können. Bei der Gründung der Philadelphiaschule standen ganz andere

Themenbereiche im Vordergrund ihrer Überlegungen. So musste ihnen damals zum Beispiel die Vorbereitung junger Menschen auf den Dienst in den Gemeinden weit wichtiger erschienen sein als ihre Befähigung für eine bedeutende Position im öffentlichen Leben. Daher fand der Unterricht ausschließlich in der einheimischen Sprache statt.

Die Folgen zeigen sich erst jetzt, zehn Jahre später. Philadelphiaschüler und -schülerinnen sind unter anderem wegen ihrer eher geringen Englischkenntnisse in solchen Positionen noch nicht zu finden, und Wilhelm bekommt zu hören, aus seinen Schülern sei nichts geworden. Das empfindet er als sehr ungerecht, und es treibt ihn um.

Auf einer stürmischen Fahrt von Woneyopw nach Chuuk denkt er immer wieder darüber nach, ob aus seinen Schülern tatsächlich nichts geworden sei. Bei einem oberflächlichen Blick könnte man diesen Eindruck tatsächlich gewinnen, wie er meint. Er versucht, sich mit der Aufforderung an sich selbst zu trösten, wie der Ackermann aus Jakobus 5,7 geduldig zu sein und auf die „kostbare Frucht" zu warten. Der Trost aber will sich nur zögerlich einstellen.

Auf den Hallinseln hört er mit großem Interesse, dass es heller geworden sei. Ein Insulaner erzählt ihm, wie die Häuptlinge früher ein herrisches Leben geführt hatten. Frauen mussten ihnen einfach zu Willen sein. Landstreitigkeiten gingen immer zu ihren Gunsten aus, wie zwischen Ahab und Naboth in 1. Könige 21. Das ist anders geworden, aber manches auch nicht.

Er erlebt immer noch und immer wieder, dass sich die Insulaner wohl leicht und schnell vom Wort Gottes ansprechen lassen. Aber er warnt sich selbst. Man dürfe sich dadurch nicht vorschnell zu überschwänglichen Erwartungen hinreißen lassen.

Es stört ihn, dass viele Männer ganze Tage lang unbeschäftigt im Schatten ihrer Hütten herumliegen und faulenzen, Karten spielen oder sich einfach betrinken. Es gibt in der Tat auf den Inseln nur zeitweise Arbeit für alle, zum Beispiel bei größeren Gemeinschaftsprojekten, wenn ein Weg oder eine Bootsanlegestelle gebaut oder das Land gegen Erosion durch das Meer mit einem Wall von Korallenblöcken geschützt werden muss. Kaum jemand unter den Erwachsenen hat eine Berufsausbildung, und Arbeitsplätze mit entsprechender Entlohnung sind praktisch nicht vorhanden und auch nicht zu schaffen.

Als störend empfindet er auch die Transistorradios, die inzwischen in jedem Haus zu finden sind und ständig lärmen. Er selbst hat keines. Als ein betagter Kirchenältester das entdeckt, fragt er ihn sofort, ob er ihm denn seinen Apparat holen solle. Die akustische Berieselung mit Unterhaltungsmusik ist so selbstverständlich geworden, dass er bei der Beerdigung eines Kindes nachdrücklich darum bitten muss, die Radios abzustellen.

In seine Berichte mischt sich zunehmend ein gewisser Pessimismus. Die Zivilisation, wie er sie empfindet, bricht mehr und mehr in die Welt der Insulaner ein. Dadurch sieht er das, was er als Missionar mit anderen zusammen aufgebaut hat, bedroht. Das Wirtschaftsverhalten der Insulaner nimmt Züge an, die er nicht akzeptieren kann. Die Kopra, getrocknetes Kernfleisch der Kokosnuss, wird inzwischen auf vielen Inseln gar nicht mehr mit Geld bezahlt, sondern mit dem entsprechenden Quantum an Bier. Das, so meint er, wird sich in Mikronesien eines Tages bitter rächen.

Es gibt Ereignisse, in denen Wilhelm sich zeigt als einer, der das Wort ergreift, um seine Ansichten vorzutragen, ohne Rücksicht auf gesellschaftliche Normen zu nehmen. Für die Insulaner ist das bisweilen schwer erträglich, und es löst manche Diskussionen aus. Aber es zeigt auch, dass Wilhelm ein Maß an Autorität besitzt, dass er das wagen kann, ohne seine Daseinsberechtigung in den Augen der Insulaner aufs Spiel zu setzen. Dabei ist ein wesentlicher Faktor seine von jeglicher Arroganz ungetrübte Haltung, die sich auch selbst der Kritik unterwirft, denn alles, was er von anderen fordert, das fordert er auch von sich.

Wenn er sich regelmäßig mit den Pastoren, Kirchenältesten oder Gemeindehelferinnen trifft, um sich mit ihnen zu besprechen, so geschieht das jedesmal in einer anderen Gemeinde. Deren Mitglieder sorgen dann auch für das Essen der Teilnehmer an der Konferenz. Nun gehört es sich bei den Insulanern, dass man höhergestellte Personen, besonders solche mit einem Amt, dadurch ehrt, dass man ihnen so viel wie möglich zu essen vorsetzt, vor allem auch dann, wenn sie Gäste sind. Wir kennen das schon.

Gewöhnlich gibt es für die Teilnehmer ein Essen aus Brotfrucht und Fisch. Seit einiger Zeit hat sich der Wettbewerb, der unter den Insulanern üblich ist, wenn sie sich gegenseitig besuchen und bewirten, auch auf solche Zusammenkünfte ausgedehnt. Manche Konferenzen enden nicht nur mit einem Festschmaus. Sie beginnen auch damit. Derartige Völlereien aber missfallen Wilhelm erheblich. Mit Recht!

Eines Tages findet so eine Konferenz im Dorf Neechééché auf Toon statt. Im Gemeindehaus biegen sich die Tische unter den Massen an belegten Broten und Schüsseln vollgefüllt mit *tempúra*, einer Art Berliner Pfannkuchen. Die Pastoren greifen entsprechend zu, sowohl vor ihrer Besprechung, als auch nachher. Die Dorfbewohner und zahlreiche Kinder schauen dabei zu.

Schon bei früheren Anlässen dieser Art hatte Wilhelm dazu etwas sagen wollen, hatte sich aber zurückgehalten, denn es bedeutet Kritik am jeweiligen Pastor der gastgebenden Gemeinde. Auch er würde ja sein Prestige gefährdet sehen, wenn seine Leute kein „anständiges" Essen zustande bringen. Jetzt aber ist das Maß voll. Wilhelm weist seine Mitbrüder zurecht: „Ihr macht es genau wie die Pharisäer, die sich weit über die anderen erhoben. Ihr schmaust hier, und draußen sitzen eure Mitchristen und müssen euch zuschauen. Ihr weidet euch selbst, aber die Herde weidet ihr nicht. Ihr denkt nur an euch, aber an die anderen denkt ihr nicht." Harte Worte für die Insulaner, denen ihr eigenes Verhalten als völlig korrekt erscheint. So hatten sie es schon immer gehalten.

Betroffenheit macht sich breit. Einige der Pastoren hören auf zu essen. Andere nehmen nach der Konferenz nichts mit von dem, was da auf den Tischen steht, obwohl es so Sitte ist. Insulaner dürfen nach dem Essen abräumen und das Übriggebliebene für ihre Verwandten mit nach Hause nehmen.

Die nächste Pastorenversammlung findet in Wóónipw statt. Erst nach der Gebetsstunde und der Bibelarbeit gibt es etwas zu essen. Zu Beginn der nachmittäglichen Dienstbesprechung stellt einer der Pastoren den Antrag, den Punkt „Essen bei unseren Zusammenkünften" in die Tagesordnung aufzunehmen. Er begründet das mit den Worten: „Unser Missionar hat uns kritisiert, weil wir zweimal essen, unsere Mitchristen dagegen nur einmal."

Als der Punkt dann später zur Diskussion aufgerufen wird, muss Wilhelm Stellung nehmen. Er weiß, dass er mit seiner Kritik bei den Insulanern in ein Wespennest gestochen hat. Er beginnt mit wohlüberlegten, bescheidenen Worten und legt ihnen in aller Ruhe dar, dass die Bibel es so nicht will. Schließlich seien Pastoren keine *samwoon*, also keine Häuptlinge und Amtsträger mit Privilegien, sondern Jünger Jesu Christi, die anderen zu dienen hätten und sich nicht von ihnen mästen lassen sollen.

Als er mit seinem Argument zu Ende ist, tritt eine lange Stille ein. Man denkt nach. Sind Pastoren tatsächlich keine *samwoon*? Wenn nicht, sind sie denn nicht doch wenigstens Amtsträger mit

Status und haben damit Anspruch auf privilegierte Behandlung, auch beim Essen? Wenn nein, wäre es denn nicht einfach schade, ein so gutes Essen nur einmal zu genießen, statt zweimal? Alles für Insulanerpastoren nicht leicht zu beantwortende Fragen!

Schließlich versucht einer eine Lösung, die wenigstens zweimaliges Essen erlaubt, auch wenn das nicht ganz und gar biblisch wäre: „Dann halten wir es am besten so, dass wir in Zukunft auch für die anderen *tempúra* machen."

Dieser Vorschlag findet keine Mehrheit. Was also tun? Schließlich ergreift der Vorsitzende – nicht Wilhelm – das Wort: „Es ist das Beste, wenn wir über diesen Punkt demokratisch abstimmen. Ich selber habe den Eindruck, dass unser Missionar recht hat. Wenn die Gemeindeglieder, die von auswärts kommen, jeweils nur einmal essen, dann gehört es sich in der Tat nicht, dass wir Pastoren zweimal essen."

Das Votum der Gesellschaft ergibt Einstimmigkeit. In Zukunft wird bei Pastorenkonferenzen nur einmal getafelt, wie bei anderen Zusammenkünften auch.

Ist es das Bedürfnis alternder Menschen, andere zurechtzuweisen, wenn sich Wilhelm in dieser Art zu Wort meldet? Ist es das Lamentieren eines greisen Mannes über die schlechten Zeiten und den Niedergang der Sitten? Mag sein. Die eigentliche Ursache für diese seine Haltung liegt wohl in den Erfahrungen, die er mit Menschen gemacht hat, deren erschütternde Schicksale auch ihn betroffen gemacht haben.

Wilhelm F. Kärcher als Seniormissionar

Frauen im so genannten Südseeparadies

Über den Jahreswechsel 1968/1969 hält er sich im Dorf Woney auf. Der alte Pastor der Gemeinde liegt schon fast ein Jahr mit Tuberkulose im Regierungskrankenhaus. Bei seinem jungen Kollegen, erst vor Wochen in sein Amt eingesetzt, besteht ebenfalls Verdacht auf Tuberkulose. Krank sind auch die beiden Kirchenältesten, und krank ist die kleine Gemeinde von Woney in jeder Hinsicht.

Am Neujahrsabend sitzt Wilhelm mit Asako und ihrem Mann in deren Hütte zusammen. Die beiden haben zwölf Kinder. Asako muss allein für sie sorgen, denn ihr Mann ist ein Trinker, arbeitet nicht und ist drauf und dran, seine Familie zu verlassen. Asako selbst will ihn nicht halten, denn das Leben mit ihm ist nichts weiter als eine Belastung für sie und ihre Kinder. Wilhelm versucht, mit ihm zu reden, ihn aufzurütteln, ihn auf sein verpfuschtes Leben hinzuweisen, mit ihm zu beten.

Im Nachbarhaus lebt Siyeko. Sie ist im Augenblick unfähig, auch nur einen einzigen Schritt zu gehen. Soyichi, ihr Mann, hat sie im Suff misshandelt, verprügelt und völlig zusammengeschlagen. Sie kann nur liegen. Dabei müsste sie sich um ihre acht Kinder kümmern. Noch halb betrunken sucht Soyichi Hilfe im Gespräch mit Wilhelm. Zwar schämt er sich furchtbar für das, was er angerichtet hat, und er verspricht auch, sich zu ändern. Leicht gesagt, aber schwer getan. Er ist so sehr an den Alkohol gebunden, dass er ständig rückfällig wird.

In einem anderen Dorf lebt Machiko. Sie ist eine treue Christin. Als Mädchen hatte sie die Philadelphiaschule besucht und sich als begabte und fleißige Schülerin erwiesen. Dann heiratete sie einen ebenfalls begabten jungen Regierungsangestellten. Der wurde fünf Tage nach der Hochzeit nach Guam versetzt. Von dort ließ er nie wieder etwas von sich hören. Er hatte eine andere Frau gefunden und lebte fortan mit dieser zusammen.

Daraufhin heiratet Machiko ein zweites Mal. Diese Ehe scheint Bestand zu haben. Fünf Kinder bringt sie zur Welt. Aber auch ihr zweiter Mann verlässt sie und heiratet eine andere.

Ihr dritter Mann gerät ans Trinken. Sie wird ständig geschlagen. Im Suff zertrümmert er die wenigen Sachen, die Machiko braucht, um ihren bescheidenen Haushalt zu führen. Er bringt eines Tages beim Randalieren sogar die Hütte zum Einsturz. Auch er verlässt sie schließlich.

Machiko hat genug von den Männern. Ihr Ältester ist inzwischen in der Lage, auf Bäume zu klettern, Brotfrucht und Kokosnüsse zu pflücken. Fortan schlägt sie sich mit ihren Kindern allein durch. Ihre Hütte bietet sie als Ort für Hausversammlungen an. Damit hat sie eine Aufgabe, die ihrem Leben zusätzlich einen Sinn gibt. Von jetzt an muss sie auch den weiten, mit ihrem Jüngsten auf der Hüfte beschwerlichen Weg zur Kirche nicht mehr gehen, wenn sie an einem Gottesdienst teilnehmen will.

Zu diesen Frauenschicksalen findet Wilhelm in Sprüche 23,29-30 einen sarkastischen Kommentar. „Wo ist Weh? Wo ist Leid? Wo ist Zank? Wo ist Klagen? Wo sind Wunden ohne jeden Grund? Wo sind trübe Augen? Wo man lange beim Wein sitzt und kommt auszusaufen, was eingeschenkt ist."

Über dieses Thema könnte er hier jeden Tag sprechen.

Die „Beatles von Chuuk"

Schon in einem früheren Kapitel war davon die Rede gewesen, dass Mädchen in der Insulanergesellschaft eine bevorzugte Stellung haben, mehr Zuwendung bekommen und daher früher als die Jungen eine gefestigte Persönlichkeit entwickeln. Als Kinder überlässt man diese weitgehend sich selber. Sie gelten als unzuverlässig, und man hält nicht viel von ihnen. Das spüren sie natürlich. Um trotzdem ein wenig Selbstwertgefühl zu entwickeln, schließen sie sich gern in Horden zusammen, und um ihren Erlebnishunger zu stillen, hecken sie allerhand Abenteuerliches aus, manchmal mit üblen Folgen, besonders dann, wenn dabei Alkohol eine Rolle spielt.

Eine solche Gruppierung lernt Wilhelm auf Toon näher kennen. Es sind etwa dreißig junge Kerle, unter denen einige sehr typische Merkmale von elterlicher Vernachlässigung zeigen. Sie lassen ihre Haare lang, ungepflegt und verlaust. Um den Mädchen zu imponieren, schmücken sie ihre wirren Häupter mit üppigen Blumenkränzen, auch wenn kein Fest ansteht. Ihre Hosen tragen sie absichtlich durchlöchert und ausgefranst. Sie zeigen damit jenes typisch abweichende Verhalten von jungen Menschen, die versuchen, auf diese Weise Selbstbewusstsein zu demonstrieren und die Aufmerksamkeit ihrer Mitmenschen zu gewinnen. In Wirklichkeit vergrößern sie damit nur ihre Distanz zu ihnen und isolieren sich als Gruppe.

Die meisten lungern den Tag über auf den Wegen, im Busch und in den Hütten herum, sind mit Biertrinken beschäftigt, lauern den Mädchen auf und machen die Gegend unsicher. Manchmal tauchen sie nachts um die Mädchenschule herum auf, schleichen herum, stehlen den Schülerinnen die Wäsche von der Leine und verbreiten Unruhe. Sogar Sonntagsgottesdienste werden gelegentlich von ihnen gestört. Wenn sie friedlich sind, hocken sie irgendwo im Schatten eines Baums und spielen Gitarre.

Was nun geschieht, ist charakteristisch für das Verhalten von Wilhelm. Er lamentiert nicht einfach über die verwahrlosten jungen Männer, sondern versucht, sie für sich zu gewinnen. Als er eine Woche lang in Fóósón Versammlungen hält, lädt er sie auf einen Samstagabend dazu ein. Und sie kommen. Er ist verwundert darüber, wie viele kommen. Die Fragen, die sie an ihn stellen, beeindrucken ihn. Es geht um das Leben nach dem Tod. Manche überlegen sich, ob es angebracht ist, ein Lotterleben zu führen, wie momentan, um dann noch schnell Buße zu tun, wenn es ans Sterben geht, nach dem Motto: „Lustig gelebt und selig gestorben, das wär doch dem Teufel die Rechnung verdorben."

Der Erfolg dieser Einladung ist durchschlagend. Auf Wilhelms Frage, ob sie wieder einmal einen solchen Abend zusammen verbringen wollten, kommt spontan der Vorschlag: „Wir wollen jeden Abend zusammenkommen." Weil er aber aus Erfahrung weiß, dass der gute Vorsatz in dieser Form wohl nicht von längerer Dauer sein würde, schlägt er vor, es zunächst einmal mit Samstag- und Sonntagabend zu versuchen. Der Vorschlag wird unter der Bedingung angenommen, mindestens den Mittwoch auch noch einzubeziehen.

Tatsächlich kommen zu den abendlichen Veranstaltungen bis zu fünfunddreißig junge Männer, manchmal auch nur die Hälfte. Dass man sich abends trifft, hat einen wichtigen Grund. Viele Altersgenossen gehen tagsüber ihrer Arbeit nach und haben nur abends Zeit.

Dass sich so viele *énúwén* – so nennt man die jungen Männer im Alter zwischen vierzehn und fünfunddreißig – abends an einem Ort versammeln, führt auf Toon einen Zustand herbei, der bei den Bewohnern mit Beifall aufgenommen wird und große Zustimmung findet. Der Grund dafür ist augenfällig.

Die meisten Leute gehen schlafen, wenn es dunkel wird. Störenfriede und Randalierer aber werden um diese Zeit hell wach, um ihr Unwesen zu treiben. An den Tagen, an denen sich die Horde, die sich normalerweise mit solchem Halligalli hervortut, bei Wilhelm trifft, bleibt es in der ganzen Gegend vollkommen ruhig. Während sie bei ihrem Missionar zusammensitzen und singen, sind alle Rabauken wie aus dem Verkehr gezogen.

Das Singen macht ihnen sichtlich Freude, obwohl sie bei ihren Zusammenkünften mit ihm Lieder mit ganz anderen Inhalten singen, als sie es unter sich gewöhnt sind. Ihren Singstil wollen sie selbstverständlich selber bestimmen. Es soll nicht ganz so klingen wie in der Kirche, eher schon so, wie sie ihre schmachtenden Liebeslieder darzubieten pflegen. Auch haben sie bedeutende Vorbilder. In jenen Jahren himmeln junge Menschen gerade weltweit ein paar langhaarige, Gitarre spielende und unerhört mitreißend singende Kerle aus England an. Nach diesen nennt sich Wilhelms neue Gefolgschaft die „Beatles von Chuuk".

Oft singen sie eine ganze Stunde lang und länger, denn Zeit spielt in ihrem Leben kaum eine Rolle. Auf diese Weise lernen sie so viele Lieder, dass Wilhelm eines Tages beschließt, sie zu einem Auftritt im Gottesdienst zu bewegen. Darüber bricht erst einmal eine Diskussion los, denn es wird ihnen unangenehm bewusst, dass ihr Ruf nicht der beste ist. In Wirklichkeit ist er so schlecht, dass sie sich gar nicht trauen, in der Kirche aufzutauchen. Einige aber stimmen schließlich zu, und der Auftritt des Missionars mit den „Lumpen aus der ganzen Gegend" wird ein bedeutendes Ereignis. Nach der Predigt erheben sich einige der Burschen sogar von ihren Plätzen. Sie wollen damit sagen, dass sie erkannt haben, das sie anders leben müssten und gewillt sind, mit ihrem bisherigen Lebenswandel zu brechen. Einige bekennen Wilhelm gegenüber, dass sie es waren, die nachts auf der Missionsstation Unruhe gestiftet und auch Dinge gestohlen hatten.

Eine ganze Reihe unter ihnen nehmen die Sache so ernst, dass sie ihm vorschlagen, ihn bei seinen Gottesdiensten in den verschiedenen Gemeinden zu begleiten und zu singen. Er nimmt den Vorschlag auf, weist aber deutlich darauf hin, dass dafür nur solche in Frage kämen, die sich von jetzt an auch strikt an die Regeln für ordentliches Benehmen hielten und sich nicht bei der ersten besten Gelegenheit wieder an einem Besäufnis beteiligten. Um seine Horde darauf zu verpflichten, kommt Wilhelm auf eine glänzende Idee.

Er legt ein Heft auf den Tisch. In dieses sollen alle Namen derjenigen eingetragen werden, die versprechen, vier Wochen lang an keiner Bierdosenorgie teilzunehmen. Der Zeitraum ist so kurz gewählt, weil Wilhelm seine Pappenheimer kennt. Wieder gibt es eine Diskussion, denn eine ganz Reihe von ihnen sieht sich mit einem solchen Gelöbnis überfordert. Einige aber versprechen tatsächlich, sich nicht mehr zu betrinken.

Selbstverständlich verspricht auch er, Wilhelm Kärcher, ausdrücklich mit seiner Unterschrift, sich in den nächsten vier Wochen keinerlei Rausch anzutrinken.

Mit dem Eintrag der Namen in das Heft wird eine Art „Verein junger Männer“ zwischen vierzehn und fünfunddreißig Jahren gegründet, unter denen der inzwischen zweiundsechzig Jahre alte Missionar der Älteste ist.

Wenig später aber erweisen sich „seine Pappenheimer“ als Menschen, die eben so sind, wie er sie kennt. Von den ursprünglich über fünfzig jungen Männern unter den „Beatles von Chuuk“ bleiben gerade noch fünfzehn bis zwanzig übrig, und unter diesen sind es vielleicht fünf, die mit ihrer damaligen Entscheidung Ernst gemacht haben und dabei geblieben sind. Die Übrigen führen wieder ihr altes Lumpenleben. Für Wilhelm ist das kein Grund zur Resignation. Er weiß, dass spontane Begeisterung in der Gruppe bei den Insulanern oft große Hoffnungen weckt, die sich nachher nur in einigen wenigen verwirklichen.

Es sind die fünf Übriggebliebenen, die für Wilhelm zählen.

Dass er keine illusionären Vorstellungen mehr hat, zeigt er auch nach einer Zusammenkunft von nahezu vierhundert jungen Leuten aus acht Gemeinden in der Kirche des Dorfs Féwúpé. Am Schluss der Veranstaltung erheben sich dreißig der Teilnehmer von ihren Plätzen, um damit zu bezeugen, dass sie ein Leben als Christen führen wollen. Dazu meint er, und darin zeigt sich seine jahrzehntelange Erfahrung: „Jemand anders würde da vielleicht von einer Erweckung berichten. Ich tue das aber nicht, sondern ich denke an den Anblick der blühenden Bäume im Monat Mai, bei denen auch nicht jede Blüte einen gesunden Apfel ergibt. Aber hoffnungsvoll ist es doch, wenn man sieht, dass die Bäume überhaupt blühen. Wo nichts blüht, ist bestimmt auch nichts zu ernten.“

„Das Blatt hat sich gewendet“

Im Frühjahr 1970 findet auf Wééné eine Missionarskonferenz statt, an der Wilhelm teilnimmt. Auf der Insel sind inzwischen eine ganze Reihe von früheren Philadelphiaschülerinnen mit ihren Männern ansässig geworden.

Weil Wilhelm während der Konferenz eine Unterkunft braucht, lässt er bei Akiko anfragen, ob er während der Konferenz bei ihr und ihrer Familie wohnen könne. Akiko bietet sofort ihr Gastzimmer an. Als er abends das Haus betritt, ist er höchst überrascht. Akiko und ihr Mann wohnen nicht mehr in einer Hütte mit Blätterdach, sondern in einem modernen Haus. Im Gastzimmer steht ein frisch bezogenes Doppelbett, ein Schrank mit wärmender Glühbirne, damit die Kleider in der feuchten Luft nicht muffig werden, ein Tisch, eine Kommode, ein Schreibmaschinentisch, ein Korbsessel und ein Ventilator.

Akikos Mann Erimes ist Angestellter bei einer Regierungsbehörde, das Haus ist seine Dienstwohnung, sein Vater Pastor auf einer der Mortlockinseln. Wilhelm erinnert sich in diesem Augenblick daran, dass er dessen Kinder schon kannte, als sie noch nackt auf Kútú spielten. Jetzt wohnt er bei ihnen, genießt den Komfort und die freigebige Gastfreundschaft, nachdem er in den vergangenen Wochen und Monaten viel bescheidener gewohnt hatte. Ungestört kann er hier in seinem Zimmer Besucher empfangen, die ihn sprechen wollen. Aber er denkt auch schon daran, dass er in drei Tagen wieder im Dorf Mwúnniyen auf Toon sein wird, wo es diesen Komfort noch nicht gibt. Erimes und Akiko jedenfalls wohnen inzwischen viel schöner als er selbst, und er sieht ohne Neid, „dass sich das Blatt gewendet hat“. Insulaner mit Begabung und Fleiß können es zu etwas bringen. Aus einigen seiner Schülerinnen und Schüler ist also doch etwas geworden.

Und noch etwas anderes beeindruckt ihn. Morgens um sechs Uhr kommt die ganze Familie zu einer Hausandacht zusammen. Erimes bedauert, dass nicht auch sein Vater dabei sein kann, denn für ihn wäre Wilhelms Besuch im Haus seines Sohnes eine ganz besondere Ehre.

Es ist anders als früher

Auf den Hallinseln, die Wilhelm in diesen Wochen bereist, erlebt er nostalgische Erinnerungen an den Beginn seiner Missionarstätigkeit. Fast genau auf den Tag zweiunddreißig Jahre nach seinem ersten Besuch auf den Inseln kommt er an. Wenn er vergleicht, wie er damals empfangen wurde, und wie er jetzt empfangen wird, kommt er ins Staunen. Diesmal erwarten ihn die Menschen und gehen auf ihn zu, damals liefen sie noch vor ihm in den Busch davon. Nun strömen sie in die Versammlungen, die er bis zu dreimal am Tag hält. Aber die Schwerpunkte, die er jetzt setzt, sind andere als früher. Damals hatten die Missionare Wert darauf gelegt, die Menschen morgens und abends in der Kirche zu haben. Jetzt ist es wichtiger geworden, dass die Bibel in den Häusern und Familien gelesen und besprochen wird. Das ist auf Nómwiin besonders häufig der Fall, wie Wilhelm feststellt.

Das Schönste für ihn sind die Kinderstunden. Kaum beginnt er um halb drei Uhr nachmittags die Glocke zu läuten, da rennen die Kinder schon aus den Häusern, als ob irgendwo ein Haus brennen würde. Die Lehrer entlassen die Kinder, die um diese Zeit noch in der Schule sind.

In allen Gemeinden spricht er über die Wiederkunft Christi. Eines Morgens nach der Andacht schlägt ihm einer unter den Kirchenältesten vor, er solle doch bei ihnen auf Nómwiin bleiben, bis es damit so weit sei. Wilhelm lehnt seine Bitte nach kurzer Überlegung mit dem Hinweis ab, seine Familie in Deutschland erwarte ihn noch vor diesem Ereignis, und sie dürfe er nicht enttäuschen.

Wilhelm und seine Familie werden Klanmitglieder

Gegen Ende des Jahres 1969 geschieht etwas Ungewöhnliches. Wilhelm und seiner Familie wird eine hohe Ehre zuteil. Die Bewohner der Insel Woneyopw erheben sie in den Status von Mitinsulanern. Gewöhnlich bedeutet das die Aufnahme in einen *eyinang*, eine Verwandtschaftsgruppe, die etwa dem entspricht, was Europäer unter einem Klan verstehen. Wilhelm, Elisabeth, Hannelore, Waltraud, Anneliese, Ernst und Helmut sind damit so etwas wie Ehrenbürger der Gemeinde Woneyopw geworden, besitzen das Lebens- und Bleiberecht auf der Insel und haben mithin einen Anspruch auf Versorgung mit allem Notwendigen bis zum Ende ihres Lebens erworben. Die Urkunde, mit Bleistift handschriftlich auf einen einfachen Zettel geschrieben lautet folgendermaßen:

Taropween pwpwon

Eey taropwe aa pwááráátá lóón eey ráán Tiisamper 5, 1969 wusun aa mmak asan pwe eey mwáán itan Mr. Kaercher emén ree Tooyis. Aa pwpwon pwe iiy epwe fiti are pachelong lóón eey eyinang itan Sowumwóóch me wóón eey fénú Woneyopw lóón Mwóóchulók, Chuuk District, pwal pwááráátá chék lóón eey ótun aa mmak asan etiyan me néwún repwe fiti are pachelong lóón ewe eyinang itan Wuwáánikar, pwal chék wóón eey fénú Woneyopw wusun aa mmak asan.

Nge reen chóón pwáárááta pwe Mr. Kaercher me aan faamili raa toongeni makkeeló pwe iir chóón ikkeey o raa emén Sowumwóóch me Wuwáánikar.

Ikkeey iteer raa mmak faan:

Wuwáánpóron Carl Derem
Samwoon Kawaichy Philip

In deutscher Übersetzung heißt das etwa:

Verpflichtung

Mit diesem Schreiben, abgefasst am 05. Dezember 1969, bestätigen wir, dass Herr Kärcher Deutscher ist, und dass er von jetzt an in den Klan *Sowumwóóch* auf der Insel Woneyopw in den Mortlockinseln des Distrikts Chuuk aufgenommen ist. Weiter bestätigen wir, dass seine Frau und seine Kinder von jetzt an in den Klan *Wuwáánikar* aufgenommen sind, ebenso auf der Insel Woneyopw, wie oben beschrieben.

Wir, die Unterzeichneten, bezeugen, dass sich Herr Kärcher und seine Familie als auf unserer Insel Ortsansässige bezeichnen und mit den Klannamen *Sowumwóóch* und *Wuwáánikar* Unterschriften leisten dürfen.

Für die Richtigkeit:

Pastor: Carl Derem
Bürgermeister: Kawaichy Philip

Uns Europäern mag es merkwürdig erscheinen, dass die Familie Mitglieder in zwei unterschiedlichen Familiengruppen geworden ist. Besonders auffällig daran ist die Tatsache, dass Wilhelm als einziger zum Klan *Sowumwóóch* gehört, seine Frau und alle Kinder zum Klan *Wuwáánikar*. Genau so will es die Verwandtschaftsregelung der Insulaner: Ein Mann kann nur mit einer Frau aus einem anderen Klan ordentlich verheiratet sein, und mit seinen Kindern ist er selbst nicht verwandt. Sie gehören automatisch zum Klan ihrer Mutter. Das gilt selbstverständlich auch für Ehrenbürger.

Noch einmal: der Mentor

Im Februar 1970 steht Wilhelm eines Vormittags am Flughafen auf Wéénė und wartet auf die Ankunft eines Flugzeugs. Mit ihm kommt sein Neffe Klaus W. Müller als neuer Mitarbeiter an, der sich in das Team der Liebenzeller Missionare einreihen wird, um die Arbeit, die sein Onkel von seinen Vorgängern übernommen und weitergeführt hat, nun seinerseits weiterzuführen.

Klaus verbringt die ersten Wochen zusammen mit seinem Onkel als Mentor, zunächst auf Toon, dann auf Woneyopw in den Mortlockinseln.

Für die Insulaner sind die beiden ein interessantes Gespann. In ihrem Verständnis sind die beiden nicht Onkel und Neffe, sondern Vater und Sohn. Die Chuuksprache kennt keine Großväter und Urgroßväter. Es gibt in der Verwandtschaftsrechnung der Insulaner nur Väter, wie in Israel zur Zeit des Alten Testaments auch. Entsprechend unterscheidet man auch sprachlich weder zwischen Vater und Onkel, noch zwischen Mutter und Tante, Bruder und Vetter, Schwester und Base.

Grenzmarkierungen

Während der beiden Jahre, die Wilhelm auf Chuuk verbringt, besucht er alle Gemeinden auf allen Inseln, um die wichtigste Aufgabe zu erfüllen, deretwegen er noch einmal auf die Inseln ausgereist ist. Es geht darum, die Besitzverhältnisse um die Grundstücke zu klären und zu sichern, die als künftiges Eigentum einer unabhängigen, selbständigen einheimischen Kirche grundbuchmäßig erfasst werden sollen.

Mit ein paar Helfern gießt Wilhelm Markierungssteine aus Beton und setzt sie, nachdem er die kirchlichen Grundstücke in Anwesenheit von Häuptlingen, Pastoren und Angrenzern vermessen hat. Er fertigt Dokumente, Pläne und Zeichnungen an, die er von allen Augenzeugen unterschreiben lässt.

Knapp zehn Jahre später, im Herbst 1980, wird sich zeigen, wie wichtig diese Arbeit Wilhelms für die Gemeinden ist. Chuuk gehört dann als Bundesstaat zu den so genannten „Federated States of Micronesia“. Deren Regierung verfügt schon drei Monate nach der Selbständigkeitserklärung per Gesetz, dass Ausländer keine Grundstücke innerhalb des Staatsgebiets besitzen dürfen. Alles Eigentum der Mission müsse entweder auf eine selbständige und behördlich anerkannte einheimische Kirche übertragen werden, oder es werde an die ursprünglichen Besitzer auf den jeweiligen Inseln zurückgegeben. Die „Evangelical Church of Chuuk“ ist zu jenem Zeitpunkt die einzige von einer Mission ins Leben gerufene Organisation, die ihre Eigentumsrechte dokumentieren kann und deshalb keinerlei Ansprüche auf ihren Landbesitz verliert.

Endgültiger Abschied von Chuuk

Während der letzten Monate wohnt Wilhelm in einem kleinen Haus mit zwei Zimmern auf dem Gelände der Philadelphia-schule. Er nennt es sein „Ausdinghaus“. So nannte man früher ein Gebäude, das der alte Bauer und seine Frau bewohnten, nachdem sie ihren Hof an einen Sohn oder jüngeren Verwandten übergeben hatten. Hier haust er wieder ein bisschen so, wie er es damals als Junggeselle auf den Mortlockinseln tat. Beispiel: Seine Frau hatte ihm eine Dose Honig geschickt. Die muss er dringend leeren, weil sich die Ameisen inzwischen dafür interessieren. Es wimmelt schon von ihnen, und er kann sie nicht alle von Hand aus der klebrigen Masse heraussuchen. Zu schade zum Wegwerfen ist sie ihm allemal. Also überbrüht er den Honig mit kochendem Tee: „Der schmeckt dann sehr schön süß, und von den kleinen Ameisen habe ich gar nichts mehr gefunden und gesehen in dem Tee. Die haben sich scheinbar alle in Wohlgefallen aufgelöst. Dem Wupwiini, der gerade zu mir gekommen ist, schmeckt der Ameisenhonigtee auch sehr gut. Er meint sogar, dass mich meine Frau mit so gutem Tee doch sehr verwöhne.“

Der alte Oberhäuptling, dem er so viel zu verdanken hat, kommt ihn immer öfter besuchen, um sich mit ihm zu unterhalten,

Geld von ihm zu leihen, ein paar wenige Dollars, die er ihm aber regelmäßig zurückzahlt.

Wie wenig Wilhelm auf sich und sein Wohl bedacht ist, zeigt sich am 27. Januar 1970. Noch rechtzeitig, ehe der Tag ganz vergangen ist, fällt ihm ein, dass er Geburtstag hat und dreiundsechzig Jahre alt geworden ist.

Feiern kann er trotzdem nicht mehr. Als er um acht Uhr abends in der Dunkelheit nach Hause kommt, sitzt ein alter Mann vor seiner Tür und bittet ihn, ihm einen Zahn zu ziehen. Das hatte er schon bei drei anderen Patienten am Abend zuvor gemacht, und wenn einer sich als Zahnarzt entpuppt, spricht sich das unter den Insulanern schnell herum.

Bei seinen Aufenthalten in den Dörfern wollen ihn ständig Leute sprechen, die Zahnschmerzen haben. Zu diesem Zweck hat er immer eine Zange dabei, mit der er die Quälgeister entfernen kann. Das macht er unter den gegebenen Umständen ohne Betäubung. Dabei passiert es dann, dass der Patient nach der Operation zu ihm sagt, es sei der falsche Zahn gewesen, den er gezogen habe. Wilhelm bleibt nichts anderes übrig als kühl zu reagieren: „Dann müssen wir jetzt noch den Richtigen ziehen."

Die meisten Patienten erleben dann auch tatsächlich, dass der Zweite der Richtige ist.

Für ein paar Tage kommt unversehens ein Aufnahmeteam des Zweiten Deutschen Fernsehens nach Toon. Die ganze Missionsstation und die Schule werden in aller Eile auf Hochglanz gebracht. So sauber aufgeräumt war sie schon lange nicht mehr.

Zunächst filmen die Fernsehleute die Arbeit der Schüler und Schülerinnen im Ananas- und Tarofeld. Den zentralen Teil der Reportage bildet das Interview mit Wilhelm Kärcher als dem Gründer der Schule. Gedreht wird die Szene zwischen dem Jungenschulgebäude und dem Haus, das er im Augenblick noch bewohnt. Die Schülerinnen, die demonstrativ alle mit einer Häkelarbeit beschäftig sind, bilden auf dem Rasen sitzend die Kulisse dafür. Vor Drehbeginn ergibt sich ein kleines Problem. Wilhelm hat für die Aufnahmen ein funkelnagelneues, weißes Hemd angezogen, das schönste, das er überhaupt besitzt und das ihm seine Frau für die Heimreise nach Deutschland mitgegeben hatte. Dieses weiße Hemd gefällt dem Kameramann aber gar nicht, weil es mit dem saftigen grünen Rasen zusammen störende Farbeffekte auf dem Film verursacht. Was tun?

Ich selbst stehe in der Nähe herum und trage ein Hemd in leuchtendem Gelb, das telegen genug wäre, um zur Ehre der Bildschirme erhoben zu werden. Wilhelms knappe Anweisung an mich: „Zieh dein Hemd aus. Ich mache das Interview damit."

Dann erzählt Wilhelm von seinen Erlebnissen in Mikronesien. Der Chef des Teams, ein Herr Westermann, unterbricht schon nach ganz kurzer Zeit seinen Redefluss nicht mehr mit Fragen. Er lässt ihn einfach erzählen.

Fast jeden Tag kommt eine andere Familiengruppe oder ehemalige Schüler, um ein Festessen zu seinen Ehren auszurichten: „Mein ganzes Haus hier ist voller Dunst von der Bratpfanne." Auch die Gemeinden auf Toon überbieten sich wieder damit, den alten Missionar zu ausgedehnten Gelagen einzuladen, um ihm ihre große Dankbarkeit zu zeigen.

Natürlich kann er nicht alles mit nach Deutschland nehmen, was er hat. Also verteilt er, was er nicht mitnehmen will, unter die Leute. Von den beiden Hosen, die er noch sein eigen nennt, behält er eine für die Heimreise. Die andere verschenkt er mitsamt dem Schmutz, mit dem sie durchtränkt ist. Der damit Beschenkte ist überglücklich, denn es gilt als hohe Ehre, eine Hose, die Wilhelm Kärcher getragen hat, sein eigen nennen zu dürfen. Es gibt sogar Leute, die ihn um seine Brille bitten, weil sie der Meinung sind, die brauche er doch nur auf Chuuk, nicht aber in Deutschland.

In Wóónipw gibt es die allerletzte große Abschiedsversammlung, die Wilhelm auf seinem Missionsfeld erlebt. Es regnet in Strömen. Trotzdem ist die Kirche brechend voll. Selbst draußen im Regen sitzt eine unübersehbare Menschenmenge und hört zu. Der Chor der Philadelphiaschule und der Männerchor von Wóónipw mit seinen über fünfzig Sängern wirken mit. Selbst die „Beatles von Chuuk" sind mit zwanzig Mann vertreten.

Wilhelm predigt über Johannes 4,16. Der Vers steht als Inschrift über dem Podium der Kirche: „*Ngaang aan me nnet me manaw*", „Ich bin der Weg, die Wahrheit und das Leben". Er versucht, den Insulanern dieses Wort noch einmal so eindrücklich vor Augen zu führen, wie er es in seinem langen Missionarsleben erfahren hat. Es ist sein Vermächtnis an sie.

Als er abends nach der Abschiedsfeier gegen halb elf Uhr in sein Haus kommt, sitzen die „Beatles" da, um für ihn zu singen. Weil er müde ist, versucht er, sie dazu zu überreden, nach Hause zu gehen. Sie weigern sich: „Heute gehen wir nicht nach Hause." Also gut. Er richtet sich in Geduld darauf ein, dass er die ganze

Nacht hindurch ihren Gesang ertragen muss. Aber bald übermannt auch sie die Müdigkeit. Einer nach dem anderen sinkt um, wo er gerade sitzt. Bald liegen sie alle zwischen ihren Gitarren in tiefem Schlaf.

Der alte Wupwiini hatte ihm früher einmal gesagt, er werde die letzte Nacht bei ihm im Haus schlafen. Jetzt taucht er doch tatsächlich aus der Dunkelheit auf, um sein Versprechen wahr zu machen. Er findet eine biblische Szene vor: Jesus in Gethsemane, und seine Jünger schlafend um ihn herum. Nur die Rollen sind anders besetzt. Wilhelm Kärcher, inmitten der „Beatles von Chuuk"! Wupwiini sieht es, kehrt wortlos um und kehrt für den Rest der Nacht in sein Haus zurück.

Früh am nächsten Morgen beginnen die aus dem Schlaf erwachten natürlich wieder zu singen. Nach einer kurzen Andacht in der Kirche von Chukiyénú legt die *Chen* vom Pier ab. Viele Menschen wollen den Abflug Wilhelms auf Wééné miterleben, und die Plätze auf dem Boot würden bei weitem nicht ausreichen, wären sie nicht auf drei pro Gemeinde beschränkt worden. Trotzdem kostet es an diesem Morgen Mühe, das Boot vor dem Überladenwerden zu bewahren. Viele, die dennoch mitwollen, müssen einfach abgewiesen werden.

Darüber werden manche gar böse. Eine Frau aus Chukiyénú fängt an zu schimpfen, weil sie nicht mitdarf. Lautstark zeternd hält sie eines der Taue fest, mit denen die Chen festgemacht ist, und weigert sich, es loszulassen.

Schon bei seinem ersten Abschied im Jahr 1963 hatte Siyales Amewel, der Pastor von Kútú, den scheidenden Missionar darauf aufmerksam gemacht, dass die Liebenzeller Mission schon seit 1906 auf den Inseln um Chuuk arbeite, dass aber noch nie ein Insulanerpastor einen Besuch in Deutschland gemacht habe und den Christen begegnet sei, die dafür gesorgt hatten, dass das Evangelium auf Chuuk bekannt wurde. Siyales hatte ihm vorgeschlagen: „Deswegen möchte ich mit dir nach Deutschland reisen, um mich dafür zu bedanken." Diesen Wunsch konnte Wilhelm damals nicht erfüllen.

Das ist inzwischen ganz anders. Reisefertig mit Wilhelm ist auf Wééné nicht nur Siyales Amewel, der Pastor von Kútú, sondern auch Kumo Epineyiser, der Pastor von Wóónipw. Sie werden ihn nach Deutschland begleiten. Die drei verabschieden sich über den Radiosender WSCZ von den über dreißigtausend Bewohnern der Inseln des Chuukdistrikts.

Am Flughafen haben sich neben einer hochrangigen Regierungsdelegation Massen von singenden Menschen versammelt. Manchmal singen drei Riesenchöre gleichzeitig verschiedene Lieder. Was Wunder, wenn sich auch die „Beatles“ noch einmal lautstark vernehmen lassen wollen.

Weil die Maschine der „Air Micronesia“ wieder einmal mit Verspätung ankommt, müssen die drei in Eile einsteigen. Der kurze Abschied kommt Wilhelm sehr gelegen. Er macht es ihm leichter. Das Flugzeug hebt ab und verschwindet in einer riesigen Staubwolke.

Die Wolke, die er schon immer so gerne zitierte, hatte sich wieder erhoben. Es ist der 13. April 1970.

Drei Insulaner auf Weltreise

Wóónipw Auf Guam stellt sich Wilhelm ein schwieriges Problem. Eigentlich ist es unglaublich. Der auf Guam stationierte Liebenzeller Missionar und seine Frau, bei denen Wilhelm und die beiden Pastoren von Chuuk wohnen müssen, bis ihr Weiterflug nach Deutschland geht, will die beiden Insulaner nicht im Haus haben. Ihre Begründung ist mehr als merkwürdig: Wenn die beiden Palauer wären, könnten sie wohl das Haus betreten, nicht aber als Insulaner von Chuuk. Wilhelm kann das selbstverständlich nicht akzeptieren. Er versucht zunächst im Guten, die beiden Verweigerer von der Unmöglichkeit ihres Tuns zu überzeugen. Niemals hätte ihm ein Insulaner auf Chuuk das Betreten eines Hauses oder einen Platz zum Schlafen verweigert. Im Gegenteil. Sie selbst seien ausgezogen, hätten im Kochhaus geschlafen, weil er es bequem haben sollte. Seine Argumente nützen absolut nichts.

Der Missionarskollege hat sogar die Stirn, Wilhelm Hochmut vorzuwerfen, weil er die Anweisungen des Hausverwalters der Liebenzeller Mission, wie er sich nennt, nicht respektiere. Allein er, Wilhelm Kärcher, dürfe die Gästewohnung betreten, die beiden Insulanerpastoren – offiziell Gäste der Liebenzeller Mission – müssten im Schuppen schlafen.

Es ist nicht zu fassen!

Wilhelm bleibt nichts anderes übrig, als darauf zu beharren, dass entweder alle drei in der Wohnung übernachten würden, oder auch er schlafe im Schuppen.

Dass seine beiden Begleiter zum ersten Mal in ihrem Leben auf Weltreise gehen, ist für sie ungewohnt und auch beschwerlich.

Schon auf Guam werden sie vom Heimweh nach ihren Familien übermannt. Verständlich, wenn man bedenkt, dass allein Pastor Siyales Vater von fünfzehn Kindern ist. Die gedrückte Stimmung der beiden lässt Wilhelm den Abschied, den auch er verkraften muss, eher vergessen, denn er kümmert sich sehr um das Wohl der beiden.

Auf Guam findet sich für Wilhelm reichlich Gelegenheit, die beiden Pastoren mit dem Leben der Abendländer vertraut zu machen. Für sie ist es ein Graus, eine vierspurige Autostraße zu überqueren. Siyales' Füße erleben im ungewohnten Schuhwerk eine wahre Leidenszeit. Er, der von einer einsam gelegenen Mortlockinsel kommt, wo es keine Betriebsamkeit, keinen Flugzeuglärm gibt, ist gar verwirrt. Eines Abends hört Wilhelm ihn beten: „Herr, hilf mir, denn ich weiß nicht mehr, was ich denken soll!"

Ungewohnt sind für die beiden auch die Portionen, die es im Flugzeug zu essen gibt. Sie erscheinen ihnen beängstigend ärmlich bemessen: Schälchen, Tässchen, Brötchen statt Schüsseln, Krüge und Brotlaibe. Die mickrigen Mengen wirken existenzbedrohend auf einen Insulaner, der so etwas noch nie erlebt hat. Siyales, der schon im Flugzeug von Chuuk nach Guam den Eindruck gewonnen hatte, man ließe ihn darben, meint vor dem Weiterflug von Guam: „Jetzt müssen wir noch einmal tüchtig essen, damit es reicht, bis wir in Deutschland ankommen."

Nach einem langen Flug über Okinawa und Taiwan haben die drei einige Stunden Aufenthalt in Hongkong. Die Betriebsamkeit, das Kommen und Gehen der Menschen auf dem internationalen Flughafen der chinesischen Millionenstadt beeindruckt die beiden Insulaner nachhaltig. Sie fragen sich, warum so viele Menschen unterwegs sind.

Von Hongkong bringt sie eine Maschine der Lufthansa über Bangkok, Karachi und Kuwait nach Frankfurt. Auf den Gipfeln des Libanongebirges sehen die beiden Pastoren zum ersten Mal Schnee.

Nach der Landung in Frankfurt am 14. April 1970 muss Wilhelm einem Passbeamten wieder einmal ausführlich erklären, wo Mikronesien liegt und dass es tatsächlich existiert. Den beiden dunkelhäutigen Männern gegenüber ist er auffällig misstrauisch. Was Wilhelm ihm über sie und ihre Aufgabe in Deutschland berichtet, leuchtet ihm schließlich ein. Die drei dürfen zusammen durch die Sperre.

In Stuttgart-Echterdingen wiederholt sich nun alles, was Wilhelm schon 1963 erlebt hatte. Seine Familie und Freunde sind da, um die drei in Empfang zu nehmen. Die prächtigen Schwarzwaldtannen bringen die beiden Insulaner auf der Fahrt nach Bad Liebenzell immer wieder ins Staunen, und der Empfang auf dem Missionsberg ist nicht weniger eindrucksvoll für sie.

Pastor Kumo Epineyiser fällt in seinem Grußwort im Blick auf Wilhelms Rückkehr zu seiner Familie ein, so ähnlich müsse wohl der verlorene Sohn aus Lukas 15 von seinem Vater empfangen worden sein, als er reumütig zurückkehrte. Für die Zuhörer klingt der Vergleich etwas schief. Kumo will den nach Hause zurückkehrenden Missionar natürlich nicht als verlorenen Sohn charakterisieren, der übel gehandelt hatte, sondern denkt eher an den prächtigen Empfang und die Großzügigkeit des Vaters, mit denen der Heimkehrer empfangen wird.

Kumo Epineyiser, Wilhelm F. Kärcher, Siyales Amewel

Über die bleiche Frühlingssonne aber, die hoch am Himmel steht und keine wohltuende Wärme verströmt, wundern sich die beiden.

Die nächsten Wochen und Monate sind ausgefüllt mit Reisen, auf denen Wilhelm die Pastoren begleitet und ihre Ansprachen übersetzt. Kumo muss sich in Pforzheim einer Augenoperation unterziehen, und da er weder Deutsch noch Englisch spricht, ist es erforderlich, dass er dabei besonders intensiv betreut wird.

In seiner Abschlussansprache beim Herbstmissionsfest 1970 im Zelt in Bad Liebenzell dankt er in bewegten Worten den *samwoonun misin*, will sagen den „Häuptlingen der Mission“, wie er die Missionsleitung in seiner Sprache nennt, dafür, dass sie ihm, dem bei seiner Ankunft schon erheblich Sehbehinderten, diese Operation ermöglicht hatten.

Bei der Verabschiedung von Siyales und Kumo am 13. Oktober 1970 hat Wilhelm Friedrich Kärcher zum letzten Mal unmittelbaren persönlichen Kontakt zu Menschen aus seinem Arbeitsgebiet. Nach Chuuk wird er von jetzt an nicht mehr kommen.

16

Lebensabend in Pforzheim-Eutingen (1970-1993)

Im Ruhestand

Wieder in Deutschland, darf Wilhelm als Frührentner seine Tage selbst bestimmen und einteilen. Leicht ist das nicht für ihn. Er kämpft mit dem Gefühl, „weg vom Fenster" zu sein. Er muss verwinden, dass seine Kenntnisse und Erfahrungen nicht in der Weise gefragt sind, wie er das erwartet hatte.

Seine Funktionen als Mentor führt er weiter, indem er seinen Neffen Klaus W. Müller mit Informationen versorgt, die dieser für eine Arbeit braucht, mit der er sein Studium in den U.S.A. abschließen wird (Müller 1981 und 1985). Auch unterstützt er ihn in seinem Bemühen, eine missiologische Dissertation zu beginnen und damit zu promovieren. Wilhelms Beiträge dazu finden sich in einer umfangreichen Korrespondenz, die er mit Klaus Müller führt. In einem Brief vom 10. Juni 1977 ermahnt er ihn, nicht zu kritisch über die frühere Zeit und die Fehler zu berichten, die andere gemacht haben, „denn im Alter, wenn man vor den Toren der Ewigkeit steht, sieht manches anders aus".

In diesen letzten Jahren finden sich immer wieder Äußerungen, die zeigen, wie sehr ihn seine Erinnerungen an seine Tätigkeit als Missionar beschäftigen. Er bete viel für die Insulaner, sagt er gelegentlich. Aber er verfällt nicht in erinnerungsverklärte Euphorien, sondern bleibt selbstkritisch.

Nach Chuuk zieht es ihn nicht mehr, wie er freimütig zugibt. Ablegen kann er seine Vergangenheit aber nicht: „Ich denke und bete und träume viel von den Inseln. Auch heute Nacht träumte mir. Aber ich möchte eigentlich nicht mehr hin. Ich denke gerne an diejenigen, die im Glauben an Jesus Christus ihren Lauf vollendeten, so viel ich sehen konnte. Ich denke auch gerne noch an die vielen Bewahrungen Gottes auf dem Meer und während des Krieges. Aber dann gibt es auch Zeiten, wo ich alles schwarz sehe und denke: du hast doch das meiste verkehrt gemacht. Wenn man da und dort vom Niedergang liest, so überkommt einen ein tiefer Schmerz, und man macht sich allerlei Vorwürfe."

Befriedigung findet er in den zahlreichen Evangelisationen und Freizeiten, bei denen er mitarbeitet.

Besucher, die sich über ihre Eindrücke von Wilhelm und Elisabeth äußern, sprechen von einem Licht der Harmonie, das von den beiden Eheleuten im Alter ausgehe. Die beiden ergänzen sich in jeder Beziehung. Sie dreht die Wählscheibe am Telefon, er telefoniert. Sie liest vor, er hört zu.

Wilhelm F. und Elisabeth Kärcher im Ruhestand

Kinder und Enkel

Wilhelm und Elisabeth leben nicht allein im Brömachweg in Eutingen. Ihr ältester Sohn wohnt mit seiner Familie im gleichen Haus. Die anderen Kinder leben in nicht allzu großer Entfernung.

Hannelore Kärcher, verheiratet mit Werner Stein, ist von Beruf Erzieherin. Ursprünglich hatte sie geplant, ebenfalls nach Chuuk zu gehen, um dort zu arbeiten, wo sie ihre Kindheit verbracht hatte. Diese Pläne ließen sich nicht verwirklichen. Ihre Kinder heißen Stefan André, Thorsten Michael und Anke Mirjam. Sie lebt mit ihrem Mann in Backnang.

Waltraud Kärcher, verheiratet mit Gerhard Rist, ist von Beruf Sekretärin. Sie arbeitete bei der Deutschen Bank und bei der Stadt

Pforzheim, wo sie das Sekretariat einer Schule leitete. Ihre Kinder heißen Beate und Holger. Sie lebt mit ihrem Mann in Beimerstetten in der Nähe von Ulm.

Anneliese Kärcher, verheiratet mit Frieder Carle, ist von Beruf Grund- und Hauptschullehrerin. Sie arbeitete zwölf Jahre lang als Lehrerin für Missionarskinder in Neuguinea, zuerst auf einer abgelegenen Missionsstation im Gebiet des Sepikflusses, danach an der Internatsschule der Lutherischen Mission in Wau. Sie lebt mit ihrem Mann in Künzelsau.

Ernst Kärcher, verheiratet mit Brigitte (Gitte), ist von Beruf Realschullehrer mit den Fächern Religion und Sport. Er arbeitete fünf Jahre lang an der „South Sea Evangelical Church Secondary School" in Brugam, einem Ort im Gebiet des Sepikflusses in Neuguinea, danach für kurze Zeit auch auf Manus, einer der Admiralitätsinseln. Seine Kinder heißen Michael, Jennifer, Anja und Ingo. Er lebt mit seiner Familie im elterlichen Haus in Pforzheim-Eutingen.

Helmut Kärcher, verheiratet mit Brigitte, ist von Beruf Lehrer am Otto-Hahn-Gymnasium in Nagold, wo er die Fächer Deutsch und Geografie unterichtet. Seine Kinder heißen Monika und Peter. Er lebt mit seiner Familie in Jettingen in der Nähe von Nagold.

Die Kinder von Wilhelm und Elisabeth Kärcher mit ihren Ehepartnern im Jahr 2005 (von links): Helmut und Brigitte Kärcher, Waltraud und Gerhard Rist, Anneliese und Frieder Carle, Hannelore und Werner Stein, Brigitte (Gitte) und Ernst Kärcher

Das irdische Leben geht zu Ende

Mit dem Erreichen seines siebzigsten Lebensjahrs beginnt Wilhelm sein Arbeitspensum zu reduzieren. Gelegentlich muss er eine Zusage zur Mitarbeit bei einer Evangelisation wieder absagen. Körperliche Anzeichen des Alters stellen sich ein. Eine leichte Lähmung des rechten Arms bessert sich nach einiger Zeit wieder.

Jahre vergehen.

Einen seiner letzten Dienste hält er in Pinache, einem Dorf in der Nähe von Mühlhausen. Im Lauf seiner Ansprache passiert es ihm, dass er den Faden verliert und nicht mehr findet. Er muss abbrechen. Eine schwierige Situation für den sonst so aktiven Redner.

Am 21. Mai 1993 beantwortet er einen Brief von seiner Tochter Anneliese. Wilhelm kann den Brief schon nicht mehr selbst schreiben und diktiert ihn seiner Frau. Er ist an Annelieses Adresse in Wau auf Neuguinea gerichtet, erreicht sie dort aber nicht mehr, sondern erst Wochen später in Deutschland, weil sie sich schon auf der Heimreise befindet. Wilhelm bezeichnet ihn als „vorletzten Brief" und kündigt an, „nächste Woche den letzten" an sie zu schreiben. Er erzählt von seinen Enkeln und meint: „Ansonsten geht es uns ordentlich." Elisabeth fügt am Schluss einen Satz hinzu, der sie selbst betrifft: „Es ist schon gut, wenn du bald kommst, denn meine Schrift wird immer wackeliger."

Dieser als vorletzter gedachte Brief ist in Wirklichkeit der letzte. Einen Tag später, am 22. Mai 1993, stirbt der Missionar Wilhelm Friedrich Kärcher nach einem erfüllten Leben im Alter von sechsundachtzig Jahren.

Das Rundschreiben der Liebenzeller Mission, mit dem sein Tod mitgeteilt wird, beginnt mit dem Satz: „Am Samstagmorgen, 22.05.1993 hat der Herr seinen treuen Knecht, unseren lieben Bruder Wilhelm Kärcher aus der Zeit in die ewige Heimat abgerufen."

Die Beerdigung findet am Freitag, 28. Mai 1993 vormittags zehn Uhr auf dem Friedhof in Pforzheim-Eutingen statt. Am Beginn der Beerdigungspredigt, die der damalige Leiter der Liebenzeller Mission, Pfarrer Lienhardt Pflaum hält, steht der Satz, den der alte Simeon betete, als er Jesus gesehen hatte: „Herr, nun lässest du deinen Diener in Frieden fahren, wie du gesagt hast; denn meine Augen haben deinen Heiland gesehen (Lukas 2,29-30).

Seine Frau Elisabeth, von der er insgesamt sieben Jahre lang getrennt gewesen war, lebt noch einige Jahre in Pforzheim-Eutingen mit der Familie ihres Sohnes Ernst zusammen im *imwen kinamwmwe*, dem „Haus des Friedens". Die letzte Zeit ihres Lebens verbringt sie im Pflegeheim „Friedensheim" der Liebenzeller Mission in Calw-Stammheim. Dort geht am 31. März 2000 auch ihr irdisches Leben zu Ende. Am 5. April wird sie neben ihrem Ehemann auf dem Friedhof in Pforzheim-Eutingen beerdigt.

Lebensleistung

Schon im Jahr 1957 war Wilhelm Friedrich Kärcher vom damaligen Bundespräsidenten Theodor Heuß für seine „Verdienste in der Schularbeit" – so der Wortlaut der Urkunde – ausgezeichnet worden.

Der Mann, der mit Leib und Seele Missionar gewesen war, hat sich im Alter gelegentlich mit der Frage auseinandersetzen müssen, wie er selbst sein Lebenswerk einschätze. Er war trotz aller Schwierigkeiten und trotz der Unzulänglichkeiten, die er in seiner Person sah und an denen er litt, nicht enttäuscht. Seine Tätigkeit hatte Wirkung gezeigt. Was er in Angriff nahm, wurde oft ganz anders, als er es sich zunächst gedacht hatte, aber es war etwas daraus geworden, was Bestand haben sollte.

Die Lebenswelt der Insulaner von Chuuk war heller geworden.

Mit seiner praktischen Kenntnis ihrer Sprache, seiner Vertrautheit mit den Einzelheiten ihrer Kultur, mit seiner intimen Kenntnis ihrer Verhaltensnormen und ihrer ursprünglich animistischen Religionsform, durch seine jahrelange ausgedehnte Reise-, Lehr- und Predigttätigkeit, vor allem aber mit seiner kulturkonformen Seelsorge und letztendlich mit seiner Liebe zu diesem Inselvolk hat er die praktische und theologische Grundlage für die „Evangelical Church of Chuuk" gelegt, die im Jahr 1975 mit über dreißig Gemeinden ihre Selbständigkeit erlangte.

Ohne die Hilfe seiner Frau Elisabeth wäre ihm das alles nicht in so umfassender Weise gelungen. Ihrer beider Leben und Werk stand sichtbar unter dem Segen Gottes.

Epilog

Das Leben des Missionars Wilhelm Friedrich Kärcher hatte nicht nur auf die Menschen der Inseln um Chuuk entscheidende Wirkung. Es hat auch die Lebenswege von mindestens zweien seiner Mitarbeiter in einer Weise mitbestimmt, wie er sich das vermutlich nie vorgestellt hätte. Ohne seinen Einfluss wären weder die berufliche Laufbahn seines Neffen Klaus W. Müller noch die des Autors, meine eigene also, in der Weise verlaufen, wie sie verlaufen sind. Seine Ideen, der Einfluss seiner Persönlichkeit und die Tatsache, dass er uns zögerlichen Anfängern die Befähigung zugetraut hat, nach unserer Tätigkeit auf den Inseln um Chuuk eine Tätigkeit als Hochschullehrer in unsere Lebensplanung aufzunehmen, verpflichtet uns zu tiefer Dankbarkeit ihm und seiner Frau Elisabeth gegenüber. Unseren Dank hat wohl niemand treffender zum Ausdruck gebracht als der Dichter Matthias Claudius, der „bei dem Grabe meines Vaters" ein Gedicht niederschrieb, von dem wir hier – leicht abgewandelt – die erste Strophe zitieren wollen:

Friede sei um seinen Grabstein her!
Sanfter Friede Gottes! Ach sie haben
Einen guten Mann begraben,
Und uns war er mehr.

Klaus W. Müller Lothar Käser

Bibliografie

Veröffentlichungen Wilhelm Friedrich Kärchers

Und vergiss nicht, was er dir Gutes getan hat. Bad Liebenzell 1950.

Krimen, ein treuer Insulaner-Prediger. Lahr-Dinglingen 1960.

Durch die Brandung. Aus den Erlebnissen eines Südsee-Missionars. Bad Liebenzell 1965.

Seine zahlreichen Beiträge in Missions- und anderen Zeitschriften sind nicht aufgenommen.

Werke anderer Autoren

Bollig, P. Laurentius: Die Bewohner der Truk-Inseln. Religion, Leben und kurze Grammatik eines Mikronesiervolkes. Anthropos Ethnologische Bibliothek 3, no. 1. Münster 1927.

Eggert, Johanna: Missionsschule und sozialer Wandel in Ostafrika. Der Beitrag der deutschen evangelischen Missionsgesellschaften zur Entwicklung des Schulwesens in Tanganyika 1891 bis 1939. Bielefeld 1970.

Grünzweig, Fritz; Thoma, Traugott (Hrsg.): Gottes ewige Treue. Bekannte Persönlichkeiten berichten aus ihrem Leben. Bad Liebenzell (VLM) 1989.

Hiery, Hermann Joseph (Hrsg.): Die deutsche Südsee 1884-1914. Ein Handbuch. Paderborn München Wien Zürich 2001.

Kärcher, Anneliese: Vernarbte Wunden. In: Kleemann, Joachim (Hrsg.): Schweres Gepäck. Lahr 1996:55-67.

Kleemann, Joachim (Hrsg.): Schweres Gepäck. Lebensschicksale, die jeden treffen können. Lahr ^{2}1996.

Lehmann, Friedrich Rudolph: Mana. Der Begriff des „außerordentlich Wirkungsvollen" bei Südseevölkern. Leipzig 1922.

Lehmann, Friedrich Rudolph: Die polynesischen Tabusitten. Leipzig 1930.

Müller, Klaus W.: Kurs 330 – Südseemissionare unterwegs. Bad Liebenzell 1975.

Müller, Klaus W.: Die evangelische Missionsarbeit auf den Trukinseln (Mikronesien) – Eine missiologische Analyse – Ann Arbor, Michigan 1981. (Englisch: The Protestant Work on the Truk Islands in Micronesia: A Missiological Analysis and Evaluation. M. A. Thesis, Fuller School of World Missions 1981, University Microfilms International. Ann Arbor, Michigan 1985).

Neumaier, Richard: Al en Manaü are longolong ün souläng in Chuk me Fanäpi. Lahr-Dinglingen 1961.

Neumaier, Richard: Uruwo mi pin seni lon toropwe en Pipel fanasängesin soulängin Chuk me Fanäpi. Lahr Dinglingen ohne Jahr.

Neumaier, Richard: Von Christus ergriffen. In: Grünzweig, Fritz; Thoma, Traugott (Hrsg.) 1989:102-112.

Neumaier, Wilfried: Sing, mein Herz! Neun Lieder für Singstimme und Klavier von Richard und Wilfried Neumaier. Metzingen 1988.

Pagel, Arno: Sein Ruf hat sie getroffen. Bad Liebenzell (VLM) 1989.

Scheu, Adolf: Aus der Vergangenheit des Dorfes Mühlhausen a. E., O. A. Vaihingen. Plieningen 1907.

Schibel-Yang, Gwi-bun; Koreanische Frauengruppe in Deutschland: In die Prostitution gezwungen: koreanische Frauen erinnern sich. Zeugenaussagen aus dem japanischen Asien-Pazifik-Krieg. Osnabrück 1996.